古文字論壇

曾憲通教授八十慶壽專號

第一輯

陳偉武 主編

中山大學出版社
·廣州·

版權所有　翻印必究

圖書在版編目（CIP）數據

古文字論壇. 第 1 輯：曾憲通教授八十慶壽專號／陳偉武主編. —廣州：中山大學出版社，2015.1

ISBN 978-7-306-03582-0

Ⅰ. ①古…　Ⅱ. ①陳…　Ⅲ. ①漢學—古文字學—文集　Ⅳ. ①H121-53

中國版本圖書館 CIP 數據核字（2009）第 232809 號

出 版 人：	徐　勁
書名題字：	陳永正
責任編輯：	裴大泉
裝幀設計：	方楚娟
責任校對：	劉麗麗
責任技編：	黃少偉
出版發行：	中山大學出版社
	編輯部電話（020）84111996，84113349
	發行部電話（020）84111998，84111160，84111981
地　　址：	廣州市新港西路 135 號
郵　　編：	510275　　傳　　真：（020）84036565
網　　址：	http：//www.zsup.com.cn　　E-mail：zdcbs@mail.sysu.edu.cn
印 刷 者：	廣州家聯印刷有限公司
規　　格：	787mm×1092mm　16 開本　　27.75 印張　　430 千字
版　　次：	2015 年 1 月第 1 版
印　　次：	2015 年 1 月第 1 次印刷
定　　價：	148.00 圓

本書如有印裝質量問題影響閱讀，請與出版社聯繫調換

《古文字論壇》編輯委員會

主任：曾憲通

委員：陳雙新　陳斯鵬　陳偉武　陳煒湛
　　　范常喜　黃文傑　林志強　劉　傑
　　　劉樂賢　裴大泉　秦曉華　譚步雲
　　　田　煒　王　輝　吳曉懿　吳辛丑
　　　蕭　毅　禤健聰　楊澤生　曾憲通
　　　張桂光　張連航　趙平安

主編：陳偉武

廣東省"211工程"三期重點學科建設項目
"文化遺產與廣東文化發展戰略"成果

近照（2015 年攝於晴翠居）

1938年在祖宅與家人合影，前排左：堂弟曾憲明；後排右起：姐、母、祖母、嫡母

1948年在家鄉務滋小學留影

1955年在汕頭金山中學畢業留影

1958年在東莞虎門與勞動積極分子合影,前排右起:陳元蔚、林鳳生、羅偉豪、徐位發;後排右起:曾憲通、黃振山、虞靈蓀

1961年在中大北校門與同學合影,左起:王晉民、許兆煥、曾憲通、李新魁、陳元蔚

1962年在蘇州靈巖寺合影，左起：沈維鈞、容庚先生、妙真法師、曾憲通、馬國權

1975年在北京沙灘紅樓整理竹簡

1974年在北京沙灘紅樓合影，左起：周世榮、孫貫文先生、商承祚先生、曾憲通、傅舉有（後者）

1978年在廣州博物館庫房觀看容庚先生捐獻的青銅器,右起:師母麥凌霄、容庚先生、曾憲通、黃流沙等

1980年在湖北省博物館,與饒宗頤先生(中)、舒之梅(左)合影

1983年8月首屆"中國古文字學研討會"在香港中文大學舉行，會後與會古文字學者合影。前排左起：李孝定、饒宗頤、商承祚、于省吾、高明（台灣）、胡厚宣；二排左起：殷滌非、周策縱、李學勤、金祥恒、李棪、趙誠、朱德熙；三排左起：高明、裘錫圭、張秉權、黃盛璋、管燮初、潘重規、馬國權、張頷；四排左起：黃競新、常宗豪、張光裕、金周生、王人聰、李達良、曾憲通、單周堯、梁文偉、周鴻翔、張雙慶、？

1984年在西安參加中國古文字研究會第五屆年會時留影，前排左起：馬承源、柯昌濟、趙誠；後排左起：王子超、曾憲通、陳煒湛等

1985年《楚帛書》在香港出版後，香港中華書局總經理藍真先生及夫人設宴祝賀。左起：藍真先生夫人、饒宗頤先生、藍真先生、劉作籌先生、曾憲通

1988年從大連乘船到煙臺，與陳煒湛（右2）、張振林（右3）、孫稚雛（右4）在渤海輪船上留影

1992年,與大庭脩(右2)、裘錫圭(左1)等在敦煌陽關遺址留影

1992年在南京大學中國古文字研究會第九屆年會上合影,左起:曾憲通、周世榮、李學勤、裘錫圭、李家浩

1993年在高雄中山大學文學院作講座,由徐漢昌院長主持

1993年在台北中研院史語所，曾憲通（中）與丁邦新（右2）、陳新雄（右1）、許錟輝（左2）等先生合影

1994年在紀念容庚先生百年誕辰期間，與王子超（右2）、李瑾（右3）、馬國權（右4）、夏渌（右5）、陳初生（右6）於東莞虎門合影

1996年在東京參加第三屆國際漢字會議。右起：裘錫圭、張書岩、曾憲通

1997年冬訪問瑞典隆德大學時留影

1998年在珠海機場與家人合影

2000年與夫人同遊台灣澎湖灣

2006年與家人在澳大利亞國家公園留影

2008年在美國尼亞加拉大瀑布上游尼亞加拉河畔（水牛城）

2010年獲頒中山大學卓越服務獎

2013年在澳門鑒賞珍秦齋所藏甲骨，左起：曾憲通、朱歧祥、陳偉武、曹錦炎、吳振武（後者）

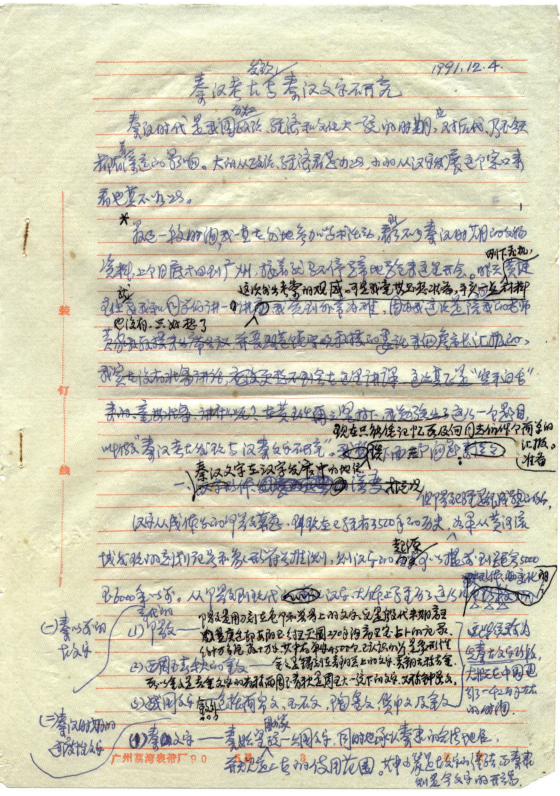

《秦漢考古發現與秦漢文字研究》手稿

目　　錄

談談怎樣考釋古文字 …………………………………… 曾憲通（1）
關於《先師容希白先生遺訓》的一些說明 …………… 陳煒湛（23）
略論容庚先生的漢字發展觀 …………………………… 黃德寬（31）
牛戈堂讀圖記
　　——商"亞疑"刀全形拓本 ………………………… 吳振武（38）
中山大學古文字研究所藏甲骨文字紹介　　　譚步雲　黃光武（50）
也論殷商甲骨文中的語氣詞 …………………………… 董　琨（65）
釋花東甲骨中的"痄"和"稽" ………………………… 趙平安（74）
商周金文詞彙分類的模糊性和語法功能的靈活性 …… 張桂光（80）
新見禺器銘文補說
　　——與兩周金文所見文例參證 …………………… 鄧佩玲（95）
晉公𥂴年代再探 ………………………………………… 彭裕商（113）
二年梁令矛小考 ………………………………………… 李家浩（118）
一簡之內同字異用與異字同用 ………………………… 陳偉武（126）
上博簡《凡物流形》中的"一"字試解 ………………… 楊澤生（139）
讀《上博六》劄記三則 ………………………………… 范常喜（156）
楚簡中一個讀為"曰"的奇字補說 …………………… 陳斯鵬（162）
楚簡方言詞語釋證四則 ………………………………… 禤健聰（172）
楚簡字詞釋讀瑣記五則 ………………………………… 王　輝（177）
《清華大學藏戰國竹簡（叁）》補說二則 …………… 周　鵬（184）
左塚漆梮文字補釋（三則） …………………………… 傅修才（193）
東周晉系文字考釋拾遺 ………………………………… 秦曉華（200）
楚國尹官考辨三則 ……………………………………… 劉政學（203）

複姓源流新證釋例 ……………………………………	劉　傑（208）
論方濬益先生的古陶文研究 …………………………	徐在國（215）
"忠信敬事富貴"璽考 …………………………………	蕭　毅（229）
試論古璽分類中的一些問題 …………………………	田　煒（233）
天水放馬灘秦簡日書校讀 ……………………………	陳　偉（260）
金關漢簡《譚致丈人書》校釋 ………………………	劉樂賢（266）
漢代石刻文獻中的異構字 ……………………………	黃文傑（275）
讀《說文》小記（五則） ……………………………	陳煒湛（301）
說"㜣"及其相關的字 …………………………………	譚步雲（308）
"貞鼎""貝鼎""則鼎"疏釋 …………………………	林志強（313）
簠鋪考辨 ………………………………………………	石小力（322）
《詩》、《書》、金文"保乂（艾、辥）"詞義辨正 ………	雷燮仁（338）
據出土材料說《詩》二則 ……………………………	楊鵬樺（348）
《說文》"辛""䇂"二部及相關諸字芻議 …………	蔡一峰（356）
古漢字演變中"借形記音"的現象	
——兼論清華簡《程寤》篇中的 柏 和 鬆 ………	張連航（372）
論同形字與上古音研究中的聲系劃分 ………………	葉玉英（380）
戰國至秦代蜀地書跡探研 ……………………………	吳曉懿（395）
《爾雅》十二歲名疏證 ………………………………	陳送文（404）
古文字考釋中的"暗合"現象	
——以戰國容量銘刻中"受"字的考釋爲例 ……	裴大泉（414）
《漢字源流》讀後感 …………………………………	雷燮仁（424）
經法先生白描	
——爲曾經法師八秩嵩壽而作 …………………	陳偉武（434）
我的"大師兄" ……………………………………	陳偉武（439）
後記 ……………………………………………………	（442）

談談怎樣考釋古文字

曾憲通

考釋古文字是古文字工作者的一項基本功，前輩學者如王國維、唐蘭、郭沫若、楊樹達、于省吾、徐中舒等先生已有許多精闢的論述，概括起來，主要包括兩個方面：一是對未識的古文奇字弄清它的構形和音義，二是對已識的字在音讀、義訓方面糾正舊說而提出新解，進而理清相關字詞的原始意義及其演變的源流。根據本人粗淺的體會，計有如下幾類。

一、據初形朔誼釋字

例一：釋耤作

有些字的初形朔誼是比較容易觀察到的，但更多的字則要借助相關的字形纔能有所揭示。例如"作"字的初形朔誼必須通過"耤"字來考察。甲骨文"耤"作 ✦（《乙》1111）、✦（《前》7.15.3）等，象人側立以足踏耒起土之形（"耤"至金文令鼎作 ✦，纔加注"昔"的聲旁）。通過考察甲骨文中的"耤"字，可以瞭解"耒"字的流變，其中有一類作 ✦（《乙》4057）、✦（《前》7.15.3）、✦（《存》1013）者，可證金文"乍"字如 ✦（乙亥鼎）、✦（父丁罍）、✦（小子母己卣）及 ✦（未距悍）✦（乃孫作父己鼎）等，確是从耒取象的。其上的彎筆，則是以耒起土時隨庛而起的土塊，甲骨文作 ✦、✦、✦、✦ 等形乃其變體。由此可見，甲骨文的"耤"和"作"都是"以耒起土"會意，義爲耕作。古代昔、乍同音，醋、酢字通，則甲骨文的"作田"同於"耤田"，說明耤、作不但二字同源，而且後者乃由前者所分化。至於甲骨文的 ✦（《庫》1180、1244）和金文的 ✦（《三代吉金文存》鼎文）、✦（晉公𥂱）則是"作"字人體的裂變。而朝歌鍾的"作"字作 ✦ 者，更是在人體裂變的基礎上，將聲符"乍"改換爲"且"，乃屬更換聲符的異體形聲字。"作"與"✦"的關係，是同字的異體而非異字的假借。此外，甲骨文作 ✦、✦、✦ 者，"乍"上所加的單複形符，乃所从"耒"旁手形的殘留，請參照 ✦（《說文》握字古文）和 ✦（《正字通》耒及耤所从之耒旁），便可自明①。

耤與作二字的關係，可以從下文表1-1至表1-6得到瞭解。

表1-1：𦔻（耤）

  ✦（《甲》3420） ✦（《乙》1111）

  ✦（《乙》401） ✦（《前》7. 15. 3）

  ✦（令鼎）

我們可以先由"𦔻"字析出"耒"的偏旁。根據《甲骨文編》計有如下幾種：

  Ⅰ：✦（《乙》7396）、✦（《京都》705）、✦（《佚》700）；

  Ⅱ：✦（《後》2. 28. 16）、✦（《甲》3420）、✦（《前》6. 17. 5）；

  Ⅲ：✦（《甲》1369）、✦（《乙》13154）、✦（《乙》3155反）、✦（《乙》3212）、✦（《乙》3295）、✦（《乙》3983）、✦（《乙》4306）、✦（《乙》8151）、✦（《前》 6. 17. 6）、✦（《乙》7808）；

---

① 參拙文《"作"字探源》，載《古文字研究》第19輯，中華書局1992年；又收入《古文字與出土文獻叢考》，中山大學出版社2005年，第5—15頁。

Ⅳ：⿰ (《乙》4057)、⿰ (《前》7.15.3)、⿰ (《存》1013)、⿰ (《乙》1111)；

Ⅴ：⿰ (《菁》11.19)。

再從下表（表 1-2）瞭解"乍"字的不同變體：

⿰（乙亥鼎）……⿰（父丁舉）……⿰（小子母已卣）

⋮

（⿰）（末距悍）

⋮

⿰（乃孫作父已鼎）

從下表（表 1-3）進一步考察"耒"字形體的演變：

⿰（古金文）…⿰（古金文） ⿰（甲文耤字所從） ⿰（金文耤字所從）

⋮

⿰（甲文耤字所從） ⿰（金文耤字所從） ⿰（小篆）

⋮

⿰（《六書通》：《說文》另本如此） ⿰（隸書） ⿰（真書）

從上表（表 1-3）中的小篆和《六書通》等形體可確知，"耒"字上體乃是握持之手的省體（于省吾先生說），且可橫置（單複不別）或豎寫，如下表：

表 1-4：⿰

a ⿰ ⿰ ⿰ （甲骨文）

b ⿰ （《說文》握字古文）

c ⿰ （《正字通》耒及耤所从之耒旁）

上表 b—c 是帶有豎寫握持手形的古文，可證明 a 形的甲骨文"作"字，乃握持手形的橫置及其簡省。下表（表 1-5）是帶有裂變人形的"作"字。

表 1-5：

⿰山殳 （俀，《三代吉金文存》鼎文）

⿰ （俴，晉公盞）

⿰ （侳，甲骨文）

叟 （朝歌鍾）

上表是見於甲骨文和金文中的"作"字繁形，均作从人（人形或變作丮，或訛爲弓）操耒起土之形，其中朝歌鍾則屬於更換聲符之例（即以"且"代"乍"，二者古音近同）。

表 1-6：耤、作同源

⿰ ⿰ ⿰ （甲骨文）

⿰ ⿰ （甲骨文）

⿰ （小篆）

綜上所述，古文字資料中的耤、作二字，無論字形如何繁簡和變異，其基本構形都是从人操耒以起土，義爲耕作，音則从乍、从昔或从且，古皆一聲之轉。由此可見，耤、作二字古實同源①。

例二：釋猱

古籍中常見的"猱"字，今本《說文》祇作爲偏旁，不見於正篆。但從古文字資料考察，金文懋史鼎、師寰簋、師克盨的"猱"字分別作▨、▨、▨等形，分明是個从言象形的奇字。按此象形文的初形朔誼尚可從⿰伯簋銘中窺見。⿰伯簋銘有關於"歸（饋）⿰伯▨裘"和"錫汝▨裘"的記載，裘上一字義當爲獸類，所从象形文亦象獸形，與上述諸器所从的象形文大致相同或相近，王國維隸定作㺇（見《觀堂集林別集·羌伯敦跋》）。然其結構並非从人，當是個从象形文益以刀聲（或召省聲）的形聲字，實即"貂"的古文。《說文》："貂，鼠屬，大而黑，从豸召聲。"即今人所謂貂鼠，其狀頭尖

---

① 詳拙文《"作"字探源》。

尾粗，毛皮珍貴，故簋銘言王以貂裘爲賜品。字或作鼬，《廣雅·釋獸》："鼠狼鼬"。王念孫曰："今俗通呼黄鼠狼。"

齊陶文中有 [字] 字，習見辭例作"[字]鄉某里某"，印範與刻文兼具。[字]字或加邑旁，異文或作陶字，里之前是里名，里之後是陶工名，可見"[字]鄉"是個製陶中心。[字]字舊釋爲紹，但細審字的左旁並不從刀，右旁亦非從糸，其作 [形] 者未見有析書之例，總是連成一體，且有獨立成文之例（見《鐵》五三下）。與金文的"繇"若"鼬"的象形寫法極其相似，符合頭尖尾粗的特徵，當是鼬鼠的象形文。又《季木藏陶》（六九上）有範文"[字][字]"二字，"右"左一字未見前賢考釋，顧廷龍《古陶文䇹錄》及金祥恆《匋文編》均入附錄，可見還是一個未被認識的字。我們從金文及楚帛書"繇"字所從象形文的演變考察，可以判斷此字就是鼬鼠的象形文加上聲符"缶"所組成的"繇"字。這就是從象形文"鼬"到形聲字"繇"的發展過程，也是先秦已有繇字的明證。古籍中陶、繇、鼬每互作，如：《尚書》皋陶，《離騷》、《尚書大傳》、《說文·言部》引《虞書》均作"咎繇"，《左傳·定公四年》又作"皋鼬"。可見三字同源[1]。

---

[1] 參拙文《說繇》，載《古文字研究》第 10 輯，中華書局 1983 年；又收入《古文字與出土文獻叢考》，中山大學出版社 2005 年，第 23—31 頁。

表1-7：陶文的"䍃"

a 圖一《季》四一上

d 圖四《季》六九上

b 圖二《季》八一下

c 圖三《季》八一上

上表是一組散見於《季木藏陶》的齊地陶文，a—b 首字都是帶"邑"旁的"䍃"字，c 的首字則作"陶"；疑帶"邑"的"䍃"字此處亦當讀作"陶"。次字尚無確釋，陳偉武君以爲字从"行"得聲，宜讀爲"鄉"，可從。"陶鄉"當是齊地著名的製陶中心，以下便是里名和陶工之名。d 乃印文"右䍃"，其"䍃"字是在象形文的基礎上加注"缶"爲聲符，可見先秦時代已有"䍃"字，《說文》失收。"右䍃"當讀爲"右陶"，可能是製陶的管理者。

表1-8：金文的"貂"

▨（𠂤伯簋，"錫汝▨裘"）

𠂤伯簋銘文有"王命仲致歸𠂤伯▨裘"及"錫汝▨裘"句，"裘"上一字从象形文刀聲或召省聲，實即"貂"字，言王賜𠂤伯以"貂裘"。

表1-9：金文的"䚻"

a ▨（懋史鼎）

b ▨（師克盨）

c ▨（師寰簋）

上表 a—c 是金文中常見的"𦃇"字。《說文·系部》："𦃇，隨從也，从系，𠂤聲。"今本《說文》正篆無𦃇字，然口部、木部、爪部皆有从𦃇或从𦃇得聲的字，故朱芳圃認爲：《說文》今本"𦃇"誤作"𦃇"，並脫重文"𦃇"①。以上古文字資料證明朱芳圃先生的意見是正確的②。

二、據字形發展系列釋字

例：釋鳳與風

"鳳"字甲骨文作 （《青》3.1）、 （《後》下39.10）等形，象其華冠豐羽長尾之狀，十分逼真。它們在卜辭中罕見用其本義，一般都用作風字。董作賓氏指出，"風字在甲骨文中有一個演變的歷史，最初一二兩期完全借鳳字爲之，第三期乃附兄爲聲符，到了第四五期又改爲附了凡聲的新字。"③甲骨文中還有一些於鳳尾末端帶有明顯的"珠毛"（如 《乙》18、 《甲》615），形同孔雀開屏的樣子，栩栩如生。值得注意的是，這些帶有珠毛的鳳字，在西周金文中也有所因襲和沿用，並且成爲後世風字的濫觴。

宋代薛尚功《歷代鐘鼎彝器款識法帖》著錄周成王時期的南宮中鼎四器，其中第三器銘文中有"中乎歸（饋）生鳳於王"句，生鳳的鳳字作" "。宋人所摹的鳳字左側爲奇鳥形，右側作"凡"下三個鳳尾珠毛的形狀，略有訛變；但與甲骨文中帶有珠毛的鳳字相比較，便會發現二者確實有所傳承。所不同者，金文的鳳尾珠毛已與鳳體完全脫離，而置於聲符"凡"之下，構成爲相對獨立的" "結構，這就是戰國時期風字的由來。據《汗簡》所錄《周

---

① 朱芳圃：《殷周文字釋叢》卷上，中華書局1962年，第11頁。
② 說詳拙文《說𦃇》。
③ 董作賓：《安陽侯家莊出土之甲骨文字》，載《董作賓先生全集》第二冊，臺北，藝文印書館1977年，第687—756頁。

禮》故書風字作"󰀀",不難發現,這個傳抄古文就是上述甲骨文和金文鳳字的變體。其右旁作"󰀀"者,與《說文》風字的古文完全相同。至於長沙子彈庫楚帛書的"󰀀"字,筆者過去曾據《說文》以爲這個"从虫凡聲"的帛文就是後來小篆"󰀀"字之所本。其實這是由小篆上推帛文所產生的錯覺。如果我們將帛文"󰀀"字置於"󰀀—󰀀—󰀀—󰀀"這一發展系列來考察,便可悟出古文的󰀀和帛文的󰀀實際上都是從鳳尾珠毛的󰀀形分化出來的。即由󰀀簡化爲󰀀,再由󰀀分化爲从󰀀的"󰀀"和从󰀀的"󰀀"字,其蛻變和分化的脈絡是十分清楚的。由於楚系文字的虫字與鳳尾珠毛散發的細毛十分酷肖,極易混淆,到小篆便完全蛻變爲从虫凡聲的󰀀字,失去了與鳳鳥在字形上的聯繫,成爲另一個完全不同的形體。既然《說文》的體例是"今敘篆文,合以古籀",故許愼在說解風字時,除了以八方風名加以訓釋之外,爲了牽合古文的"日"和小篆的"虫",便串解出"風動蟲生,故蟲八日而化"的怪論來,遂令後人十分費解。

通過以上的分析,我們至少可以得出如下幾條結論:

（1）鳳與風自古以來都是同字同源,他們是一字的分化,並非兩個不同的字,故無所謂借鳳爲風。

（2）從現有的材料看,從鳳分化出風字大概始於戰國的楚地,過去認爲至秦纔造出从虫凡聲的風字,其實是一種誤解。

（3）篆文"風"字所从的"虫",實際是鳳尾珠毛的簡省和訛變,本與蟲類無關,許愼根據訛變之體立說,是不足爲據的①。

---

① 參拙文《釋"鳳""皇"及其相關諸字》,載《中國語言學報》第 8 期,北京語言文化大學出版社 1997 年;又收入《古文字與出土文獻叢考》,中山大學出版社 2005 年,第 16—22 頁。

表 2-1：先秦由鳳→風的形體演變

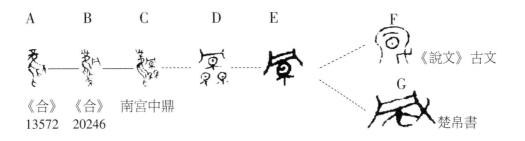

上表 A—B 見於甲骨文，C 見於宋人所傳的金文摹本，D—E 雖尚無實例，然符合形體自然演變之規律，故用虛線標示。F—G 分別由 E 形所分化，亦用虛線標示。

表 2-2：盠駒尊蓋的鳳即風字

A 𦫳 B 𦫳 （盠駒尊蓋）

上表 A—B 分別見於盠駒尊蓋 "鳳雷騅子" 及 "鳳雷駱子" 的銘文，吳匡先生以爲尊蓋銘之 A 與 B 爲鳳即風字，並云："王錫盠駒，其迅疾如風雷也。" 堪稱卓識。宋人著錄之南宫中鼎銘爲傳世之摹本，盠駒尊蓋銘乃出土之眞品，二器所傳鳳即風字可謂異曲同工，誠可珍貴①。

三、據上下文意釋字

例：釋笑

在考釋古文字的過程中，對於字形的分析可以有不同的方法，但必須以文意通達爲依歸。如長沙子彈庫楚帛書丙篇 "余月" 有 "取女爲邦笑"。笑字作 𦫳，从艸从犬，爲秦漢簡帛笑字形體之所本，筆者曾有考辨。朱德熙先生以

---

① 見蔡哲茂《甲骨文四方風名再探》所引，刊《金祥恆教授逝世周年紀念論文集》，臺北，1990 年 7 月。

芚爲"莽"字之省而讀爲"墓"①。釋笑釋莽，論者依違不一。今按新出郭店楚簡《老子》乙組簡文云："下士昏（聞）道，大笑之；弗大笑，不足以爲道。"二"笑"字（參下表3：B列）皆从艸从犬，與楚帛書完全吻合。而馬王堆帛書《老子》乙本及傳世諸本此處均作"笑"，可證楚帛書此文確爲"笑"字。

筆者在《長沙楚帛書文字編》中曾經指出，"笑"在先秦至兩漢有芖和笑兩種寫法。戰國至秦漢从艸與从竹往往易混，秦漢隸書更加艸竹不分。據《唐韻》所引，《說文》當有从竹从犬的笑字，《玉篇》同，唐以前字書皆如是作。至《九經字樣》纔據楊承慶《字統》將笑、笑兩體並列。唐以後則爲从竹从夭之笑字所專。《文字編》中還指出"爲邦笑"乃戰國時恆語，但僅舉《韓策》爲證，以"爲天下笑"與"爲邦笑"同意②。隨後在《楚帛書文字新訂》③中又補充說，前《文字編》謂帛文"爲邦笑"乃戰國恆語，今檢諸子書，知"爲邦笑"雖非戰國恆語，而被動式"爲……笑"之證頗多，除檢出數量可觀的"爲天下笑"之外，他如"爲天下大笑"（《荀子·強國》），"爲天下笑者，何也？"、"爲諸侯笑"、"爲人笑"（《韓非子·十過》），"無爲人笑"（《奸劫弑臣》），"或爲笑"（《難勢》）、"必爲鯀、禹笑矣"、"必爲湯武笑矣"、"必爲新聖笑矣"、"身爲宋國笑"（《五蠹》）等比比皆是。可見帶"笑"的被動式在當時是頗爲流行的。由此觀之，知楚地習俗於"余月"內不當取女，已成定制。帛文謂若於該月取女，則"爲邦笑"矣，是合乎情理的。然釋"芖"爲"莽"字之省而讀爲"墓"，則稍嫌迂遠。

表3：

A 芚（楚帛書）

---

① 朱德熙：《長沙帛書考釋五篇》，載《古文字研究》第19輯，中華書局1992年；又《朱德熙古文字論集》，中華書局1995年。
② 見拙編《長沙楚帛書文字編》，中華書局1993年，第44—45頁。
③ 見拙文《楚帛書文字新訂》，載《中國古文字研究》第1輯，吉林大學出版社1999年；又收入《古文字與出土文獻叢考》，中山大學出版社2005年，第49—55頁。

B 芺（郭店楚簡《老子》乙組 9）　　　芺（郭店楚簡《老子》乙組 10）
C 芺（馬王堆帛書《老子》）　　　芺（《戰國縱橫家書》）
D 芺（銀雀山竹書《孫子兵法》）
E 笑（《玉篇》）　　笑（《字統》）

上表 A、B 二列都是先秦簡帛的"芺"字，皆作上艸下犬之形，B 列簡本此字今本《老子》皆作"笑"，可以論定。C、D 二列爲漢代簡本的"芺"字，除"艸"下之"犬"略有變異外，上下結構仍保持不變。E 列見於《玉篇》，纔出現上竹下犬的"笑"字，《字統》更易"犬"爲"夭"，並一直沿用至今。至於古"芺"字何以從艸從犬？段玉裁《說文解字注》有如下一段話頗富啓迪：

或問曰：从犬可得其說乎？曰从竹之義且不敢妄言，況从犬乎？聞疑載疑可也。假云必不宜从犬，則哭又何以从犬乎？哭之獄省聲乃亦強作解事者爲之也。

段玉裁是《說文》家中唯一"以顧野王、孫愐、顏元孫、張參爲據，復其正始"而於"竹部"之末保存從竹從犬的笑字者，可謂慧眼獨到；其對從"竹"從"犬"均保持闕疑的態度，也是值得稱道的。現在我們既然知道戰國秦漢簡帛笑字均作從艸從犬，是目前所見最早的古文字形體，故而頗疑笑字本當從犬、從艸得聲。何以從犬雖不易質言，後人因不明艸爲聲符，復因古文字偏旁從艸從竹義近每互作，卒至易艸爲竹作義符，訛犬爲夭作聲符。這也許就是"楊（承慶）氏求從犬之故不得，是用改夭形聲"（段玉裁語）的內在原因。

四、據音義關係釋字

例：釋焌爂

筆者在《楚月名初探》中曾經根據睡虎地秦簡日書的"秦楚月名對照表"，指出望山楚簡的"𤈦月"，就是睡虎地秦簡的"爨月"①。今申述如次：

　　先說字義，秦簡"爨"是個會意字，上部象以兩手捧置炊具於竈上，下部推火入竈口，義爲燃火燒物，故以火爲義符。小篆作𤑲，於竈口增兩手推薪納火之形，隸作爨。𤈦是从火允聲的形聲字，形旁火亦从火取義，可證𤈦、爨二字的含義均與燃火有關。

　　再說字音，爨，《萬象名義》且亂反，《廣韻》七亂反，反切上字古同聲紐，下字古在元韻。𤈦字不見字書，無法知道它的確切音讀。根據形聲字"同聲符者必同類"的一般規律，𤈦字的音讀可以在"从允得聲"這一類字中求得。我們發現，𤈦字从允得聲，夋字亦从允得聲，以夋字爲聲符的酸、悛、朘、畯等字保留著𤈦字的古讀，它們和爨字聲則同類，韻則同部，是音近義屬的通假字。這是從𤈦、爨兩個字音義上的關係可以得出的起碼結論。

　　另外，𤈦、焌、爨三字在古代可能就是同一個詞。從形體來說，𤈦、焌十分接近，兩者都从火从允，祇是火旁一在下方，一在左旁。從字音來說，𤈦从允得聲，焌从夋得聲，允夋古本一字，畯字金文作畖可證。從字義來說，《說文》釋焌："然火也，从火夋聲。《周禮》曰：'遂籥其焌，焌火在前，以焞焯龜。'"焌焞字通，同見於《集韻·恨韻》，音祖寸切，又徂悶切。注云："然火以灼龜。"據此，知《說文》釋焌之所謂"然火"，乃旨在"灼龜"。又爨字在音義上與焌字亦極接近。《集韻·桓韻》在"七丸切"的小韻中收有爨字，注："炊也。《周禮》以火爨鼎水也。"同一小韻又有錢字，與爨字完全同音。錢、焌均从允得聲，可證爨字與焌、𤈦讀音均甚接近。由此可見，所謂"爨龜"，其實就是"焌龜"，即𤈦龜以卜。按望山一號楚墓竹簡於"𤈦月"內多次出現"黃䨲占"語，其中唯一能夠拼復之一整簡，簡文云："辛未之日楚齋，以其古[敓]之，無它。占之曰吉。烟以黃䨲習之，同敓。聖王、愍

---

① 拙文：《楚月名初探》，載《中山大學學報》1980年第1期；又收入《曾憲通學術文集》，汕頭大學出版社2002年，第181—199頁。

王既賽禱。己未之日賽禱王孫桌。"黃靈，龜名。簡文記以黃靈灼兆，正可與灼龜以卜相印證。春秋戰國爨龜以卜乃是一種例行的禮俗，各諸侯國舉行這一儀式在時序上不盡相同，在楚國似以行爨龜之月爲爨月，據"秦楚月名對照表"，爨月在夏曆八月。楚行夏曆，則楚簡"𤉷月"亦當在楚曆八月。

表4-1：薷（𤉷）月— 㷉（爨）月

    A. 薷（望山楚簡）

    B. 𤉷（望山楚簡）

    C. 炎（包山楚簡）

    D. 爨（小篆）

    E. 㷉（秦簡）

    F. 爨（隸書）

上表A是在B上增益艸旁，艸乃可燃之物，與爨字"推林納火"之"林"同意，均與燃火之義切合；C形則是B的簡體。秦簡之E較小篆之D省去雙手推林之形，隸書F則同小篆。

表4-2：從𤉷→焌的演化

上表前六字是見於璽印文和簡帛文中的各種𤉷字變體，後四字是合乎漢字演變規律的相關環節，因尚未見其實例，故用虛線標示。"𤉷"是個上聲下形的形聲字，而聲旁"允"和形旁"炅"本身又是上聲下形的形聲結構。這種"疊架式"的多重形聲結構在使用的過程中一定要求簡化，於是作聲旁用的形聲結構由於形符不起標音作用而容易脫落（如允—厶）；同一道理，做形旁用的形聲結構由於聲符不起表義作用而產生訛變和移位（如炅—炅—炅），這個"疊架式"的多重形聲結構的例子在古文字的演變中是頗爲典型的。

五、據區域性文字特點釋字

例一：釋楚文字中從"鳥"的字

楚文字中鳥形的變化比較複雜。過去由於對楚文字作偏旁用的鳥形認識不足，以致楚帛書中有幾個從"鳥"的字一直未被認識。曾侯乙墓的文字資料發表後，筆者發現編鐘樂律銘中的音階名"鈌"字所從"鳥"的偏旁作🔲，幾與楚帛書如出一轍，因據以考釋楚帛書的🔲、🔲、🔲就是梟、鳶和翼字。後來又在《包山楚簡》的"疋獄"簡中發現缺釋的🔲即"鳴"字，一併收進《楚文字釋叢》中①。

表5-1：楚帛書中從鳥的字

A 🔲（楚帛書丙篇）

B 🔲（楚帛書丙篇）

C 🔲（楚帛書乙篇）

D 🔲（包山"疋獄"簡95）

上表之A象鳥頭下从木之形。《說文·木部》："梟，不孝鳥也，日至捕梟磔之。从鳥頭在木上。"因知"鳥頭下从木"即梟字。楚帛書"倉月"云："大不訓（順）於邦，有梟內（納）於上下。"言倉月邦有大不順者，則用梟爲祭品，納於上下神祇。上表之B从鳥戈聲，古戈弋同字，當釋爲鳶。楚帛書於"㱿月"有殘文"鳶帥"，下云："不可以享祀，凶。"按鳶爲善擊殺之鳥，帛文"鳶帥"意指善於擊殺之統帥，故下文有當月"不可以享祀"云云。上表之C左从鳥旁，右从異聲，以諧聲求之，當是🔲即翼字之異構。帛書乙篇

---

① 拙文：《楚文字釋叢》，載《中山大學學報》1996年第3期；又收入《古文字與出土文獻叢考》，中山大學出版社2005年，第41—48頁。

云："隹李德匿，出自黃淵，土身亡翼，出入口同，作其下凶。"帛文此處之"李"指李星，即火星，"土身"也指火星，"土身亡翼"殆指火星不帶光芒，是一種不祥之兆。上表之 D 見於包山"疋獄"簡 95，簡文記載某人控告"🐭邑人"某某殺人。整理者於 D 字缺釋。按此字右旁从鳥，左旁从口，無疑就是鳴字。次字从鼠瓜聲，當是狐之異構。"鳴狐"者乃楚之邑名，地望待考。

例二：釋跂𧾷

在睡虎地秦墓竹簡中，有兩個結構奇特的字分別作跂（簡 213 號）和𧾷（簡 292 號），秦簡整理小組分別隸定作跂和𧾷。據簡文，二字的意義與足和負毫無區別，然右旁所从卻不得其解。筆者從原簡中發現簡 292 有一異文作𧾷，與秦公簋、鎛的"䢄"字作🔲、🔲者右旁相類。因而遍找秦系文字中與此形有關的所有形體，包括《說文》的齋、禱、祟，籀文分別作䄄、䄂、䄃，"優"字石鼓文《作原》作𩕳，以及"其"字秦公簋作"䢄"等，相互比照，從而確定這些字的右旁都是個帶趾站立的人形，到秦簡更訛變成三個重疊的趾形，遂不得其解。按此類字的右旁均應改為上孔下攵（夋），與秦系金文的寫法是一脈相承的。陳劍在釋西周金文的"贛"字時，進一步指出秦公鎛的"其"與"䢄"並用，看不出什麼區別，與秦簡的"足"與"跂"、"負"與"𧾷"並用的情況相同，作上下三止重疊者，正是由"孔"訛變而來的①。以上見於楚地和秦地的例字都具有很強的地域特色，祇能在同一地域的歷時文字資料中求之②。

---

① 陳劍：《釋西周金文的"贛（贛）"字》，載《甲骨金文考釋論集》，線裝書局 2007 年。
② 詳拙文《說"跂"、"𧾷"及其它》，載《江漢考古》1992 年第 2 期；又收入《古文字與出土文獻叢考》，中山大學出版社 2005 年，第 81—84 頁。

表 5-2（第一組、第二組）：秦系文字中兩個結構奇特的字
第一組

A　　B　　C　　D　　E　　F　　G

簡 144　簡 145　簡 213　簡 196　簡 261　簡 714　簡 715

第二組

H　　I

簡 292　簡 815 反

上表是見於秦簡中"足"、"負"兩字的繁文：第一組 A—G 是"足"字的異體；第二組 H—I 是"負"字的異體。它們在簡文中的意義和用法都與"足"、"負"完全相同，關鍵在於字形的右半如何解釋。我們從第二組"負"字的 H、I 二形之右半找到了突破口，發現它們與秦代金文秦公簋銘文的"其"字繁形的右半基本相同，而第一組右半諸形，則是這一形體的寫訛。

表 5-3：秦金文與秦簡比照

秦公簋　秦公鎛

簡 292　簡 714　簡 145 反

從上表不難發現，秦簡"負"、"足"繁形的右半與秦代金文秦公簋等銘文"其"字繁形的右半基本相同，當是個帶趾的人形（夋）；第一組右半作三止重疊者，則是帶趾人形的進一步訛變。

表 5-4：籀文、石鼓文及秦金文

1. 籀文：䫂　䫂　䫂（齋　景　崇）
2. 石鼓文：䫂（憂　䫂，《作原》）

3. 秦金文：𦥑（其，不𦥑簋、秦公及王姬鎛、秦公鎛）

上表是見於秦系文字中右旁从"廾"（或𠬜）的各種變體：其中以秦金文較爲規整，石鼓文乃其簡式，而以籀文最爲繁複。然它們彼此訛變遞嬗之跡仍歷歷可尋。在古文字資料中，廾字的早期寫法作 ，象人跪跽而有所操作之形，然後纔有站立帶趾的人形 （𠬞）及訛趾爲女的人形 （𡚦）出現，然兩手操持之狀仍約略可見；至秦時乃訛作三止重疊之形，操持之狀已不復見，形義也隨之失去了聯繫。意先民造字之初，從廾的字大底與人的行爲動作有關，或者在一定程度上帶有使名詞（或代名詞）動化（修飾或限制動詞）的傾向。後來由於語言發展，語音變異，以及字形的孳乳、分化等，從廾的字表示行爲動作的作用慢慢淡化，某些字的用法動化與非動化漸趨於混同，在書寫上從廾與否也就隨意任作，因此，纔會出現如上所述的種種情況。

六、據考古實物釋字

例：釋虡業

古籍中虡、業二字常相提並舉，如《詩·大雅·靈臺》："虡業維樅，賁鼓維鏞"，又《周頌·有瞽》："設業設虡，崇牙樹羽。"傳謂：植者曰虡，橫者曰栒。業，大版也；樅，崇牙也；賁，大鼓也；鏞，大鐘也。箋云："虡者，栒也，所以懸大鼓也。設大版於上，刻畫以爲飾。"孔疏曰："使人設植者之虡，橫者之栒，上加大版而捷業然，又有崇牙其飾維樅然。於此虡業之上，懸賁之大鼓及維鏞之大鐘。"據此，知虡業實爲古代鐘架的主要構件，或用以懸鼓磬，其豎者曰虡，橫者曰栒，栒上加大版曰業，上有參差不齊的崇牙，以爲懸掛鐘鼓之用。因知經典舉虡業二事以代表鐘架，故"設業設虡"當是奏樂的前提。其實物可見於曾侯乙墓出土的編鐘鐘架。因作《從曾侯乙編鐘之鐘虡銅人說"虞"與"業"》以論之①。

下圖爲曾侯乙編鐘鐘架線描圖：

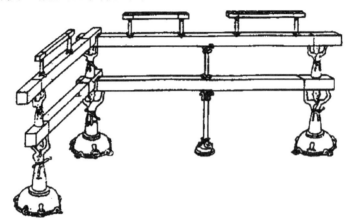

從實物考察，出土的編鐘架座爲三層銅木結構，編鐘的"豎虞"是六個正立作擎舉狀的銅人，與族氏文字的"🯄"（《金文編》附錄006）顯然是同一形象，于省吾先生考定這類族氏文字就是後世的"舉"字②。由此可見，"虞"字的上體爲聲符，下體乃擎舉人形的變體，猶存古誼。既然曾侯乙編鐘的鐘虞由向上擎舉的銅人所組成，則古文字資料中某些作向上擎舉姿態的象形文，亦當與虞有關。如：

表6-1

    A. 🯄王光趄自乍（作）用戈　（《周金文存》六·一七）

    B. 🯄之用玄鏐（鏐）　（《鳥書考》圖三一）

    C. 虤都🯄皇　（《古璽彙編》一八六）

    D. 坪陰都🯄皇　（《古璽彙編》一八七）

---

① 拙文：《從曾侯乙編鐘之鐘虞銅人說"虞"與"業"》，載《曾侯乙編鐘研究》，湖北人民出版社1992年版；又收入《古文字與出土文獻叢考》，中山大學出版社2005年，第32—40頁。

② 見于省吾《釋夾》，載《考古》1979年第4期。

上表之 A 首字過去以爲是省口的"吳"字①；近年李家浩先生隸定作虞而讀爲吳，甚是②。據此，B 例首二字亦當釋爲"虞王"即吳王。古璽中常見某某都邑下有"✿皇"的字樣，朱德熙、裘錫圭先生隸作"虞呈"而讀作"遽駰"，並指出印文的"遽駰"是指設在都邑的規模較大的驛傳機構。我們從"虞"字的源流考察，印文"✿皇"的上字當是個向上擎舉人形的變體。本來就是虞字初文的繁形，將它隸定作"虞"（見《說文》虞字正篆），無疑是正確的。

　　至於"業"字，《說文》古文作"✿"，說者諸多臆測，唯徐灝《說文解字注箋》云"業之古文象兩虞形"，可謂慧眼獨具。下文試爲之補證：如前所述，虞的初文本象向上擎舉的人形，金文、古璽的人形雖有所訛變，然擎舉之狀始終未失。古文且作兩人並列同舉大版之狀，實指兩"虞"之上著大版以懸鐘磬，可見"業"字的古訓與古文的形義完全密合，且可與《爾雅·釋詁》："大版謂之業"互相印證。下面試將金文"業"字與《說文》古文互相比照，便可一目瞭然。

表 6–2

　　A ✿（晉公盦）　　B ✿（秦公簋）　　C ✿（九年衛鼎）

　　D ✿（瘋鐘）　　E ✿（中山王壺）

　　從以上五例，可以看出"業"字形體的演進：A 例晉公盦銘文與《說文》古文形體最近，然《說文》古文僅作兩虞形，而晉公盦銘則於兩個並列人形之上分別益以"业"形，表明植於兩旁之銅人（即鐘虞）所舉者乃筍上捷業如鋸齒之大版，可見金文較之古文更加切合"業"字之造字本義。B—D 三例《金文編》均隸定爲𠔌，隸於"去"字之後，作爲《說文》所無之文處理。其實三例均於 A 形之外增一"去"字爲聲符。"業"字何以從"去"得聲？

---

① 容庚：《鳥書考》，載《中山大學學報》1964 年第 1 期；又收入曾憲通編《容庚文集》，中山大學出版社 2004 年，第 274—319 頁。
② 李家浩：《攻敔王光劍銘文考釋》，載《文物》1990 年第 2 期。

"業"在古代屬疑紐葉部字,"去"屬溪紐魚部字,聲紐雖近,韻部卻相隔較遠。但從"去"得聲的一部分字上古歸入葉韻,如却、怯、劫等韻母與業同在葉部,見、溪與疑同屬牙音,古音十分接近。金文"業"從"去"得聲,當是屬於這種情況的形聲字。E 例中山王壺的"業"字則是個集形體簡化與聲符省略於一身,屬於"省形兼省聲"的特殊形聲字,也是"業"字從有聲符到無聲符的過度形態。饒有興味的是,現今通行的簡體字作"业"者,依然保存著"版如鋸齒"的古形,可見"版如鋸齒"自古至今都是"業"字的基本特徵。

七、據原始聲符釋字

表7:

A 釋融（![字]　瘋鐘甲組,與乙組"業"互爲異文）

B 釋終（![字]　邾公釛鐘　"陸終"）

C 釋譏（![字]　上博簡　"《少弁》、《考言》:則言譏人之害也"）

D 釋融（![字]　望山簡、![字]　包山簡、![字]　楚帛書　"祝融"）

E 釋流（![字]![字]　古璽文、![字]![字]　郭店簡、![字]　上博簡　據簡文當爲"流"字）

F 釋鬻（![字]　望山簡、![字]![字]　包山簡　"媸禽"即楚先公"鬻熊"）

上表7從 A—F 六列古字,是見於先秦金文、璽印文和簡帛文上的原形字,它們都帶有一個重疊的"虫"符。古文字單複不別,此符本該是"蟲"字的簡寫。可是學術界對這六個從"虫"符的字的釋讀卻頗多歧見。究其原因,當與"虫"符所代表的古韻部在演進的過程中存在分合和變異有關。筆者以前曾寫過兩篇小文,《從"虫"符的音讀再論古韻東冬的分合》一文指出"虫"符在古文字資料中分別標示冬韻的終（表7－B）、融（表7－A）、鬻

（表7－F）和東韻的饔（表7－F）、用，這表明"蟲"符所反映的音韻系統應該是東、冬合用而不是東、冬分立①。因而支持于省吾先生關於上古音宜將冬部併入東部的說法②。

隨著新材料和新成果的不斷湧現，東冬合韻的理由已經站不住了，因作《再說"蟲"符》以論之③。究其緣由：一是由於郭店簡和上海簡"流"字的出現，湯餘惠氏釋古璽文"雍"而讀爲"饔食之璽"④。原來卻是"流"（表7－E）字，故由筆者改讀爲"廪食之璽"；二是黃君孟鼎的"永寶用"乃是"永祜福"的誤釋⑤。這樣，帶"蟲"符的字可讀爲東部韻的"饔"和"用"就不能成立了，從而排除了東冬合韻的可能性。另一方面，由於上海簡《孔子詩論》出現了"讒"字（表7－C），"讒"的古音屬侵部，這也就增加了"蟲"符代表冬侵合韻的可能性。音韻學家嚴可均等就主張將冬部合入侵部，因爲在《詩經》及《易》的押韻材料中，侵部字常與冬部字相押。加上癲鐘甲組和丙組銘文中的"融（表7－D）妥（綏）厚多福"，在乙組銘文中作"燮妥（綏）厚多福"，"融"與"燮"互爲異文，以及卜辭裏宵談對轉等語音現象，更增加了"蟲"符代表冬侵合韻的可信度。

總之，上述六例的古韻部不出幽、覺；冬、侵（葉、談）的範圍，說明"蟲"符具有相對穩定的同一性。所有這些，說明這個原始聲符所代表的語音

---

① 拙文：《從"蟲"符的音讀再論古韻東冬的分合》，香港中文大學《第三屆國際中國古文字學研討會論文集》，香港，問學社有限公司，1997年10月；又收入《古文字與出土文獻叢考》，中山大學出版社2005年，第101—106頁。
② 詳于省吾《釋屮、㞢兼論古韻部東冬的分合》，載《甲骨文字釋林》附錄，中華書局1979年，第463—471頁。
③ 拙文：《再說"蟲"符》，載《古文字研究》第25輯，中華書局2004年；又收入《古文字與出土文獻叢考》，中山大學出版社2005年，第107—114頁。
④ 湯餘惠：《略論戰國文字形體研究中的幾個問題》，載《古文字研究》第15輯，中華書局1986年，第15頁。
⑤ 李家浩：《包山竹簡所見楚先祖名及其相關的問題》，載《文史》第四十二輯，中華書局1997年。

現象，反映西周中期至戰國中晚期，冬部字還處在從早期的［-m］韻尾向［-ŋ］韻尾過渡的狀態。至於祝融的融《路史·後紀》作庸，漢畫石作誦，時代比較晚出，大概是冬部韻從侵部韻分出來，併入東部韻之後纔發生的。

綜上所述，研究古文字和出土文獻必須堅持如下幾條原則：一是突出以形爲主，從最早的字形入手，追溯其初形與朔誼；二是找出研究對象的問題點，儘可能詳盡地佔有歷時和共時的相關資料，排出字形發展的序列；三是運用形音義互相推求的原理，理清字形孳乳、字義引申和字音轉移的脈絡，確定關鍵字詞的音義；四是透過關鍵字詞掌握出土文獻的內涵，進而窺探語言、歷史、文化等現象與規律，揭示其中底蘊，從微觀以窺宏觀。

（作者單位：中山大學中文系）

關於《先師容希白先生遺訓》的一些說明

陳煒湛

一九八三年三月六日，恩師容希白先生仙逝，享年九十。煒湛追隨先生左右，前後逾二十年，時聆教誨，銘諸五內。一九八五年十一月，將當時記憶所及希白師關於治學爲人之語錄爲一輯，凡十五則，顏之曰《先師容希白先生遺訓》（以下簡稱《遺訓》），原意祇是永志不忘，留示後人，未嘗有發表之念。前年易新農、夏和順著《容庚傳》出版，在中山大學中文系舉行的首發式暨座談會上，煒湛言及先師恩澤及其晚年獨特言論，出示《遺訓》，逐漸爲人知。步雲弟請假觀，移錄一過，而置諸中山大學文體網，謂"以爲後人鑒"，遂爲網友所知聞。然而《遺訓》極爲簡略，如不作適當說明或解釋，讀者頗難理解其真諦，甚至有可能錯解誤會。

今年是先師逝世三十周年，明年又將迎來其百二十周年誕辰。近日重溫遺訓，思緒萬千，先師音容笑貌又宛在眼前，深感有必要也有責任對已公之於世的十五則《遺訓》作一些說明和解釋。茲謹依次扼要說明如下。

一、"廣東不是做學問的地方。"

二、"中大不是做學問的地方。"

所言"學問"主要是指古器物古文字之學。廣東不乏大學問家,中大也有許多權威學者在做"學問",先生此論實獨有所指。容先生早年北上京師求學,得覽大量古器物古文字,在羅振玉、王國維、馬衡、沈兼士等知名學者指導與幫助下,以《金文編》一書名世,燕京大學聘爲襄教授。廣東大學(中山大學之前身)成立後欲聘之爲教授,且許以高薪,容先生婉辭不受,認爲北京乃學術之都,廣東圖書資料匱乏,青銅器等實物不足,若離京南下,則學術研究難以爲繼,是以常居京師,潛心著述乃至抗日火起仍淹留不忍去。抗戰勝利後離京南歸,實屬不得已之舉。南歸後,由於客觀條件的限制,青銅器的研究即處停頓狀態,嗣後雖數度欲改編《商周彝器通考》,終因資料等原因而未能順利進行。"文革"前後,"做學問"的環境愈益惡劣,相比當年在燕京大學期間做學問左右逢源如魚得水的景況,無異天壤,先生遂有此感慨之論,且告誡弟子,要到文物薈萃之地參觀學習,多接觸實物,儘可能收集並研究新材料。

三、"搞古文字是沒有出路的。"

古文字學素稱絕學,常用力多而成功少,須潛心於斯,多年積累,方可稍見成效,絕不可能一蹴而就,憑花拳繡腿取得成功。是以若想藉古文字而找"出路"——謀官、獲利乃至飛黃騰達,則必落空。

四、"要學郭沫若,想自己的題目。"

"題目"實泛指研究方向、課題,並不僅限於論文。容先生對郭沫若極欽佩,認爲他善於利用已刊的古文字材料作文著書,故常教誨弟子,應多讀郭沫若的書,從中領悟治學之道,學習他"抓題目"的本領。事實上,"想題目"的過程,正是廣泛閱讀、潛心研究的過程,也是點滴積累反復思考的過程。所以,"題目"必須自己"想"。這方面,郭沫若是榜樣,應該向他學習。倘能"想"到前人未之及而不可無的"題目",便是大收穫,抓住它,便成功一半。倘能"想"到(發現)以往研究者之重大失誤或疏漏,亦即對立面,自認眞理在握,亦屬大好事,抓住它,也是好題目。先生此訓,旨在強調獨立思考,從事創造性研究。

五、"中國人喜歡獨唱,不喜歡合唱。"

此係比喻,以"唱"喻學術研究,尤其是社會科學研究。文革期間強調集體,凡"編著"、"編寫"、"編注"諸書均署集體名,多稱某某編著組、某某編寫組、某某編注組,或某某整理小組,中山大學中文系亦不例外,出版物但見組名,不見人名。容先生對此頗爲不滿,認爲這是不負責任、不敢負責任的表現。"集體負責,誰也不負責。"著書立說,刊之當世,流佈四方,傳諸後人,作者署其名亦即負其責。待到"文革"終結,"科學的春天"來臨,三十餘年來"獨唱"者日多,"合唱"者漸稀。至於"獨"與"合"的相互關係及各自優勢則見仁見智,各人見解容有差異,但"合"之多弊則是不爭之事實。且"合唱"者中難免有不聽指揮者,有濫竽充數者,有心不在焉而不發聲者,有裝模作樣而假唱者,欲望"合唱"成功實難乎其難。一旦令其

"獨"唱,關乎個人聲名顏面,自不敢草率亂"唱"了。

六、"搞政治的不要怕搞業務的,搞業務的不要怕搞政治的。"

政治與業務,紅與專,這曾是長期困擾中國新老知識分子的一個重要命題。相對於"搞業務"的專業人員而言,"搞政治"的若不熟悉相應業務,易被視爲外行乃至有空頭政治之嫌。而精通業務者平時少問乃至不問政治,又有被目爲"走白專道路"、"祇專不紅"之虞。在極左思潮肆虐時代,先生便曾成爲"拔白旗"對象,一大批優秀知識分子被視爲"白專"典型;而在專業人士心目中,某些"搞政治的"以整人爲能事,一旦得罪之便不免挨整,是以可"怕"。而某些"搞政治的"內心深處也生怕被人看不起,被"搞業務的"譏爲不學無術的空頭政治家,是亦可"怕"。在高等學校、研究機構,知識份子成堆之處,此爲普遍現象。改革開放之後,隨著極左思潮逐漸清除,情形大變,容先生乃有是論:搞政治的與搞業務的不要互怕,而應攜手並進。

七、"爲人民服務,不要爲家庭服務。"

這是容先生針對某些人以"家務多"爲藉口忙於家事而無心公事,不認眞工作且推諉敷衍提出的批評,強調應擺正家事與公事的關係,要爲人民服務,做好本職工作。

八、"塡鴨式沒有甚麼不好,祇要會塡,又肥又大。"

一九六五至一九六六年間,"教學改革"內容之一便是強調啓發式教學,批判灌輸式，而將後者喻爲塡鴨式。容先生認爲，教學中適當"灌輸"是有必要的；"塡鴨"亦有高下之分，並非一概不好。"會塡"者"塡"出來的"鴨"，如北京鴨，確是又肥又大，人見人愛。其實，容先生最擅長於啓發式教學，他指導研究生，總是強調"師父領進門，修行靠自身"，啓發、鼓勵學生獨立思考，精研原材料，取法前賢，想自己的題目，而絕無"塡鴨式"的授課形式（商師錫永先生亦然）。煒湛從師治學有年，即從無被"塡"之感。

九、"教材都是資產階級的？把無產階級的拿來看看。"

"文革"後期，校、系主管教學者於教材建設頗爲重視，爲編新教材，常將原有的教材斥爲"資產階級的"，聲稱要編出"馬克思主義的"或云"無產階級的"教材。以往的教材無論如何不可能"都是資產階級的"，容先生祇是對這種形而上學的說法甚爲反感，故有此問。事實上，並非每一學科的教材都具有強烈的階級性，都可依階級屬性予以分類。就中國語言文學而論，迄今也無法認定有多少種教材是"無產階級的"，再則，幾部同一學科的教材（如古代漢語、古文字學）放在一起，也斷難依階級屬性分別作出評判，評判的標準祇能是學術——是否代表或反映編著時的學術水準，是否吸收了當時最新研究成果。

十、"我是一匹野馬，我是一把鬼鎖。"

野馬鬼鎖之喻，或謂源自上世紀五十年代的一份"交心材料"。這是容先生對自己性格特徵的形象化表述。"野馬"性烈難馴，非"馬術"高超者不能御之；"鬼鎖"古怪奇特，絕非尋常鑰匙所可開啟。諺云"一把鑰匙開一把鎖"，開鎖者必須對所開之"鎖"有正確認識深入瞭解。對爲政者而言，如何馴"野馬"、開"鬼鎖"，在相當長的一段時間內，確是曾經忽略了或未作認真研究的問題。煒湛從師治學，亦嘗聞先生有此自喻，言畢復哈哈一笑而止。

十一、"無錢卦不靈，有錢卦就靈。"

世間金錢並非萬能，然許多事若無金錢又萬萬不能，學術研究即其一。"文革"後，商先生曾籌劃出版《中山大學古文字研究室集刊》，鼓勵、支持研究室人員撰寫論文，以《集刊》形式刊行。首集文稿（自商先生以下，張維持、馬國權、曾憲通、張振林、孫稚雛、陳煒湛等均撰有論文）均經商先生審定並請廖蘊玉先生繕寫，終因無經費，未能刊行。容先生乃歎曰："無錢卦不靈，有錢卦就靈。"以占卦為喻，不無金錢至上之嫌，但確是當年"無錢"出集刊而引發的感慨。學術研究尤其是古文字研究賺不到金錢，卻需要有金錢（或曰經費）支持，這一點，饒公選堂先生亦有同感。上世紀八十年代初煒湛隨選堂先生遊晉南，言及在日舉辦書畫展覽事，饒公曰："為了做研究、考察古跡（遺址、墓葬等），要想法賺點錢，我在日本辦書畫展，便是賺日本人的錢支持我的學術研究。"善哉斯言！奈何吾師終其老而未悟及此也。

十二、"沒有羅振玉，就沒有我容庚。"

這是容先生晚年常說的一句話，不論處境順逆，亦不論面對弟子後學或來訪賓客，祇要言及其學術成就，言及青銅器及銘文研究，言及其成名之作《金文編》，都少不了這句感恩之言。這是發自肺腑的最濃縮的感恩之言，歷數十年而不易以至終老。羅氏當年的知遇之恩，容先生真正做到了感激終生，沒齒不忘。

十三、"不要同郭沫若辯論，文章寫不過他。也不要去惹唐蘭、于省吾。"

容先生常言："文章寫不過郭老（沫若），字寫不過商老（承祚）。""文革"前，在關於王羲之蘭亭序帖真偽的論爭中，容先生保持沉默，未發表意見，商先生則撰長文《論東晉的書法風格並及蘭亭序》（刊於《中山大學學報》一九六六年第一期）與郭沫若辯論。未幾，"文革"火起，論爭遂停。一九七六年春，陝西臨潼出土西周初之重器利簋，引起文物考古界的重視，唐蘭、于省吾均作了考釋，商先生則撰《關於利簋銘文的釋讀——與唐蘭、于省吾同志商榷》一文，刊諸一九七八年《中山大學學報》第二期。文章發表後，于氏很快給中大學報寄來答辯文章，學報編輯徵詢商先生意見，商先生說："當然照登。"于文隨即刊出。容先生"不要……""也不要……"之論既是對商先生的友善勸告，更是對弟子們的誡勉，恐怕也是他幾十年學術生涯中積累的經驗之談。此論前半句易解，因為文章寫不過，後半句則頗費解，為何"不要去惹"？莫非容先生認為唐、于二氏"難纏"？煒湛姑留此疑，以俟高明釋之。

十四、"做學問寫文章猶如廚師炒菜。"

此喻極為通俗易懂，毋須再作解釋。與此類似者，容先生另有一說："戲法人人會變，各有巧妙不同。"旨在強調治學為文應有創造性，有與眾不同之獨特與高超。

十五、"不能掛牌不唱戲。"

　　梨園規矩，角兒掛牌唱戲，天經地義。容先生晚年曾多次要求退休而不可得，說："國家規定六十歲退休，我八十多歲還不讓退，沒道理。"爲何要退休？除了"年老耳聾眼花手顫"外，"不能掛牌不唱戲"便是重要的一個理由。隨著年事日高，雖心繫學術而不能忘懷，容先生總覺得自己"掛"著教授的牌子，但實在已"唱"不了教授該"唱"的戲了。他有時還同年輕人開玩笑："不讓退休，叫我白領工資。不敎書，不做事，拿的錢比你（們）整天上班的還多，不公平。"在容先生看來，在位者謀其政，任職者謀其事，如同演員掛牌唱戲，方爲正常現象。環顧當今高校，掛各種"牌"而不唱相應之"戲"者不知凡幾，容先生此訓亦足振聾發聵。

二零一三年八月寫於三鑒齋

（作者單位：中山大學中文系）

略論容庚先生的漢字發展觀①

黄德寬

作爲《東莞歷代著作叢書》之一種，莞城圖書館編纂的《容庚學術著作全集》（全二十二冊），2011年由中華書局出版。容庚先生學問淹博，治學謹嚴，著述宏富，形成了"以目錄爲階梯、以原材料爲基礎、以考據爲手段、以善通變爲目標的治學特點"②。《全集》收錄其學術著作凡二十四種，涉及目錄學、考古學、考據學和古文字學等相關領域。容庚先生之於古文字學用力最深，甲骨、金文、石刻等皆有著述，尤其是他傾畢生心血所著《金文編》，成爲研習古文字學者必備的案頭著作，對古文字學的發展產生了深遠而持久的影響。

容庚先生研究古文字不僅重視原始資料的搜集、鑒別和整理，而且也善於進行文字構造的分析和形體變遷的推求。他曾明確指出："文字學之目的有三：一窮造字之本原，二定文字之義恉，三明演變之程序，達此目的之途徑，不外選材與求證。"③ 通過"選材與求證"，揭示文字構造和演變的規律，容庚先生逐步形成了自己對漢字發展的基本認識和觀點。這些認識和觀點，也就是他的

---

① 本文是爲紀念容庚教授誕辰一百二十周年學術研討會所撰寫的論文。曾憲通先生長期擔任容庚教授的學術助手，以傳承發揚容先生的學術爲己任。今適逢先生八秩華誕，謹以此文奉呈先生賀壽文集，先生必當所樂見也。
② 見中華書局編輯部《容庚學術著作全集・出版說明》，中華書局2011年。
③ 《中國文字學形篇》第17—18頁，收入《容庚學術著作全集》第一〇冊。

漢字發展觀。容庚先生的漢字發展觀主要見於他爲《金文編》（1925 年初稿、1938 年重訂、1959 年修訂、1985 年增補）、《秦漢金文錄》（1931 年）、《金文續編》（1934 年）等著作所撰寫的自序以及他的《中國文字學形篇》（1931 年）、《中國文字學義篇》（1932 年）和《簡體字典》（1936 年）等著作中。下面擇其大要，略作闡述。

一、漢字發展的自然觀。容庚先生認爲漢字的形成和發展遵循自然演進之理，任何演進變化都不是突然發生的，也不是由某一個人之力所能改變的。他說："天下事物，無一成不變之理；然其變也，皆有跡轍之可循。"① "文字之變遷，其出於自然之趨勢乎，由古文而籀文，而小篆，皆以漸變，而非頓成。"② "蓋文字遞嬗遞變，非一人所能獨創。"③ 基於漢字的自然演進觀，容庚先生正確地闡明了漢字發展演進的歷程和軌跡，認爲 "今由《說文》而上溯金文，由金文而上溯甲骨文，則其沿革之跡，固昭然可考"④。"吾敢斷言之曰，古籀篆者，乃自然之蛻變也。隸正草行，苟趨簡易，其理亦然"⑤。這些看法符合漢字發展演進的實際，是從材料的考辨分析中得出的正確結論。從漢字自然演進觀出發，容庚先生進而對文字學史上關於漢字形成、發展的一些傳統學說進行了辨析，提出了自己的看法，如：他指出倉頡作書與河圖洛書說 "荒渺無稽"、太史籀乃係誤 "籀書" 之 "籀" 而爲人名⑥、科斗書 "作科斗形者乃由臆造"、小篆 "非李斯一人所獨專"、《書斷》論十體書之作 "一一指人名而實之" "斯亦惑矣"，等等⑦。循文字自然演進之理，容庚先生還總結出 "關於確定文字演變程序之方法"，得到 "八條規律"，即：（一）在探究字源

---

① 《中國文字學形篇》第 18 頁，收入《容庚學術著作全集》第一〇冊。
② 見《金文編·容序》，中華書局 1985 年，第 23 頁。
③ 《中國文字學形篇》第 25 頁，收入《容庚學術著作全集》第一〇冊。
④ 見《金文編·容序》，中華書局 1985 年，第 24 頁。
⑤ 《中國文字學形篇》第 28—29 頁，收入《容庚學術著作全集》第一〇冊。
⑥ 用王國維說，見王氏《史籀篇疏證·序》，收入《觀堂集林》卷五，中華書局 1959 年。
⑦ 見《金文編·容序》、《中國文字學形篇》第二章等。

之先，宜確定一字之最古形式及意義，並注意其年代；（二）比較甲乙二字，其愈近於圖畫者愈古；（三）比較甲乙二字，其獨體之字較合體之字爲古；（四）甲乙二形聲字，可從其得聲之文而定其先後；（五）同訓而異名者，宜考察其歷史及地理之關係；（六）同一聲母或韻母之字，宜考察其展轉引申之義；（七）形聲之字，宜並考察其聲中所含之義；（八）凡一種解釋祇能適用於一字而不能適用於與之相關之字者，不宜採用①。這些確定文字演變的程序和方法，是對漢字演變現象深入研究基礎上獲得的，也可以說是漢字發展規律的總結，其體現的正是漢字發展的自然觀，對漢字發展研究具有指導意義。

漢字發展的自然觀立足於漢字發展演進的實際，同時也是對以許慎等爲代表的傳統文字學者關於漢字發展認識的繼承和發揚，對推進漢字發展研究、廓清一些認識上的混亂具有重要的理論價值。

二、漢字發展的符號觀。語言文字的符號性質，西方學者索緒爾有過深入論述，中國傳統語文學並沒有語言文字爲"符號"一說。容庚先生對文字的符號性質有明確的表述，他認爲："文字學者，研究語言符號之構造及其演變之學也。我國文字，乃屬意標，形與音離，故其研究當將形義音三部分別考察。自三代以來，變遷實繁：字形則自古籀而篆書，而隸書，而正書，而草書，而行書。字義則自象形、指事，而會意、形聲，而轉注、假借，而歷代訓詁。字音則自周秦兩漢古音，而《切韻》《廣韻》，而《平水韻》，而注音字母，及各地方言。非研究文字學者不能洞其奧也。"② 可以看出，容庚先生受到了現代語言學理論的影響，已經用"語言符號"來指稱文字了，這反映了文字學理論的進步。值得注意的是，他能夠將一般意義上的文字是記錄語言的"符號"進一步具體化到漢字系統，結合漢字的特點和實際，指出漢字"乃屬意標（即標意的符號，引者按），形與音離"，而且充分認識到漢字"自三代以來，變遷實繁"。他明確地指出："今日正書之體，已非昔日篆書之體。而

---

① 見《中國文字學形篇》第20—24頁，收入《容庚學術著作全集》第一〇冊。
② 見《中國文字學形篇》第6頁，收入《容庚學術著作全集》第一〇冊。

象形指事，已嬗變爲符號，如鳥與馬同足，肉與舟同形，九加點以爲丸，十加二以爲斗，非復舊觀。"①"然吾人認字，第認爲某字之符號，豈復有推求其如何象形，如何指事者哉？"②這些論述闡明了漢字經歷漫長的形體變遷之後而成爲無法明了其構形初意的純粹"符號"，實際上揭示了漢字形體逐步符號化這一重要事實。這與一般意義上文字乃"語言符號"的看法相比，是符號理論在漢字研究中的深化和發展，可以稱之爲漢字發展的符號觀。漢字發展的符號觀，充分體認到從商代甲骨文、西周金文發展到秦漢隸書和魏晉楷書之後，早期漢字形體的形象性逐步消失，漢字內部形、音、義關係發生了一系列調整，逐步演變成爲約定俗成的純粹符號系統。

漢字發展的符號觀，是容庚先生長期浸潤於歷代文字材料之中，仔細觀察漢字發展變遷的事實之後形成的理論認識的升華。雖然容庚先生沒有充分論述他的這種觀念，但從不同著作的簡潔論述中，完全可以體會到這種觀念確實始終在影響他對漢字有關問題的思考。在《金文續編·自序》中，他說："今之楷書，已變爲符號，非復象形、指事之舊。試思四足之鳥，兩腳之犬，方形之日，白水之泉，象何形狀？奉秦奏泰春之首皆從夫，奚冥具樊莫之足皆從大，能區別之者有幾何人？"③類似的論述還見於《簡體字典·序》中，他認爲："吾國字體變遷亦數矣：由古文而小篆，而隸，而楷，而行草，象形指事之文，已嬗變爲符號。"從這些反復的論述中，我們能明確地看出容庚先生對漢字的符號化及其產生的影響所給予的高度重視。

容庚先生對漢字符號化的基本看法和觀點，符合漢字符號體系發展的實際情況，對文字學理論的完善、漢字發展史的研究都是有價值的貢獻。

三、漢字發展的簡化觀。漢字發展由繁而簡的事實是顯而易見的，因此，關於漢字繁簡的論述見諸各類文字學著述之中。容庚先生之論漢字簡化問題，

---

① 見《中國文字學義篇》第324頁，收入《容庚學術著作全集》第一〇冊。
② 見《中國文字學形篇》第325頁，收入《容庚學術著作全集》第一〇冊。
③ 見《金文續編·自序》第5頁，收入《容庚學術著作全集》第五冊。

遠別於一般的泛泛之論。他從先秦而當代，立足於漢字發展的大量事實和變遷軌跡，探討漢字由繁而簡的客觀發展變化，指出："文字變遷，由繁而簡，秦漢二代，其篆隸嬗變之時乎，由隸而楷，於今復千六百餘年矣。使字體而盡美盡善也，雖百世不變可也。第此繁重之字體，已為識者所指疵，愚者所毀棄，有蛻變而為簡字之趨勢矣。"① 他還考察了秦漢金文材料，發現秦漢金文中出現的簡筆字，如"登"、"善"、"者"、"幽"、"爵"、"饑"、"嗇"、"夏"等，"不可悉數，或為今楷書之所從出，或視楷書為更省，以為簡字之先例。""觀於秦漢簡字之流行，益堅吾改革字體之信矣。"② 容庚先生對簡化字的認識較為穩妥辯證。他認為："簡字的需要是沒疑問的。簡化的程度，以甚麼為止境，意見各不相同。我的簡字，別人可以比我更簡。但是字越簡，離原字的形體越遠，認識越難，就不能通行於社會。例如草書，筆畫非不減省，所以不能通行，就是正、草兩種字體太不相同，難於學習的緣故。故我的主張，簡化部首，去太去甚，以易識易寫為主，與正書不要相去太遠。"③ 在清末以來漢字改革運動的大背景下，方方面面提出了各種文字改革方案，主張廢除漢字而實行拼音文字的觀點具有很大的社會影響力。容庚先生則通過研究漢字體系內部由繁而簡的發展軌跡，認為簡體字流行乃勢所必然，而且明確提出自己的主張，即簡字的通行取決於兼顧"易識易寫"，便於學習，與正書不宜相差太遠。容庚先生的漢字簡化觀，今天看來依然顯得謹慎穩妥，在當時能提出這樣的看法來確實難能可貴。

　　容庚先生不僅對漢字簡化有着清醒的理論認識，而且還是簡體字的積極推進者和實踐者。基於對漢字簡化規律的認識，在《中國文字學義篇》中他專門列一節，討論"今後文字之改革"問題，提出自己的簡體字構造主張，還介紹了錢玄同《減省現行漢字的筆畫案》中所列舉的八種簡體字構成方法並

---

① 見《金文續編·自序》第4頁，收入《容庚學術著作全集》第五冊。
② 見《金文續編·自序》第4—5、6頁，收入《容庚學術著作全集》第五冊。
③ 見《頌齋述林·輪廓字序》，第840頁，收入《容庚學術著作全集》第二二冊。

深表贊同①。對漢字由繁而簡必然性的認識，促使容庚先生親自進行簡體字的改革實驗，編寫了一本頗有影響的《簡體字典》，並在燕京大學課堂上講授②。他還用簡體字撰寫自己的學術著作《頌齋吉金圖錄》和《金文續編》。

　　容庚先生的漢字發展觀雖然受到一定時代學術發展的影響，但是更多地則反映了他自身對漢字發展演變的認識成果。容庚先生從古文字原始材料出發，潛心研究了殷商甲骨文、兩周金文、秦漢文字以至魏晉以下的楷書文字，對漢字發展演進的各種現象有深入的觀察分析，從而逐步形成對漢字發展演進的基本認識和觀點，這使得他的漢字發展觀經過歷史的檢驗而越發顯示出其理論價值，對我們今天更好地開展漢字發展研究和文字學理論建設仍然具有重要的啓迪意義。

（《頌齋吉金圖錄》自序首頁/1933 年）　　　　（《簡體字典》選頁/1936 年）

---

① 見《中國文字學義篇》第 324—329 頁，收入《容庚學術著作全集》第一〇册。
② 見《簡體字典》及序文，收入《容庚學術著作全集》第一四册。1950 年教育部編寫《常用簡體字登記表》，《簡體字典》列爲主要參考資料，可見其影響。

附記： 容庚先生的漢字簡化觀在 1955 年所寫的《我對於漢字簡化方案草案的意見》中有更集中的反映。《意見》手稿原刊於《頌齋珍叢》（廣東人民出版社 2009 年），又收入曾憲通先生所編的《容庚雜著集》（中西書局 2014 年）。本文撰寫時未能注意到這篇重要的文獻，《古文字研究》第 30 輯（中華書局 2014 年）發表的董琨先生《容庚先生對於漢字改革的貢獻》一文引用了《意見》，讀者可以參看。

（作者單位：安徽大學漢字發展與應用研究中心）

牛戈堂讀圖記
——商"亞疑"刀全形拓本

吳振武

先秦有銘銅刀甚少,相對而言,多數還集中在商代,然並非所有有銘商刀均有理想的圖像刊佈。這裏將要介紹的一件有銘商刀全形拓本,是偶然發表的,其價值或有過於其已刊佈的示意圖和照片。

熟悉青銅器的學者都知道,"亞疑"是商代晚期一個很有名的族氏,遺留下來的青銅器不少。上海博物館藏有"亞疑"刀一件,其銘文拓本首見於《殷周金文集成》第十八冊①,編號爲 11813。

此刀器形過去祇在已故馬承源先生主編的《中國青銅器》教材中出現過,是一張很簡陋的示意圖,既未畫出銘文(原因詳下),也無尺寸;且 1988 年初版時未記器名和藏所,直

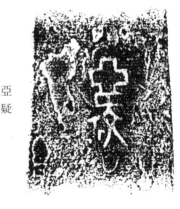

亞疑刀

亞疑

11813

(此圖採自《殷周金文集成》
2007 年修訂增補本)

---

① 中國社會科學院考古研究所:《殷周金文集成》第十八冊,中華書局 1994 年。

到 2003 年修訂本中方標明器名和藏所①。最近出版的嚴志斌《商代青銅器銘文分期斷代研究》第二編 "商代有銘青銅器器形綜覽" 於此器採用的似乎就是這張示意圖②，祇不過用電腦作了放大、翻轉、調整等技術處理（上册第 0869 頁第 5408 – 11813 號）：

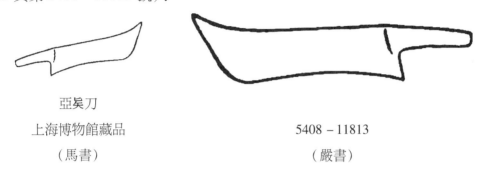

亞吴刀
上海博物館藏品 　　　　　　　　　　 5408 – 11813
（馬書） 　　　　　　　　　　　　　　（嚴書）

但是嚴書在第一編 "商代青銅器銘文分期斷代綜述" 之 "器形來源" 下標此器圖像來源於吴鎮烽《商周青銅器銘文暨圖像集成》18318③（上册第 0295 頁），卻是不正確的，因爲吴書配發的是下揭照片而非這張示意圖：

依據吴書關於此器的 "著錄" 情況看，此器照片很可能是由吴書首次發表的，其貢獻不僅是首次刊佈了此器全形照片（當然也包含了銘文照片），還在一定程度上幫助我們確定了上揭示意圖與銘文拓本之間的聯繫，並使我們由此知道，示意圖所畫的其實是刀的背面，即無銘文的那一面。嚴書無端將示意圖作水平翻轉，背面因此而成 "正面"，是不可取的。但限於體例，這張 10cm

---

① 馬承源主編：《中國青銅器》，上海古籍出版社 1988 年，第 72 頁圖 4；修訂本，2003 年，第 51 頁圖 4。
② 嚴志斌：《商代青銅器銘文分期斷代研究》，社會科學文獻出版社 2014 年。
③ 吴鎮烽：《商周青銅器銘文暨圖像集成》，上海古籍出版社 2012 年。

×6.2cm 的黑白照片還不容易看清細節。

以上便是此"亞疑"刀的圖像發表情況。

最近買到幾冊過期的拍賣會圖錄，無意中發現《中國嘉德 2013 春季拍賣會——古籍善本》（北京，2013 年 5 月 10 日）中刊有一張極好的此刀全形拓本：

此拓出於 2047 號拍品——高絡園輯拓《樂只室古器款識》（估價人民幣 40—45 萬元）。據介紹，此拓本集原四巨冊，內收金文、銅鏡、量器、兵器、古幣、造像、硯拓、磚拓、瓦當、扇拓等共計 775 紙。圖錄中縮印 15 紙，此即其一。這張拓本原是由此器收藏者孫鼎（師匡）拓贈高絡園的，其上有孫氏題辭：

商刀傳世多素，有款識者僅羅振玉及于省吾各得一器，至《周金文存》所著錄者眞贗（贗）莫定矣。去歲暮秋得獸形刀，制（製）作之奇，古兵中所罕有。今年新春，洪玉林氏爲余購此刀於故京，深幸古緣不淺也。拓呈
樂園先生鑒定清賞
　　　　師匡藏古拓呈

下鈐"乾坤一腐儒"白文印。圖錄中同時選印的另一張孫氏手拓並題贈高氏的好大王墓磚拓本上，則鈐有"孫

鼎"白文印。經與網絡檢得下揭孫氏字跡比對，可知此拓題字不僞：

又經刀體鏽花比對，可以確定此器即上博所藏者。

此拓十分精彩，不僅拓出刀體全形，還完整拓出了刀脊上的網狀花紋（或稱菱形紋、三角紋）。其好處可以總結出以下三點：

（一）相對於馬書的示意圖而言，此拓可使我們清楚地知道銘文的位置與文字的書寫方向。其銘文的位置與文字方向，也正符合商刀銘文的通例。這種通例，可以作爲我們鑒定商刀眞僞的依據。如下揭一件著錄於劉體智《小校經閣金文拓本》10.111下的所謂"子執戈削"，從器形與紋飾看，是典型的東周時期的北方青銅器，其上出現商代銘文，本已是不倫不類，現從其銘文書寫方向判斷，亦可知是僞物，至少銘文是僞作無疑。

（二）相對於《殷周金文集成》的銘拓而言，此全形拓不僅反映出刀的全貌，還可以據此推算出此刀的大小。經用電腦擬合兩種拓本後計算，此刀尺寸約爲：通長 31.7cm，柄長 7.9cm，刀身寬 4.8—5.9cm。需要說明的是，一般情況下，拓本在裝裱後，尺寸會略大於原器。

（三）相對於吳書的照片而言，此拓所呈現出來的刀脊紋飾，是照片上完全看不到的。其反映的正是商刀的鑄造工藝特徵。下揭四件商刀的脊背上，都有類似的網狀紋飾，可資比較①：

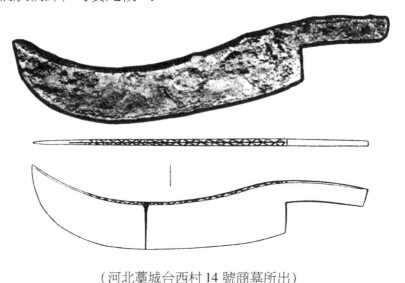

（河北藁城台西村 14 號商墓所出）

---

① a. 河北省文物研究所：《藁城台西商代遺址》，文物出版社 1985 年，圖版八九：4 及第 124 頁圖七三：11。b. 中國社會科學院考古研究所安陽工作隊：《河南安陽市郭家莊東南 26 號墓》，《考古》1998 年第 10 期，第 46 頁圖二二：下及第 45 頁圖二〇：4。c. 江西省博物館等：《新干商代大墓》，文物出版社 1997 年，彩版三一：1 及 109 頁圖五五（！）。d. 私人收藏品，採自網絡。

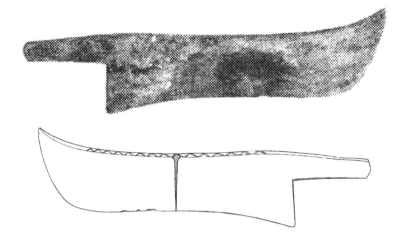

（河南安陽郭家莊東南 26 號商墓所出）

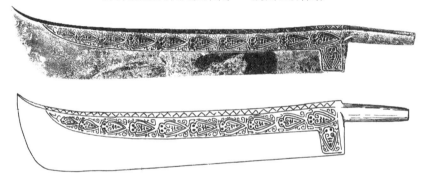

（江西新干大洋洲商墓所出）

（私人收藏）

這種刀脊上的網紋，推想不僅僅是一般性的裝飾需要，更重要的當是便於澆鑄後快速脫範。若是在翹鋒型刀上，這種網紋則往往祇出現於刀體的脊部而不出現於鋒脊，"亞疑"刀全形拓也同樣很準確地反映出這一點。這些知識對於關心商代鑄造工藝和青銅器鑒定的學者來說，當不無裨益。

可惜題辭未記年月，估計孫氏獲得此刀的時間或在建國之前。孫氏夫婦建國後捐贈青銅器予上海博物館事，陳佩芬先生在其著《夏商周青銅器研究——上海博物館藏品》一書的自序中曾有提及①，推想此刀或即當年孫氏捐贈上博的。題辭中所說的"去歲暮秋得獸形刀，製作之奇，古兵中所罕有"，應該就是所謂的"鄂爾多斯式"青銅刀，屬北方青銅器。猜想此"獸形刀"今天或許也同在上博了，暇時當問問周亞先生。

關於孫鼎先生，古文字學者能想起來的，大概就是上世紀40年代他與兄孫濤一同整理編印了舅父周進（季木）的藏陶集《季木藏匋》（1943年），這當然是民國年間編印得最為考究的一部陶文圖錄。其實，他與孫濤倆人的一生事功都十分輝煌，絕非一部《季木藏匋》所能涵蓋。現據網上所獲資料，略記其生平事跡如下：

孫鼎（1908—1977年），字師匡，安徽桐城人。3歲喪母，11歲亡父，由舅父周叔弢（著名收藏家、企業家，解放後曾任天津市副市長）撫養成人。受舅父影響，亦喜收藏。

1921年，入天津南開中學讀書。1926年，考入上海交通大學電機工程系。1930年畢業後，赴杭州電氣局任實習員。次年2月至滬，任上海亞洲電器公司工程師，從事高壓直流電機和無線電變壓器的設計。後晉升為設計室主任工程師。1933年2月，被聘任為華通電業機器廠總工程師。1938—1945年兼任經理。在此期間，他還先後投資創辦玲奮電機廠、中國電機廠、新業電化廠和天昌電化廠等企業，任廠長和工程師。試製生產電機、電石、炭化矽、人造石墨、金屬鈉等產品。

1945年6月，舅父周志俊聘他為久聯設計委員會機電組負責人。1946年7月，

---

① 陳佩芬：《夏商周青銅器研究——上海博物館藏品》，上海古籍出版社2004年。

他在上海創建新安電機廠（先鋒電機廠前身），任總經理兼總工程師。曾組織技術力量攻關，仿製英國 40 馬力的變速電機，於 1947 年試製成功。產品暢銷，可與英製產品媲美。1949 年 6 月，又在天津開設新安電機廠分廠。至 1954 年公私合營前夕，上海新安電機廠已從數十人的小廠發展成 700 人的中型企業。從生產小型電器發展到能生產中型交直流電動機、變壓器、高低壓開關設備、鐵路信號裝置等多種產品。其規模是當時全國私營電機廠中最大的一家。

　　1954 年 2 月，新安電機廠批准公私合營，任第一副廠長，負責技術工作。同年，加入中國民主建國會，並當選爲市工商聯執行委員。1955 年 9 月，出席中共中央在上海召開的工商界代表人士座談會，受到毛澤東主席等中央領導人接見。1956 年 1 月 9 日下午，毛澤東主席又在上海錦江飯店接見，並共餐。他深受感動，主動要求提前放棄全部定息。同年 11 月，出任上海市旋轉電機製造公司副經理。1959 年 10 月，他作爲特邀代表出席上海市先進生產（工作）者代表大會。1960 年 2 月，他捐獻 31 件歷史文物給國家，受到中華人民共和國文化部褒獎。1961 年 2 月，調任上海市電機工業局副總工程師。先後對鑄造、電機、電器、絕緣材料的質量升級進行調查研究，並組織革新攻關。1961 年，他經過試驗論證，提出以玻璃纖維代替棉紗繞紮電機線圈的設想，開闢了新材料使用的新途徑。

　　"文化大革命"中，受迫害審查達 8 年之久。1975 年 8 月，又被下放到上海第一汽車附件廠。處於如此逆境，他仍一如既往，手不釋卷，孜孜以求，探索原子能、計算機、風力發電和改進絕緣材料等新課題。1977 年 9 月 22 日，因癌症逝世於上海。生前曾任全國第三、四屆政協委員，民建中央委員，上海市第三、四、五屆人大代表和市工商聯常委等職。

我們這代人，從小就聽一"神話"長大，即舊中國落後到"連一根釘子都不會造"，記得多年前長沙鍾叔河先生已據事實作了駁斥，現在看看孫先生的一生事功，可證鍾說不誣。

拓本受贈者高絡園即高時敷，其生平據《中國篆刻大辭典》及拍賣圖錄介紹①，可概括如下：

---

① 韓天衡主編：《中國篆刻大辭典》，上海辭書出版社 2003 年，第 299 頁。

高時敷（1886—1976 年），字繹求，又作弋虬，號絡園。室名樂只室、二十三舉齋、定思齋、格廬、吳太平鏡齋、長生草堂等。現代收藏家、篆刻家。浙江杭州人，寓居上海。工書畫，精篆刻，爲西泠印社早期社員，與兄高時豐、高時顯（野侯）並稱"高氏三傑"。亦精鑒別，富收藏，所藏畫、印多精品。輯有《樂只室古鉨印存》、《樂只室印譜》、《次閑篆刻高氏印存》、《二十三舉印摭》、《二十三舉印摭續集》、《二陳印則》、《丁黃印範》等。1939 年與丁仁、葛昌楹、俞人萃各出所藏輯成《丁丑劫餘印存》二十卷，爲印譜中之名著。

（採自王佩智等《西泠印社老照片續集》，杭州，西泠印社出版社，2012 年）

以上即是我們所要介紹的商代"亞疑"刀全形拓本及相關情況。

最後順便提一下，本文寫作時因曾通檢吳鎮烽《集成》一書中的"刀、削"部分，發現下揭二器斷代有誤，應當剔除：

18306. 苣刀（柜刀）

【時　　代】西周時期。
【尺　　度】通長 10.7、寬 1.3 寸（善齋）。
【形制紋飾】窄長，脊加厚，長條形柄，橢圓形環首。
【著　　錄】善齋 11.38，小校 10.111.5，集成 11809。
【銘文字數】柄上鑄銘文 1 字。
【銘文釋文】苣。

18325. 錯金銘文削

【時　　代】春秋晚期。
【出土時地】2010 年 8 月見於西安。
【收 藏 者】某收藏家。
【尺　　度】通長 19.4 釐米。
【形制紋飾】窄長條，削鋒上尖下弧，刀背略厚，柄較寬，後有環形首。
【著　　錄】未著錄。
【銘文字數】柄上有錯金銘文 2 字。
【銘文釋文】不識。

18306"苣刀"原是大收藏家劉體智的藏品，曾著錄在他的《善齋吉金錄》（11.38 上下，1934 年）和《小校經閣金文拓本》（10.111 下，1935 年）中，這兩部書本非僅收先秦銅器；18325 錯金銘文削則是近年出現的私人藏品，我曾在北京潘家園的古玩城裏見過原器。前者《殷周金文集成》即已收錄（第十八冊，11809），時代定爲"西周"，吳書意見相同；後者吳書定爲"春秋晚期"。其實如果熟悉秦漢器物的話，這兩件器物僅從形態上看，即可知道它們都是漢代的東西。特別是刀柄與環首連接部位的作法，堪稱典型。至於兩器銘文，更非先秦文字。前器上的所謂"苣"字，實是從"木"從"五"，劉體智在《善齋》一書中即已論證過它是"梧"字的異體（11.38 下），其右旁跟"巨"的古文寫法毫無關係。過去嚴一萍《金文總集》不收此器是很正確的。後一器上的兩個錯金字，吳書不識。細察後一字是"矦"字，當是表示"某侯"所作或所擁有之器。這樣寫法的"侯"字，當然不會是先秦古文字，將其斷在漢代，正是適宜的。

2014 年 9 月 29 日起草於珠海
2014 年 10 月 3 日完成於長春

追記：

（一）小文寫成後，又查閱了幾種青銅器書刊，居然在上海人民出版社 1982 年出版的馬承源先生《中國古代青銅器》一書中發現了上博這件"亞疑"刀的最早照片（圖版十四：4）：

此書原本祇有 32 開大小，限於當時的印刷條件，這張縮得很小的黑白照片祇能看見器物的輪廓。又因拍攝的是器物的背面，即無銘文的那一面，故很容易被學者所忽視。書中記此器長 30.5cm（51 頁），本文的推算結果與之相近。（2014 年 10 月 7 日）

（二）小文打印後托人帶給史語所陳昭容先生求教，承她來

信告知，此刀曾在馬承源先生編的 *Ancient Chinese Bronzes* 一書中發表過彩照（79 頁，紐約：Oxford University Press，1986 年），史語所的網絡數據庫"殷周金文暨青銅器資料庫"即採用了這張彩照（11813）；而吳鎮烽先生書中印出的那張照片，也正是同一張照片，祇是吳書未彩印及標明圖像來源而已。十分感謝陳先生的指教。一刀之微，即曲折如此，吾人正需不斷努力。（2014 年 10 月 22 日）

（作者單位：吉林大學古籍研究所；出土文獻與中國古代文明研究協同創新中心）

中山大學古文字研究所藏甲骨文字紹介

譚步雲　黃光武

　　容希白、商錫永二先生工作過的中山大學古文字研究室（研究所前身），藏有昔年友朋贈予二老的甲骨文二種：一爲實物，一爲拓片。這些文物，多年來祇作爲甲骨學課程的教具，而從未向外介紹。爲便於甲骨文的綴合、整理和研究，筆者以爲有必要予以公佈，以利天下學者。茲據原序次簡釋如下（同版各段卜辭之間以｜符號分隔。闕文以省略號出之，或據文意逕補，置於〔　〕之內。請參看本文所附照片、摹本及拓本）。

A. 實物（16片）
　　原有17片，均藏於一盒之內，後不愼遺失一片，又有一片一裂爲二。都是小塊殘片，係沈維均先生1959年所贈。

A1. ……卜，出貞：今夕雨？三
按：此辭見貞人"出"，當爲祖庚、祖甲時物。

A2. ……貞：其……辛……
按：以字體觀，當爲武丁時物。

A3. ……爭貞：隹……

按：此辭見貞人"爭"，當爲武丁時物。

A4. ……其隹……
按：以字體觀，當爲武丁時物。

A5. ……勿酌……
按：以字體觀，當爲武丁時物。

A6. ……茲……甲（七？）……
按：此辭殆亦武丁物。

A7. 正：……㱿貞：……｜反：夌入五百
按：此辭有貞人"㱿"，爲武丁時物。查《殷墟甲骨刻辭類纂》、《殷墟卜辭綜類》，此辭似尚未著錄。

A8. ……勿……兄丁……
按：此辭見"兄丁"稱謂，結合字體分析，當爲武丁時物。

A9. □戌卜，出貞：……執（？）七月。
按：此辭見貞人"出"，當爲祖庚、祖甲時物。

A10. ……曰：癸卯……

A11. 癸卯卜……王今……
按：據"王"字字形，當知此辭爲帝乙、帝辛時物。

A12. ……隻屮於……

按：據"屮"字，知爲武丁時物。

A13. ……至……今……

A14. ……𠂤貞：……[者]子……
按：[者]或釋爲"者"。如是，此處可能讀爲"諸"。辭中見貞人"𠂤"，知爲武丁物。

A15. ……𠂤……
按：此辭時代同上。

A16. ……戌卜……

B. 拓片（44 紙，重出 3 紙）

　　這些拓片爲方孝岳先生所贈，44 紙裝訂成一册，封面署"《殷契拓片》——裦蜀（散庵）所藏"，册内鈐"胡伯廉印"。據查，這些拓片多已著録，也有未著録者。

B1. ……貞：旬[亡囚]？｜癸卯卜，貞：旬亡囚？｜癸酉卜，貞：旬[亡囚]？｜……又……
按：此辭署序數，當武丁時物，惟不知是否已著録。

B2. □酉卜，逐貞：王窒歲不遘大雨？
按：此即《合》24879，業已部分綴合。

B3. 丁丑卜，㱿貞：王延步……小告。
按：此即《合》5213 正。原作失拓反面。

B4. 己卯卜，貞：……｜庚辰卜，貞：宁屮龡莽匕□歹在茲？
按：此即《合》18805。

B5. 戊午卜，即貞：今夕亡囚？｜己未卜，即貞：今夕亡囚？

B6. 貞：勿隹王往乎……｜……乎……臣……吾……
按：此辭似尚未著錄。

B7. 癸……｜癸亥卜，出貞：旬亡囚？十月。｜……卜，□貞：［旬］亡［囚］？

B8. 丙辰卜，□貞：羽……莽叀……｜貞：於入自日？｜……叀來……方乎……
按：此即《合》24406。

B9. □卯卜，旅貞：王㱃昇亡尤？
按：此即《合》25767。

B10. 甲子卜，貞：今□王勿罙歸？九月。
按：此即《合》10719。

B11. 庚戌［卜］，曰貞：用茲？
按：此即《合》25017。

B12. 甲申卜，□貞：羽乙［酉］……且乙，歲其又羌？
按：此即《合》22572。

B13. 辛未卜，王隻？允隻……｜□午卜，王［逐］兕，允［隻］？才大……月。｜庚戌……
按：此即《合》10410，業已部分綴合。

B14. 癸巳貞：［旬］亡囚？｜癸巳貞：［旬］亡［囚］？

B15. 戊寅卜，貞：今日亡□囍？｜……今日……
按：檢《殷墟甲骨刻辭類纂》、《殷墟卜辭綜類》，此辭似尚未著錄。

B16. 貞：自今至於庚辰不……｜羽甲易日？｜业於父□？｜羽甲易日？
按：此即《合》13248。

B17. 重出，即 B16。

B18. 重出，即 B13。

B19. 貞：又且□且乙名匕辛？四月。｜貞：从勿？｜丁酉卜，即貞：毓且丁名□？四月。
按：此即《合》23163。

B20. 貞：不其啓？ 戊戌貞：今夕啓？八月。｜貞：不其啓？
按：檢《殷墟甲骨刻辭類纂》、《殷墟卜辭綜類》，此辭似尚未著錄。

B21. 貞：叀王往？｜……羽乙……不……日？
按：檢《殷墟甲骨刻辭類纂》、《殷墟卜辭綜類》，此辭似尚未著錄。

B22. 貞：勿先？｜庚寅卜，行貞：匕庚□先日？｜……宭……亡……才……

B23. 己丑，矣貞：王乎，隹又由？｜己丑卜，矣貞：隹其有囚？
按：此即《合》26186。

B24. 己丑卜，何貞：王宭報丁彡亡尤？｜己丑卜，[何貞]：王宭……亡尤？
按：查《殷墟甲骨刻辭類纂》、《殷墟卜辭綜類》，此辭似尚未著錄。

B25. 貞：勿乎望吾方？｜貞：羽辰不雨？｜勿㞢匕乙？
按：此與《合》6189—6191 正同辭。

B26. 貞：其……羽……大｜庚戌丑，䀠貞：亞其往宮，往來亡巛？｜□亥丑，䀠[貞]：今日亞其圅？
按：此即《合》27930。

B27. ……吾貞：……允出，戠戉？｜吾貞：王戠出？
按：此即《合》6369。

B28. 癸巳貞：[旬亡囚]？｜癸卯貞：旬亡囚？｜[癸]丑貞：旬[亡]囚？
按：原搨倒置。

B29. 癸巳卜，兄貞：旬亡囚？｜癸卯卜，兄貞：旬亡囚？五月。｜癸丑卜，兄貞：旬亡囚？｜癸亥卜，兄貞：旬亡囚？六月。

B30. 癸亥……｜□卯卜，王勿令夫……
按：檢《殷墟甲骨刻辭類纂》、《殷墟卜辭綜類》，此辭似尚未著錄。

B31. 貞：……夯……方其……出？｜貞：吾早？八月。｜貞：王勿曰夯？
按：夯，舊或作"舀"，茲從鄭慧生先生釋，即朕字所從"夯"①。此即《合》6081。

B32. 癸亥卜，即貞：旬亡囚？｜癸丑卜，即貞：旬亡囚？

B33. 癸丑卜，旅貞：旬亡囚？｜癸丑卜，旅貞：旬亡囚？

B34. 癸｜癸亥｜辛酉｜戊午羽｜……午貞｜□未貞……月
按：疑爲習刻之辭，不知是否已著錄。

B35. 貞：王伐吾方，受屮又？｜貞：王屮曰：庚止屮。
按：即《合》6224。

B36. ……殼貞：今夕亡囚？｜己亥□？｜貞：今夕亡囚？

B37. ……亥卟帚鼠……不雨祭於匕己……屮……
按：即《合》14118。

B38. ……戠……｜丙申卜，羽丁酉酚伐……
按：原拓倒置。即《合》993。

B39. 貞：漁屮於且丁？
按：即《合》2974。

---

① 鄭慧生：《釋"关"》，《殷都學刊》2004 年第 2 期，第 6、第 28 頁。

B40. 壬辰卜，㱿貞：羽癸巳……

B41. 重出，即 B31。然拓工略勝。

B42. 貞：我弗其隹……
按：此辭似未著錄。從字體看，當屬武丁時期。

B43. 貞：今日不其雨？｜……卸子……日於……乙
按：即《合》12094。

B44. □□卜，尹〔貞〕：王寉大丁爽……辛，亡尤？
按：即《合》23309，業已部分綴合。

以上是中山大學古文字研究所藏甲骨文字的粗淺介紹，期望時賢不吝賜教。

本文主要參考文獻：
　　［1］島邦男：《殷墟卜辭綜類》，東京，汲古書院，1977 年 1 月增訂版第二次印刷。
　　［2］郭沫若主編，胡厚宣總編輯：《甲骨文合集》，中華書局 1979 年 10 月—1982 年 10 月。本文簡稱《合》。
　　［3］姚孝遂、肖丁：《殷墟甲骨刻辭類纂》，中華書局 1989 年。

附圖版：

Aa. 照片①

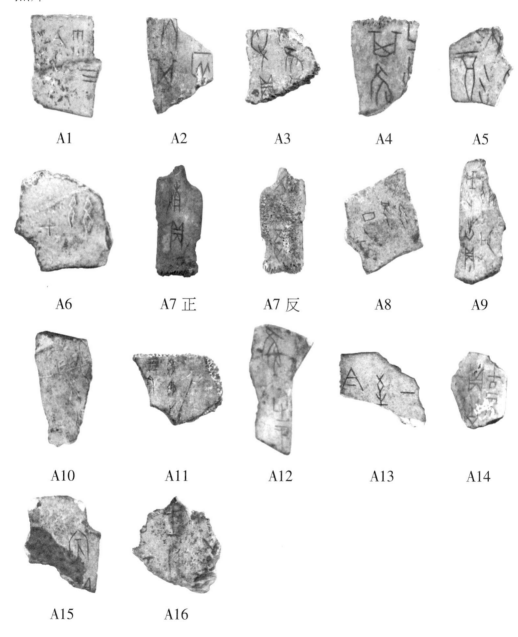

A1　　A2　　A3　　A4　　A5

A6　　A7 正　　A7 反　　A8　　A9

A10　　A11　　A12　　A13　　A14

A15　　A16

---

① 甲骨照片承蒙曾立純拍攝。

Ab. 拓本

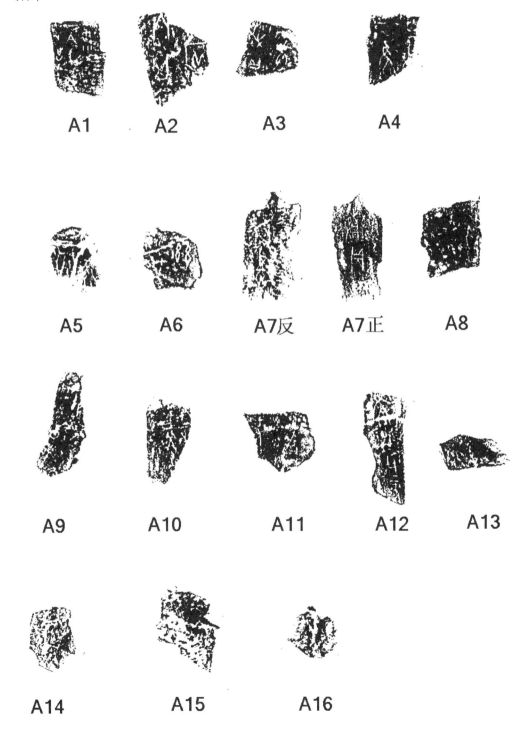

Ac. 摹本

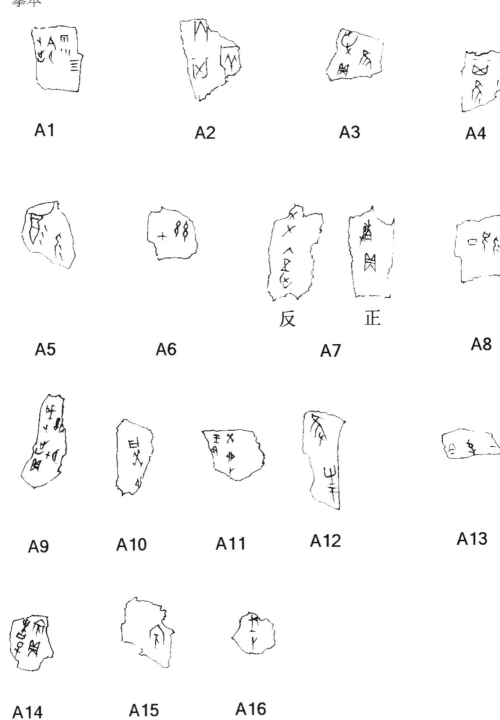

中山大學古文字研究所藏甲骨文字紹介 61

B. 拓本

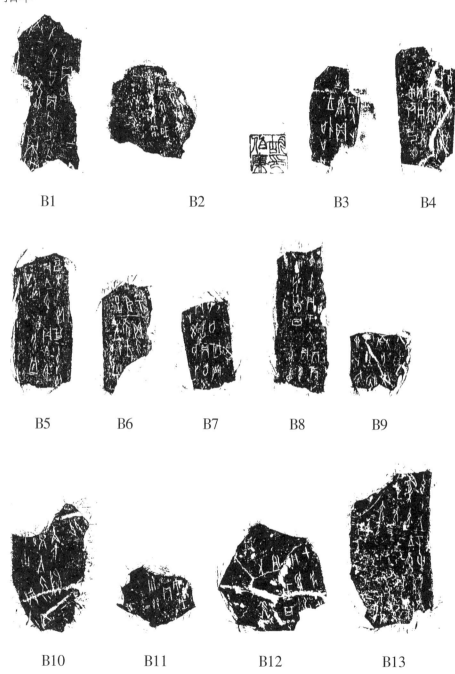

B1　　　B2　　　B3　　　B4

B5　　B6　　B7　　B8　　B9

B10　　B11　　B12　　B13

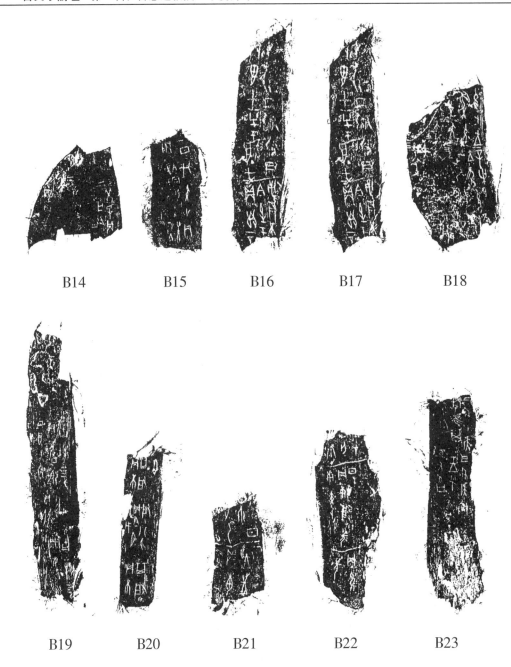

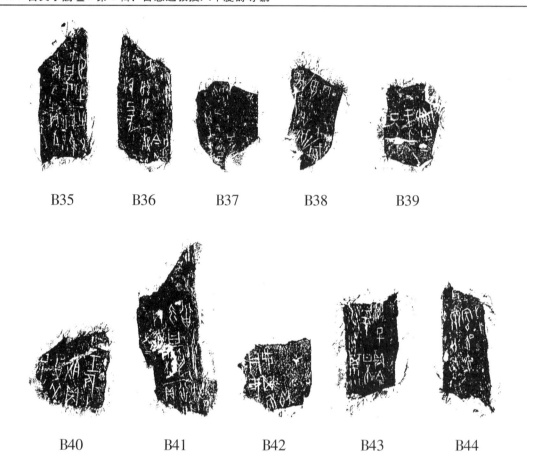

（作者單位：中山大學中文系）

也論殷商甲骨文中的語氣詞

董　琨

關於殷商甲骨文是否存在語氣詞，學界自來存在不同意見。有關的討論，在我國學者中，較早見於郭沫若《殷契粹編》425 的按語："按此二辭，一綴以'乎'，一綴以'不'，蓋均表示疑問之語詞，不者否也。凡卜辭本均是疑問語。"（1937 年）

嗣後管燮初的《殷虛甲骨刻辭的語法研究》（1953 年）主張甲骨文中存在感歎詞"勾、餘、目"。他對"感歎詞"的界定是"描寫歎息的聲音或語調"，屬於語氣詞範疇。

陳夢家在《殷虛卜辭綜述》（1956 年）第三章文法曾專門論述語氣詞，不過前後似乎有所相忤之處，如在該章第一節中說："卜辭裏沒有語助詞，但……亦足以表見語氣的變化"；但在第十節"助動詞"中則指出：

武丁晚期的𠂤組卜辭中，偶有在句末安置語氣詞的，如

丁未卜扶，𠂤咸戊，舉戊乎？
丁未卜扶，𠂤咸戊牛不？　　粹 425
乙巳卜扶，𠂤大乙母妣丙不？　　甲 248＋254
庚寅卜𠂤，王品司癸巳不？　　甲 241
丙子卜今日雨不？　　乙 435

方其至不？　　乙 142，177

　……武丁卜辭云：

　　……受又才！　掇一 450
　　"才"似作"哉"。①

在第十二節的"結語"更明確地斷言："句尾亦偶有少數的語氣詞。"②

由於未曾對"語助詞"和"語氣詞"的界定及其關係進行說明，所以自然可以認爲《綜述》的說法存在矛盾，因爲他是把"語助詞"置於語氣範疇的。

有的學者認爲殷商甲骨文中沒有語氣詞，如郭錫良說："在甲骨文時代語氣詞還沒有產生，句子的語氣祇能是由別的語言手段來擔任。"③ 張振林也認爲："甲骨卜辭中未見單純語氣詞。對甲骨卜辭的語氣判斷，主要是根據動詞、副詞以及整段卜辭的內容推測的。同樣，在商代的金文裏，也未見單純的語氣詞。"④

不過目前在古文字學界，尤其是主要研治甲骨文的學者中，認爲甲骨文中存在語氣詞的，可以說是大有人在。

李學勤於 1980 年在《古文字研究》第 3 輯發表《關於𠂤組卜辭的一些問題》，在關於"語末助詞"的部分，不但肯定了郭沫若上述關於"乎"和"不"用作疑問語氣詞的說法，而且還論證了殷墟卜辭中兩個以往未被注意的語氣詞"叹"和"執"，例如：

---

① 陳夢家：《殷虛卜辭綜述》，中華書局 1988 年，第 128 頁。
② 陳夢家：《殷虛卜辭綜述》，中華書局 1988 年，第 132 頁。
③ 郭錫良：《先秦語氣詞新探》，《漢語史論集》，商務印書館 2005 年。
④ 張振林：《先秦古文字材料中的語氣詞》，《古文字研究》第 7 輯，中華書局 1991 年。

戊午卜曰：今日啓㕚？允啓。（原釋："今天晴天嗎？確實晴了天。"）

認爲："如把'㕚'讀爲實字，甚或想到俘獲一類意義，句子就不可通了。"
同時又指出：

"㕚"還可以和另一個助詞"執"結合起來。這種卜辭是把正反兩問並於一辭之中，正問用助詞"㕚"，反問用助詞"執"（有時相反）。……
……啓疾㕚？亡執？（《京津》3096）
□□卜昜，不其雨至丙㕚？征雨執？（《文錄》112）
這是說："啓有病，還是沒有病呢？""雨不會下到丙日？還是繼續下呢？"祇要把"㕚"、"執"讀爲語末助詞，就言通字順。

黃天樹在其博士論文《殷墟王卜辭的分類與斷代》同意李學勤的考察結論，並且進一步指出，這兩個句末語氣詞"主要見於㠯組小字類卜辭中。……所見甚多"①。

裘錫圭在《關於殷墟卜辭的命辭是否問句的考察》（《中國語文》1988年第1期）中認爲這是"見於殷墟卜辭的最確鑿無疑的句末疑問語氣詞"，祇是他提出從字形而言，應該把"㕚"釋爲"卬"即"抑"。他引用並分析了李學勤文章中的諸多文例，指出："如果不把上引諸例的'抑'和'執'理解爲句末疑問語氣詞，辭義絕大多數根本講不通，看作句末疑問語氣詞就文從字順了。可見李說是不可移易的。"此外，他還指出：這兩個句末疑問語氣詞，不但見於師（按：即"㠯"）組卜辭，而且見於賓組和午組卜辭。連同李文及他補充的有關文例，共有51個。

但是郭錫良認爲："把'㕚'（抑）、'執'看作語氣詞，也是根據不足，

---

① 黃天樹：《殷墟王卜辭的分類與斷代》第六章，臺北，文津出版社1991年。

大可懷疑的。把'㕭'、'執'看作語氣詞，祇能解釋甲骨卜辭，後代一點痕跡也找不到，真是曇花一現。"① 對於這一點，將於下文談談我們的意見。

　　關於"乎"字，裘文認爲："在師組卜辭中，……以'乎'結尾的命辭，實際上是屢見的"，隨即舉了 14 個例子；但同時他又認爲："用'乎'字結尾的這種命辭究竟是不是問句，還有待研究。"臺灣學者朱歧祥將這 14 個文例與姚孝遂主編的《殷墟甲骨刻辭類纂》進行比勘，一致者祇有 4 個。朱認爲諸如"丁酉卜，王㞢（侑）祖丁乎"（合集 1843）這一類見於句末的"乎"字句，"乎"皆當讀爲動詞"呼"，"應是屬於動詞移尾的變異用法；'囗先祖呼'其實應該是'呼某㞢先祖'的省文倒置。句中前置囗祭的祖先名，而省略呼令的人名。這種省文移位的方式，在卜辭中是常見的；例參楊樹達先生《積微居甲文說‧甲文中之先置賓辭》一文。"② 所以，他們都不同意甲骨文中存在句末語氣詞"乎"。

　　陳煒湛於 1980 年 12 月發表《卜辭文法三題》（《古文字研究》第 4 輯，中華書局 1984 年），論及甲骨文中的"若"字，指出："卜辭另有'王若曰羌'一語（《甲》二五零四），'若'爲語氣詞'若曰'或稱'曰若'，卜辭有'曰若茲妻隹年囗'（《前》五‧一七‧五）的辭例，與《書‧堯典‧皋陶謨》'曰若稽古'之語相仿佛。如是，則'若'字既是實詞（名詞、動詞、形容詞），又是虛詞（語氣詞）。"明確認爲甲骨文存在語氣詞。1998 年，他又發表《關於甲骨文"卬"、"執"二字的詞義問題》（《出土文獻研究》第 3 輯，中華書局），逐一考察上述李學勤、裘錫圭文章中所列各辭，認爲其中"許多'卬（抑）'和'執'，與其解釋爲疑問語氣詞，毋寧把它們看做實詞——名詞或動詞。""祇能承認李文所舉部分文例中的'卬'和'執'，似乎有可能借用爲疑問語氣詞。"具體地說，有 5 例"有關氣象一類的占卜之辭"，"可能當理解爲'句末語助'"。這就進一步肯定了甲骨文存在語氣詞的觀點。

---

① 郭錫良：《先秦語氣詞新探》，《漢語史論集》，商務印書館 2005 年。
② 朱歧祥：《甲骨文研究‧卜辭中"乎"字非疑問詞語考》，臺北，里仁書局 1998 年。

趙誠於 1986 年發表《甲骨文虛詞探索》（《古文字研究》第 15 輯，中華書局 1986 年），分類解說了 76 個虛詞，其中有語氣詞 8 個：不、弜、非、以、乎、印（"抑"之初文）、𫊸（作動詞時"有捕執之義"）、餘。

吳浩坤、潘悠於《中國甲骨學史》（上海人民出版社 1985 年）的第六章"文法"的第二節"詞類"中認爲："由於甲骨文是占卜時的貞問記錄，文句簡單而且較爲格式化，所以語氣詞基本上是很少見的。"（153 頁），"很少見"，不等於"沒有"；所以這也是一種肯定甲骨文中存在語氣詞的觀點。

此外，沈培於 1992 年出版的《殷墟甲骨卜辭語序研究》（臺北，文津出版社 1992 年）不贊成有的學者將"惠"和"唯"劃爲"語氣副詞"，認爲"把它們看成語氣詞更爲恰當些。"（162 頁）張玉金於 1994 年出版的《甲骨文虛詞詞典·前言》（中華書局）中指出："在殷代甲骨文中祇有三個語氣詞，它們是'抑'、'𫊸'、'乎'。"

看來，認爲殷商甲骨文中存在語氣詞的學者是多數。當然，多數不等於正確，還需要將這一觀點進行進一步的論證。

我們認爲漢語的語氣詞在殷商甲骨文中已經產生的論斷是可以成立的，理由如下：

（1）作爲缺乏動詞屈折變化的漢語而言，除了語調以外，很難設想其語氣範疇能夠不加入語氣詞的成分。王力雖然在出版於 1956 年的《漢語史稿》中認爲："在西周以前，漢語可能沒有語氣詞。"但是後來他有一個觀點是很明確的："西洋語言的語氣是通過動詞的屈折變化來表示的，而漢語的語氣則是通過語氣詞來表示的。"（《漢語語法史》第二十三章"語氣詞的發展"，《王力文集》第十一卷，山東教育出版社 1990 年）所以在修訂本的《漢語語法史》中，他的論斷是非常謹慎的："在原始時代，漢語可能沒有語氣詞。直到西周時代，語氣詞還用得很少。"不過，如果認爲漢語的語氣是要通過語氣詞來表示，而且學術界公認殷商甲骨文已然是相當成熟的文字，那麽它所記錄的漢語，應該說是更爲成熟的語言，在這種成熟期語言的口語中已經產生和使用語氣詞，並在其書面語中有所反映，也應該說是很自然的現象。

（2）對於上述主張殷商甲骨文中存在語氣詞的諸家所列出的具體詞目，由於對文例的理解不同，讀者可能會有不同意見；所認定的這些語氣詞，也不一定都能成立。但是要說沒有一個站得住，恐怕也是偏頗之言。尤其是自組的"抑"和"執"，同時也見於賓組和午組，經李、裘二位羅列出五十餘個文例，應該認爲絕非孤證寡據；更爲重要的是，"如果不把上引諸例的'抑'和'執'理解爲句末疑問語氣詞，辭義絕大多數根本講不通，看作句末疑問語氣詞就文從字順了。"

（3）關於殷周語言的承接與變異。

在上古時代，殷（商）族與周族是不同的兩個部族，它們發源地不同，語言不同，文化不同。這是歷史學界和語言學界許多專家的共識。祇是在具體的表述方面，存在一些差異，例如：

顧頡剛曾在題爲《殷語與周語》的一則筆記中說："陳文彬同志謂予：'今日之漢語由周人之語來，周爲羌族，是爲漢藏語系。其語動詞在前，賓語在後。殷人爲阿爾泰語系，其語賓語在前，動詞在後，如日本人'吃飯'云'飯吃'亦是。殷人之語有留遺於周人者，故文法不一致也。"①

胡明揚認爲："如果承認語言融合可以誕生新的語言，而且這種新的混合語通常在詞彙和語法子系統方面會呈現異源結構的現象，那麼漢語就可以確認爲一種典型的混合語，詞彙來自原始羌藏語，語法來自古百越語言，而這就和中國古代史記載的操原始羌藏語的黃帝族和操原始百越語的東夷族和蚩尤族、炎帝族融合而成華夏族或後世的漢族的歷史事實一致了。"②

還有一種表述來自李葆嘉："詞彙方面藏語和漢語大有關聯，是因爲作爲氐羌一支的姜周帶來的是西北氐羌語，周人在承襲殷商樂教文化和甲骨文字的同時致使中原語言'氐羌化'。中原華夏漢語在持久而豐富的混合過程中，已

---

① 顧頡剛：《殷語與周語》，《顧頡剛讀書筆記》第七卷，臺北，聯經出版事業公司1990年，第5773頁。
② 胡明揚：《混合語理論的重大突破》，《中國語文》2006年第2期。

經從原始粘著結構逐步演化爲孤立結構。"①

所以，宏觀地說，殷商時代使用的語言，到了西周時代，是既有繼承，又有演化、變異的。具體地說，殷商時代的語氣詞，不一定要被西周時代的語言所承繼；而西周直至春秋、戰國，由於產生並形成了以中原雅言爲基礎的先秦散文文體，作爲後世文言文的祖體綿延千載而未曾被漢語的發展所斷裂，因此其含有的各種詞類（包括語氣詞）纔有可能保留下來。或者易言之，對於後世文言文語氣詞系統的追溯，不一定非以殷商甲骨文爲源頭不可。

（4）根據現代語言變異的理論，任何正在使用中的語言，都"不是一個同質的系統，相反，它是異質的。……不斷變異，是語言結構本身固有的一種特性，對語言的發展、改善具有重要的作用"②。所以不能排除這種現象，即殷商甲骨文中的某些語法成分，由於周民族未予吸收，便在西周金文及以後的漢語發展過程中消失了。

李學勤也承認："自組卜辭以'㕚'（按：即'抑'字）爲語末表示疑問的助詞，例子還可以舉出好多，但在其以後便完全沒有了。"③

（5）通過調查考察，我們可以發現：不僅是這個"抑"字，殷商甲骨文中的其他某些具有虛詞用法的字，雖然在西周金文以後，字形仍然保留，但是虛詞用法也告消失了。例如："勿""弜"二字，在殷商甲骨文中是相當活躍的否定副詞，早在 1940 年就有張宗騫者，在《燕京學報》第二十八期上發表《卜辭弜弗通用考》的文章，指出"弜弗同聲，弜弗同用"。陳夢家儘管不完全同意他的說法，但也認爲"弜"字是否定副詞④。直至裘錫圭發表《說"弜"》，明確指出，在殷商甲骨文中使用的四個常見的、主要的否定副詞有"不、弗、勿、弜"，但其用法"則有明顯的區別。粗略地說，'不'、'弗'是

---

① 李葆嘉：《〈漢語的祖先〉譯序》，中華書局 2005 年。
② 陳松岑：《語言變異研究》，廣東教育出版社 1999 年。
③ 李學勤：《綴古集·古文字語辭》，上海古籍出版社 1998 年。
④ 陳夢家：《殷虛卜辭綜述》，中華書局 1998 年，第 128 頁。

表示可能性和事實的，'弜'、'弗'是表示意願的"①。可以說已經成爲定讞。但是"弜"字已不見於《金文編》，後世作爲"卷"（一說爲"糾"）的異體字。"弗"字雖在殷周金文中出現整整30次②，但已基本作爲人名，無一用爲否定副詞；其後雖然見於《說文·弓部》："弗，強也，从二弓。"《廣韻·養韻》："弗，弓有力也。"然而可能已經不是這兩個字，而僅僅是"同形字"，不過可以說傳世文獻中均未見"弜""弗"二字用爲否定副詞的書證，但是我們能因此否定它們在殷商甲骨文中的否定副詞用法嗎？"抑"、"執"二字的情況，也大致如此：在殷商甲骨文中句末語氣詞的用法，後世的傳世文獻中消失了。

（6）不妨再來考察一下與殷商甲骨文基本同期的《尚書·盤庚》篇。

關於《盤庚》的性質及時代，學術界可能還有一些不同的意見。但是較爲主流和權威的看法，似可以王國維、郭沫若、顧頡剛的觀點爲代表。他們觀點的最概括的表述，可見於顧頡剛、劉起釪的《尚書校釋譯論》③，該書的相應章節認爲："可以明確地說，當初《盤庚》的原文確是盤庚親自講的。就這一點而論，王國維說《盤庚》爲'當時所作'（《古史新證》），郭沫若說'那三篇東西確實是殷代的文獻'（《古代研究的自我批判》），都是說對了的。"

在現存《盤庚》三篇的文字中，語氣詞應該說不是很多，要少於今文《尚書》的其他各篇尤其是《周書》諸篇使用的語氣詞（這一點，應該展開具體研究，深入討論，擬於日後進行）。這是符合"殷商時代的語氣詞不如西周發達"的公認論斷的。但是可以認爲語氣詞或是近似語氣詞用法的文例，也是存在的。例如：

"爾忱不屬，惟胥以沈。"【大意：不單你們要沉沒，大家也要跟著你們一塊兒沉沒。忱，同"沉"；屬，馬融說："獨也"；胥，皆，都。】這裏的

---

① 裘錫圭：《說"弜"》，《古文字研究》第1輯，中華書局1979年。
② 據張亞初《殷周金文集成引得》統計，中華書局2001年，第874頁。
③ 顧頡剛、劉起釪：《尚書校釋譯論》，中華書局2005年。

"惟",可以認爲是語首語氣詞。

"不其或稽,自怒曷瘳。"【大意:你們不去檢查沉沒的原因,祇是一味發怒,那又於事何補呢?稽,考察,檢查;瘳,本義是病癒,此指裨益。】這裏的"其",可以認爲是句中語氣詞。

"嗚呼!今予告汝不易。"【大意:呵!現在我告訴你們,(遷移的計劃)是不會改變的。】這裏的"嗚呼",是後世常見的感歎詞。

"往哉,生生!"【大意:去吧!去經營美好的生活吧!】這裏的"哉",也是後世常用的句末語氣詞。

因此,從傳世的文獻來看,殷商時代的語言中存在並使用語氣詞(包括感歎詞),所以,作爲基本上屬於同時代語料的甲骨文中存在並使用語氣詞,也是順理成章的。

(作者單位:中國社會科學院語言所)

釋花東甲骨中的"瘵"和"穧"

趙平安

《殷墟花園莊東地甲骨》是繼小屯南地甲骨以後一次最爲重要的發現。這批甲骨中有不少新見字，具有十分獨特的研究價值，一經公佈，便引起了甲骨學者的高度關注。截至目前，大部分新見字已經釋出，祇有少數尚有待進一步的商榷。本文要討論的"瘵"和"穧"就是其中的兩個。它們的釋出，對於研究商代的疾病和耕種有一定的參考價值。

一、瘵

花園莊東地甲骨中有下面一條卜辭：

其宅北室，亡🀄？（《殷墟花園莊東地甲骨》3.17）

其中🀄，《花東》的編著者考釋說：

蔑本作🀄，新見字。該字形象人腹部有疾，臥於牀上，身體下有草鋪墊，下腹亦用草覆蓋。該字有疾病、災禍之意。第十七辭（即《花》3.17）"亡蔑"，義與

"亡禍"相近。①

黃天樹先生不同意這個解釋，把它釋爲寒。他說：

根據字形和辭例，這個新見字很可能就是"寒"字。《說文·宀部》："寒，凍也。从人在宀下，以茻覆之，下有仌。"過去，有關"寒"字的資料最早祇見於西周銅器銘文中……（𡫒字）跟《說文》和西周銅器"寒"字相比，省去了"宀"旁。古文字从"宀"不从"宀"往往無別。例如：甲骨文"宿"字既可以寫作"象'人'睡在'宀'下的'簟席'上"，也可以省去"宀"旁，寫作"象'人'睡在'簟席'上"。這種省去"宀"旁的"寒"字也見於新出土的《上博》簡中。②

黃先生把這個字和"寒"字聯繫起來，極具啓發性。不過逕釋爲寒，尚有疑問。從字形上講，若釋爲寒，"爿"旁得不到合理的解釋，古今寒字無有从"爿"者。從情理上講，殷人關心的是會不會得疾病災禍，天氣寒熱並不是它們關注的重點。我認爲，這個字應分析爲从疒和寒兩部分。

字的左邊是寒。從目前掌握的古文字資料來看，《說文》對寒字構形的解釋總體上是正確的。和小篆比起來，古文字中寒的形態更加豐富。如金文中有省"仌"者（寒姒鼎），戰國竹簡有省"宀"者（上博簡《緇衣》6.20），睡虎地秦簡有省去兩"屮"者（《日書》甲50背）。金文所从人身有加"止"作"企"者（克鼎），戰國竹簡所从人有作身者（上博簡《緇衣》6.20）。因此僅從古文字中寒字形體的內證來看，把𡫒所從𡫒釋爲寒就完全可以成立。寒字本从茻這裏作屮，和戰國燕璽莫或作𦭜（《璽彙》5498）一樣。

字的右邊是疒。

---

① 中國社會科學院考古研究所編著：《殷墟花園莊東地甲骨》，第六冊，雲南人民出版社2003年，第1557頁。
② 《讀契札記（三則）》，《陸宗達先生百年誕辰紀念文集》，中國廣播電視出版社2005年；又載《黃天樹古文字論集》，學苑出版社2006年，第219—226頁。

甲骨文中的疒一般作「❦」，但在合體字中情況會發生相應變化。如「❦」，裘錫圭先生認爲是"疒身二字的合體，可以看作疒身之疒的專字，也可以看做疒身二字的合文"①。其中的身所含人形是疒和身共用的成分。「❦」所從身情形與之相似。古文字中，疒有直接省作「❦」者②。因此無論從合文的角度還是從文字演變的角度看，字的右邊都可以理解爲疒。

全字可以有兩種解釋。如果看作兩個字，可讀爲疒寒，是指因爲寒冷而得病。如果看做一個字，可以看作寒病的專字，相當於後世的瘞字。《說文·疒部》："瘞，寒病也。从疒，辛聲。"以後一種可能性較大。

如果看做寒病專字的話，「❦」中的"身"應該兼具表音的作用。身在真部書紐，辛在真部心紐，韻部相同，聲紐也相近，古書中辛聲字和身聲字可以通用。如《禮記·祭義》："烖及親。"《釋文》："本亦作'烖及於身'。"《大戴禮記·曾子大孝》作"災及乎身"。

二、稽

花園莊東地甲骨中有一個作

「❦」（183.11）

「❦」（266.1）

「❦」（266.3）

之形的字。整理者釋爲采解釋說："新見字。象人採摘禾穗之形，屬整體會意

---

① 《讀〈安陽新出土的牛胛骨及其刻辭〉》，《考古》1972 年第 5 期；又載《古文字論集》，中華書局 1992 年，第 331—335 頁。
② 參看高明、涂白奎編著《古文字類編》（上），上海古籍出版社 2008 年，第 745—762 頁。

……《說文》：采'禾成秀也，人所以收。从爪禾'。該字正合此意。"① 姚萱博士從辭例的角度否定了這一說法，認爲該字表示的"都是'到'、'及'、'至'一類的意思"，把它改釋爲"及"②。我覺得姚萱博士對該字用法的理解是正確的，但對字形考釋則有可商。甲骨文及字有繁簡兩體，分別作

之形，當中都有人形，與此字从禾有明顯區別。二字不可能是同一字。我認爲此字可能是稽的初文。

稽字秦漢時期作：

（秦簡《爲吏之道》5）

（馬王堆帛書《經法》004）

（新嘉量二）

據劉釗先生研究，"'稽'字構形的演變過程是：本來作从禾从又，是個會意字，也就是从禾从又的'秜'應該是'稽'字初文。後來在初文上加'旨'聲，變成了形聲字'稽'，所從之'又'又訛混成與其形音皆近的'尤'。"③ 劉釗先生指出"秜"爲稽之初文是十分正確的。

西周金文有一字作：

（《集成》5411.1）

（《集成》5411.2）

（《集成》5411.2）

劉釗先生認爲"從結構上看，這個字有與'稽'字存在某種聯繫的可能"④。態度十分謹慎。此字雖是摹本，但結構依然清晰。當分析爲从秜，旨聲，可視爲稽的較早的寫法。

---

① 中國社會科學院考古研究所編著：《殷墟花園莊東地甲骨》，第六冊，第1632頁。
② 《殷墟花園莊東地甲骨卜辭的初步研究》，線裝書局2006年，第115—120頁。
③ 《"稽"字考論》，《中國文字研究》第6輯，2005年。
④ 同注③。

我們知道，甲骨文廾可以寫作󰀀，也可以寫作󰀁、󰀂之形①。因此從形體上講，把《花東》這個字看做稽的初文是非常合適的。"秜"字大約本來從"廾"從"禾"，"廾"省作"又"，遂從"又"從"禾"，由於"攴"、"又"通作，又從"攴"從"禾"作。从"尤"從"禾"的寫法則是在从"又"從"禾"的寫法基礎上訛變而來的。這樣看來，"秜"中的"禾"原本祇是禾的異體而已。古文字中的禾象禾結穗之形。字形向來有兩種寫法：一種禾穗向左，一種禾穗向右。後來禾穗向左的成爲主流。甲骨文"秜"字从禾，《銀雀山漢簡》882 稽从禾，尚存古意。但是秦漢時代絕大多數的稽所从"秜"禾穗已經向左。許慎已經不知道禾的真正含義，解釋爲"木之曲頭止不能上也"。又爲了統繫相關諸字，把它設立爲部首。

從稽的初文可以推知稽的本義。《尚書·梓材》："惟曰：若稽田，既勤敷菑，惟其陳修爲厥疆畎。"蔡沈《書集傳》："稽，治也。"楊筠如《尚書覈詁》："按稽乃'䅘'之假，《廣雅》：'䅘，種也。'《集韻》：'䅘，一作𥢶。'"王念孫《廣雅疏證》引《玉篇》云："䅘，種麥也。"《集韻·脂韻》："䅘，麥下種也。"大約本指種，和埶構形相似。《尚書·梓材》即用本義。

花東卜辭稽用爲"至"，如：

1. 其稽五旬□。

   三旬。

   弗稽五旬。　　（266）

2. 乙丑卜：[𠂤]☐宗，丁稽乙亥不出戰（狩）。

   乙丑卜：丁弗稽乙亥其出。子𠂤（占）曰：庚、辛出。　　（366）、

3. 癸巳卜，自今三旬又（有）至南。弗稽三旬，二旬又三日至。

   亡其至南。

   出自三旬迺至。　　（290）

---

① 參看中國社會科學院考古研究所編輯《甲骨文編》，中華書局 1965 年，第 110—114 頁。

解釋爲"至",辭例十分通暢。類似用法,傳世文獻也不乏其例。如《莊子·逍遙遊》:"之人也,物莫之傷,大浸稽天而不溺。"陸德明《經典釋文》引司馬云:"稽,至也。"《莊子·徐無鬼》:"大信稽之。"成玄英疏:"稽,至也。"《晉書·后妃傳論》:"南風肆狡,扇禍稽天。"唐杜審言《南海亂石山作》:"漲海積稽天,群山高崒地。"這些用法和甲骨文的用法一脈相承。

後記:本文由痒和稽兩則考釋組成,曾提交中國文字學會第五屆年會(2009 年 8 月 19 日至 23 日,武夷山)。其中釋✶爲稽是在姚萱博士論文預答辯(首都師範大學,2005 年)時提出的觀點,方稚松《殷墟甲骨文五種記事刻辭研究》(首都師範大學博士論文,2007 年;線裝書局 2009 年)曾加以引用。劉釗、洪颺、張新俊《新甲骨文編》(福建人民出版社 2009 年)也釋爲稽,與拙文不謀而合。請參看。

(作者單位:清華大學出土文獻研究與保護中心)

商周金文詞彙分類的模糊性和
語法功能的靈活性

張桂光

名詞、動詞、形容詞，是任何一種成熟語言都必然具備的三大詞類。漢語自然也不例外。早在商周時代的甲骨文、金文中，這三大詞類就已有相當的發展。今日談論的名詞如普通名詞、專有名詞、稱人名詞、指物名詞、表時名詞、處所方位名詞、抽象名詞，動詞如行爲動詞、心理動詞、存現動詞、能願動詞、像似動詞、及物動詞、不及物動詞，形容詞如性質形容詞、狀態形容詞等等，都可以在甲、金文中找到實際用例。表明今日詞彙分類的大致格局，在商周甲、金文中已經基本形成。

與豐富的詞彙類型形成對照的，是由不足五千的單字與不足一千的複音詞構成的詞彙總量，與今日逾卅七萬詞語（《漢語大詞典》收錄詞語共卅七萬五千多）相比反映出的詞彙相對貧乏。而解決詞彙類型的豐富與詞彙數量的貧乏這一矛盾的最簡單方法，自然是一般所說詞的兼類了。

其實，詞的兼類衹是今人的講法。詞語的初制，本無所謂詞類，每一個詞的意義都可以作多角度的理解和多方面的引申，承擔着多項的功能。衣服稱衣，穿衣的行爲稱衣，製作衣裳，甚至衹是拿物品依着或遮蔽着身體的行爲都可以稱衣。我們不能據"衣"字的形構爲"像衣之形"而斷定"衣"的原始義爲衣裳，屬名詞，因而認定"穿衣"或"製衣"義是名詞活用爲動詞。事實上，在"衣"字出現以前，"衣"這個詞應該就已有衣服、穿衣、製衣等含義，"衣"的概念很可能在用樹葉遮蔽身體的時代，當人們有了拿東西遮蔽身體的意識的時候就已產生。最初可能用指拿東西遮蔽身體的行為，當然亦可兼指遮蔽身體的東西，有領有袖、已不純為遮蔽而有明確裝飾追求的衣衫，則是身體遮蔽物長時間改良、發展的產物，"衣"字所以取象於它，祇是在造字時代用它最宜於表達這一概念而已。字本義與詞本義不是一回事，字形取義的單一性並不意味詞義也具單一性，這是我們應該認清的道理。

　　語言是和人類社會一起產生的，一般估計已有上百萬年的歷史，而最早的文字，距今也不過幾千年。就是說，當人們懂得造字的時候，語言已經經歷了上百萬年的發展。詞義的多角度理解與多方向引申，使一詞多義早已成為普遍現象。但是，造字時，卻祇能選擇一個角度去描寫。也就是說，字形取義通常是單一的，但它記錄的詞義卻往往在製字時就不單一，這就是我們講字形取義之單一性並不意味詞義也具有單一性的原因。另外，字形取義的單一性選擇，沒有必要，也沒有可能追究一個詞在上百萬年前產生的原始義，而祇能就造字時代人們的認識水平選擇最易用文字表現的義項和最易表達的方式去製字。比如"生"，出生是生，生長是生，活着是生，動物的生、植物的生都是生，從先狩獵、後畜牧、後農業的發展過程看，動物的生可能更早，但造字時代，語言中的"生"這個詞，已不限用於動物，人們覺得，用一棵草立於地上，就可以將植物生長的形態反映出來，既易表達，又易理解，也就選擇了它作表達方式了。因此字本義與詞本義不是一回事，這也是顯而易見的。

　　與古今字的原理相仿，上古詞彙少，一詞多職是普遍現象，後世為增強語義表達的精密化，減輕過重的兼職負擔而分化出職責明確的新詞的作法多起來，詞類的概念纔漸趨明晰的。新詞產生以前，各類相關概念都用古詞表達，詞類界限是模糊的，詞的功能是靈活的，不存在本屬某詞類而臨時活用為另一詞類的問題；新詞產生以後，新詞分擔的這部分職能一般不再用舊詞，其用舊詞者，似屬仿古問題，也不宜稱作活用。這種現象我們表述為詞彙分類的模糊性和詞彙語法功能的靈活性，它雖然是早期漢語的特性，但先秦舊籍中尚多遺留，商周金文亦自不乏其例。

  王令辟井侯出坯侯于井。   （麥尊）6015 周早
  王令虞侯夨曰：囗，侯于宜。   （宜侯夨簋）4320 周早

井侯、虞侯，"侯"用如名詞；侯于井、侯于宜，"侯"用如動詞。

  唯王初遷宅于成周。   （何尊）6014 周早
  余其宅茲中或（國），自之辥民。   （同上）

遷宅，"宅"用如名詞；宅茲中國，"宅"用如動詞。

  賜臣三品：州人、重人、章人。   （井侯簋）4241 周早
  朕臣天子，用典王令，作周公彝。   （同上）

賜臣三品，"臣"用如名詞；朕臣天子，"臣"用如動詞。金文中臣妾、小臣、虎臣、臣某一類用法多見，"臣"均用如名詞；"畯臣天子""農臣先王""臣朕皇考穆王""用臣皇辟"亦於金文多見，"臣"均用如動詞。此外，"臣"尚有用如使動詞者：

  爲人臣而返（反）臣其宔（主），不祥莫大焉。 （中山王䲆壺）9735 戰國

"反臣其主"即反使其主爲臣，這裏的"臣"，即用如使動。

  唯殷邊侯田（甸）雩殷正百辟。   （大盂鼎）2837 周早
  令女辟百寮。   （牧簋）4343 周中
  穆=秉元明德，御于氒辟。   （虢叔旅鐘）238 周晚
  余典氒威義，用辟先王。   （瘋鐘）247 周中

  緐辟前王。　　　　　　　　　　　　　　　　　　　　（馭鼎）2830 周中
  梁其肇帥井皇祖考秉明德，虔夙夕辟天子。　　　　　（梁其鐘）187 周晚

百辟即百官，"辟"用如名詞；辟百寮指作百寮之官長，"辟"用如動詞；御于氒辟，"辟"指君主，用如名詞；辟先王、辟前王、辟天子，是指君事天子、君事先王，指對先王、對天子盡臣下事奉君主的職責，"辟"亦用如動詞。

  舍三事令，眔卿事寮、眔者（諸）尹、眔里君、眔百工、眔者（諸）侯。
  　　　　　　　　　　　　　　　　　　　　　　　（令方彝）9901 周早
  王令周公子明保尹三事四方，受卿事寮。　　　　　　　　（同上）
  天子其萬年無疆，保辥周邦，畯尹四方。　　　　　（大克鼎）2836 周晚
  獸其萬年，永畯尹四方保大命。　　　　　　　　　（五祀獸鐘）358 周晚

諸尹及它器所見之尹、師尹、皇天尹、作冊尹、內史尹等官名，"尹"均用如名詞；尹三事四方是指掌管三事（內政）四方（外務），"尹"用如動詞；畯尹四方，是指周王長久統治四方（天下），"尹"亦用如動詞。

  君蔑尹姞曆……對揚天君休。　　　　　　　　　　（尹姞鬲）754 周中
  余唯司（嗣）朕先姑君晉邦。　　　　　　　　　　（晉姜鼎）2826 春秋

西周女君稱天君，或簡稱君，東周諸侯國女君當亦有仿此用法，"君"用如名詞；晉姜嗣其先姑君晉邦，即指繼其先姑作晉邦女君，"君"用如動詞。

  王孔加子白義（儀）。　　　　　　　　　　　　（虢季子白盤）10173 周晚
  用義（儀）其家，用輿（舉）其邦。　　　　　　（虢季編鐘）近出 86 周晚

子白儀，是子白的威儀，"義"用如名詞；用儀其家，是指作其家之儀型，用

如動詞。《後漢書‧桓帝紀》："德苟成，故能儀刑家室，化流天下。"儀、儀型即楷模、榜樣的意思。

   先王其嚴在上，兾=數=，降余多福=余順孫。   （五祀猷鐘）358 周晚

末句當讀作"降余多福，福余順孫"。多福的"福"用作名詞，福余順孫的"福"則指造福，用如動詞。

   迺多亂，不用先王作井（型）。   （牧簋）4343 周中
   毋敢不明不中不井（型）。   （同上）
   令女盂井（型）乃嗣祖南公。   （大盂鼎）2837 周早

先王作井（型），是指先王制定的法度，"井（型）"用如名詞；不明不中不井（型），是指不明智、不公正、不循法，"井（型）"用如動詞；井（型）嗣祖南公，即以南公爲型，意謂效法南公，"井（型）"用如動詞。

   世萬子孫，永爲典尚（常）。   （陳侯因資敦）4649 戰國
   今余既一名典獻。   （六年琱生簋）4293 周晚
   用典王令，作周公彝。   （井侯簋）4241 周早
   用典格伯田。   （倗生簋）4262 周中
   王令尹氏友、史趛典善夫克田人。   （克盨）4465 周晚
   尸典其先舊及其高祖。   （叔尸鐘）275 春秋

典常爲同義連用，意指典範、法則，典獻爲典籍文獻，兩"典"字均用如名詞；用典王令、用典格伯田的"典"均取記爲典文之意，用如動詞；典善夫克田人之"典"，亦取記之入典之義，但多了一層確認所賜田、人的意思，亦用如動詞；典其先舊及其高祖，"典"字當取數其家族之典的意思，其用亦如

動詞。

我用飲厚䣅我友。	（毛公旅鼎）2724 周早
者（諸）友飪飲具餯。	（㝬仲簋）4627 周晚
朝夕鄉（饗）氒多倗友。	（失獸鼎）2655 周早
用作尊鼎，用倗用友，其子孫永寶用。	（多友鼎）2835 周晚

我友、諸友、多倗友中的"友"、"倗友"都用如名詞，用倗用友之"倗"與"友"則用為動詞。

此外，如"公違省自東"（臣卿鼎）的"東"表方位，為名詞，"宴從頯父東"（宴簋）的"東"表東行，為動詞；"弋尙卑處氒邑，田氒田"（舀鼎）的後一"田"指田地，為名詞，前一"田"指耕種，為動詞；"王夜（掖）功，賜師俞金，俞則對揚氒德"（俞鼎）的"德"指恩惠，為名詞，"用享用德"（晉姜鼎）的"德"指報答恩惠，為動詞；"宰弘右頌入門"（頌鼎）的"門"為名詞，"齊三軍圍□，冉子執鼓，庚大門之"（庚壺）的"門"指攻門，為動詞等等，都屬此類。這類情況，語法學界一般分析為"名詞活用為動詞"。且不說這種分析與前面提到的詞類的界限是由模糊向清晰漸次發展的事實不符，就是按現行的詞類活用理論，要分清"經常性"與"臨時性"的界限即非易事。"一個名詞如果偶爾體現出謂詞的語法特徵，就是活用。"這個"偶爾"的度怎樣把握？有學者提出以"五次"為準，這個"五次"的標準，其依據是甚麼呢？似乎就很難說得清楚。比如"臣"字，一般都視為"名詞"，但金文中作動詞用者數以十計，屬"偶爾"還是"非偶爾"？算活用還是非活用？又如"廷"為君王受朝布政之所，為名詞，"不廷"指不來廷朝拜，"廷"為動詞，一般學者都作"名詞活用為動詞"理解，而其用例也在五次以上：

用雝不廷方。	（五祀㝬鐘）358 周晚

方懷不廷。	（逨盤）新收 757 周晚
率懷不廷方。	（毛公鼎）2841 周晚
用訊不廷方。	（戎生編鐘）新收 1613 西周中—春秋早
鎮靜不廷。	（秦公鐘）261 春秋
鎮靜不廷。	（秦公簋）4315 春秋

似此該如何判斷，實不好說。所以本節討論，不取詞類活用說，就金文用例作客觀舉證。這類情形，我們理解爲早期漢語詞彙分類的模糊性和詞彙語法功能的靈活性在商周金文中的反映，至於人們是否認同，各家如何分析，盡可見仁見智。金文中此類用例尚多，例如：

敢追明公賞于父丁。	（矢令方尊）6016 周早
用追孝于氒皇考。	（伯梂簋）4073 周早
𢦏率有嗣、師氏奔追䢦戎于臧林。	（𢦏簋）4322 周中
余令女御追于罨。	（不𡨜簋）4328 周晚
告追于王。	（多友鼎）2835 周晚

"追明公賞"的"追"是"追思"，"追孝"是追行孝道，"奔追"是奔跑追逐，"追"均用如動詞；"御追于罨"的"追"是指追兵，"告追于王"的"追"是指"追"這件事，"追"均用如名詞。

辛巳，王酓（飲）多亞，耵享，京𨟭。	（京簋）3975 殷
戊辰，酓（飲）秦酓（飲）。	（塱鼎）2739 周早
我用飲厚眔我友。	（毛公旅鼎）2724 周早
井叔作酓（飲）殼。	（井叔觶）6457 周早
內尹右衣獻，公酓（飲）在官（館）。	（虋卣）新收 1452 周中
𧊒仲作倗生飲殼。	（𧊒仲觶）6511 周中

"飲秦飲"的前一"飲"字及"飲醙"的"飲"都是"飲"字的一般動詞用法;"飲秦飲"的後一"飲"字,是指清酒,用如名詞;"王飲多亞"是王請多亞飲酒,"我用飲厚眔我友"是我用來請厚及我友飲酒,"公飲在館"是公請內尹飲酒,三個"飲"字,均用作使動。

吳王姬作南宮史叔飤鼎。	(吳王姬鼎)	2600 周晚
諫作寶簋,用日飤賓。	(諫簋)	新收 391 周晚
以飤大夫、倗友。	(九里墩鼓座)	429 春秋晚
以追孝先祖,樂我父兄,飲飤歌舞,子孫用之。	(僉兒鐘)	183 春秋
氏(是)以遊夕飲飤,寧又憙惥。	(中山王𰀁壺)	9735 戰國
見其金節則毋政,毋舍桴(槫)飤。	(鄂君啟節)	12110 戰國

飤鼎、飲飤歌舞、遊夕飲飤的"飤",都用同後世的"食",動詞的一般用法;飤賓,飤大夫、倗友的"飤",則是請賓客食,請大夫、朋友食,作使動用;毋舍桴飤,即無須安排饌食,"飤"用如名詞。

子軏佑晉公左右,爕者(諸)侯,得潮(朝)王。		
	(子犯編鐘)	近出 80—95 春秋
陳侯午朝群邦諸侯於齊。	(陳侯午敦)	4648 戰國

晉公與諸侯朝王,"朝"用如一般動詞;"朝群邦諸侯於齊"的"朝",解釋為"朝見"也好,解釋為"諸侯相見"也好,讓群邦諸侯都聚集到齊國來,就應該是一種使動行為,否則,群邦諸侯主動聚集到齊國來,為陳侯午提供一個集中朝問他們的機會,於情理上很難說得過去,所以"朝群邦諸侯於齊"的"朝",應該是作使動用。

史免作旅簋,從王征行。	(史免簋)	4579 周中
叔邦父作簋,用征用行,用從君王。	(叔邦父簋)	4580 周晚

> 余以行訇師，余以政訇徒。　　　　　　　　　　　　（南疆鉦）428 戰國
> 用兵五十人以上，必會王符，乃敢行之。　　　　　（新郪虎符）12108 戰國

"從王征行"、"用征用行"的"行"，不及物動詞的一般用法；"以行訇師"、"乃敢行之"的"行"，則用如使動。

> 作斂中，則庶民雈（附）。　　　　　　　　　　　（中山王䁈壺）9735 戰國
> 唯德雈（附）民，唯宜（義）可張（長）。　　　　　　　　　　　（同上）

"庶民附"的"附"，不及物動詞的一般用法；"唯德附民"的"附"，用如使動。

> 井伯入右趞曹，立中廷，北鄉（嚮）。　　　　　　（七年趞曹鼎）2783 周中
> 迺自作配，鄉（嚮）民。　　　　　　　　　　　（燹公盨）新收 1607 周中

北嚮，不及物動詞的一般用法；"嚮民"，使民嚮，有引導義①，用如使動。

> 癲不敢弗帥井祖考，秉明德。　　　　　　　　　　　（癲鐘）247 周中
> 女毋敢弗帥先王乍（作）明井。　　　　　　　　　　（牧簋）4343 周中
> 趠═趡═，啟辟明心。　　　　　　　　　　　（戎生編鐘）新收 1613 春秋早
> 用夙夜明享于邵伯日庚。　　　　　　　　　　　　（伯姜鼎）2791 周早
> 用明則之于銘，武文咸刺，永葉毋忘。　　　　　　（驫羌鐘）157 戰國早
> 明大之于壺而時觀焉。　　　　　　　　　　　（中山王䁈壺）9735 戰國晚
> 胤嗣姧蚉，敢明易（揚）告。　　　　　　　　　　（妾壺）9734 戰國晚
> 丕顯高祖、亞祖、文考，克明毕心。　　　　　　　　（癲鐘）247 周中
> 王曰：壐，敬明乃心，用辟我一人。　　　　　　　　（壐盨）4469 周晚

---

① 此從裘錫圭說。裘說見《燹公盨銘文考釋》，載《中國歷史文物》2002 年第 6 期。

> 隹有死罪，乃叁殊，亡不若（赦），以明其德。　　（中山王䝨鼎）2840 戰國晚
> 進賢散（措）能，亡又轉息，以明闢（辟）光。　　（中山王䝨壺）9735 戰國晚

明德、明井、明心，"明"所修飾的"德"、"井"、"心"均爲名詞，"明"爲形容詞。明享于邵伯日庚、明則之于銘、明大之于壺、明揚告，"明"修飾謂詞性短語，但由於修飾的成分不同，按後世標準，此類情形已分化出副詞一類；"克明乃心"是能使乃心明，"敬明乃心"是王囑咐塑要使心敬明，"以明其德"是以相關措施使其德顯明，"以明辟光"是使其君主的光輝得到顯揚，"明"均用作動詞。

> 顈盉（淑）文祖、皇考。　　　　　　　　　　　　（井人妄鐘）109 周晚
> 恖襄乃心，宪静于猷，盉（淑）哲乃德。　　　　　（大克鼎）2836 周晚
> 乃父……不盉（淑），孚（俘）我家，棄用喪。　　（卯簋）4237 周中
> 敦不弔（淑），□乃邦。　　　　　　　　　　　　（寡子卣）5392 周中
> 叀余小子肇盉（淑）先王德。　　　　　　　　　　（師訇鼎）2830 周中

顈淑、淑哲、不淑的"淑"，均屬形容詞；肇淑先王德，"肇"意爲開始，"淑"作動詞用可無疑問。"淑先王德"，按先王之德去修善（淑）自己。

> 不擇貴賤。　　　　　　　　　　　　　　　　　　（鳥書箴銘帶鉤）10407 戰國
> 乃貴唯德①。　　　　　　　　　　　　　　　　　（燹公盨）新收 1607 周中

"不擇貴賤"之"貴"，形容詞；乃貴唯德，其以爲貴的祇有德，即祇看重德，"貴"用爲動詞，即一般講的意動用法。

---

① 此從裘錫圭、陳劍說。裘說見《燹公盨銘文考釋》，載《中國歷史文物》2002 年第 6 期。

者（諸）友飪飤具匋。　　　　　　　　　　　　　　　（失獸鼎）2655 周早
用匋寮人婦子。　　　　　　　　　　　　　　　　　（作冊矢令簋）4300 周早

匋，讀飽。具飽的"飽"是形容詞；用飽寮人婦子，指使寮人婦子飽，"飽"用如使動。

用祈匄眉壽，永令（命）。　　　　　　　　　　　　　（追簋）4220 周中
其用匄永福。　　　　　　　　　　　　　　　　　　（作乍方尊）5993 周中
用追孝于其父母，用易永壽。　　　　　　　　　　　（郜遣簋）4040 春秋早
召萬年永光，用作團宮旅彝。　　　　　　　　　　　（召卣）5416 周早
永鞏先王。　　　　　　　　　　　　　　　　　　　（毛公鼎）2841 周晚
永保忩身，子孫寶。　　　　　　　　　　　　　　　（邾王義楚鍴）6513 春秋晚
余悊怡心，迅永余德。　　　　　　　　　　　　　　（王孫遺者鐘）261 春秋晚

永命、永福、永壽，"永"所修飾的"命"、"福"、"壽"均爲名詞，"永"屬形容詞作定語；永鞏先王、永保臺身，萬年永光，"永"所修飾的"鞏"、"保"、"光"爲動詞，"永"從本質上講是形容詞作狀語，由於修飾的成分不同，按後世的劃分標準，此類情形也有分析爲副詞的；永余德，意爲使我德長久，"永"用爲使動詞。

大揚皇天尹大保宕。　　　　　　　　　　　　　　　（大鼎）2758 周早
用乍（作）朕皇考大仲尊簋。　　　　　　　　　　　（大作大仲簋）4165 周中
中翰戲韹，元鳴孔皇。　　　　　　　　　　　　　　（徐王子旃鐘）182 春秋
仲易趲鼎，揚仲皇，乍（作）寶。　　　　　　　　　（小臣趲鼎）2581 周中
王弗望（忘）氒舊宗小子，蝥皇盎身。　　　　　　　（盠駒尊）6011 周中
方事姜氏，乍（作）寶簋，用永皇方身。　　　　　　（侯方簋）4139 周中

"皇天尹大保"、"皇考大仲"，"皇"均修飾名詞（這類用法在金文中最普

遍），"元鳴孔皇"的"皇"是對鐘聲的描寫，"揚仲皇"的"皇"指代賞賜的美善，以上四例"皇"字均屬形容詞；"蚩皇盞身"、"永皇方身"，意謂使其身皇，用如動詞。

  叀王龔（恭）德谷（裕）天。   （何尊）6014 周早
  用龔（恭）義（儀）寧侯顯考於井。   （麥尊）6015 周早
  緟克龔（恭）保氒辟龔（恭）王。   （大克鼎）2836 周晚
  楚王酓章嚴龔（恭）寅乍（作）鞞戈。   （楚王酓章戈）11381 戰國早
  嚴龔（恭）夤天命。   （秦公鐘）270 春秋早
  召匹晉侯，用龔（恭）王命。   （戎生編鐘）新收 1615 春秋早

恭德、恭儀，"恭"修飾名詞；第三例"恭"修飾"保"，第四例"恭"與"嚴""寅"同義並列修飾"作"，都是修飾動詞，以上四例，均可列為形容詞；第五例"嚴恭寅"是說以嚴謹恭敬的態度對待天命，第六例"恭"是指恭行王命，均用如動詞。

  此外，"非惪與忠，其誰能之?"（中山王𰻞鼎）之"惪"為形容詞，"余惪怡心"（王孫遺者鐘）之"惪"為使動詞；"美"在大多情況下為形容詞，而在"因載所美，即大皇工"之"美"，為意動詞；"用辟先王"之"辟"為一般動詞，"隹辟孝友"之"辟"（辟在此指德、指準則）為意動詞，"哲德不忘"（鄦子妝簠）、"肅哲聖武"（王孫遺者鐘）之"哲"為形容詞，"克哲氒德"（梁其鐘）、"穆₌克盟（明）氒心，哲氒德"（師𦯍鼎）的"哲"為使動詞；"康能"，義為安順，一般多作形容詞理解，"康能四國"（毛公鼎）的"康能"即用作使動。類似用例，金文尚多見，此不贅。

  王乎乍（作）冊尹冊命師晨。   （師晨鼎）2817 周中
  王乎乍（作）冊尹冊易（賜）休。   （走馬休盤）10170 周中
  王乎史虢生冊令頌。   （頌鼎）2827 周晚
  頌拜頴首，受令冊佩以出。   （同上）

冊命、冊賜、冊令，都是用讀簡冊方式傳達王的命令與賞賜，"冊"作"命"、"賜"、"令"的狀語；令冊，記錄王令的簡冊，定中結構，"令"作"冊"的定語。

  先王其嚴在帝左右。   （敤狄鐘）49 周中
  王令吳伯曰：以乃師左比毛父。   （班簋）4341 周中
  王令呂伯曰：以乃師右比毛父。   （同上）
  右在王，左在新郪。   （新郪虎符）12108 戰國
  右在君，左在杜。   （杜虎符）12109 戰國

在帝左右，"左右"表方位，屬名詞，"帝左右"作"在"的賓語；左比毛父、右比毛父，"比"作輔助解，即命吳伯從左面輔助毛父，命呂伯從右面輔助毛父，"左、右"均作"比"的狀語；右在王（君）、左在新郪（杜），"左、右"在句中均作主語。此外，如"獻西旅"（小盂鼎）的"西"作定語，"多友西追"（多友鼎）的"西"作狀語；"余處此南疆"（南疆鉦）的"南"作定語，"王南征"（鄂侯馭方鼎）、"南鄉（嚮）"（宜侯夨簋）的"南"作狀語；"王令寢農省北田"（寢農鼎）的"北"作定語，"伯懋父北征"（呂行壺）、"北鄉（嚮）"（七年趞曹鼎）的"北"作狀語等等，此類用法尚多，茲不贅。

  盂拜頴首，以嘼（酋）進，即大廷。   （小盂鼎）2839 周早
  入三門，即立中廷，北鄉（嚮）。   （同上）
  唯武王既克大邑商，則廷告于天。   （何尊）6014 周早

大廷、中廷，表處所，多用作賓語；"廷告于天"，當廷告天①，"廷"作"告"的狀語。

皇考嚴在上，異（翼）在下。	（虢叔旅鐘）238 周晚
古（故）天異（翼）臨子，法保先王。	（大盂鼎）2837 周早

翼，翅膀。"翼在下"，"翼"作主語；"天翼臨子"，"翼"作"臨"的狀語。"翼"的狀語用法，亦見於傳世文獻："項莊拔劍起舞，項伯亦拔劍起舞，常以身翼蔽沛公，莊不得擊。"（《史記·項羽本紀》）

雩若翌日乙酉。	（麥尊）6015 周早
其自今日，孫孫子子毋敢望（忘）伯休。	（縣妃簋）4269 周中
唯正月吉日丁酉。	（郘王義楚耑）6513 春秋
享月己酉之日。	（鄧客問量）10373 戰國
癲其萬年永寶日鼓。	（癲鐘）247 周中
伯姜日受天子魯休。	（伯姜鼎）2791 周中
日用享于宗室。	（乖伯簋）4331 周中
克其日賜休無疆。	（善夫克盨）4465 周晚

前四例"日"為中心語，後四例"日"為狀語。

當然，金文中真正可確定為臨時性活用的情形也是有的。例如：

王子剌公之宗婦郮嫛為宗彝䵼彝。	（郮嫛鼎）2683 春秋
整辥爾容，宗婦楚邦。	（晉公盞）10342 春秋

---

① 此"廷"字解釋，頗多爭議，有讀"侹"而以"敬"為解的，有讀"筳"作"竹卜"解的。筆者以為不須破讀，徑作"當廷告于天"解。

王子剌公之宗婦，是王子剌公宗主之婦，宗婦用如名詞；宗婦楚邦，是嫁與楚君，成爲楚邦之宗婦，"宗婦"用如動詞。

說明：釋文之後爲出處，括號內器名，括號之後爲著錄號與時代。《殷周金文集成》徑寫著錄號，不出書名。《近出殷周金文集錄》簡稱《近出》，《新收殷周青銅器銘文暨器影彙編》簡稱《新收》。

（作者單位：華南師範大學中文系）

新見爯器銘文補說*
——與兩周金文所見文例參證

鄧佩玲

近日有幸獲睹爯器照片數幀，計有簋二、鼎一①。簋乙對，有蓋，侈口束頸，鼓腹，兩側設獸耳，垂短珥，蓋面及頸飾鳳鳥紋，口沿下中央飾獸首【見附圖一】。簋內底及蓋皆有銘文，器蓋對銘，計7行48字，合文2字：

> 趩（遣）白（伯）乍爯宗彝，其
> 用夙夜亯卲文神，
> 用禶（萬）旂眉壽，朕
> 文考其巠（經）趩（遣）姬趩（遣）
> 白（伯）之德音其競，余
> 子（一子）朕文考其用乍
> 畢身，念爯戈（哉），亡匃（害）。【附圖二】

鼎器形失載，僅知器內壁有銘，銘文與簋銘基本相同：

---

* 本論文為香港特別行政區大學資助委員會傑出青年學者計劃（Early Career Scheme）資助項目成果之一（RGC Ref No 857813），謹此致謝。
① 爯器資料及照片由張光裕教授提供，謹此致謝。

趞（遣）白（伯）乍禹宗彝，其
用夙夜亯邵文神，
用禱（萬）旂眉壽，朕文
考其巠（經）趞（遣）姬趞（遣）白（伯）
之德音其競，余子（一子）
朕文考其用乍琡
身，念禹弋（哉），亡匄（害）。【附圖三】

隨而復查相關資料，得見《史學集刊》2006 年 2 期載吳振武先生《新見西周禹簋銘文釋讀》乙文①，所錄《禹簋》銘文與以上銅器所見者相同，唯從鏽色及鏽斑位置可見，吳氏所見之簋銘與上述二簋有異，當屬另外一器②。

吳文對《禹簋》銘文考釋至詳，於字詞釋讀及字義疏理皆提出不少獨到意見。惟經審諸上古音系，筆者認爲禹器銘文當具備韻文特徵，如"神"（真部）、"經"（耕部）、"競"（陽部）、"身"（真部）、"禹"（蒸部）五字韻部相近③，禹器之句讀似猶有再作討論之空間。因此，本文擬在吳文基礎上，對禹器銘文作重新句讀，復因釋讀之異，乃選取"德音其競"及"余子（一子）朕文考其用乍琡身"二語與金文常見文例作比觀，對銘文內容作重新之分析探論。

一、"德音其競"

"德音"，吳振武先生釋作"德言"，然從筆者所見照片清晰可知，字所從

---

① 吳振武：《新見西周禹簋銘文釋讀》，《史學集刊》2006 年第 2 期，第 84—88 頁。
② 銘文圖片及拓本參吳振武《新見西周禹簋銘文釋讀》，見"中國社會科學院歷史研究所先秦史研究院"網（http://www.xianqin.org/xr_html/articles/xchjw/1261.html）。
③ 參郭錫良《漢字古音手冊》，北京大學出版社 1986 年。

口中有一短劃，當釋爲"音"。古"音"、"言"雖可互通，惟揆諸《詩》中"德音"文例作比對，本銘所見者宜讀如字。

"德音"一辭，金文未見，《詩》則凡十二例：

（1）《鄭風·有女同車》："彼美孟姜，德音不忘！"①
（2）《邶風·日月》："乃如之人兮，德音無良。"②
（3）《邶風·谷風》："德音莫違，及爾同死。"③
（4）《秦風·小戎》："厭厭良人，秩秩德音。"④
（5）《豳風·狼跋》："公孫碩膚，德音不瑕？"⑤
（6）《小雅·鹿鳴》："我有嘉賓，德音孔昭。"⑥
（7）《小雅·南山有臺》："樂只君子，德音不已。""樂只君子，德音是茂。"⑦
（8）《小雅·車舝》："匪飢匪渴，德音來括。"⑧
（9）《小雅·隰桑》："既見君子，德音孔膠。"⑨
（10）《大雅·皇矣》："貊其德音，其德克明。"⑩
（11）《大雅·假樂》："威儀抑抑，德音秩秩。"⑪

聞一多先生以爲《詩》中"德音"用法可分爲兩種，一是專門用於夫婦，另

---

① 《毛詩正義》，見《十三經注疏》（整理本），北京大學出版社 2000 年，第 350 頁。
② 《毛詩正義》，第 147 頁。
③ 《毛詩正義》，第 172 頁。
④ 《毛詩正義》，第 491 頁。
⑤ 《毛詩正義》，第 629 頁。
⑥ 《毛詩正義》，第 652 頁。
⑦ 《毛詩正義》，第 718—719 頁。
⑧ 《毛詩正義》，第 1020 頁。
⑨ 《毛詩正義》，第 1083 頁。
⑩ 《毛詩正義》，第 1205 頁。
⑪ 《毛詩正義》，第 1301 頁。

一是普遍用爲歌頌之辭①。又于省吾先生認爲《詩》之"德音"雖有部分可解"令聞"、"淑問"，然當中亦有分別指稱"德性"及"言語"者，從而指出其中八例應改作"德言"②。

器銘云"德音其競"，可資証明先秦文獻確有"德音"之文例。而從上下文意可見，銘文內容顯然無涉於男女關係，"德音"當屬讚頌遣姬、遣伯之辭，用法與《鹿鳴》、《南山有臺》、《皇矣》、《假樂》等所見者相當。古人多認爲"德音"乃屬道德之讚譽，如《鹿鳴》有"我有嘉賓，德音孔昭"一語，鄭玄《箋》注云："德音，先王道德之敎也。"③又孔穎達《疏》：

> 至於旅酬之時，語先王道德之音甚明。以此嘉賓所語示民，民皆象之，不愉薄於禮義。又此賓之德音，不但可示民而已，是乃君子於是法則之，於是傚傚之。嘉賓之賢如是，故我有旨美之酒，與此嘉賓用之，燕飲以敖遊也。④

至於《狼跋》云"德音不瑕"，"瑕"者，旣有"過"之意⑤，"不瑕"又可解作"不可疵瑕"⑥，美言公孫具有毫無瑕疵之"德音"，朱熹《集傳》云："德音，猶令聞也。"⑦又《谷風》"德音莫違"下朱熹云："德音，美譽也。"⑧盛德之人聲名顯著，"令聞"、"美譽"之訓釋皆自"道德之音"引申而來。又"德音"一辭見於《禮記》及《左傳》，其義皆與道德攸關，如《禮記·樂

---

① 聞一多云："以上顯然表示'德音'這個詞彙有兩種用法，一是專門用於男女——夫婦之際的，一是泛的用法。"（聞一多：《匡齋尺牘》，見《聞一多全集》（香港，南通圖書有限公司1980年，第365頁。）
② 于省吾：《詩"德音"解》，《澤螺居詩經新證》（中華書局1982年），第201頁。
③ 《毛詩正義》，第652頁。
④ 同上注。
⑤ 毛《傳》："瑕，過也。"（《毛詩正義》，第629頁。）
⑥ 鄭《箋》："不瑕，言不可疵瑕也。"（《毛詩正義》，第629頁。）
⑦ （宋）朱熹集註：《詩集傳》，上海，中華書局1958年，第97頁。
⑧ 《詩集傳》，第21頁。

記》云：

　　然後聖人作爲鞉、鼓、椌、楬、壎、篪。此六者，德音之音也。①

孔《疏》：

　　"此六者，德音之音也"者，言此鞉、鼓、椌、楬、壎、篪，其聲質素，是道德之音，以尚質故也。②

又《左傳·襄公九年》云：

　　公子騑趨進，曰："天禍鄭國，使介居二大國之閒。大國不加德音，而亂以要之，使其鬼神不獲歆其禋祀，其民人不獲享其土利，夫婦辛苦墊隘，無所厎告。"③

《左傳·昭公四年》：

　　冀之北土，馬之所生，無興國焉。恃險與馬，不可以爲固也，從古以然。是以先王務脩德音，以亨神人，不聞其務險與馬也。④

古人以"德"爲善，兩周彝銘亦有"懿德"（《史牆盤》）、"明德"（《秦公鐘》）、"孔德"（《師𩛥鼎》）、"純德"（《中山王𧮫鼎》）等文例，"懿"、"明"、"孔"、"純"皆美、善、大之謂，以諸詞作爲修飾，俱係對先祖、神明

---

① 《禮記正義》，見《十三經注疏》（整理本），北京大學出版社 2000 年，第 1312 頁。
② 《禮記正義》，第 1313 頁。
③ 《春秋左傳注疏》，見《十三經注疏》（整理本），北京大學出版社 2000 年，第 1002 頁。
④ 《春秋左傳注疏》，第 1373 頁。

美譽之辭。本銘所言之"德音其競",亦是對遣姬、遣伯頌讚之語,言其道德地位顯卓,具良好之名望、聲譽。

至於"其競",金文雖然未見,然與之相近之常見文例有"亡競",如《高卣》云:

尹其互萬年受㝨永魯,亡競才服,冕侯矣其子₌孫₌寶用。(《集成》5431)①

又《猷鐘》云:

隹(唯)皇上帝百神,保余小子,朕(朕)猷又(有)成亡競。

(《集成》260)

"競",《銘文選》解謂"我治國之謀大有成就而無可匹敵"②。"亡競",傳世文獻又作"無競",古"亡"、"無"通,如《大雅·抑》云:"無競維人,四方其訓之。"③毛《傳》:"無競,競也。"鄭《箋》:

競,彊也。人君為政,無彊於得賢人。得賢人則天下教化於其俗。有大德行,則天下順從其政。言在上所以倡道。④

《執競》云:

---

① 本文所引器物出自《殷周金文集成》(中國社科學院考古研究所編,中華書局 1984—1994 年)。
② 上海博物館商周青銅器銘文選編寫組:《商周青銅器銘文選》(三),文物出版社 1986 年,第 280 頁。
③ 《毛詩正義》,第 1367 頁。
④ 同上注。

　　　　執競武王，<u>無競</u>維烈。不顯成康，上帝是皇。①

　　毛《傳》："無競，競也。"② 鄭《箋》："競，彊也。能持彊道者，維有武王耳。不彊乎其克商之功業，言其彊也。"③ 孔《疏》復云："無競，反其言故爲競也。"④

　　從諸家之訓釋可見，"競"具"彊"義，"彊"即"強"，指強盛。《書·立政》有"乃有室大競"一語，劉逢祿《今古文集解》引孫氏云："競，彊也。"⑤又《詩·商頌·長發》"不競不絿"下朱熹《集傳》云："競，強也。"⑥《說文·誩部》又云："競，彊語也。一曰逐也。从誩，从二人。"⑦至於金文及《詩》所見之"亡／無競"，"亡／無"於古漢語中多用爲否定副詞，意義與"不"相當，故"亡／無競"或可解作"不強"；惟復結合用例之上下文意，以此作爲說釋則又與銘文內容並不相符，孔穎達遂用"反其言"作爲解說，認爲"無競"乃言莫有強於其者，是甚爲強盛之形容，此說固可與毛《傳》所謂"無競，競也"之解釋相合。

　　孔《疏》"反其言"之說雖能疏通文意，然仍稍失迂迴牽強。今銘既稱"其競"，結構形式與"亡／無競"相近，古漢語中"其"、"無"二字皆可用爲語助，故"亡／無競"與"其競"或可作爲參照比觀。"其"，古書中有用爲語助詞之例，如《書·虞書·召誥》云："嗚呼！曷<u>其</u>奈何弗敬？"⑧ 蔡沈

---

① 《毛詩正義》，第 1536 頁。
② 同上注。
③ 同上注。
④ 同上注。
⑤ （清）劉逢祿：《尚書今古文集解》，見《續修四庫全書》48 冊，上海古籍出版社 1995 年，卷二四第 1 頁。
⑥ 《詩集傳》，第 246 頁。
⑦ 《說文解字》（附檢字），中華書局 1964 年，第 58 頁上。
⑧ 《尚書正義》，見《十三經注疏》（整理本），北京大學出版社 2000 年，第 465 頁。

《集傳》云："其，語辭也。"① "其"於句中無義，僅有助語氣之表達。又《詩·小雅·桑扈》：

兕觥其觩，旨酒思柔。彼交匪敖，萬福來求。②

陳奐《傳疏》："'思柔'與'其觩'對文，則其與思皆爲語詞。"③詩中"其"、"思"二詞相對，可證"其"爲語助詞無疑。又王引之《經傳釋詞》卷五嘗云：

其，語助也。《易·小畜》初九曰："復自道，何其咎？"《書·大誥》曰："予曷其不于前寧人圖功攸終？"……其字皆爲語助，無意義也。④

在《詩經》中，亦時見有"其"作爲前綴之例，置於形容詞之前，無實質詞義，僅起加強語氣表達之語法作用，如：

擊鼓其鏜，踴躍用兵。（《邶風·擊鼓》）⑤
北風其涼，雨雪其雱。（《邶風·北風》）⑥
靜女其姝，俟我於城隅。（《邶風·靜女》）⑦

---

① （宋）蔡沈：《書經集傳》，見《四庫全書》58 冊，上海古籍出版社 1987 年，卷五第 2 頁。
② 《毛詩正義》，第 1011 頁。
③ （清）陳奐：《詩毛氏傳疏》，見《續修四庫全書》70 冊，上海古籍出版社 1995 年，卷二一第 14 頁。
④ （清）王引之：《經傳釋詞》，長沙，嶽麓書社 1985 年，第 109 頁。
⑤ 《毛詩正義》，第 153 頁。
⑥ 《毛詩正義》，第 202 頁。
⑦ 《毛詩正義》，第 204 頁。

考諸兩周彝銘，"其"亦嘗有類似之文例：

  《䣄公華鐘》："鑄其龢鐘，台（以）卹其祭祀盟祀，台（以）樂大夫，台（以）宴士庶子，愼爲之名（銘），元器其舊。"（《集成》245）
  《虢季子白盤》："王賜（賜）乘馬，是用左（佐）王，賜（賜）用弓、彤矢其央。"（《集成》10173）

"元器其舊"，《銘文選》釋云："此美善之器的鑄造全按先人舊制。"① "其"置於形容詞"舊"前。又"彤矢其央"，《詩·小雅·出車》嘗言"旂旐央央"，毛《傳》："央央，鮮明也。"② "彤矢其央"言"彤矢"之顔色鮮明漂亮，"其"用於形容詞"央"前，起加強語氣之作用。

"無"，古漢語亦有用爲語助詞之例，無義，如《大雅·思齊》嘗云："不顯亦臨，無射亦保。"③ 馬瑞辰《傳箋通釋》："今按無爲語詞，無射即射，猶之無念即念也。"④ "無"作爲語助詞者猶有：

  王之藎臣，無念爾祖！（《大雅·文王》）⑤
  天之所生，地之所養，無人爲大。（《禮記·祭義》）⑥

此外，王引之《經義述聞》卷三十二《通說》有"語詞誤解以實義"一條，王氏嘗援引古籍所見"無"字用例十餘則，說明語助詞"無"常有被誤解作實詞：

---

① 《商周青銅器銘文選》（三），第525頁。
② 《毛詩正義》，第701頁。
③ 《毛詩正義》，第1186頁。
④ （清）馬瑞辰：《毛詩傳箋通釋》，中華書局1989年，第835頁。
⑤ 《毛詩正義》，第1128頁。
⑥ 《禮記正義》，第1559頁。

> 經典之文，字各有義，而字之爲語詞者，則無義之可言，但以足句耳。語詞而以實義解之，則扞格難通。……無，發聲也。《微子》曰："今爾無指告"，今爾指告也，解者以爲無指意告我，則失之矣。《小雅·小閔》曰："如彼泉流，無淪胥以敗"，淪胥以敗也。……①

至於"無競"，諸家除釋"無"爲"不"外，亦有訓之爲語助詞者，如《周頌·執競》"無競維烈"下陳奐《傳疏》云：

> "不顯"之"不"與"無競"之"無"，語詞，發聲。②

從古書之訓釋可見，"其"、"無"二詞皆可用爲語助詞，故本銘所稱之"其競"實可與金文及傳世文獻之"亡／無競"作相互印証，"其"、"亡／無"皆屬語助詞，無實質之詞彙意義，祇起加強語氣表達之作用。"競"者，強也；"其競"，極言其強盛之狀。本銘稱"德音其競"，乃是對遣姬遣伯頌揚之辭，言其道德卓然，具有良好之名聲③。

禹器謂"朕文考其巠遣姬遣白（伯）之德音其競"，"巠"可讀爲"經"，意謂"遵循"④，此記我先父遵循、效法遣姬遣伯之強盛美德。相類文例猶見《齊陞曼簠》之"肇堇（勤）經德"、《晉姜鼎》之"巠離明德"及《書·酒誥》之"經德秉哲"⑤，皆盛言先祖道德成就超卓，並引以作爲己身之楷模。

---

① （清）王引之：《經義述聞》，臺灣商務印書館1979年，第1277—1289頁。
② 《詩毛氏傳疏》，卷二六第20頁。
③ 有關"無"於《詩經》及金文中用爲語助詞之情況，詳參拙文《歷代經學家對〈詩經〉所見語助詞"不""無"的訓釋兼談〈詩經〉與金文的"遐不""不遐"》，香港中文大學中國語言文學系編：《承繼與拓新：漢語語言文字學研究》，香港，商務印書館2014年，第100—139頁。
④ 參《新見西周禹簋銘文釋讀》，第85頁。
⑤ 《尚書正義》，第446頁。

二、余孑（一子）朕文考其用乍氒身

"余一子"，"一子"合文。"余一子"於金文未見，相類之文例猶有"余一人"及"我一人"，如：

《叔尸鏄》："余用虔卹不易（弛），左右余一人。"（《集成》274）

《毛公鼎》："死（尸）母（毋）童（動）余一人才（在）立（位）。"（《集成》2841）

《㝨簋》："卑復虐逐氒（厥）君氒（厥）師，迺乍（作）余一人咎。王曰：㝨，敬明乃心，用辟我一人，善效乃友內（納）㣇（辟）。"（《集成》4469）

《大盂鼎》："盂，迺䢦（召）夾死嗣（司）戎，敏諫罰訟，夙夕䢦（召）我一人烝（烝）四方，雩我其遹省先王受民受彊（疆）土。"（《集成》3837）

"余一人"及"我一人"亦見於先秦古籍，如：

今叔父克遂，有功于齊，而不使命卿鎮撫王室，所使來撫余一人，而鞏伯實來，未有職司於王室，又奸先王之禮。（《左傳·成公二年》）①

王使單平公對曰："朕以嘉命來告余一人。"（《左傳·哀公十六年》）②

俾屏余一人以在位，煢煢余在疚。（《左傳·哀公十六年》）③

我一人之爲，非爲楚也。（《左傳·襄公二十八年》）④

非我一人奉德不康寧，時惟天命。（《書·周書·多士》）⑤

---

① 《春秋左傳注疏》，第815—816頁。
② 《春秋左傳注疏》，第1945頁。
③ 同上注。
④ 《春秋左傳注疏》，第1247頁。
⑤ 《尚書正義》，第503頁。

"余一人"於《書》則作"予一人":

> 爾尙輔<u>予一人</u>,致天之罰,予其大賚汝。(《商書·湯誓》)①
> 非予自荒茲德,惟汝含德,不惕<u>予一人</u>。(《商書·盤庚》)②
> 茲攸俟,能念<u>予一人</u>。(《周書·金縢》)③

上古自稱代詞"余"、"我"、"予"俱屬同源,"余一人"、"我一人"及"予一人"乃同辭異字。胡厚宣認爲"余一人"之例最早見於甲骨,或省作"一人",是國王所專用之稱號④,今銘既云"余一子",用語與"余一人"有别,且銘文亦無明確指出作器者之身份,故禹器是否屬於王室之器,實在難以作出判斷。

銘云:"余子(一子)朕文考",自稱代詞"余一子"⑤與"朕"相連出現,用法較爲特殊。"余一子"與"朕"屬同位結構,共同修飾其後之"文考"。在兩周金文中,雖未見有"余一子"與"朕"連用之例,然代詞疊用之情況並不鮮見,自稱代詞疊用之文例如《叔尸鐘》:

> 余命女(汝)職差(佐)正卿,鞏命於外内之事,中專盟井(刑)以專戒公家,雁(膺)卹余于盟(明)卹,女(汝)台(以)卹<u>余朕</u>身。(《集成》274·

---

① 《尚書正義》,第 228 頁。
② 《尚書正義》,第 272 頁。
③ 《尚書正義》,第 397 頁。
④ 胡厚宣云:"由甲骨卜辭看來,自殷武丁以迄帝辛,'余一人'與'一人'者,已爲國王一人所專用的稱號。"(胡厚宣:《釋"余一人"》,《歷史研究》1957 年第 1 期,第 75 頁。)
⑤ 唐鈺明認爲早於卜辭之時,"余一人"已凝固爲複音詞,其後西周金文上承此項用法。(見唐鈺明《金文複音詞簡論——兼論漢語複音化的起源》,《著名中年語言學家自選集·唐鈺明卷》,合肥,安徽大學出版社 2002 年,第 123 頁。)

275）

"余"、"朕"同位作爲領格，用以修飾"身"。又《少虞劍》：

> 吉日壬午，乍（作）爲元用，玄鏐鋪（鏞）呂（鋁），朕余名之，胃（謂）之少虞。（11696—11698）。

"朕"、"余"作主格，乃動詞"名"之施動者。此外，金文中亦有對稱代詞疊用之文例，如：

> 《善鼎》："今余唯肇䚻先王令。（令，令）女（汝）左疋（胥）彙侯，監燮師戍。易（賜）女（汝）乃且旂，用事。"（《集成》2820）
> 《元年師兌簋》："嗣（司）ナ（左）右走馬、五邑走馬，易（賜）女（汝）乃且（祖）巾（市）、五黃衡、赤舄。"（《集成》4274）
> 《師訇簋》："師訇，不（丕）顯文武，雁（膺）受天令，亦則於女（汝）乃聖且（祖）考克左右先王，乍（作）𣄴□□用夾召𣄴辟。"（《集成》4342）

有關自稱代詞於金文中之運用情況，周法高在《中國古代語法·稱代編》中嘗徵引《大系》所見文例作專節討論：

> 6. "余"和"朕"連用
>
> 女台（以）邲余朕身。（《叔夷鐘203》）《大系》207："'余朕'猶今言'我自己'，吉日劍有'朕余'，例同，《爾雅·釋詁》，朕、余同訓我，又同訓身；身者，即自己之謂也。
>
> 朕余名之，謂（謂）之少虞。（吉日劍240）《大系》241："'朕余'者，猶今

言我自己也。……大率用朕余者表示主格，用余朕者表示領格。"①

郭沫若以爲"余朕"或"朕余"猶今言之"我自己"，本銘云"余一子朕"，其意義用法當與"余朕"、"朕余"相當，"余一子"言"我"，"朕"複指"自己"，兩詞組成同位短語，共同修飾"文考"，故"余一子朕文考"應語譯爲"我自己的先父"。

銘文續云："用乍氒身"，該語於兩周彝銘未見，相類之文例則有"用粤朕身"、"以樂其身"、"用保王身"等，《逆鐘》云：

　　小子室家，母（毋）有不聞智（知），敬乃夙夜，用粤䏦（朕）身。（《集成》62—63）

又《黿公牼鐘》云：

　　余畢龏威忌，鑄辝龢鍾（鐘）二鍺（堵），台（以）樂其身，台（以）匽（宴）大夫，台（以）喜者（諸）士，至於墉（萬）年，分器是寺（持）。（《集成》149）

《師𩵦鼎》云：

　　小子夙夕專古先且（祖）剌（烈）德，用臣皇辟。白（伯）亦克款古先且（伯）曑孫子，一䚃（湛）皇辟懿德，用保王身。（《集成》2830）

在上列諸例中，"用"、"以"皆爲介詞，所帶賓語承上省略，"氒"、"其"均屬他稱代詞，用於領格，具"他的"之意，"身"則爲習見之反身代詞，指

---

① 周法高：《中國古代語法·稱代編》，臺北，中央研究院歷史語言研究所1959年，第57頁。

"自己",故銘文之"乓身"、"其身"猶言"他自己"。至於"乍",詞義尤爲費解,然從上述諸例可見,"乍"與"粤"、"樂"、"保"之語法性質相當,應屬動詞。在兩周金文中,"乍"作動詞時具鑄作、製作之意,其例習見,如"用乍(作)朕皇考龏弔(叔)皇母龏始(姒)寶障鼎"(《頌鼎》)、"楚王酓章乍(作)曾侯乙宗彝"(《楚王酓章鎛》)、"群孫斨子璋擇其吉金,自乍(作)鑄鐘"(《子璋鐘》)等。因此,銘文所謂"余子(一子)朕文考其用乍乓身",即言我先父爲他自己鑄作此器。

有關禹器所見之人物關係,吳先生嘗於文中云:

> 大約作於西周早期的大尊和明卣銘文記由伯命器主大和明爲亡父作器(《集成》11.5998、10.5356),裘錫圭先生曾作過深入的討論。本銘所見人物之間的關係,跟大尊、明卣銘文中所見的人物關係極爲相似,可相參校。

檢諸《集成》,《大尊》銘文云:

> 由白曰大乍(作)障(尊)彝,曰母入于公,曰由白(伯)子曰大爲乓父彝,丙曰隹(唯)母入于公。(《集成》5998)

又《明卣》云:

> 召白(伯)曰明乍(作)父丙寶障(尊)彝。(《集成》5356)

《大尊》及《明卣》皆言受命鑄器之事①,復與本銘作相互參照,吳先生所言甚是,從"余子(一子)朕文考其用乍乓身"一語可見,作器者乃受先父之

---

① 裘錫圭以爲大及明乃同父之兄弟,受由伯之命分別爲其亡父鑄器。(見裘錫圭《從幾件周代銅器銘文看宗法制度下的所有制》,《裘錫圭學術文化隨筆》,北京,中國青年出版社 1999 年,第 202—204 頁。)

命爲其鑄器。總括而言，本銘所牽涉之人物有五，分別爲我、我之先父、遣姬、遣伯及禹。銘記遣伯曾爲禹作其宗彝，用以夙夜獻祭於文神，祈求長壽萬年；而我之先父爲效法遣姬、遣伯之盛大德音，命我爲其作鑄彝器，藉以追念禹，並表達 "無有害" 之祈求。

後記：本文初稿於 "中國古文字研究會第十七次年會"（長春：吉林大學古籍研究所，2008 年 10 月）上發表，其後，張懋鎔、王勇《遣伯盨銘考釋》、耿超《禹簋銘文與西周宗婦地位》、孫銀瓊、楊懷源《禹簋、盫章鐘、盫章鎛、公鼎 '乍' 新釋》及高婧聰《新見禹器與西周遣氏宗族研究》均曾就禹器銘文作若干探討，觀點與筆者略有差異，故本文仍沿舊說，不作改動。此外，吳鎮烽先生《商周青銅器銘文暨圖像集成》著錄之《禹簋》共兩件，器號 05213 應與吳振武及耿超所見者相同，器號 05214 則爲新著錄銅器，又張懋鎔、王勇所記之《遣伯盨》見於吳書器號 05666，加上本文所記，今可確定同組禹器（或遣伯器）應包括鼎一、簋三及盨一。

【附圖一】 禹簋乙對

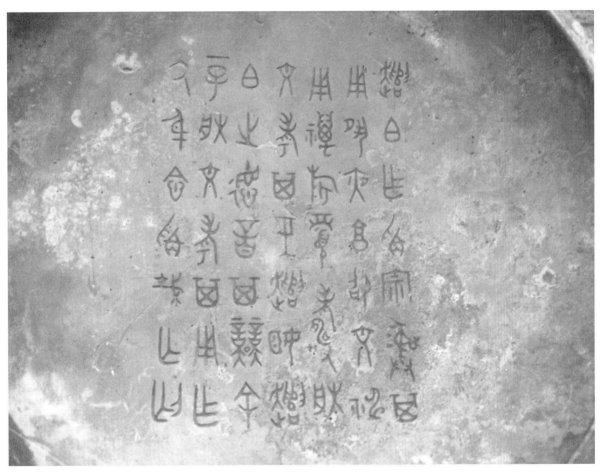

【附圖二】簋銘

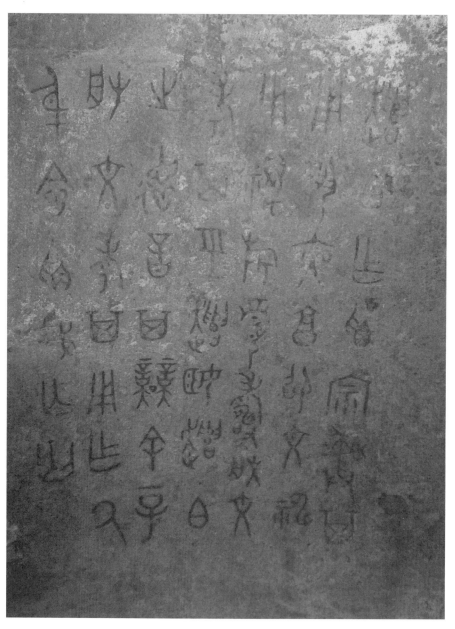

【附圖三】鼎銘

(作者單位：香港大學中文學院)

晉公𣪘年代再探

彭裕商

　　晉公𣪘（附圖）爲晉國國君所作，是一件著名的傳世青銅器，學者對其多有考釋和研究，但至今仍有些問題尚有作進一步研究的必要。筆者近日作東周青銅器年代的整理，發現該器的器形、紋飾與學者推定的年代頗有出入，故撰此小文，就其年代再作討論，供學者參考。

　　該器年代，由於銘中有"余雖今小子"等語句，學者多據以推測其年代。以前郭沫若先生曾在初版《兩周金文辭大系》中認爲歷代晉公無名"雉"者，近似之字則爲襄公驩，故推定當爲晉襄公所作器，唐蘭先生認爲銘中的"雉"當即晉定公午之名，因而推定該器作於晉定公時①，楊樹達先生也有類同看法②。此説爲多數學者所接受，幾成定論。日本學者白川靜氏還根據該器所記曆日"惟王正月初吉丁亥"推定該器作於晉定公三十六年，當公元前475年③。後來，李學勤先生撰文，指出所謂晉定公名的"雉"字，實爲從虫的字，當隸定爲"蜼"字，應讀作"唯"，是語詞而不是人名④。他根據器銘中所提到的晉楚婚姻之事，從吳闓生之説，認爲當是《左傳·昭公四年》（公元前538年）所記的楚靈王求婚於晉，晉平公許之的晉楚婚姻之事，次年，晉平

---

① 唐蘭：《晉公䚋𣪘考釋》，北京大學《國學季刊》第4卷第1號。
② 楊樹達：《積微居金文説》卷三《晉公𣪘跋》，中華書局1997年。
③ 白川靜：《金文通釋》卷五第455頁，白鶴美術館。
④ 李學勤：《晉公𣪘的幾個問題》，《出土文獻研究》，文物出版社1985年。

公送女於楚，因而該器製作年代當爲晉平公二十一年，即公元前537年。筆者也曾同意這樣的看法①，並指出所謂"雖"字實是戰國古文"雖"字②，雖、唯古通，此讀作語詞"唯"，但語氣上都有雖字的轉折之意。總之，據現有研究，該器年代大致當春秋晚期。李先生推定的年代略爲提早，當春秋中晚期之際。

筆者近年從事東周青銅器年代研究，在對盆類器物整理分析的過程中，發現晉公蓋的器形、紋飾與學者推定的年代不合，該器的器形、紋飾流行於春秋早期後段到春秋中期前段。

該器器形屬筆者劃分的盆類Ⅱ式③，屬該式的盆類器有如下一些。

河南信陽明港段灣墓銅盆④、71河南新野墓銅盆⑤、樊君夔盆⑥、河南淅川下寺M2"銅盞"⑦、曾孟嬭諫盆⑧、鄎子宿車盆⑨、黃太子伯克盆⑩、子諆盆等⑪。

以上的Ⅱ式銅盆可據相關材料推斷其年代。

信陽段灣墓同出還有鼎、鬲、壺、盤等，器形都較早，報導者認爲當屬春秋早期，但該墓銅器如盤、壺、盆等已出現了一些新樣式的花紋，與春秋初期

---

① 彭裕商：《金文研究與古代典籍》，《四川大學學報》（哲社版）1993年第1期。
② （宋）夏竦：《古文四聲韻》卷一脂韻，中華書局1983年，第9頁下。
③ 彭裕商：《東周青銅盆、盞、敦研究》，《考古學報》2008年第2期。
④ 信陽地區文管會等：《信陽縣明港發現兩批春秋早期青銅器》，《中原文物》1981年第4期。
⑤ 鄭傑祥：《河南新野發現的曾國銅器》，《文物》1973年第5期，第15頁。
⑥ 河南省博物館等：《河南信陽市平橋春秋墓發掘簡報》，《文物》1981年第1期。
⑦ 河南省文物研究所等：《淅川下寺春秋楚墓》，文物出版社1991年，第137頁，圖一一四：1。
⑧ 《江漢考古》1980年第1期。
⑨ 信陽地區文管會等：《羅山縣高店公社又發現一批春秋時期青銅器》，《中原文物》1981年第4期。
⑩ 山東省文物考古研究所等：《山東沂水劉家店子春秋墓發掘簡報》，《文物》1984年第9期。
⑪ 信陽地區文管會等：《河南潢川縣發現黃國和蔡國銅器》（銘文原釋文有誤，應爲：唯子諆鑄其行孟，子孫永壽用之），《文物》1980年第1期。

的紋飾不同，故其年代當屬春秋早期後段。71 河南新野墓同出有鼎、甗、簋、盤、匜，器形均屬春秋早期，而紋飾與段灣墓銅器類同，且銅盆腹部爲"吐舌蟠螭紋"，學者認爲，這種"吐舌蟠螭紋"的產生可能在春秋早期之末或春秋中期偏早①，故該銅器群的年代應與段灣墓相當，也屬春秋早期後段。樊君夔盆一般認爲屬春秋早期②，但其紋飾爲"吐舌蟠螭紋"，也應屬春秋早期後段。淅川下寺 M2 同出器物較多，有鼎、簋、簠、盞、壺、尊缶、浴缶、盤、匜等，墓葬的年代大致當春秋中期後段，但所出銅盆有學者認爲可早到春秋中期前段③。鄀子宿車盆、黃太子伯克盆、子諆盆等三器，雙耳銜環，蓋上不是圈形捉手，而是三個等距的小形握手，或爲虎形，或爲牛形，彼此器形紋飾類同，年代應大致相同。出鄀子宿車盆和子諆盆的墓葬，發掘者認爲當屬春秋早期，出黃太子伯克盆的墓葬發掘者認爲屬春秋中期。李學勤先生認爲子諆盆屬春秋中期④。通觀三墓所出器物，出鄀子宿車盆的墓可能略早，當屬春秋早期後段，其餘二者約屬中期前段。

由以上的討論，可知Ⅱ式銅盆流行於春秋早期後段到春秋中期前段。

在紋飾上，晉公蠶也有較早的特徵。

該器肩部紋飾爲蟠螭紋，腹部爲波曲紋，紋飾線條均較細密。其紋飾與子諆盆非常接近，而晉公蠶腹部的波曲紋則較早。波曲紋是西周晚期到春秋早期流行的紋飾，春秋中期前段仍有流行，但線條已變細，如甘肅禮縣圓頂山秦墓鼎（98LDM1：25）腹部、圓壺（98LDM1：24）下腹部⑤、98 LDM2 鼎腹

---

① 李學勤：《光山黃國墓的幾個問題》，《考古與文物》1985 年第 2 期；劉彬徽：《楚系青銅器研究》，湖北教育出版社 1995 年，第 47 頁。
② 中國青銅器全集編輯委員會：《中國青銅器全集》第 7 卷：一〇三，文物出版社 1998 年。
③ 劉彬徽：《楚系青銅器研究》，湖北教育出版社 1995 年，第 69—70 頁。
④ 李學勤：《論漢淮間的春秋青銅器》，《文物》1980 年第 1 期。
⑤ 甘肅省文物考古研究所等：《禮縣圓頂山春秋秦墓》圖五：4，《文物》2002 年第 2 期。

部①、陝西寶雞陽平秦家溝 M1 鼎腹部等②。甘肅禮縣圓頂山的幾座秦墓，銅器紋飾均爲較細的線條，與晉公盞的紋飾也很接近，這幾座墓的年代都大致在春秋中期前段。總之，晉公盞的紋飾是春秋中期常見的。考慮到其器形細部，如鎏耳有獸頭裝飾，則與子諆盆相同，推測其年代當與後者接近，大致在春秋早中期之際或中期前段。

在銘文上，該器也有較早的特徵。其字體粗疏，與晉姜鼎、秦公簋等相近，前者屬春秋早期，後者 1923 年甘肅省天水縣出土，學者以爲秦景公所鑄器③，其器形、紋飾接近甘肅禮縣圓頂山 98LDM1 的兩件簋，當屬春秋中期前段④。措辭方面，該器與以下一些器有類同的語句：

晉公盞：我皇祖唐公，膺受大命。

乖伯簋：朕丕顯祖文武，膺受大命。

師克盨：丕顯文武，膺受大命。

毛公鼎：丕顯文武……膺受大命。

秦公鐘：膺受大命。

秦公鐘學者認爲屬秦武公⑤，爲春秋早期之器，其餘幾器均屬西周晚期⑥。

晉公盞：余雖今小子，敢帥型先王，秉德秩秩。

單伯鐘：余小子肇帥型朕祖考懿德。

梁其鐘：梁其肇帥型皇祖考，秉明德。

番生簋：番生不敢弗帥型皇祖考丕杯元德。

叔向父禹簋：肇帥型先文祖，共明德。

---

① 甘肅省文物考古研究所等：《甘肅禮縣圓頂山 98LDM2、2000LDM4 春秋秦墓》圖四：1—3，《文物》2005 年第 2 期。
② 陝西省文物管理委員會：《陝西寶雞陽平鎮秦家溝秦墓發掘記》圖五：2，《考古》1965 年第 7 期。
③ 馬承源主編：《商周青銅器銘文選》（四），文物出版社 1990 年，第 609 頁。
④ 容庚：《商周彝器通考》下冊 344，哈佛燕京學社 1941 年。
⑤ 盧連成等：《陝西寶雞縣太公廟村發現秦公鐘》，《文物》1978 年第 11 期。
⑥ 彭裕商：《西周青銅器年代綜合研究》，巴蜀書社 2003 年，第 515—516 頁。

秦公簋：余雖小子，穆穆帥秉明德。

上舉器物，除秦公簋外，均爲西周晚期器①。秦公簋當屬春秋中期前段已見前。

晉公䥕：余咸畜胤士。

秦公簋：咸畜胤士。

上舉材料說明，晉公䥕在措辭上接近西周晚期到春秋早期的器銘，而猶其與年代屬春秋中期前段的秦公簋接近，這與其器形、紋飾所反映出來的年代特徵相合。參照劉彬徽先生的研究，楚文化區春秋中期前段相當的年代在公元前670年—公元前600年。據筆者近年的研究，東周時期，中原文化區、山東齊魯文化區均與楚文化區青銅器發展的情況大致相同，再綜合晉公䥕的器形、紋飾、銘文字體、銘文措辭等考慮，筆者推測其年代上限有可能略早於公元前670年，而其下限不應晚於公元前600年。這一段時間的晉楚婚姻未見《左傳》記載，不過，未見記載不等於沒有，其實有很多古文字材料記載的史實都不見於傳世文獻。以常理推之，晉楚如歷來無婚姻關係，楚靈王恐怕也不會派人去晉國請婚了，所以該器記載的晉楚婚姻關係，可以補充文獻記載的不足。

附圖：晉公䥕

（作者單位：四川大學歷史文化學院）

---

① 彭裕商：《西周青銅器年代綜合研究》，巴蜀書社2003年，第422頁、426頁、431頁、392頁。

二年梁令矛小考

李家浩

韓自強先生《過眼雲煙》一文，公佈了五件新發現的三晉有銘兵器，二年梁令矛是其中的一件①。韓文對這件矛的有關情況作了介紹，並且對其銘文的釋讀、國別的斷定提出了意見。本文擬在韓文的基礎上，談一點不成熟的看法，作爲對韓文的補充。

矛的形狀，橫斷面呈菱形，中脊起棱，橢圓形骹，一穿，銎口稍殘，內凹。殘長 14 釐米，矛身最寬處 3 釐米。矛身有銘文兩行，二十二字（包括重文）。現根據韓文釋文及其所附摹本，重新將銘文釋寫於下：

    二年，梁命（令）長（張）猷，司寇事（史）昔，右庫工帀（師）郆壐，冶鈞造翠萃束（刺）。（圖一）

"命"字原文从"人"从"命"。戰國文字令長之"令"多以"命"爲之，此字當是令長之"令"的專字。"司冠"、"工帀"原文都是合文。

"郆"字從韓文所釋，據銘文摹本，也有可能从倒"子"。其下一字，韓文釋作从"釆"从"土"。按此字和从此之字見於戰國璽印文字②，疑是

---

① 韓自強：《過眼雲煙——記新見五件晉系銘文兵器》，《古文字研究》第 27 輯，中華書局 2008 年，第 323—327 頁。
② 羅福頤主編：《古璽文編》，文物出版社 1981 年，第 64、155 頁。

"槸"字的省寫，說詳另文。

"造"字原文作从"攴"从"貝"从"告"聲，即"造"的異體。其下二字原文殘泐，從殘存筆劃看，當是"翠萃"，可以跟下面將要談到的二十七年安陽令戟銘文"翠萃"比較。"翠"不見於字書，字當从"羽"、"至"聲。

"朿"是"刺"的初文。戰國時期的戟，一般是由戈和矛組成，它們分別起到鉤殺和刺殺的作用。新鄭兵器銘文把屬於戟的矛名爲"戟朿"①，韓文提到的鄭𠱾庫矛、二年鄭令矛就是如此。此矛銘文自名爲"朿"，跟屬於戟的矛自名爲"戟朿"有別，說明此矛可能是單獨使用的。

下面討論"梁"的地望和"翠萃"的含義。爲了行文方便，先討論"翠萃"的含義。

20世紀80年代，山西省博物館從太原電解銅廠揀選的珍貴銅器中，有一件二十七年安陽令戟，其銘文末尾有"翠萃"一詞：

　　二十七年，安陽令慶忌，司寇椁（郭）奮，右庫工市（師）梁丘，冶□造右翠萃戟。（圖二）②

我在給研究生講戰國文字時，曾認爲此戟銘文的"翠萃"應該讀爲"勁卒"。"翠"、"勁"二字皆从"巠"得聲，"萃"从"卒"得聲，故"翠萃"可以讀爲"勁卒"。《晉書·苻堅載記下》："晉龍驤將軍劉牢之率勁卒五千，夜襲梁成壘，克之。"隨著郭店楚墓竹簡和上海博物館藏戰國竹簡的發表，我放棄了這一說法。

"翠"字見於郭店楚墓竹簡和上海博物館藏戰國竹簡。郭店竹簡《五行》

---

① 郝本性：《新鄭"鄭韓故城"發現一批戰國銅兵器》，《文物》1972年第10期，第37頁。
② 張德光：《試談山西省博物館揀選的幾件珍貴銅器》，《考古》1988年第7期，第617頁圖三。劉雨、盧巖：《近出殷周金文集錄》第四冊，中華書局2002年，第231頁。

11號說"不聖，思不能翌"；15號說"聖之思也翌，翌則形"①。馬王堆漢墓帛書《五行》與此相當的文字，二"翌"字皆作"輕"②。郭店竹簡《緇衣》28號說"故上不可以褻刑而翌爵"；44號說"翌絕貧賤，而重絕富貴"③。此兩句亦見於上博竹簡《緇衣》15號、22號，其文字與之相同④。傳本《禮記·緇衣》與此相當的文字，二"翌"字皆作"輕"。根據古人用"翌"為"輕"的習慣，我認為矛銘的"翌"也應該用為"輕"。"輕"從"車"，其本義是車名。在日常所見的各種物質中，羽毛是很輕的，故古人形容某種東西之輕，有"輕於鴻毛"的說法⑤。"翌"從"羽"，當是輕重之"輕"的本字。據下面所說，矛銘"翌（輕）萃"之"翌（輕）"用為車名。

在以燕國國君名義監造的兵器銘文中，有跟"輕萃"文例相同的"某萃"，這裏選幾件燕王職監造的兵器銘文作為代表：

郾（燕）王職作王萃。

郾（燕）王職作雲萃鋸。

郾（燕）王職作力萃鋸。

郾（燕）王職作𰯅萃鋸。⑥

郾（燕）王職作黃卒（萃）鈇。⑦

---

① 荊門市博物館：《郭店楚墓竹簡》，文物出版社1998年，第31、32、149頁。
② 國家文物局古文獻研究所：《馬王堆漢墓帛書〔壹〕》，老子甲本及卷後古佚書圖版第180、183行，釋文第17頁，文物出版社1980年。
③ 《郭店楚墓竹簡》，第19、20、130、131頁。
④ 馬承源主編：《上海博物館藏戰國楚竹書（一）》，上海古籍出版社2001年，第59、66、191、197頁。
⑤ 司馬遷《報任少卿書》，見《漢書·司馬遷傳》。
⑥ 中國社會科學院考古研究所：《殷周金文集成（修訂增補本）》第七冊，第11187、11190、11191、11224、11227—11229、11225、11226號，中華書局2007年。
⑦ 《殷周金文集成（修訂增補本）》第八冊，第11517、11518號。

第二、三兩件"萃"上一字原文寫法比較怪，人們釋寫不一，如李學勤先生就分別釋爲"冕"、"巾"。李先生對"某萃"發表了很好的意見，他在討論所謂的"冕萃"時說：

> 《周禮》載："車僕掌戎路之萃、廣車之萃、闕車之萃、苹車之萃。"孫詒讓《正義》云："萃即謂諸車之部隊。"燕國兵器銘文中除冕萃外，還有王萃、巾（？）萃、黃萃等，都是燕王戎車部隊使用的武器。①

何琳儀先生在李先生說法的基礎上，對第五件兵器銘文的"黃萃"也發表了很好的意見。何氏說：

> "黃萃"，應讀"廣萃"。《車僕》"廣車之萃"，注"橫陣之車也"。②

在上錄李先生語所引《周禮·春官·車僕》職掌文字之後，還有如下一句，值得我們注意：

> 輕車之萃。

鄭玄注：

> 輕車，所用馳敵致師之車也。

孫詒讓《正義》：

---

① 李學勤：《論河北近年出土的戰國有銘青銅器》，《古文字研究》第 7 輯，中華書局 1982 年，第 124 頁；《新出青銅器研究》，文物出版社 1990 年，第 218 頁。
② 何琳儀：《戰國文字通論》，中華書局 1989 年，第 95 頁。

《說文》車部云："輕,輕車也。"《國策·齊策》"使輕車銳騎衝雍門",高注云："輕,便。"《六韜·軍用篇》有"矛戟扶胥輕車百六十乘"。《周書·大明武篇》云："輕車翼衛,在戎二方。"《詩·秦風·駟驖》"輶車鸞鑣",鄭箋云："輕車,驅逆之車也。"案:輶、輕義同。輕車在五戎中,最爲便利,宜於馳驟,故用爲馳敵致師之車,又兼用之田狩也……《續漢書·輿服志》亦云："輕車,古之戰車也。洞朱輪輿,不巾不蓋,建矛戟幢麾,輈輒弩箙。"[1]

二年梁令矛和二十七年安陽令戟銘文的"輕萃",顯然就是《周禮》所說的"輕車之萃"。這兩件兵器跟孫詒讓《正義》所引《六韜·虎韜·軍用》"矛戟扶胥輕車"和《續漢書·輿服志》"輕車……建矛戟"相合。於此可見,二年梁令矛和二十七年安陽令戟應該是輕車部隊所使用的兵器。

孫詒讓《正義》在解釋"廣車之萃"時,曾引到《左傳》宣公十二年晉楚邲之戰,"楚子爲乘廣三十乘,分爲左右,右廣雞鳴而駕,日中而說,左則受之,日入而說"。據此可知,廣車之萃分爲左、右隊。據二十七年安陽令戟銘文"右輕萃"之語,當另有"左輕萃"。這說明輕車之萃跟廣車之萃一樣,也分左、右隊。

現在討論"梁"的地望。

古代名"梁"的地方很多。本文開頭說過,二年梁令矛屬三晉兵器。僅就三晉地區來說,以梁爲地名的就有大梁、少梁、南梁。戰國時期,大梁是魏國的都城,在今河南開封。少梁也曾一度屬魏,在今陝西韓城。南梁屬韓,在今河南臨汝。要確定矛銘的"梁"屬於這三者中的哪一個,先得確定矛的國別。

關於二年梁令矛的國別,可以從三個方來說。一、從銘文字形特點來說。此矛的"造"字作從"攴"從"貝"從"告"聲,這個字的寫法是韓國文字

---

[1] 《周禮正義》第八冊,中華書局1987年,第2197頁。

特點①。"令"作从"人"从"命",主要見於韓國兵器銘文,如二十七年安陽令戟②,偶爾也見於趙國兵器銘文③。二、從銘文格式特點來說。矛銘格式分爲令、司寇、工師、冶四級,在令與工師之間有司寇這一級,是韓國兵器銘文格式特點④。三、從銘文用語特點來說。例如前面已經提到的"翠萃",衹見於韓國兵器二十七年安陽令戈銘文。此外,銘文把矛稱爲"束",也似乎衹見於韓國兵器銘文。根據以上三點,二年梁令矛無疑是韓國兵器。

我們已知二年梁令矛是韓國兵器,那麼"梁令"之"梁"顯然是指南梁。從戰國銅器銘文地名稱謂特點來說,也可以證明這一點。魏惠成王九年(公元前264年)自安邑遷都大梁⑤,所以魏又稱爲梁。魏國銅器銘文稱魏國國都大梁亦爲"大梁",單稱"梁"則指魏國,如梁上官鼎、梁十九年亡智鼎、梁二

---

① 郝本性:《新鄭出土戰國兵器部分銘文考釋》,《古文字研究》第19輯,中華書局1992年,第117—119頁。
② 又如《殷周金文集成(修訂增補本)》第七冊,第11372號二十年鄭令戈、11382號十七年虤令戈、11384號四年鄭令戈、11385號五年鄭令戈、11386號八年鄭令戈、11388號十五年鄭令戈;第八冊,第11551號九年鄭令矛、11552號元年鄭令矛、11553號五年鄭令矛、11554號七年鄭令矛、11555號三十二年鄭令矛、11559號三年鄭令矛、11562號六年安陽令矛、11563號二年鄭令矛、11565號二十三年襄城令矛;《近出殷周金文集錄》第四冊,第1195號十年洱陽令戟、1196號六年襄城令戈。
③ 如《殷周金文集成(修訂增補本)》第七冊,第11366號十七年邢令戈;第八冊,第11561號十一年閔令矛、11675號三年馬師鈹;《近出殷周金文集錄》第四冊,第1191號二年邢令戈。
④ 郝本性:《新鄭"鄭韓故城"發現一批戰國銅兵器》,《文物》1972年第10期,第35頁。
⑤ 關於魏遷都大梁的年代,說法不一,有魏惠王六年(見《水經注·渠水注》等引《竹書紀年》)、九年(《史記·魏世家》裴駰《集解》引《竹書紀年》)、二十九年(《史記·商君列傳》司馬貞《索隱》引《竹書紀年》)、三十一年(《史記·魏世家》)、十八年(吳汝煜:《關於魏國徙都大梁時間》,《文史》第19輯,中華書局1983年,第211—215頁)等說法,本文暫用九年說。

十七年大梁司寇鼎、三十三年大梁左庫工師戈①、七年大梁司寇戈等②，皆是其例。這也說明二年梁令矛的"梁"不會是魏的大梁和少梁，祇能是韓國的南梁。《戰國策・齊策一》"南梁之難，韓氏請救於齊"，高誘注："梁，韓邑也。今南河梁也。大梁，魏都，在北，故曰南梁也。"按南梁之"梁"本是周邑，春秋時曾屬楚，戰國時或屬楚或屬韓，漢為河南郡屬縣，其地在今河南臨汝縣西③。

從新鄭兵器銘文格式來看，在令與工師之間有司寇這一級，是戰國晚期的特點，據目前資料最早見於韓桓惠王九年鄭令矛。黃盛璋先生說，"此種格式的上限不得早於韓桓惠王六年"④。二年梁令矛和二十七年安陽令戟銘文在令與工師之間都有司寇這一級，說明這兩件兵器的年代不早於韓桓惠王六年（公元前267年）。張德光先生將二十七年安陽令戟的年代定為韓桓惠王二十七年（公元前246年）⑤，已得到大家公認。韓桓惠王三十四年卒，子王安立。那麼，二年梁令矛的年代當是韓王安二年（公元前237年）。二十七年安陽令戟跟二年梁令矛的年代僅僅相差九年，所以它們的銘文形式纔有如此的相似。

根據以上所說，二年梁令矛是韓國南梁縣令為輕車部隊所監造的兵器，其年代是韓王安二年（公元前237年）。

（作者單位：安徽大學中文系）

---

① 《殷周金文集成（修訂增補本）》第二冊，第2451、2746、2609、2610號；第七冊，第11330號。
② 《近出殷周金文集錄》第四冊，第1181號。
③ 參看吳卓信《漢書地理志補注》卷九，《二十五史補編》第一冊，中華書局1991年，總頁第599頁。
④ 黃盛璋：《試論三晉兵器的國別和年代及其相關問題》，《考古學報》1974年第1期，第15頁；《歷史地理與考古論叢》，第91—92頁。
⑤ 張德光：《試談山西省博物館揀選的幾件珍貴銅器》，《考古》1988年第7期，第618頁。

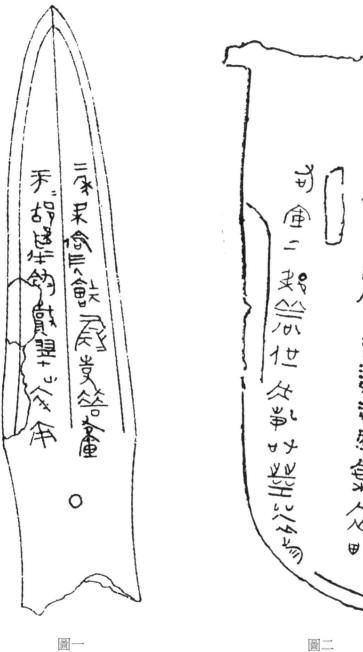

圖一
（採自《古文字研究》
第 27 輯第 327 頁）

圖二
（採自《考古》1988 年
第 10 期第 617 頁）

一簡之內同字異用與異字同用

陳偉武

　　戰國楚地出土的簡牘中，一簡之內有同字異用，也有異字同用，現象頗爲奇特。所謂同字異用，是指一個字有不同的用法，甚至代表了兩種不同的音義。與之相對應的現象則是異字同用。異字同用指兩個字形體不同，但用法相同，代表了相同的音義。同字異用和異字同用都反映了人們如何用字記錄語詞、而詞又是如何靠字記錄，即牽涉字詞關係的問題。過去裘錫圭先生在《文字學概要》一書的多個章節中對字詞關係問題都有專門論述①。就楚簡而言，上博簡《容成氏》的同字異用現象，李零先生先揭其端："虐在簡文中有三種用法：一種作'乎'，一種作'號'，一種作'虐'。這裏當讀爲'號'。"② 邱德修先生則光大其例，條析"一字數用"與"數字一用"。邱先生指出："我們舉了'戰'、'尻'、'聖'、'者'、'䬴'、'斲'、'正'、'專'、'述'、'壞'等十則例子，足見《容成氏》簡文作者喜歡'一字多用'，這也許是戰國文字一種普遍的現象，唯過去研究古文字學的人鮮有注意及之者。"③ 又說："以上所舉有'皋陶'、'夏'、'間'、'乎'、'氣'、'來'等六例，亦足以說

---

① 裘錫圭：《文字學概要》，商務印書館 1988 年。
② 李零說見馬承源主編《上海博物館藏戰國楚竹書（二）》，上海古籍出版社 2002 年，第 265 頁。
③ 邱德修：《上博楚簡〈容成氏〉注釋考證》，臺灣古籍出版有限公司 2003 年，第 730 頁。

明簡文作者之喜'數字一用'來行文達意，此亦六國時代的風氣使然，凡此適與'一字數用'，相輔相成，互相爲用，遂造成六國文字的複雜性，在辨認的工夫上確實頗費周章者也。"①"數字"一般須有三字以上，而邱先生所說的"數字"之例，其實許多祇有兩字，如所舉的"夏"、"氣"、"來"、"間"等等。近年陳斯鵬先生系統考察了楚系簡帛中字與詞之間形、音、義三者的複雜關係，特別探討了"一字形表多詞"和"一詞用多字形"的問題，無論對古文字學的理論建設，還是對簡帛文獻的具體釋讀，都頗多助益②。蘇建洲先生亦嘗論述"同簡出現寫法不同的字形（含同片甲骨、同件銅器）"、"同篇簡文出現寫法不同的字形（附論甲骨、金文）"之類現象③。爲突出同字異用和異字同用的典型意義，我們暫將取材範圍局限在一簡之內。

一、同字異用證例

1. 可（呵）——可（何）

郭店簡《老子》乙4："絶學亡（無）憂，唯與可（呵），相去幾可（何）？兓（美）與亞（惡），相去可（何）若？"前一"可"字讀爲"呵"，動詞；後一"可"字讀爲"何"，疑問代詞。

2. 可——可（何）

郭店簡《老子》乙5："人之所禔（畏），亦不可以不禔（畏）人。……可（何）胃（謂）慸（寵）[辱]？""可以"之"可"，用爲能願動詞；"可胃（謂）"之"可"，讀爲"何"，疑問代詞。一簡之中"可"字又讀破、又

---

① 邱德修：《上博楚簡〈容成氏〉注釋考證》，第732頁。
② 陳斯鵬：《戰國楚系簡帛中字形與詞相互關係之研究》，復旦大學博士後研究工作報告，2008年4月；《楚系簡帛中字形與音義關係研究》，中國社會科學出版社2011年。
③ 蘇建洲：《〈姑成家父〉簡9"人"字考兼論出土文獻"同詞異字"的現象》，見氏著《楚文字論集》，臺北，萬卷樓圖書股份有限公司2011年。

如字之例甚多。郭店簡《魯穆公問子思》1："可（何）女（如）而可胃（謂）忠臣？"上博簡《詩論》21："則以爲不可女（如）可（何）也。"《民之父母》1："可（何）女（如）而可胃（謂）民之父母？"《君子爲禮》3："虐子可（何）其賸（惰）也？……欲达（去）之而不可，虐是以賸（惰）也。"《中弓》10："女（如）之可（何）？中（仲）尼：'夫殴（賢）才不可窜（弇）也。……則民可幼（？）"末例一簡中三個"可"字，第一個讀爲"何"，第二個表可以，第三個用法不明。

3. 古（故）——古

郭店簡《忠信之道》8—9："氏（是）古（故）古之所以行虖（乎）閔嘍者，女（如）此也。"兩個"古"字均見於8號簡，第一個"古"字讀爲"故"，第二個"古"字如字讀。

4. 聖（聲）——聖

郭店簡《五行》19："金聖（聲），善也；玉音，聖也。"前一"聖"字讀爲"聲"，後一"聖"字指聖明。又20："肰（然）句（後）能金聖（聲）而玉晨（振）之。不聰（聽）不明，不聖不［智］……"

5. 聖（聽）——聖（聲）

郭店簡《性自命出》24："聖（聽）釜（琴）兂（瑟）之聖（聲）。"上博簡《君人者何必安哉》3："君王又（有）楚，不聖（聽）鼓鐘之聖（聲）。"古之所謂"聖"，本指聽力好的人，"聖"與"聽"與"聲"，音近義通，有同源關係。

6. 聖（聽）——聖

上博簡《凡物流形》16："智（知）四海（海），至聖（聽）千里，達見百里。是古（故）聖人层＜尻＞於其所……"前一"聖"字，讀爲"聽"，指聽聞；後一"聖"字，則指聖賢。

7. 術（道）——術（導）

郭店簡《性自命出》15："［唯］人術（道）爲可術（導）也。其厽（三）述（術）者，術（導）之而已。""人術"之"術（道）"爲名詞。

"可術"之"術"讀爲"導",作動詞。"術之"之"術",李零先生疑讀爲"導"①,所疑當是。劉昕嵐先生以爲"作名詞用"②,非是。"道"是路,"導"是引路,二字同源,"導"由"道"分化而來③。上博簡《武王踐阼》12:"身則君之臣,道則聖人之道。君齋牆(將)道(導)之,君不祈(齋),則弗道(導)。"此簡"道"字亦爲同字異用之例。

8. 䎽(問)——䎽(聞)

上博簡《民之父母》5:"'五至'既䎽(聞)之矣,敢䎽(問)可(何)胃(謂)'三亡(無)'?"

9. 䎽(問)——䎽(聞)

上博簡《曹沫之陳》13:"䎽(問)戕(陣)奚(奚)女(如)?……臣䎽(聞)之……"

10. 生——生(性)

上博簡《恆先》4:"生之生行,至(濁)燹(氣)生坓(地),清燹(氣)生天。……信涅(盈)天坓(地),同出而異生(性),因生其所欲(欲)。""性"是"生"的分化字。同篇5號簡"生出於又(有),音出於生",兩個"生"字同樣讀爲"性"。

11. 正——正(政)

《中弓》附簡:"唯正(政)者,正也。夫子唯(雖)又(有)與(舉),女(汝)蜀(獨)正之,幾(豈)不又(有)㤊(枉)也。"三個"正"字用法各異。第一個讀爲"政",第二個指公正,第三個用爲動詞,指"使……公正"。

12. 大——大(太)

《柬大王泊旱》1:"柬(簡)大(太)王泊瀵(旱),命龜尹羅貞於大

---

① 李零:《郭店楚簡校讀記》,《道家文化研究》第17輯,三聯書店1999年,第508頁。
② 劉昕嵐:《郭店楚簡〈性自命出〉篇箋釋》,《郭店楚簡國際學術研討會論文集》,湖北人民出版社2000年,第335頁。
③ 王力:《同源字典》,商務印書館1982年,第231頁。

顕（夏），王自臨卜。"

13. 亡（無）——亡

《曹沫之陳》6："叟（鄰）邦之君亡道，則亦不可以不攸（修）政而善於民，不肰（然），亡以取之。"今按，"亡道"之"亡"讀爲"無"，"亡以取之"指滅亡就會走近它，"亡"當如字讀。上一簡說："叟（鄰）邦之君明，則不可以不攸（修）政而善於民，不肰（然），悉（任）亡安（焉）。""亡"指滅亡，可以參證。

同篇簡14："又（有）克正而亡（無）克戟（陣）。三弋（代）之戟（陣）皆靡（存），或以克，或以亡。"前一"亡"讀爲"無"，後一"亡"，指敗亡。

14. 至——至（致）

上博簡《周易》2："至（致）寇（寇）至。"又見於簡37。馬王堆帛書及今本《周易》均作"致寇至"。《民之父母》2："以至（致）'五至'，以行'三亡'。"陳斯鵬先生已指出"至"、"致"同源①。由"至"變爲"致"，此爲使動孳乳法，猶"使……至"。

15. 於——於（乎）

上博簡《容成氏》27："於是於（乎）歔（豫）州冶（始）可尻（處）也。……於是虖（乎）虞州冶（始）可尻（處）也。"今按，此簡用作介詞的"於"與讀爲助詞"乎"的"於"字屬同字異用。

商周金文有一行之中同字異用的現象，如異人甫匜："異人甫余，余王□叔孫，茲乍（作）寶也（匜），子子孫孫永寶用。"李家浩先生指出："前一個'余'字是第一人稱代詞，後一個'余'字應讀爲徐國之'徐'，紀夫人是徐王□叔的孫女嫁到紀國作紀君夫人的。"②

---

① 陳斯鵬：《戰國楚系簡帛中字形與詞相互關係之研究》，復旦大學博士後研究工作報告，2008年4月，第38頁。
② 李家浩：《攻敔王光劍銘文考釋》，原載《文物》1996年第6期；又收入《著名中年語言學家自選集——李家浩卷》，安徽教育出版社2002年，第56頁。

秦漢簡牘也有一簡中同字異用的情況，例如，睡虎地秦簡《南郡守騰文書》："今法律令已具矣，而吏民莫用，鄉俗淫失之民不止，是即法（廢）主之明法殹。"《封診式·告臣》："令少內某、佐某以市正賈（價）賈丙丞某前，丙中人，賈（價）若干錢。"銀雀山漢簡《要言》818："善治國者，四國不危。"又："……國家者安四國。""治國"、"國家"之"國"如字讀，指國家，"四國"之"國"當讀爲"域"①。

二、異字同用證例

1. 緅——秋

望山簡 M2：47："一丹緅之因（茵），綠裏。一霝光之尻。二瑟（瑟），皆秋（緅）衣。"

2. 䇇——䇈

曾侯乙簡 3："二戟，三菓，又䶂，一翼䇇。一殳，二旆，屯八翼之䇇，旃（旗）貼。二𥎊、戈，屯一翼之䇈。"裘錫圭和李家浩兩位先生認爲簡文的"一翼之䇈"疑指戈戟柲上的翼狀物②。

3. 翼——冀

曾侯乙簡 84："一戟，……一翼之䇇。一晉殳，二旆，屯八冀之䇇，旗貼。"

4. 者——都

包山簡 113："新者（都）莫囂勝、新都桑夜公達爲新都貸（貸）越異之黃金五益（鎰）以翟（糴）糧（種）。""都"从"者"聲，例得通假。同一

---

① 陳偉武：《試論簡帛文獻中的格言資料》，《簡帛》第 4 輯，上海古籍出版社 2009 年，第 229 頁。
② 裘錫圭、李家浩：《曾侯乙墓竹簡釋文與考釋》，見湖北省博物館編《曾侯乙墓》，文物出版社 1989 年，第 505 頁注 30。

地名，兩處作"新都"，一處作"新者"。

5. 條——攸

包山牘1："絑（朱）膂（旌），百條（條）卌=（四十）攸（條）翠（翠）之首。""條"从攸聲，簡文中"條"、"攸"均讀爲"條"。

6. 即——既

郭店簡《老子》丙1："大上智（知）又（有）之，其即（次）新（親）譽之，其既〈即（次）〉悁（畏）之，其即（次）亡（侮）之。"今按，"即"因音近可讀爲"次"，又因與"既"形近而誤爲"既"，於是造成"即"和"既"同用爲"次"的結果。

7. 乘——䆅

《語叢二》26："乘生於忢（怒），悲生於䆅（乘）。"李零先生指出，"乘"，疑應讀爲好勝、爭勝之"勝"①。"乘"、"䆅"同讀爲"勝"。

8. 㲃——休

郭店簡《語叢二》36："㲃生於眚（性），悇（疑）生於休（弱）。"裘錫圭先生按語指出㲃爲休之訛體，休（溺）讀爲弱②。

9. 䎽——昏

郭店簡《性自命出》24："䎽（聞）芺（笑）聖（聲），則鱻（鮮）女（如）也斯憙（喜）。昏（聞）訶（歌）誺（謠），則舀女（如）也斯奮。""䎽"、"昏"同用爲"聞"。

10. 虗——虖

上博簡《容成氏》26："於是虖（乎）蔝州台（始）可凥（處）也。……於是虗（乎）勘（荊）州、鄡（揚）州台（始）可凥（處）也。"虗、虖同用爲"乎"。《孔子詩論》簡13則"虗"、"虖"同用爲"乎"。

---

① 李零：《郭店楚簡校讀記》，《道家文化研究》第17輯，三聯書店1999年，第539頁。
② 荊門市博物館：《郭店楚墓竹簡》，文物出版社1998年，第206頁。

11. 於——虖

上博簡《容成氏》27："於是於（乎）敍（豫）州冶（始）可凥（處）也。……於是虖（乎）虞州冶（始）可凥（處）也。"今按，此簡"於"字既與"虖"同用爲助詞"乎"，屬異字同用，又與用作介詞的"於"屬同字異用。

12. 狗——句

上博簡《彭祖》1："狗（耉）老昏（問）于彭祖曰：'句（耉）是（氏）報心不忘，受命羕（永）長。……'""耉"爲老者之稱，或用爲氏名，簡文中"狗"、"句"同用爲"耉"。

13. 歔（沬）——蔑（沬）

上博簡《曹沬之陳》13："歔（沬）曰……敬（曹）蔑（沬）倉（答）曰……"

14. 魚——吾

上博簡《孔子見季桓子》5："是古（故）魚（吾）道之，君₌（君子）行，君₌（君子）弗見也，吾會（譣）弗見也，魚（吾）𡥑（？）弗見也。"兩個"魚"都讀爲"吾"，屬於同字同用，又與同簡的"吾"字屬異字同用。

15. 辟——俾（同用爲便嬖之嬖）

上博簡《曹沬之陳》25："母（無）䢃（將）軍，必又（有）嚳（數）辟大夫，母（無）俾夫₌（大夫），必又（有）嚳（數）大官之帀（師）、公孫公子。"整理者李零先生原釋"獄大夫"，以爲掌軍中的刑罰；讀"俾夫₌"爲"裨大夫"，疑即上"獄大夫"。陳劍先生認爲"獄"當釋爲"辟"，"辟大夫"與下文"俾大夫"同①。又35："母（毋）辟（嬖）於伎（便）俾（嬖）。""辟"與"俾"同用爲"嬖"，一指寵倖，一指所寵之人，名動相因。从卑从辟之字音近可通，如郭店簡《緇衣》23則用"卑"爲"嬖"。

---

① 陳劍：《上博竹書〈曹沬之陳〉新編釋文（稿）》，"簡帛研究"網，2005年2月12日。

16. 與——与（同用為歟）

上博簡《凡物流形》11："天䇘（孰）高與（歟）？埅（地）䇘（孰）遠（遠）與（歟）？"今按，"與"字作⿱，"与"字作⿱，同用為"歟"。《說文》析"與"字篆體為从舁从与，古文从与从廾，楚簡作⿱、⿱等形，與《說文》古文大致相同。麥耘先生曾經指出過："舁""乃會意字，於通行過程中為標明音讀，累增聲符'牙'，遂為'與'。"① 而楚簡"與"字習見，自應釋為"牙"而讀作"與"，牙齒之"牙"作⿱、⿱等形，加古文"齒"旁以為專用字。

17. 惻——則（同用為則）

《凡物流形》25："出惻（則）或（又）內（入），冬（終）則或（又）訶（始），至則或（又）反。""惻"讀為"則"，與"則"字同用為連詞，表轉折。

18. 亡——無（同用為無）

上博簡《弟子問》13："君子亡所不足，無所又（有）㖱（餘）。""亡"亦讀為"無"。

訛混可造成異字同用，如上舉郭店簡"即"、"既"同用為"次"；"畎"為"休（溺）"之訛體，"畎"、"休"同讀為弱。

異字同用現象在其他出土文獻及傳世文獻中同樣存在，例如，馬王堆漢墓竹簡《天下至道談》："審蔡（察）五言〈音〉，以智（知）其心；審祭（察）八橦（動），以智（知）其所樂所通。""蔡"和"祭"同讀為"察"。《說苑·辨物》："使各以其方賄來貢，思無忘職業。"王叔岷先生認為思、使同義，沈培先生指出，《國語·魯語下》、《史記·孔子世家》"思"均作"使"②。我

---

① 麥耘：《讀〈爾雅·釋詁〉札記兩則》，載曾憲通主編《古文字與漢語史論集》，中山大學出版社 2002 年，第 211 頁。
② 王、沈二家之說轉引自單育辰《楚地戰國簡帛與傳世文獻對讀之研究》，吉林大學博士學位論文，指導教師：吳振武教授，2010 年 4 月，第 167—168 頁。

們相信今天所見的一些先秦經典，原本存在異字同用的情況，後來在流傳的過程中，一定是被改造成同字同用了。

異字同用的成因，一方面可能與書寫的隨意性、偶然性有關，書手抄書，不強調整齊規範；另一方面，可能出於書法上求變化、避重複的需要。徐寶貴先生曾對商周青銅器銘文"重出字的變形避複"現象作了深入的研討①。單育辰先生在其博士學位論文中曾將郭店簡《成之聞之》29號、30號與1號編聯，釋文作："君子曰：'雖有其恆而［29］可，能終之爲難。''槁木三年，不必爲邦旗。'蓋言寶（貴）之也，是以君子貴［30］成之。"簡中出現常見寫法的"貴"字和單氏隸定作"寶"而讀爲"貴"的字，單氏是如此解釋的："……其實，這是楚地簡帛中常常使用的一種字形避複的辦法（當然也不排除是底本原因而造成的一字寫成兩形），楚簡中同一個詞在相鄰的文句中，甚至在同一句中用不同的字來表示，這是很常見的。如郭店《忠信之道》簡7'群物皆成而百善虞（皆）立'；上博三《周易》簡42'乃亂洒啐'；上博三《彭祖》簡7'一命弍俯'；上博四《曹沫之陳》簡陳功上賢，能治百人，史（使）長百人；能治三軍，思（使）帥'等，都是這樣的例子。"② 單氏之說甚有見地，而《忠信之道》簡7之例"虞"字似宜從楊澤生先生讀爲"均"③，與"皆"字不屬異字同用。當然，"虞"與"皆"音近通假的可能性也不能排除。

---

① 徐寶貴：《商周青銅器銘文避複研究》，《考古學報》2002年第3期。
② 單育辰：《楚地戰國簡帛與傳世文獻對讀之研究》，吉林大學博士學位論文，指導教師：吳振武教授，2010年4月，第108—109頁。
③ 楊澤生：《楚地出土簡帛中的總括副詞》，《簡帛語言文字研究》第2輯，巴蜀書社2006年。

三、同字異用與異字同用辨析

在釋讀楚簡的實踐中，人們有時會對同字異用或異字同用產生誤會，下面試舉若干例證，稍作辨析。

1. 篓——翼

信陽楚簡 2—019："一長羽翼。一瑚翼。二竹篓（翼）。""翼"指扇子，有羽毛扇，也有竹扇，故字或从羽，或从竹。整理者讀"二竹篓"之"篓"爲"翼"，非是，"篓"爲"竹篓"之專用字。此例屬於異字異用，不屬於異字同用。曹家崗楚簡 3 "二羽篓"①，確是用"篓"爲"翼"。

2. 箸（書）——箸（著）

上博簡《季庚子問於孔子》6："孟者旻曰：夫箸₌（書者）以箸（著）孚₌（君子）之德也。"今按，楚簡習慣以"箸"爲"書"，第二個"箸"字讀爲"書"訓作記錄似亦可通。

3. 或——或

上博簡《魯邦大旱》4："女（如）天不雨，石牆（將）燋（焦），木牆（將）死，其欲雨或（有）甚於我，或（何）必寺（恃）虖（乎）名虖（乎）?"今按，兩個"或"字不屬於同字異用，疑皆讀爲"有"或"又"，讀爲"何"似不確。同篇簡 5 亦見兩個"或"字的相同用法。

4. 吏——吏（使）

上博簡《吳命》4："昌（壽）迷（來），孤吏一介吏（使）……"曹錦炎先生注："'孤吏一介使'，猶言獨自一人受命出使。"今按，似亦可讀爲"孤吏（使）一介吏"。同篇簡 7 "古（故）甬（用）吏丌（其）三臣"，亦

---

① 釋文從劉國勝（《楚喪葬簡牘集釋》，武漢大學博士學位論文，指導教師：陳偉教授，2003 年 5 月，第 115 頁）。

用"吏"爲"使"。

5. 靑（情）——靑（請）

上博簡《景公瘧》7："君祝敓，毋專靑（情），忍辠（罪）虐（乎），則言不聖（聽），靑（請）不隻（獲）……。"整理者濮茅左先生讀前一"靑"字爲"情"，讀後一"靑"字爲"請"。今按，疑兩個"靑"字均讀爲"情"，誠也。

6. 可——可（何）

上博簡《平王問鄭壽》2："先王無所逗（歸），虞（吾）可改而可（何）？"此爲整理者陳佩芬先生釋讀。今按，第二句當讀爲"吾何改而可"。

7. 女

《魯邦大旱》3："虞（吾）子女（若）遑（重）命（名）其與？女（如）夫政㓝（刑）與惪（德），……女（若）天〈夫〉毋愛（愛）珪璧。"此爲整理者馬承源先生釋讀。今按，三個"女"字均可讀爲"若"，不必視爲同字異用，或讀爲"若"，或讀爲"如"。

四、結　語

簡牘文字的用字情況錯綜複雜，表面上屬文字書寫層面的問題，實際上反映了文字書寫習慣、文字形體結構及其變化等情況，更反映了文字與語言的關係問題，涉及語音、詞彙、語法諸方面的內容。同字異用反映了戰國文字假借的現象，反映了一詞多義的情況。

同字異用反映了一些字詞同源分化前的原始狀況。例如，"至"與"致"，"致"就是"使……至"；"正"與"政"，"政"就是"使……正"；"生"與"性"、"道"與"導"、"聲"與"聽"與"聖"等等皆是。

異字同用也反映了戰國文字假借的情況。

附記： 小文初稿經友生王輝君校閱補字，多有是正。之後奉吳振武和吳良寶兩位先生之邀，曾於 2012 年 6 月 10 日在吉林大學古籍研究所宣講，謹一併致謝。

2010 年 8 月初稿

2012 年 6 月二稿

2014 年 11 月三稿

（作者單位：中山大學中文系；出土文獻與中國古代文明研究協同創新中心）

上博簡《凡物流形》中的"一"字試解

楊澤生

《上海博物館藏戰國楚竹書（七）》收入《武王踐阼》、《鄭子家喪》、《君人者何必安哉》、《凡物流形》及《吳命》等五篇竹書①。而《凡物流形》有甲、乙兩本，其中的"一"字寫法非常特別，共出現32次，沈培先生曾將其中比較清楚的九個字形列舉如下②：

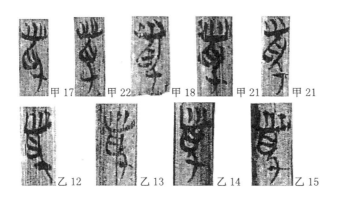

此字原整理者曹錦炎先生隸定作"豸"，說是楚文字"豹"字的省寫，讀爲

---

① 馬承源主編：《上海博物館藏戰國楚竹書（七）》，上海古籍出版社2008年。
② 沈培：《〈上博（七）〉校讀拾補》，"古道照顏色——先秦兩漢古籍國際學術研討會"論文，香港中文大學，2009年1月16—18日。

"貌"①。沈培先生指出其實是"一"字，甲本 21 號簡"聞之曰：一生兩，兩生厽（三），厽（三）生女（四），女（四）成結"是堅強的證據，同時下列中山王𰻞壺銘文"曾亡（無）一夫之救"的"一"和《柬大王泊旱》5 號簡的"一"：

中山王𰻞壺　　　《柬大王泊旱》

皆可互相印證②。後者原句作："王曰：'如䊮（孚），速祭之，虘（吾）瘥病（病）。'"劉洪濤先生據同篇 8 號簡"不穀（穀）瘥甚病"結構與此"吾瘥病"相同，將釋作"鼠（一）"，意爲"甚"、"極"，說"一病"就是"病甚"、"病極"，是病得很嚴重的意思③。這是可信的。所以上述三種"一"字的釋讀無疑都非常正確。

但是它們的形體結構應該怎樣分析還需要討論。中山王𰻞壺的"一"字，學者曾有多種隸定，如作"鼠"④、"㔍"⑤、"㔍"⑥、"𪔇"⑦ 等，其中以隸

---

① 《上海博物館藏戰國楚竹書（七）》，第 256 頁。
② 沈培：《略說〈上博（七）〉新見的"一"字》，古文字網（http://www.guwenzi.com），2008 年 12 月 31 日；又前揭沈文。
③ 劉洪濤：《讀〈上海博物館藏戰國竹書（四）〉劄記》，簡帛網（http://www.bsm.org.cn），2006 年 11 月 8 日。
④ 朱德熙、裘錫圭：《平山中山王墓銅器銘文的初步研究》，《文物》1979 年第 1 期；收入《朱德熙古文字論集》，中華書局 1995 年，第 100 頁。張政烺：《中山王𰻞壺及鼎銘考釋》，《古文字研究》第一輯，中華書局 1979 年，第 219 頁；收入《張政烺文史論集》，中華書局 2004 年，第 479 頁。參看黃德寬主編《古文字譜系疏證》第四冊，商務印書館 2007 年，第 3307 頁。
⑤ 李學勤、李零：《平山三器與中山國史的若干問題》，《考古學報》1979 年第 2 期；收入李學勤《新出青銅器研究》，文物出版社 1990 年，第 177 頁。
⑥ 張守中：《中山王𰻞器文字編》，中華書局 1981 年，第 54 頁。
⑦ 容庚編著，張振林、馬國權摹補：《金文編》，中華書局 1985 年，第 5 頁。

定作"鼠"爲多。所以《凡物流形》的"一"字,復旦大學出土文獻與古文字研究中心研究生讀書會(以下簡稱"復旦讀書會")也隸定作"鼠"①,而前面劉洪濤先生對《柬大王泊旱》的"一"字也如此隸定。張世超先生曾針對學者多將中山王譻壺的"一"隸定爲"鼠",指出其"問題是'一'字繁文何以从'鼠',有些令人費解",認爲左邊偏旁並非"鼠"字,而是"象一動物奔逸之狀,當爲'逸'字古文異體"②。蘇建洲先生認爲《凡物流形》的"一"字"似乎不能隸定爲'鼠',因爲字形下部與'鼠'的寫法並不相同,而且也看不出聲符'一'",指出其"下從'卬(抑)'聲,與'一'同爲影紐質部,通假自無問題",此字"應該分析爲從'臼'或'齒','卬(抑)'聲,讀爲'一'③。不過網名"老石頭"在當日跟帖中認爲他"對'鼠'字的重分析大概屬於刻意求新,當全不可信"。蘇先生則以網名"海天"回應說"果然有問題!未注意到甲13A'鳴'字的寫法是一大失誤!",認爲"'鳴'字的'鳥'旁與'鼠'的'鼠'旁寫法相同是爲鐵証,蓋楚文字鳥鼠二旁有形近的現象",因此"本簡的'鼠'自然不能分析爲從'卬'聲"。沈培先生指出,復旦讀書會的隸定實際是承認此字含有"一"字,本質上跟中山王譻壺和《柬大王泊旱》"鼠"的寫法沒有區別;他在《略說〈上博(七)〉新見的"一"字》中之所以沒有作如此隸定,主要是考慮到下列《凡物流形》甲本13A"禽獸得之以鳴"的"鳴"字與本篇其他"鳴"字的寫法不同:

---

① 復旦讀書會(鄔可晶執筆):《〈上博(七)·凡物流形〉重編釋文》,古文字網,2008年12月31日
② 張世超:《釋"逸"》,《中國文字研究》第六輯,廣西教育出版社2005年,第8頁。
③ 蘇建洲:《〈上博七·凡物流形〉"一"、"逐"二字小考》,古文字網,2009年1月2日。

上面第一形左邊偏旁即前列《凡物流形》"一"字，後面四形的左邊偏旁是"鳥"字，它們下部豎畫上的短橫都應該是飾筆，並非"一"字，所以《凡物流形》"一"字的字形"到底應該如何理解，恐怕還需要進一步地研究"①。

從沈先生對《凡物流形》"鳴"字的分析來看，可以讀作"一"的"[字]"應當和"鳥"意義相同或相通。整理者曹錦炎先生把它看作"豸"，將甲本13A"鳴"字隸定作"豹"，說"'鳥'、'豸'在作偏旁時表示'禽獸'意思相同，故可替換"，"鳴，鳥叫，此處泛指禽獸鳴叫"②。我們認為其思路是可取的，但"豸"字古音屬定母支部，不能和古音屬影母質部的"一"相通，把"[字]"看作"豸"顯然無法解釋其何以用作"一"。所以它到底是個甚麼字還要另作考慮。

我們懷疑《凡物流形》的"一"其實是"乙（鳦）"字，以它作為偏旁的這個"鳴"字可隸定作"[字]"。下面我們從三個方面來進行說明。

第一，從讀音來看，"一"和"乙"都是影母質部字，"乙"讀作"一"完全沒有問題。

第二，從構字理據來看，"乙"即燕子，是善鳴之鳥，所以和"鳥"一樣可以作為"鳴"字的表意偏旁。

我們知道，"燕"和"鳦（乙）"意義完全相同，讀音相近，字形也有密切關係，本是同一個字的不同異體。

《說文解字》（以下簡稱《說文》）燕部："[燕]，玄鳥也。籋口，布翄，枝尾。象形。"大徐本《說文》乙部："[乙]，玄鳥也。齊魯謂之乙，取其鳴自呼。象形。[鳦]，乙或从鳥。"小徐本在"玄鳥也"之前有"燕燕"二字。此二字《說文校議》說"《廣韻》五質引作'燕乙'"。王筠《說文句讀》據改為"燕、乙，元（玄）鳥也"。桂馥《說文解字議證》："'玄鳥'也者，徐鍇本作'燕燕，玄鳥也'。本書：'燕，玄鳥也。'《釋鳥》：'燕燕，鳦。'《詩》

---

① 沈培：《〈上博（七）〉校讀拾補》。
② 《上海博物館藏戰國楚竹書（七）》，第248頁。

'燕燕于飛'傳云:'燕燕,鳦也。'《玄鳥》傳云:'玄鳥,鳦也。'"①《詩·邶風·燕燕》孔穎達疏引郭璞曰:"一名玄鳥,齊人呼鳦。此燕即今之燕也,古人重言之。"《左傳·昭公十七年》"玄鳥氏,司分者也。"杜預注:"玄鳥,燕也,以春分來,秋分去。"孔穎達疏:"或單呼爲燕,或重名燕燕,異方語也。"可見"燕"、"乙"意義完全相同。

"燕"字古音屬影母元部。"乙"字《廣韻》讀"於筆切",又說"本烏轄切"。學者一般將它歸於影母質部,讀 yǐ;如依大徐本《說文》所附孫愐《唐韻》讀"烏轄切",則爲影母月部字,讀 yà。"燕"、"乙"二字聲母相同,韻母具有旁對轉或對轉關係,所以其讀音相近。

至於"燕"、"乙"的字形聯繫,實際是繁簡不同的異體。這一點,前人早就認識到。如王筠《說文句讀》注釋"乙"字說:"此字之形簡,燕字之形詳。"《說文釋例》說:"燕字詳密,乙字約略似鳥形耳。"章太炎《文始》說"乙"、"燕""此二皆初文,語有陰陽,畫有疏密,遂若二文。"② 這都是很對的。請看下列甲骨文"燕"字的寫法:

其表現燕子的頭、嘴、翅、尾四個部分都非常形象。《說文》說燕字"籋口,布翄,枝尾",即嘴像小鉗,翅膀展開在兩邊,尾巴分岔,甲骨文的寫法簡直是活靈活現。《說文釋例》指出"許君說象形字,似此詳盡者頗少"④,這是由

---

① 丁福保:《說文解字詁林》第五冊,雲南人民出版社 2006 年,第 2883 頁。
② 《說文解字詁林》第五冊,第 2883 頁。
③ 郭沫若主編、胡厚宣總編輯:《甲骨文合集》第三冊,中華書局 1978 年,第 770 頁。
④ 《說文解字詁林》第四冊,第 2874 頁。

"燕"字極其形象決定的。再看傳抄古文"燕"字和《說文》小篆的寫法①：

[燕字古文六形] 《傳抄古文字編》1167頁

[燕字小篆] 《說文》245頁

上列傳抄古文除了後面三形增加"鳥"旁繁化，其中最後一形還省掉表示燕尾的"火"旁之外，它們和小篆相差不大；而它們跟甲骨文相比，儘管所表現的頭、嘴、身、翅、尾各個部分都有變化，如"頭"、"嘴"部分由[形]、[形]、[形]、[形]變作"廿"字形；而小篆上部的"廿"字形，王筠《說文釋例》說："一之在口內者，所以分頭與喙之界也。"② 這是很對的。再如"身"部變作倒三角形或"口"字形；"雙翅"變作"北"字形或"非"字形，"燕尾"變作"火"字形，但其表示相應的各個部位都比較清楚，所以王襄說："細玩各燕字，其流變雖甚而初形未泯。"③ 確實是這樣。

古文字"乙"字除了寫作[形]、[形]等比較簡單的形體之外，還有如下一些形體：

[乙字古文四形] 《傳抄古文字編》1171頁

[形]、[形]等應該是這些比較繁雜形體的簡省。而上列"乙"字的這些形體跟

---

① 徐在國：《傳抄古文字編》，綫裝書局2006年；許慎：《說文解字》，中華書局1963年。
② 《說文解字詁林》第四冊，第2874頁。
③ 于省吾主編，姚孝遂按語編撰：《甲骨文字詁林》第二冊，中華書局1996年，第1743頁。

古文字"燕"相比也有不少變化,最大的變化是省去了嘴形部分而增加了可能是象徵鳥身的"⁊"形筆畫,其次是表現頭、尾的筆畫有所不同,變化不大的是表示翅膀的部分。而書寫"鳥"形是可以將嘴形省略的,試比較下列鳥篆文字的鳥形裝飾①:

用:《吳越文字彙編》42頁　　旨:《吳越文字彙編》69頁

州:《東周鳥篆文字編》37頁　　元:《金文編》3頁

玄:《東周鳥篆文字編》64頁

玄:《東周鳥篆文字編》64頁　　元:《金文編》3頁

吉:《吳越文字彙編》21頁　　翏:、《金文編》251頁

前面五個形體是有鳥嘴之形的,而後面五個形體沒有鳥嘴之形或鳥嘴之形不明顯。可見古文字"燕"和繁寫的"乙"本是繁簡不同的異體。

古文字簡化的"乙"(即⁊)跟甲乙的"乙"應該是同形字的關係。段玉裁《說文解字注》說:"乙篆像其于飛之形","⁊象翅開首竦,橫看之乃得。"② 王筠《說文釋例》說"乙之象形也,它字似此者甚少,或蒼頡作也。"③ 頗涉想像。不過王書又說:"乙不甚象形,故加鳥以定之。"這倒是實情。《說文》以簡省的⁊爲象形字,似乎有點盲人摸象的味道,讓人難以相信,

---

① 參看《金文編》;張光裕、曹錦炎主編:《東周鳥篆文字編》,香港,翰墨軒出版有限公司1994年;施謝捷編著:《吳越文字彙編》,江蘇教育出版社1998年。
② 《說文解字詁林》第五冊,第2883頁。
③ 《說文解字詁林》第五冊,第2883頁。

其實已經是不象形的象形字了。後來楷書往往在左上角增加短的折筆，目的是要將它和甲乙丙丁的"乙"區別開來。而"乙"字或繁化作"鳦"，跟上引傳抄古文"燕"或繁化作"鷰"、"鵜"相類，同時也起到跟甲乙的"乙"區別開來的作用。

衆所周知，燕乙是比較善於鳴叫的一種鳥。前引《說文》提到"齊魯謂之乙，取其鳴自呼"，就說到了燕乙的鳴叫。《詩·邶風·燕燕》中的"燕燕于飛，上下其音"，也是很好的說明。再比較甲骨文"鳴"字或作如下之形①：

所從"雞"、"鳥"、"隹"的嘴形朝上，跟鳥類叫鳴或打鳴時嘴多朝上的情況一致。上引甲骨文"燕"字的嘴形全都朝上，正表示燕子善鳴或飛翔時往往伴隨叫鳴的特點。所以《凡物流形》"鳴"字或改從"乙"作"㘝"是很自然很合理的。

第三，《凡物流形》"乙"這種形體雖然很特別，但是也是可以解釋的。

首先，通過觀察前引"燕"、"乙"的古文字形體和鳥形裝飾，《凡物流形》"㘝"所從的"乙"和"鳴"所從的"鳥"的下部大體相同，即表示鳥爪或翅膀的 和 、表示鳥身鳥尾的 和 差別不大。這是"乙"和"鳥"大體相同的部分。既然"鳥"的下部可以寫作 ，同樣爲鳥類的"乙"的下部寫作與之相近的 是可以理解的，儘管這樣一來跟"燕"字的下部已有較大差別。而"乙"所從的 就是"卬（抑）"字，前引蘇建洲先生說其下從"卬（抑）"聲還是可取的；不過他以李守奎先生等編著的《上海博物館藏戰國楚竹書》（一～五）文字編》所收的"卬"（仰）和《孔子見季桓子》26 號簡的"卬"（仰）來比證，當是個誤會。李家浩先生指出，古文字中的"色"字

---

① 中國社會科學院考古研究所編輯：《甲骨文編》，中華書局 1965 年，第 189 頁。

多以"印"字爲之①,而"印"、"㧈(抑)"古本一字,戰國竹簡"色"字及从"色"之字的"色"旁多與"㔾"相同②。因此,《凡物流形》的"乙"字和"㘜"(鳴)字所从的"乙"旁下部寫作"㧈(抑)",有可能是有意將"鳥"所从的㔾進行表音化改造的結果。

其次,"鳥"、"乙"主要的不同在上部。即"鳥"的上部作完全封閉的"目"字形,大概表示鳥的頭部。而"乙"的上部作如下之形:

第一行三例所从的 ▉ 、▉ 、▉ 等可看作頭部的省略,而 ▉ 、▉ 、▉ 似可看作嘴形;而第二行三例所从的四個或三個豎畫有可能是書寫者不瞭解兩個豎畫表示嘴形而作的沒有目的的繁化,也可能表示兩個嘴形,跟燕子經常雙飛雙鳴或群飛群鳴的特點一致③。因此,這些"乙"字的上部可看作表示燕乙的頭、嘴之形,是由甲骨文"燕"字表示頭、嘴部分的 ▉ 、▉ 、▉ 、▉ 等演變而來的,跟小篆和傳抄古文"燕"字表示頭、嘴部分的 ▉ 和 ▉ 應該是異體關係。當然,跟甲骨文相比,無論上列"乙"字的上部還是小篆和傳抄古文"燕"字的上部,其象形程度都不是很高了。

---

① 李家浩:《從戰國"忠信"印談古文字中的異讀現象》,《北京大學學報(哲學社會科學版)》1987年第2期,第18頁;湖北省文物考古研究所、北京大學中文系編:《九店楚簡》,中華書局2000年,第73頁。
② 參看滕壬生《楚系簡帛文字編(增訂本)》,湖北教育出版社2008年,第811—812頁。
③ 桂馥《說文解字義證》對古書"燕燕"連言提出一個解釋,說"雙飛則爲燕燕",見《說文解字詁林》第四冊,第2874頁。又敦煌變文《燕子賦》:"仲春二月,雙燕翱翔。"

另外，我們還有一個考慮，就是上列"乙"字的上部跟戰國簡帛文字中常見的"臼"字形相同，有可能受到了它們的類化。前述蘇建洲先生將其上部看作"臼"或"齒"是有一定道理的。下面我們把《楚系簡帛文字編（增訂本）》所錄帶有"臼"字形的一部分字羅列如下：

齒: [字形] 193頁　　牙: [字形] 194頁　　梳: [字形] 547頁

犴: [字形] 848—849頁　　貉: [字形] 849—850頁

貍: [字形] 850頁　　豹: [字形] 868頁

斯: [字形] 1174頁

皇: [字形] 766頁　　毀: [字形] 1139頁　　燬: [字形] 871頁

臼: [字形] 677頁　　臽: [字形] 677頁

舊: [字形] 369頁　　本: [字形] 543頁

枕: [字形] 547頁　　沈: [字形] 945頁　　鑿: [字形] 1161頁

異: [字形] 238—239頁　　蠆: [字形] 1112頁

萬: [字形] 1205—1206頁

兒: [字形] 785頁　　鯢: [字形] 963頁　　面: [字形] 801頁

前面五行字所從的"臼"字形都可以肯定當"齒"字來用。其中"齒"、

"牙"、"梳"三字無需解釋。"豻"、"貂"、"貍"、"豹"四字所从的"鼠"旁也從"齒",這是因爲老鼠牙齒厲害這個特徵最爲人所熟知,所以字形突出其牙齒。"斯"字《說文》說它的本義是"析",而牙齒可以作爲離析一些東西的"武器";"毇"字在簡文中用作"毀譽"的"毀",疑爲"毀齒"之"毀"的本字①,所以它們从"齒"也很好理解。第六行的"臼"字皆見於包山簡,李家浩先生讀作"舊"②,"舊"字即以"臼"爲聲旁;而"舀"和"本"、"枕"、"沈"、"鑿"等字所从的"臼"字形,都無疑表示臼穴之"臼"。"異"字根據甲骨文和金文作 、 等形的寫法③,所从的"臼"字形由原來表示雙手形的筆畫變來。"萬"字根據甲骨文和金文寫作 、 、 等形的寫法④,所从的"臼"字形由原來表示蝎子雙鉗形的筆畫變來。"兒"字較早寫法作 、 、 形⑤,學者多從《說文》所說,認爲其"象小兒頭囟未合",李孝定先生則認爲"契金文兒字殊不象頭囟未合之形"⑥。我們懷疑"兒"字本像小兒初長一兩顆牙齒之形,祇是後來寫作滿口牙齒跟小兒的這個特徵大有出入罷了,所以"兒"字所从的"臼"字形似乎仍可看作牙齒。"面"字原文作"𦣹",又屢見於《上海博物館藏戰國楚竹書(七)》中的《武王踐阼》篇,如2號簡"南𦣹(面)而立",3號簡"不异(與)北𦣹(面)"、"武王西𦣹(面)而行"、"東𦣹(面)而立",13號簡"大(太)公南𦣹(面),武王北𦣹(面)而返(復)䎽(問)"。"面"字所从的"臼"字形可能跟"本"、"枕"等字所从一樣,似乎也可以看作"臼穴"之

---

① 《古文字譜系疏證》第三冊,第2863頁。
② 李家浩:《包山楚簡研究(五篇)》,第二屆國際中國古文字學研討會論文,香港中文大學,1993年10月。《包山遣冊考釋(四篇)》,《古籍整理研究學刊》2003年第5期,第1頁。
③ 參看《甲骨文編》,第104—105頁;《金文編》,第165—166頁。
④ 參看《甲骨文編》,第544頁;《金文編》,第951—958頁。
⑤ 參看《甲骨文編》,第362頁;《金文編》,第614頁。
⑥ 參看《甲骨文字詁林》第一冊,第90頁。

"臼",表示比"頁(首)"低的部位;但是這樣理解並不很很理想。考慮到"萬"和"面"都是明母元部字,"䩔"所從的"臼"字形跟"萬"字上部相同,我們懷疑"䩔"字可看作從"萬"省聲。"面"字小篆作圖,一般認為是指示字,然則"䩔"和"面"是結構性質不同的異體。

無論是出土古文字還是《說文》小篆都存在不少省聲字。陳世輝先生曾對《說文》中的省聲字進行討論,指出其分析有得有失①。這就告訴我們,對待"省聲"要特別慎重。而事實證明,這個分析方法在古文字考釋中是非常值得重視的。還是拿《上海博物館藏戰國楚竹書(七)》的釋讀作為例子。《吳命》篇1號簡和9號簡各有一個跟"走"字極為相似的字:

劉雲先生和禤健聰先生根據《孔子詩論》7號和10號簡中寫作如下之形的"害"字:

將其分析為從"止"、"害"省聲;再根據其中1號簡"馬將 "和古書常見的"馬方駭"相對應,從而將此字讀作"駭"②。這是很正確的。把"䩔"看作從"萬"省聲與此從"害"省聲相類。

而古文字"萬"字除了有明母元部的讀音外還有另外的讀音。關於這個

---

① 陳世輝:《略論〈說文解字〉中的"省聲"》,《古文字研究》第1輯,中華書局1979年。
② 劉雲:《說〈上博七·吳命〉中所謂的"走"字》,古文字網,2009年1月16日;禤健聰:《說〈吳命〉簡1的"駭"》,簡帛網,2009年1月16日。

問題，劉釗先生曾說："'离'字應是萬字的譌體分化字。即离字是從萬字中經過譌變分化出的一個字，而聲音還與萬字相近……萬字本象蠍形，小篆作蠆，後世作蠍，又省作蝎。萬字古應讀如'蠍'。古音竊在清紐質部，蠍在曉紐月部，……竊从萬聲是極爲可能的。"① 後來進一步指出："萬的本字小篆作'蠆'，訓爲'毒蟲'，後世又造形聲字作'蠍'。萬爲蠍字的初文，應有蠍的讀音。古音蠍在曉紐月部，离在心紐月部，二字疊韻。又离字《說文》訓爲'蟲'，與'萬'字訓爲'蟲'正相合，故可知萬字和离字在音義上都有聯繫，這更證明了离字乃是萬字的分化字的推論。"又說楚帛書"爲禹爲萬"之"萬"字作 ，"商承祚先生和陳邦懷先生皆讀'萬'爲'离'，非常正確……禹即夏禹，萬即离，也即商契，典籍离與契、偰通，契乃商之先祖。這句話'禹'、'契'並舉，文從字順。"② 這是很對的。《說文》"离"字古文作 ，其上部的 即與上引部分"萬"字的上部相同。"萬"字既可通"契"，而"契"古音在溪母月部，"乙"在影母質部，溪、影同屬喉音，月、質二部相近（上引劉氏所說質部的"竊"以月部的"离"爲聲旁即是一例），所以《凡物流形》的"乙"字是否用可讀作"契"的"萬"字的省體作爲聲旁呢？換言之，《凡物流形》"乙"字是否可以分析爲從"萬"省聲呢？這裏僅提出問題，以供日後繼續研究。

現在回頭看中山王䇶壺銘文和《柬大王泊旱》5 號簡的"一"字。後者和《凡物流形》的"一"字相比較，有兩點不同：第一是短橫" "不在斜筆" "的上面，大概已經用來表示數字之"一"而不再充當飾筆的作用；第二是上部的"臼"字形作典型的齒形，與前引"豻"、"貂"、"貍"、"豹"等所從"鼠"旁的上部完全相同，已經完全沒有了表示燕乙頭、嘴部分的形象，這大概是受到了"鼠"字寫法的類化所致。所以純粹從字形著眼，將其

---

① 劉釗：《〈說文解字〉匡謬（四則）》，《說文解字研究》（第一輯），河南大學出版社 1991 年，第 355—356 頁。
② 劉釗：《古文字構形學》，福建人民出版社 2006 年，第 130 頁。

隸定作"鼠-",分析爲从"鼠"省、从"一",大概也是可以的。但是從字形來源考慮,特別是考慮到《凡物流形》"乙"字用爲"一"的情況,我們認爲可以將它隸寫作"乞"。中山王𩵦壺銘文的"一"和《柬大王泊旱》的"乞(一)"相比,有三點不同。第一是上部的"齒"形有繁化;第二是所从之"一"不再作短橫,也沒有和其他筆畫相連接,很顯然是明確用來表示"一"了;第三是下部變作了雙爪形的"𠃌",這大概是受到了"鼠"字寫法的類化所致;而原來所从的"乙"之所以被"鼠"形類化,是因爲旁邊的"一"已經起到了表示音義的作用,"乙"表示讀音的必要性因而大大降低。同樣,從字形來源來看,這個"鼠-"字形也可以隸寫作"乞"。這樣隸定有個好處,就是比較好理解它的形體結構,即"乞"其實是从"一"、"乙"聲的字。而將它隸定作"鼠-",正如前引張世超先生所說,其"何以从'鼠',有些令人費解"。

最後,順便說說楚帛書中的"乙"和"鼠"兩個字。

楚帛書丙篇第一行"曰取,乙則至"的"乙"字作如下之形①:

帛書"取"字讀作"陬",指孟陬之月,"乙(鳦)"即古文獻常見的"玄鳥"。曾憲通先生指出:"'乙則至'者,表示月令之物候,與《夏小正》云'鞠則見'、'參則伏'、'螜則鳴'、'鳩則鳴'等同類。《禮記·月令》有'仲春之月,玄鳥至。'今帛文言取(陬=正月)而鳦至,兩者相差一個月。"②《逸周書·時訓》也有"春分之日,玄鳥至"的說法。南方楚地物候跟中原北方有所不同,這應該是楚帛書所記物候之所以早一個月的原因。何琳儀先生釋

---

① 饒宗頤、曾憲通:《楚帛書》,中華書局香港分局 1985 年,圖版 36;《楚地出土文獻三種研究》,中華書局 1993 年,圖版 91。

② 曾憲通:《長沙楚帛書文字編》,中華書局 1993 年,第 1 頁。

此字爲"云"而讀作"雲"①。湯餘惠先生主編的《戰國文字編》和李守奎先生編著的《楚文字編》皆從其釋②。我們曾指出,從字形來看,根據見於楚簡和鄂君啟節用作偏旁的"云"字的寫法,釋"云"之說雖然有道理的,但是"云"和"乙"聲韻皆近,帛書此字也可以看作從"乙"聲,所以仍應釋作"乙(鳦)"③。帛書此字到底是燕乙之"乙"的一個變體,它跟楚文字所見的"云"可能祇是同形字關係,還是應該釋作"云"而讀作"乙",我們現在也沒有確定的意見。

"昆"字原文作如下之形④:

分別見於乙篇第 4、8、12 行的下列句子:

(1) 女(如)月=(日月)既閟(亂),乃又昆□,東鄸(國)又(有)吝。
(2) 則母(毋)童(動)羣(群)民,目(以)□三死(恆)。癸四興(?)昆,目(以)□天尙(常)。
(3) 民則又(有)穀(穀),亡(無)又(有)相惡(擾)。不見陵(?)西(?),是則昆至。

此字過去有"鼠"、"豸"、"兄"、"兒"等多種不同釋法,我們曾指出這些釋法在字形上都不是很密合,認爲此字從"鼠"省、"乙"聲,可能是"鼰"字

---

① 何琳儀:《戰國古文字典》下册,中華書局 1998 年,第 1313 頁。
② 福建人民出版社 2001 年,第 707 頁;2003 年,第 654 頁。
③ 楊澤生:《戰國竹書研究》,中山大學博士學位論文,2002 年 4 月,第 81 頁。
④ 《長沙楚帛書文字編》,第 20 頁。

的異體,在帛書中讀作"蠥"(孽)①。這裏我們重作討論。

從《楚系簡帛文字編(增訂本)》所錄所有15個从"鼠"之字來看,有如下4個字的"鼠"旁或寫作"㠯"形②:

豻:〔字形〕〔字形〕〔字形〕〔字形〕〔字形〕〔字形〕〔字形〕

貍:〔字形〕〔字形〕〔字形〕〔字形〕

鼫(狐):〔字形〕〔字形〕〔字形〕

鼯:〔字形〕〔字形〕〔字形〕

"豻"字共有27個字形,其中1個即第4形"鼠"旁省去"乙"形作"臼",3個"鼠"旁省作"㠯";"貍"字共有15個字形,其中1個"鼠"旁繁化作从三個爪形,寫作"鼶",2個省作"㠯";"鼫"字共有6個字形,其中1個"鼠"旁省作"㠯"。"鼯"字3個形體的"鼠"旁全部作"㠯"形。由此看來,"鼠"旁確可以簡省作"㠯"。但是三個所謂的"鼯"字全部用作人名,實際上並不能證明所从之"㠯"一定是"鼠"。如果將此三形排除在外,確證為"鼠"旁省作"㠯"形的例子就祇有6個,這在大量从"鼠"之字來說其實是很小的比例,就跟"鼠"旁或繁化作"鼶"和簡化作"臼"一樣是偶然的現象。因此,作爲偏旁用的"鼠"偶爾簡化作"㠯"並不值得奇怪。但是如果將帛書"㠯"釋作"鼠",那就出現這樣一種情況,即這個形體比較複雜的"鼠"字,在用作偏旁時很少出現簡省的寫法,反而在作爲單字來用時簡省作"㠯"。這是很奇怪的事情。所以把帛書"㠯"字釋作"鼠"還是有問

---

① 《戰國竹書研究》,第81—84頁。
② 第848—850、866—868頁;不包括"㠯"字,"貚"字不算"貚"、"豹"兩個。

題的。

我們懷疑帛書"昆"字也可能是《凡物流形》這種"乙"字的一個變體，即由其右下部的"{"音化爲"乙"聲。"昆"在帛書中或可讀作"曀"。《詩·邶風·終風》："終風且曀，不日有曀。"《爾雅·釋天》："風而雨土爲霾，陰而風爲曀。"曀是比較反常的天氣。《開元占經》卷一〇一引《紀年》曰："周昭王十九年，天大曀，雉兔皆震。"周昭王本人後來也死在南征楚國途中的意外。（1）中"日月旣亂"、（2）中的"以□天常"和（3）中的"不見陵（？）西（？）"似乎都可能跟"曀"這種反常的天氣現象相關。祇是這三個句子都有缺文，其意思不是很明確，我們的這個推測也很難得到證實。

至於原來隸定作"𩁹"的三個字形，我們懷疑也是個從"乙"的字，可以隸作"𠃉"。"𠃉"或爲舒展之"舒"的異體。《詩·邶風·燕燕》孔穎達疏："燕燕往飛之時，必舒張其尾翼。""舒"以燕乙之"乙"作爲意符是合理的。

最後就本文主要內容略作小結。我們認爲《凡物流形》應該讀作"一"的字其實是"乙"字：上部可看作表示燕乙的頭、嘴之形，其寫法也可能是受到了戰國簡帛文字中常見的"臼"字形的類化；下部表示燕乙的翅膀（或爪）和身、尾，但其形體與戰國竹簡用作"色"的"卲（抑）"字相同，這應該是音化的結果。儘管我們花了很多文字去解釋它的形體結構，證明其爲燕乙的"乙"字的合理性，但是最爲重要的還是兩點，一是"乙"和"一"聲韻相同，可以相通；二是在《凡物流形》"鳴"字的構形裏，"乙"可以作爲"鳥"的同義偏旁進行互換，這是本文觀點是否成立的基礎。

附記：本文初稿曾蒙沈培先生指正多處，爾後公佈於古文字網（2009年2月15日），今取之作了較大修改。2009年4月18日。

（作者單位：中山大學中文系；出土文獻與中國古代文明研究協同創新中心）

讀《上博六》劄記三則

范常喜

一

《孔子見季桓子》簡21：君子德（？）㠯（紀）而立仔，保慗（慎）亓（其）豊（禮）樂，逃亓（其）……

以上是整理者的釋讀和斷句。何有祖先生最初將其改釋作"君子德紀而立，師保慎其禮樂"。並云："立"後一字，原釋爲"仔"，應釋爲"師"。"師保"是古時任輔弼帝王和教導王室子弟的官，有師有保，統稱"師保"。《易·繫辭下》："無有師保，如臨父母。"《書·太甲中》："既往背師保之訓，弗克於厥初，尚賴匡救之德，圖惟厥終。""師保"在簡文中當負責君子方方面面的教育，故此處言"師保慎其禮樂"①。陳偉先生釋作"君子值（植）己而立師，保慎亓豊樂"②。李銳先生釋作"君子德㠯（紀）而立仔（師）保，

---

① 何有祖：《讀〈上博六〉劄記》，簡帛網，2007年7月9日。
② 陳偉：《讀〈上博六〉條記之二》，簡帛網，2007年7月10日。

愼亓（其）禮樂"①。何有祖先生後來又將其改釋作："君子德（直）弖（己）而立師保，愼亓（其）禮樂，逃亓（其）……。"並謂"直己"指自身守正不阿。"②

經過上述諸家的討論，此段文意已基本清楚，尤其是何有祖先生最後所作的總結性釋文和斷句也基本可從，祇是其中將"悳（德）"讀作"直"似乎不必。我們認爲可如字讀之，"德己"是古漢語中較爲常見的名詞動用，可以訓爲"使自己有德"，這與後文所云"立師保"的舉措正好相照應。正如何有祖先生所說，"師保"是"古時任輔弼帝王和教導王室子弟的官"，君子的德行修養自然也當在教授內容之列。

我們可以從古書中找到相應的例證。《戰國策・中山策》："與不期眾少，其於當厄。"姚宏本作："人之施與，不期多少，當其厄之時而惠及之，必厚德己也。"《關尹子・九藥》："不可非世是己，不可卑人尊己，不可以輕忽道己，不可以訕謗德己，不可以鄙猥才己。"其中的"德己"都是指"使自己有德"。另外《左傳・襄公十三年》："楚子疾，告大夫曰：'不穀不德，少主社稷，生十年而喪先君，未及習師保之教訓，而應受多福。是以不德，而亡師於鄢，以辱社稷，爲大夫憂，其弘多矣。'"其中所記楚王感歎自己沒有遵守師保的教訓而導致失德亡軍，這從反面也說明了古人立師保是爲了使自己有德。由此可見，將"悳弖"讀爲"德己"跟文獻中的相關記述最爲相合③。

---

① 李銳：《〈孔子見季桓子〉新編（稿）》，簡帛網，2007年7月11日。
② 何有祖：《讀〈上博六〉劄記（四）》，簡帛網，2007年7月14日。
③ 此三則與"德己"有關的例證由復旦大學出土文獻與古文字研究中心的學者拈出，現原文轉錄於此。詳參復旦大學出土文獻與古文字研究中心學生讀書會《攻研雜誌（三）——讀〈上博（六）・孔子見季桓子〉劄記（四則）》，復旦大學出土文獻與古文字研究中心網，2008年5月23日。

二

《慎子曰恭儉》簡4：均分而生（廣）貤（施），旹（時）惠（德）而方（方）義。

其中的"旹"字整理者讀作"時"，訓爲適時，合乎時宜。"方，爲也"。"時德而方義"意爲按時、適時地實踐德行而爲宜①。陳偉先生將此句改釋作"恃德而傍義"，並引相關文獻用例以爲證②。可以看出，陳偉先生對文意的解釋比較可信。不過我們懷疑"旹"、"方"二字也可能當讀作"持"和"秉"，出土文獻中亦見相通之例，如：

楚王酓章鎛：其永旹（持）用亯（享）。（《集成》01·085）
《上博二·從政甲》簡12：章行不伕（倦），旹（持）善不猒（厭）。
《銀雀山漢簡·六韜》簡726：君方（秉）明德而誅之，殺一夫而利天……

"旹（持）惠（德）而方（秉）義"即"秉持德義"。文獻中多見類似的記載，如：

《戰國策·秦策三》：蔡澤曰："質仁秉義，行道施德於天下，天下懷樂敬愛，願以爲君王，豈不辯智之期與？"
《鹽鐵論·本議》：君子執德秉義而行，故造次必於是，顛沛必於是。

---

① 馬承源主編：《上海博物館藏戰國楚竹書（六）》，上海古籍出版社2007年，第280頁。
② 陳偉：《上博竹書〈慎子曰恭儉〉初讀》，簡帛網，2007年7月5日。

由此可見，將簡文"旹悳而方義"讀作"持德而秉義"與文獻中的相關記載相合。

三

《天子建州（甲本）》簡5－6：日月=（日月）旻（得）丌（其）甫（輔），相之吕（以）玉枓（斗），栽（仇）戠（讎）戔（殘）亡。

上列簡文中的"甫"字原簡文作🖸，整理者釋作"央"①。陳偉先生認爲當釋爲"剌"，讀爲"列"②。蘇建洲先生認爲此字上從"父"，字應釋爲"甫"，形體如中山王方壺"輔"的右旁，簡文讀作"日月得其甫（輔）"③。與楚文字中的"甫"旁相較④，可知蘇建洲先生所釋甚確。"仇讎"二字，整理者隸作"栽戙"，讀作"戟陳"。"戔"字整理者讀作"踐"。此句是指"日月依據斗柄運行，在天空出沒。"⑤ 陳偉先生改釋作"仇讎"，並將"戔"字改讀作"殘"⑥，均可信從。

我們想補充的是其中的"相"字。此字原簡文作🖸，乙本作🖸，整理者釋爲"根"⑦。蘇建洲先生認爲"從文意來看應該是對的"，同時對字形做了細

---

① 馬承源主編：《上海博物館藏戰國楚竹書（六）》，第318頁。
② 陳偉：《讀〈上博六〉條記》，簡帛網，2007年7月9日。
③ 蘇建洲：《讀〈上博（六）·天子建州〉筆記》，簡帛網，2007年7月22日。
④ 參見李守奎《楚文字編》所列"甫"及"桶"，華東師範大學出版社2003年，第213、355頁。
⑤ 馬承源主編：《上海博物館藏戰國楚竹書（六）》，第318—319頁。
⑥ 陳偉：《〈天子建州〉校讀》，簡帛網，2007年7月13日。
⑦ 馬承源主編：《上海博物館藏戰國楚竹書（六）》，第318頁。

緻的分析，並認爲此字右下部所從"止"形當從"人"形變來①。我們懷疑此字即"相"之繁構，楚文字中較爲常見的"相"字主要有以下三種形體：

1. ▢（上博二·子1）▢（上博六·競11）▢（郭店·老乙4）

2. ▢（上博二·昔1）▢（郭店·六49）▢（郭店·老甲16）

3. ▢（郭店·窮6）▢（上博四·相2）▢（上博四·柬10）

我們認爲，▢可以隸作"椙"，其右下部的"止"旁當是上列第二種"相"字中"又"旁的換用。類似的情形還見於楚文字中的"作"。楚文字中的"作"這個詞多用下列三種字形來表示：

1. ▢（郭店·六2）▢（上博六·用18）▢（上博一·孔6）

2. ▢（上博一·緇14）▢（上博四·柬17）▢（郭店·性25）

3. ▢（信陽1·1）▢（郭店·六38）

從上列字形可知，爲了表示動作，楚文字中在"乍"的基礎上加注了"又"旁或"止"旁來表示"作"這個詞。那麼"相"字加"又"和"止"當與此相類。簡文云"日月得其輔，相之以玉斗"指的即是君王以日月爲輔，以玉斗爲相。

---

① 蘇建洲：《讀〈上博（六）·天子建州〉筆記》，簡帛網，2007年7月22日。

附記：本文三則劄記取自《讀〈上博六〉札記六則》（簡帛網 2007 年 7 月 25 日首發），後來刊佈的清華簡第三冊中有多處"相"字寫作"榠"，如：▇（說命中 03）、▇（芮良夫毖 22）等，可爲第三則劄記提供直接證據，特記於此。

（作者單位：中山大學國際漢語學院；出土文獻與中國古代文明研究協同創新中心）

楚簡中一個讀爲"曰"的奇字補說*

陳斯鵬

一、緣　起

　　2005年10月，筆者嘗草有一稿，題曰《試釋戰國竹簡中的"〢"字》，對楚簡中寫作⼄形而用爲"曰"的奇字試作考釋。此稿實屬試探性質，故以"試釋"命篇。當時曾私下向幾位師友請教，或不以爲然，本人亦不敢自信，故壓存篋底多年，未予發表。其後既有若干新材料發現，又陸續看到有幾位同行對此字作了討論，諸家之說與拙說頗有異同，而似乎尚未有足可稱定論者。回頭檢視舊稿，頗興雞肋之慨，不無獻曝之願，也算是研討難題集思廣益之義吧。今年8月，周鳳五、黃冠雲二位先生主持"【出土文獻的語境】國際學術研討會暨第三屆出土文獻青年學者論壇"於新竹清華，承蒙邀請，即取舊稿塞責，唯後因故不克赴會。現在又欣逢《古文字論壇》創刊號重獲生機，且將

---

* 本文的研究得到國家"青年拔尖人才支持計劃"、國家哲學社會科學研究基金（批准號：13BYY104）、教育部人文社會科學研究基金（批准號：10YJC740012）、廣東省哲學社會科學規劃基金（批准號：GD10CZW03）、廣東省教育廳學科專業建設專項資金（批准號：10WYXM060）的資助。

爲經法師八秩華誕之慶，當然不可以無文。唯年來俗事牽繫，微恙或作，讀書殊少，遑論作文，深愧無有稍如人意之作以壽吾師！無可奈何，便祇好以此舊篇，稍事整理以貢了。

今題目改作《楚簡中一個讀爲"曰"的奇字補說》。所謂"補說"，蓋有二義。一是諸家之說公開發表在前，拙說如有可取成分，則當視爲諸說之補充而已；二是舊文新刊，對於成文後所見的新材料及新論說，則不能不有所反應與補議。

爲尊重歷史及方便討論，底下第二節先照錄舊稿原文，有關補說留待第三節展開。

二、舊　稿

馬承源先生主編的《上海博物館藏戰國楚竹書（二）》中有《民之父母》一篇，因爲內容可以跟今本《禮記·孔子閒居》等相對照，所以，釋讀起來相對要容易一些。但也有個別疑難的字、詞至今沒有完全釋定，需要作進一步的研究。本文要討論的就是見於該篇第十號簡的一個還未被確釋的奇字。

此字作如下形：

A1.

A1 所在的文句是（釋文採用寬式，下同）：

孔子 A1："無聲之樂，氣志不違。"

在《禮記·孔子閒居》中，與 A1 字對應的是"曰"字。《民之父母》的整理者濮茅左先生說："根據文意此字應爲'曰'，或爲其同義字。"這個判斷是完全合理的。但濮先生又不得不承認其"字形頗爲特殊"，而未能確釋①。這個字形特殊的字究竟是什麽字呢？

黃錫全先生認爲此字是'于'字豎畫下部墨跡脫落的結果，應釋"于"而讀爲"曰"②。但仔細觀察則不然。其實它應由一"Z"形折筆與其左下和右上兩短橫組成。後來在《上海博物館藏戰國楚竹書（四）》中，此字又出現兩例，其字形可以看得更清楚一些。

A2. [圖] （《相邦之道》4）　　A3. [圖] （同上）

A2、A3 所在的文句是：

子贛 A2："吾子之答也何如？"孔子 A3："如洒 。"

該篇整理者張光裕先生將 A2、A3 直接釋寫爲"曰"，而不加說明③。顯然，A1、A2、A3 是同一個字（下合稱 A）。從 A2、A3 可以肯定 A 與"于"字無關。筆者認爲這個字應該與"水"字有關。古文字中的"水"可作縱勢，也可取橫勢，橫勢者如：

B. [圖] （郭店簡《太一生水》6）

---

① 濮茅左：《〈民之父母〉釋文考釋》，載馬承源主編《上海博物館藏戰國楚竹書（二）》，上海古籍出版社 2002 年，第 170 頁。
② 黃錫全：《讀上博楚簡（二）劄記（壹）》，"簡帛研究"網站，2003 年 2 月 25 日。
③ 張光裕：《〈相邦之道〉釋文考釋》，載馬承源主編《上海博物館藏戰國楚竹書（四）》，上海古籍出版社 2004 年，第 237 頁。

兩相對比，不難看出，A 其實是 B 形少去左上和右下兩短橫（點）而成。在漢印中，"水"作爲偏旁可以省作"片"、"冫"等形，例如：

泓：[圖] 沝：[圖]①

這種寫法的"水"旁與 A 十分相似，特別是"冫"，幾乎可以認爲與 A 完全同形，祇是作縱勢和作橫勢略異而已。那麼，A 是否可以直接釋爲"水"呢？恐怕也不行。因爲就目前掌握的資料來看，這種省略寫法的"水"旁祇出現在璽印中，在手寫體的古文字中是看不到的，所以我們可以推測，漢印中"水"旁之作"片"、"冫"，很可能是由於受到空間的限制，出於章法佈局和美術化的需要而作出的變形。加上時代偏後，以此來比附楚簡 A 字仍有困難，儘管字形著實酷似。另外，在楚簡文字中"水"及從"水"之字極爲多見，"水"形也從來沒有寫成像 A 形的。且若釋"水"，在簡文中也無當於音義，故須另尋他解。

A 從字形看與"水"關係甚密，而又不能直接釋爲"水"，那麼，它顯然應該是取象於流水的另外一個字。同時它必須可以讀若"曰"或與"曰"意義用法相同或相近的詞。循著這一思路求索，筆者懷疑它大概就是《說文》的"巜"字。

《說文·巜部》云："巜，水流澮澮也。方百里爲巜，廣二尋，深二仞。""巜"的篆書形體"[圖]"雖然與"[圖]"微異，但二者一爲半"川"，一爲半"水"，顯然都是取象於流水之形，而且都非全"水"，造意應是相同的，似可看作一個字之異體。《說文·巛部》云："巜，水小流也。《周禮》：匠人爲溝洫，相廣五寸，二相爲耦。一耦之伐，廣尺深尺謂之巜，倍巜謂之遂，倍遂

---

① 《漢語大字典》字形組：《秦漢魏晉篆隸字形表》，四川辭書出版社 1985 年，第 793、818 頁。

曰溝，倍溝曰洫，倍洫曰巜。"可知"く"、"巜"皆溝洫之屬，溝洫蓋水流之小者，故其字皆取象於流水而減省其形。許君釋"巜"，首言"水流澮澮也"，明其取意之源；接言"方百里爲巜，廣二尋，深二仞"云云，則是解釋其作爲名物的所指，這是一個事物的兩個方面統一於一身。"巜"字在流傳下來的先秦古書中一般作"澮"。上引《說文》所引《周禮》文字見於今本《周禮·考工記》（文字有出入），"巜"即作"澮"；又《說文》"川"字條下引《書》"濬く巜距川"，今本《書·皋陶謨》作"濬畎澮距川"。"澮"字從"水"、"會"聲，大概是"巜"的後起形聲字。《說文·水部》另有"澮"字，云："澮水，出靃山，西南入汾。从水、會聲。"關於此二"澮"的關係，過去研究《說文》的學者大致有兩種意見，一種認爲溝澮的"澮"是假借澮水的"澮"爲之，一種則認爲二者各有其理據①。筆者傾向於後一種意見。因爲溝澮的"澮"和澮水的"澮"均多次出現在早期文獻中，我們並沒有更多的證據可以說明它們之間是否存在假借關係，甚至誰借用誰。把這兩個"澮"看作同形字可能更保險一些。不過，由於它們都是"从水會聲"的結構，所以它們的讀音相同則是可以肯定的。"澮"的上古音屬見母月部，它所從得聲的"會"屬匣母月部，這意味著它跟匣母月部字"曰"在先秦時代讀音極其接近，甚至可能完全相同。因此，戰國竹簡中的"巜（澮）"可以讀作"曰"大概是沒有問題的。

《說文·川部》還有一個"㕣"字，云："㕣，水流也。从川、曰聲。"又《廣雅·釋訓》云："㕣㕣，流也。""㕣㕣"爲重言形況字，蓋狀水流的聲貌。上引《說文》釋"巜"爲"水流澮澮也"，"澮澮"也是形容水流聲貌的重言形況字。段玉裁注云："'澮澮'當作'浯浯'，毛傳曰：'浯浯，流也。'《水部》曰：'浯浯，水流聲也。'古昏聲、會聲多通用。"② 其實，"㕣㕣"、"澮澮"、"浯浯"音義並通，應該是一組同源詞。"㕣"字甚至可以看

---

① 詳參丁福保編纂《說文解字詁林》，中華書局1988年，第11240—11245頁。
② 段玉裁：《說文解字注》，上海古籍出版社1988年，第568頁。

作"《(澮)"字在形容水流聲貌這方面的意義的異體字。"㫚"從"曰"得聲,正可與竹簡借"《(澮)"爲"曰"互相印證。

附帶提及,金文中有一個寫作▨(毳匜)、▨(䰯公盨)等形的字,其繁體則作▨(魯伯愈父匜)、▨(殷設盤),過去許多研究者指出它相當於《說文》"讀若昧"的"頮"字,與"沬(䠧)"爲一字。結合文例看,應可信從。新出䰯公盨銘文"旻頮唯德"的"頮",則可能音假爲"美"或"貴"①。但是,金文"頮"字所從的▨、▨、▨、▨,卻顯然並不等於"從川曰聲"的"㫚",這個構件本身的音義及其在字中的地位還需要再作研究。金文的▨到了《說文》那裏變成"从頁㫚聲",應該是▨旁被改換成形體和它相近而讀音又和"頮"相近的"㫚"的結果。類似的現象,在古文字的演變過程中是屢見不鮮的。

最後需要說明的是,戰國文字中"訓"字有時寫作▨(郭店簡《性自命出》27等),右旁省爲兩筆作"〳〳",其形似乎可與"《"的篆文"〳〳"相比附,但其實它無疑是"川"的省寫,和"《"不是一回事。

三、補　說

先補用例。舊稿寫成後新見 A 字二例,分別見於《上海博物館藏戰國楚竹書(五)》和《上海博物館藏戰國楚竹書(七)》。字形如下:

A4. ▨　　A5. ▨

---

① 參看裘錫圭先生《䰯公盨銘文考釋》19 頁,以及 24 頁"追記"所引陳劍先生說,《中國歷史文物》2002 年第 6 期。

文例分別是：

　　　子贛 A4："莫親乎父母……"（《弟子問》8）
　　　聞之 A5："至情而智……"（《凡物流形（甲本）》15）

　　《弟子問》的整理者張光裕先生在釋文中摹 A4 原形而括注"曰"，從注釋可知張先生將 A4 視爲"曰"的一種寫法①。《凡物流形》的整理者曹錦炎先生則均逕將 A5 釋作"曰"而無說②。

　　次補新說。近年關於 A 字又有了一些新的討論，茲就見聞所及，略加分類介紹。

　　（一）以 A 爲"曰"的一種異體或變體。具體主要有二說，一是禤健聰先生認爲此字"當分析爲從乙，乙亦聲，左右兩點或表示人說話時氣從口出"，是"捨棄了起初文從口的構形，而突出聲化而來的聲符'乙'"③。二是劉志基先生懷疑此字是一般的"曰"字草寫而產生的形體④。

　　（二）以 A 爲"曰"的假借字。至於 A 本身是個甚麼字，則頗有歧異。一是認爲此字與流水有關。如白於藍先生謂即"㕣"之象形本字而讀爲"曰"⑤。侯乃峰先生贊同白說，但更傾向於釋"汨"。又據侯文，知陳劍先生曾在 2005 年 11 月的一份手稿中指出："陳斯鵬曾告訴我，他懷疑此字是'巛'，讀爲'曰'。我則懷疑此字可能是'㕣'或'汨'，象水流也，讀爲

---

① 張光裕：《〈弟子問〉釋文考釋》，載馬承源主編《上海博物館藏戰國楚竹書（五）》，上海古籍出版社 2005 年，第 272 頁。
② 曹錦炎：《〈凡物流形〉釋文考釋》，載馬承源主編《上海博物館藏戰國楚竹書（七）》，上海古籍出版社 2008 年，第 251 頁。
③ 禤健聰：《上博楚簡（五）零札（一）》，簡帛網，2006 年 2 月 24 日。
④ 劉志基：《ㄋ爲"曰"字避複草寫說》，《中國文字研究》第 16 輯，上海人民出版社 2012 年。
⑤ 白於藍：《簡牘帛書通假字字典》，福建人民出版社 2008 年，第 210 頁。

'曰'。"裘錫圭先生審閱侯文初稿之後也指出，"㇄"字當是象水流之形①。二是以爲即《說文·小部》訓"少也"的"小"，如宋華强先生從董珊先生說釋"小"，而讀爲"曰"②。三是來國龍先生以爲"舌"或"昏"而讀"曰"③。

（三）以 A 爲記錄"曰"的同義詞之字。主要是董珊先生釋"小"而讀爲"說"④。

上述三種思路基本上已經包括了目前能夠想到的解決此一疑難問題的所有可能途徑。現在似乎還沒到可以下結論的時候，但也不妨做點粗略的評說。

相比較而言，思路（三）可能會稍遜一籌，因爲從文例語感看，A 相當於"曰"無疑是最爲順適的。因爲 A 所在篇章多是言語對答的記錄，前後文均用"曰"引起，語氣一貫，中間一二例突然換作其他的言說義的詞，即使是與"曰"用法較近的"云"，都感覺有些不對。更何況"說"在先秦實際上難見與"曰"類似的用法，這一點董先生自己也是承認的。所以，應重點考慮思路（一）和（二）。

思路（一）自然是最直接的。但劉志基先生草寫之說顯然不易讓人接受，因爲"曰"字從通常的 ᗞ、ᗞ 等形草化作 ㇄，可能性似乎不大。禤健聰先生的說法倒是比較有意思。楊澤生先生曾經認爲，寫作 ᗞ 形的"曰"字是有意將 ᗞ 形右上方短橫變形聲符化爲"乙"，爲《說文》篆文所本⑤。禤說即受

---

① 侯乃峰：《楚簡文字"減體象形"現象舉隅——兼談楚簡"汨"字》，見《上博竹書（1—8）儒學文獻整理與研究》，復旦大學博士後研究工作報告（合作導師：裘錫圭教授），2012 年 5 月。
② 宋華强：《釋上博簡中讀爲"曰"的一個字》，簡帛網，2008 年 6 月 10 日。
③ 來國龍：《〈凡物流形〉新研（稿）》，簡帛網，2010 年 6 月 7 日。
④ 董珊：《戰國竹簡中可能讀爲"說"的"小"字》，復旦大學出土文獻與古文字研究中心網站，2008 年 5 月 2 日。收入所著《簡帛文獻考釋論叢》，上海古籍出版社 2014 年。
⑤ 楊澤生：《戰國竹書研究》，80 頁，中山大學博士學位論文（導師：曾憲通教授），2002 年 5 月。

楊說啓發而提出。楊先生在看過筆者舊稿後，也懷疑 A 中包含了"乙"形，有標音作用①。將 ᠗ 形中的 ᠗ 與 ᠗ 形中的 ᠗ 聯繫起來，解釋爲聲符"乙"，確實頗具新意。唯所從二點既已脫離"口"形，而當作說話時氣從口出，仍稍嫌過於抽象。

　　思路（二）也是較爲可行的。關鍵是要看哪種釋讀在字形及字音上更加合理。楚簡"舌"作 ᠗（上博《志書乃言》1），"昏"作 ᠗（郭店《緇衣》30"話"字所從），實在看不出來國龍先生釋 A 爲"舌"或"昏"的根據所在；而且來先生將"舌"、"昏"混爲一談也是可商的。董珊先生以爲"屮"字，字形上也頗有點距離。而且從《說文》篆文看，所謂"屮"與"少"祇是末筆方向的不同。《說文》雖分"少"、"屮"爲二字，但結合"屮"字訓"少也"，以及"沙"字條"沙或從屮"來看，"屮"實際應即相當於"少"。而古文字材料中"少"、"屮"二形更是通用無別，均可讀爲"少"或"小"。董文已有舉證，此不贅。事實上，《說文》中不少以方向相區別的字，在古文字中實際上祇是同一個字，如"身"和"肙"，"廾"和"収"，"彳"和"亍"，"邑"和"邔"，"可"與"叵"（"叵"爲新附字）等等。"屮"和"少"的關係也如此。換言之，在先秦時代並沒有"讀若輟"的區別於"少"的"屮"字獨立存在。宋華強先生一方面同意釋"屮"之說，一方面又注意到 A 與"少"字的明顯差別，乃推測"屮"是表示水流的"泲"、"濊"等的本字。這樣切斷了"少"與"屮"的聯繫，恐怕也是難以圓通的。

　　陳劍、白於藍、侯乃峰等先生，均以 A 象水流之形爲出發點來立論，和本人舊稿所持見解最相接近。現在回頭檢視，恐怕仍以此種理解與字形最爲吻合。陳說未公開發表，白說限於著作體例，簡略而無論證，侯說與拙稿論證過程也不同，故姑存舊稿如前，以爲諸家大論之小補。陳釋"眾"或"汨"，白釋"眾"，侯釋"汨"，筆者舊稿釋"巛"，並沒有實質性不同，祇是著眼的角

---

① 見楊先生 2005 年 10 月 27 日致筆者的信。

度微異而已。筆者認爲"巜"、"澮"、"㫃"、"沓"這些字都有密切的關係，作爲水流的"體"，文獻中記作"巜"或"澮"，作爲水流的"貌"，文獻中也可記作"澮"，還可以記作"㫃"、"沓"，當然也應該包括陳、侯二先生所說的"汨"①，這些音義都是相通的。之所以首先認！爲名詞義的"巜（澮）"，主要是考慮其構形乃取"水"形之半而成，與"く"、"巜"之省減"川"形以示水之小者如出一轍。侯先生在分析！的構形時，雖然也強調"減體象形"這一點，但他認爲這是表示"水半見"、"水出"之義，理解上與筆者稍有不同。

　　當然，對此一奇字的探討也許還需要繼續下去。期待有更多的新線索被發現。

　　　　　　　　　　　2014年11月12日中大90周年校慶日據舊稿改畢

（作者單位：中山大學中文系；出土文獻與中國古代文明研究協同創新中心）

---

① 文獻中表水流貌的"汨"實際上即"㫃"之異體，與《說文》訓"治水"之"汨"異。參段玉裁《說文解字注》567頁"㫃"字條，上海古籍出版社1988年。

楚簡方言詞語釋證四則

禤健聰

作爲未經後人改易的先秦漢語語料，楚系簡帛文獻不僅對研究探尋楚系文字形體特點具有重要意義，對研究先秦漢語詞彙包括古方言也具有重要價值。今據揚雄《方言》① 等故訓材料，釋證楚簡中的方言詞語四則。

一、衽（裎）袍

上博四《昭王毀室・昭王與龔之脽》簡7：

王訋而舍之⊘袍。龔之脽被之，其衿見。

對"⊘"字，論者有不同看法。整理者釋文作"衽"，謂："'衽'，《廣雅・釋器》：'袖也。'《說文通訓定聲》：'衽，凡衽皆言兩旁，衣際，裳際，正當手下垂之處，故轉而名袂。'《廣雅・釋器》：'袂，袖也。'"② 陳劍先生指出

---

① 本文使用的版本爲周祖謨校箋《方言校箋》，中華書局1993年版。
② 馬承源主編：《上海博物館藏戰國楚竹書（四）》，上海古籍出版社2004年版，第188頁。

字从"壬",非天干字"壬",並以音近而讀爲"領袍"①。陳斯鵬先生認爲此字所从,也完全可能是"氐",可釋爲"袛",疑讀若"綈",《說文》:"綈,厚繒也。"② 另何有祖先生據楚簡"身"字或作"![]"(九店楚簡56·37)而改釋爲"袕","《廣雅·釋器》:'袕,袕也。'王念孫疏證:'袕,謂衣中也。字通作身。''袕袍',疑指貼身衣袍"③。

按,《方言》卷四:"襌衣,……有裏者,趙魏之間謂之袾衣;無裏者謂之裎衣,古謂之深衣。"錢繹箋疏:"裎衣,即今之對衿衣,無右外襟者也。""![]"字可從陳劍分析从"壬"聲,疑即《方言》所述之"裎"。《說文》:"郢,……从邑、呈聲。邫,郢或省。""裎"从"呈"聲,"呈"實从"壬"聲,"裎"屬定母耕部,"壬"屬透母耕部,"![]"自可讀爲"裎"。又《方言》卷四:"襃明謂之袍。"郭璞注:"《廣雅》云:襃明,長襦也。""裎"本指對襟單衣,簡文"裎袍"當指對襟的長衣。值得注意的是,裎衣"古謂之深衣","深衣"見於《禮記·深衣》篇,孔穎達疏謂:"深衣,連衣裳而純之以采者。"又謂:"凡深衣皆用諸侯、大夫、士夕時所著之服。故《玉藻》云:'朝玄端,夕深衣。'庶人吉服亦深衣,皆著之在表也。……稱深衣者也,餘服則上衣下裳不相連,此深衣衣裳相連,被體深邃,故謂之深衣。"

就形制而言,"裎袍"有襟,"被體深邃",與簡文"其衿(襟)現"正吻合;就禮制而言,深衣爲吉服、禮服,體現昭王對臣下的恩賜,與簡文"良臣"之子、"介趣君王"的龔之脽的身份,以及"使邦人皆見"的意圖甚合。

---

① 陳劍:《上博竹書〈昭王與龔之脽〉和〈柬大王泊旱〉讀後記》,"簡帛研究"網,2005年2月15日。
② 陳斯鵬:《初讀上博竹書(四)文字小記》,"簡帛研究"網,2005年3月6日。
③ 何有祖:《上博楚竹書(四)札記》,"簡帛研究"網,2005年4月15日。

二、滹（淤）

上博四《昭王毀室·昭王與龔之脽》簡1：

昭王爲室於死渭之滹。

"滹"字，整理者隸定爲"滹"，注謂："即'淲'或'漙'，《集韻》：'池水名。'池不能爲室，疑假作'附'。《說文·𨸏部》：'附，附婁，小土山也。'《小爾雅·廣詁》：'附，近也。'意爲近死渭之地築室。"① "虎"、"付"聲隔，孟蓬生先生已指其非，並改讀"滹"爲"汻（滸）"，訓爲水厓、水邊地②。就此簡來看，釋"滹"爲"滸"自無不可。不過，下文記述昭王"既裼"後"徙處於坪澫"（簡5），亦即"滹"與"坪澫"必爲兩地，而"澫"很可能即指水厓。

"澫"又見於上博四《逸詩》之《交交鳴鶬》，該篇"[中] 梁"（簡1）、"中渚"（簡2）、"中澫"（簡3）並列，秦樺林先生指出可與《衛風·有狐》："在彼淇梁"、"在彼淇厲"對讀③，甚確。"厲"爲水厓，與"梁"爲堤堰，"渚"爲水中洲對舉。"澫"既爲水厓，則"滹"之義當別求。

按，《方言》卷十二："水中可居爲洲。三輔謂之淤。"郭璞注："《上林賦》曰：行乎洲淤之浦也。""淤"是三輔方言，疑"滹"即"淤"之楚語詞。"滹"从"虖"聲，"虖"从"虎"聲，"虎"是匣母魚部字，與影母魚部的"淤"字古音相近。又語氣詞"於乎"二字雙聲疊韻，楚簡即以"虖"

---

① 馬承源主編：《上海博物館藏戰國楚竹書（四）》，上海古籍出版社2004年版，第182頁。
② 孟蓬生：《上博竹書（四）閒詁》，"簡帛研究"網，2005年2月15日。
③ 秦樺林：《楚簡逸詩〈交交鳴鶬〉札記》，"簡帛研究"網，2005年2月20日。

爲"乎",上博二《容成氏》篇多次出現的"於是乎",一般寫作"於是虖",惟其中兩處則作"於是於"（簡27、32），這顯然是受"是"前之"於"影響，也說明"於"、"乎"本身就音近，正如同篇"皋陶"寫作"咎垍"（簡29），又作"㠯咎"（簡34）。《左傳·宣公四年》："楚人……謂虎於菟。"《方言》卷八："虎，……江淮南楚之間……或謂之於䖘。"可見，"濾"可讀爲"淤"，即水中洲，與"渚"近義。《交交鳴鶩》"渚"、"潫"對舉，亦適與此處簡文互相參證。

三、丩（叫）

上博四《柬大王泊旱》簡14：

王丩而哭，而泣謂大宰。

《說文》："𠱻，高聲也。一曰：大呼也。从𠱻、丩聲。《春秋公羊傳》曰：魯昭公叫然而哭。"今本《公羊傳》作"噭然而哭"，"丩而哭"即典籍所謂"叫然而哭"①。

按，《方言》卷一："自關而西，秦晉之間，凡大人少兒泣而不止謂之唴，哭極音絕亦謂之唴。平原謂啼極無聲謂之唴哴，楚謂之噭咷，齊宋之間謂之喑。"但《說文》所述卻與此相異。《說文·口部》："咷，楚謂兒泣不止曰噭咷。"又："喑，宋齊謂兒泣不止曰喑。"《老子》："終日號而不嗄。"《莊子·庚桑楚》注："楚人謂啼極無聲爲嗄。"疑《方言》傳抄有誤，"噭咷"、"喑"當緊接前之"凡大人少兒泣而不止謂之唴"句。簡文"丩"即"噭咷"之

---

① 禤健聰：《楚簡文字補釋五則》，載《古文字研究》第26輯，中華書局2006年版，第363頁。

"嗷"。

四、覞（睇）

上博五《君子爲禮》簡6：

正視毋側覞。凡目毋遊，定視是求。

"覞"字整理者原讀爲"視"，何有祖先生改讀作"眱"①，可從。

按，《方言》卷二："睇，……眄也。陳楚之間、南楚之外曰睇。"《說文》："睇，目小視也。从目、弟聲。南楚謂眄曰睇。""目小視"徐鍇《繫傳》作"目小衺視"。《集韻·霽韻》："睇，南楚謂眄曰睇，古從尸。""覞"其實就是傳世文獻"眱"或"睇"字的楚簡寫法。楚簡聲旁"尸"與"弟"常可換用，如包山楚簡"遲"作"廷"（簡202），又作"遞"（簡240）。"覞"、"睇"是斜視，"定（正）視"與"側覞（睇）"反義對舉。

2007年12月改定

附記：本文受廣東省高等學校優秀青年教師培養計劃項目（Y82013125）資助。

（作者單位：廣州大學語言服務研究中心）

---

① 何有祖：《上博五〈君子爲禮〉試讀》，"簡帛"網，2006年2月19日。

楚簡字詞釋讀瑣記五則*

王　輝

一、《清華叁·芮良夫毖》"唬囂"

《清華叁·芮夫良毖》簡23"人頌（訟）伐（扞）蕾（違），民乃堲囂，靡所屏依"。"堲"，整理者讀爲嗥呼之嗥，意思可通，但論證時候說"郭店簡《窮達以時》'皋陶'作'邵繇'，知皋、邵兩聲字可以相通"①，則有不妥。《窮達》讀爲皋（或咎）之字作 [字形]，整理者釋爲"邵"②。但細審字形，其左上並非獨立的"人"，而與右上是一個整體，與楚文字"邵"明顯不同。黃德寬、徐在國改釋爲"咎"③，甚是。[字形]上所從當是"九"之訛，與《上博三·周易》簡48"九"作 [字形] 同。《上博二·容成氏》簡34兩見皋陶之名，"皋"均用 [字形] 形記錄，即"咎"字。如此，將"堲"讀爲嗥就顯得證據不充分了。

---

* 山東大學基本科研業務費專項資金資助。
① 李學勤主編：《清華大學藏戰國竹簡（叁）》，中西書局2012年，第155頁。
② 荊門市博物館：《郭店楚墓竹簡》，文物出版社1998年，第145頁。
③ 黃德寬、徐在國：《郭店楚簡文字考釋》，《新出楚簡文字考》，安徽大學出版社2007年，第7—8頁。

按，"𧾷"從卲得聲，可讀爲咷。文獻從"召"與"兆"聲之字相通者甚多，如"鞀與鞉"、"鞀與軺"、"苕與佻"、"苕與銚"①。"咷"意即嚎啕，與"囂"指喧囂、喧嘩爲近義連用。文獻所見有"啼號"、"呼號"、"號咷"等，均指民眾受苦之慘狀，如《墨子·明鬼下》"庶舊鰥寡，號咷無告也"，《漢書·嚴助傳》"未戰而疾死者過半，親老涕泣，孤子謕號"。此外"𧾷"從止從卲，或是"迢"字異構。

二、《清華叁·芮良夫毖》"諆惃"與《上博三·仲弓》"悖德"

《清華三·芮良夫毖》簡 4 "毋婪貪、🐗昆（惃）、滿盈、康戲而不知寤告（覺）"②。🐗，整理者隸作"㹤"，認爲即《玉篇·犬部》訓作"犬驚"、《集韻·看韻》訓作"豕驚"的"𤟶"字異體，引申有亂義③。

按，🐗右旁疑爲見於《郭店·老子乙》簡 10 等作🐉的"孛"字訛寫，可隸定爲"㹭"，讀爲諆。《說文·言部》："諆，亂也。"《廣雅·釋詁三》："惃，亂也。"諆、惃同義連用，與"婪貪"、"滿盈"、"康戲"同④。

《上博三·仲弓》簡 17 + 11 + 13⑤：

仲弓曰："若此三者，既聞命矣。敢問道民興德如何？"孔子曰："迪

① 高亨纂著，董治安整理：《古字通假會典》，齊魯書社 1989 年，第 810 頁。
② "告"讀爲覺，參看"簡帛網—簡帛論壇—簡帛研讀—清華簡三《芮良夫毖》初讀""魚游春水"2013 年 1 月 8 日帖，http://www. bsm. org. cn/bbs/read. php? tid = 3040&page = 1。
③ 《清華大學藏戰國竹簡（叁）》第 149 頁。
④ 該條寫成於 2013 年 1 月 6 日。網友"ee"2013 年 1 月 13 日帖亦持同樣看法，參看"簡帛網—簡帛論壇—簡帛研讀—清華簡三《芮良夫毖》初讀"http://www. bsm. org. cn/bbs/read. php?tid = 3040&fpage = 2&page = 2。
⑤ 此從陳劍《上博竹書〈仲弓〉篇新編釋文（稿）》編聯，簡帛研究網 2004 年 4 月 18 日。

（陳）之備（服）之，緩悠而㣧㪍之。售（雖）有荐德，其……。"

所謂"荐"作[字]形，整理者李朝遠認爲即"孝"字①。疑此字右旁亦爲"孛"之訛寫，讀爲誖，或作悖，違背之義。《孝經·孝優劣》"子曰：弗愛其親而愛他人者謂之悖德"，《漢書·元后傳》"莽因曰：此誖德之臣也"。或作"倍德"即背德，《大戴禮記·武王踐阼》"行德則興，倍德則崩"；《史記·吳王濞列傳》"吳王濞倍德反義"。簡文前言"道民興德"並列出舉措，所缺之簡應言達到的效果，意思大概是說即便有悖反道德的人，也能歸之於好。《說苑·尊賢》孔子曰："夫以言揆其行，雖有奸軌之人，無以逃其情矣。"在邏輯上與簡文相當。

三、說楚簡"㪍"、"勑"與左塚棋局"勑"

《上博三·仲弓》簡11＋13②仲弓問"道民興德"，孔子曰："迪（陳）③之11備（服）之，緩（緩）悠（施）而㣧（遜）④ 㪍之。""㪍"，整理者讀爲力⑤，或讀爲服⑥。字又見於《郭店·緇衣》簡1"民咸㪍而刑不屯"，

---

① 馬承源主編：《上海博物館藏戰國楚竹書（三）》，上海古籍出版社2003年，第273頁。
② 編連及斷句從陳劍說（《上博竹書〈仲弓〉篇新編釋文（稿）》）。
③ "迪"字從陳劍釋（《上博竹書〈仲弓〉篇新編釋文（稿）》，讀爲"陳"從李銳說（《〈仲弓〉續釋》，孔子2000網，2004年4月20日）。
④ "遜"從陳劍《上博竹書〈仲弓〉篇新編釋文（稿）》讀。
⑤ 《上海博物館藏戰國楚竹書（三）》第273頁。
⑥ 如季旭昇《〈上博三·仲弓〉篇零釋三則》，簡帛研究網2004年4月23日；黃人二、林志鵬《上海博物館藏楚簡〈仲弓〉試探》，《文物》2006年第1期。

今本作"刑不試而民咸服","㪍"亦有讀力讀服等多種說法①。《上博（一）·緇衣》簡1與"㪍"對應之字作⿰，李零釋爲從手從力之"扐"讀爲力②；黃德寬、徐在國、林素清等認爲從來從力讀爲服③；高佑仁指出，此字上部與楚燕客銅量（《集成》16.10373）的"李"和"差"作⿰、⿰形所從之"來"有關④；馮勝君同意高說，認爲⿰應釋爲"勑"，"勑"、"㪍"均讀爲飭，整治的意思⑤。馮說當可信從，若依今本讀爲服，則不合楚簡用字習慣。《廣雅·釋詁一》"勑，順也"，王念孫《疏證》："卷二云'敕，理也'。理亦順也。勑與敕通。"將《緇衣》"勑"、"㪍"讀爲敕，解釋爲順，民順與民服意思相當。

"㪍"又見於《清華三·芮良夫毖》簡11"和專同心，毋有相㪍"，整理者認爲字從攴力聲讀爲負，且引上述《緇衣》及《仲弓》"㪍"讀服及鄭玄注《周禮》文"服讀爲負"爲證⑥。馬楠讀爲忒⑦，鄔可晶讀飾，飾匿之義⑧，

---

① 參看劉傳賓《郭店楚簡研究綜論（文本研究篇）》"附錄"第43—44頁，吉林大學博士學位論文，指導教師：吳振武教授，2010年；李銳《郭店楚墓竹簡續釋（二）》，《出土文獻研究》第十輯，中華書局2011年，第57—58頁。
② 李零：《上博楚簡校讀記（之二）：〈緇衣〉》，《上博館藏戰國楚竹書研究》，上海書店出版社2002年，第408—409頁。
③ 徐在國、黃德寬《〈上海博物館藏戰國楚竹書（一）緇衣·性情論〉釋文補正》，《古籍整理研究學刊》2002年第2期；又黃德寬、何琳儀、徐在國：《新出楚簡文字考》，安徽大學出版社2007年，第100—101頁。林素清《郭店、上博〈緇衣〉簡之比較——兼論戰國文字的國別問題》，《新出土文獻與古代文明研究》，上海大學出版社2004年，第84頁。
④ 高佑仁：《〈曹沫之陳〉"早"字考釋——從楚系"堊"形的一種特殊寫法談起》，《簡帛》第一輯，上海古籍出版社2006年，第185頁。
⑤ 馮勝君：《郭店簡與上博簡對比研究》，線裝書局2007年，第69—70、75頁。
⑥ 《清華大學藏戰國竹簡（叁）》第151頁。
⑦ 馬楠：《〈芮良夫毖〉與文獻相類文句分析及補釋》，《深圳大學學報》2013年第1期，第76頁。
⑧ 鄔可晶：《讀清華簡〈芮良夫毖〉札記三則》，《古文字研究》第30輯，中華書局2014年，第410—411頁。

結合通假及文意兩方面來看,當以鄔說更爲合適。除此之外,還有一個相關字形之前未有學者聯繫起來討論,即左塚棋局的 ※。黃鳳春、劉國勝釋 ※ 爲"勑"①,鄔意 ※ 與 ※ 應是一字,棋局文"民勑"與《緇衣》文"民咸勑"意亦相當。

四、據《上博一‧詩論》說《詩》"秉文之德"之"文"

《詩‧周頌‧清廟》是"祀文王"之詩,文曰:"於穆清廟,肅雝顯相。濟濟多士,秉文之德。對越在天,駿奔走在廟。不顯不承,無射於人斯。"其中"秉文之德"一句有兩種代表性的解釋,一是毛傳"執文德之人",二是鄭箋"執行文王之德"。從意思上看二者似均能講通,分歧在對"文"的理解。

按,"秉文之德"一語又見於《上博一‧詩論》簡5、6,其中"文"均寫作"𩁮"(※、※),這爲解決分歧提供了新的線索。楚簡記錄"文"一詞的形體主要有"𩁮"、"㐱"、"𧶠"和"文",但它們的分職有所不同。單就《詩論》篇而言,"文王"一詞出現5次,均寫作"文";簡24"文武之德"(非指文王武王)之"文"亦寫作"文";簡1"文無隱意"、簡6及21"《烈文》"、簡3"其言文,其聲善"之"文"則寫作"𩁮";簡28"惡而不文"之"文"寫作"𧶠"。全面普查楚簡文獻之後就會發現,周文王之"文"祇寫作"文"(※)這個形體,絕不寫成其他。因此從《詩論》"秉文之德"之"文"作"𩁮"來看,這個"文"指文王的可能性是很小的。此外尚有兩點輔證:一是文王、武王省稱爲"文"、"武"的重要條件是二者合稱或連用;二是,從意思上說,秉持先王德行之人應當是王位繼承者或王室子嗣,如大盂鼎(《集成》02837)康王曰"我唯即型稟於文王正德",《清華壹‧祭公》穆

---

① 黃鳳春、劉國勝:《記荊門左塚楚墓漆梮》,《第四屆國際中國古文字學研討會論文集》,香港中文大學中國語言文學系2003年,第497頁。

王曰"兹迪襲學於文、武之曼德",沒有可能說"與祭執事"之"多士"秉周文王之德。陳斯鵬對楚簡"㫃"字的音義有詳細辨析,不過他仍以"秉文之德"之"文"爲文王之省稱①,則非是。

五、據楚簡《緇衣》說今本中兩個"其"字所指

《禮記·緇衣》第10章孔子曰:"上人疑則百姓惑,下難知則君長勞……臣儀行,不重辭,不援其所不及,不煩其所不知,則君不勞矣。"鄭玄注:"不引君所不及,謂必使其君所行如堯舜也。不煩以其所不知,謂必使其知慮如聖人也。"② 以爲兩"其"均指君主而言。孔穎達《正義》進一步說"臣下不須援引其君行所不能及之事"、"其臣不得煩亂君所不知之事"。歷來研究該篇的人絕大多數都信從鄭注。不過也有學者認爲"其"指臣,據筆者檢索,如衛湜《禮記集說》第一四一卷引黃氏說、王夫之《禮記章句》卷三三、汪紱《禮記章句》卷九、郭嵩燾《禮記質疑》卷三三等。他們認爲"不援其所不及"即不援引自己不能達到、做到的事情,"不煩其所不知"即不以自己不知道的事情煩亂君主。哪種理解更合句意呢?

按,郭店簡《緇衣》對應作"上人疑則百姓惑,下難知則君長勞……臣事君,言其所不能,不辭其所能,則君不勞",上博簡同。簡文兩"其"均指代人臣自身,前說"下難知則君長勞",接言"言其所不能,不辭其所能,則君不勞",即做到了"易知",銜接緊密。反觀今本,若依鄭玄將兩"其"理解爲君主,既不好與上文"下難知"相接③,也不好與簡文在意思上相應。馮

---

① 陳斯鵬:《楚系簡帛中字形與音義關係研究》,中國社會科學出版社2011年,第89—90頁。
② 《十三經注疏》,中華書局1980年,第1648頁。
③ 這一點張富海已經指出,見《郭店楚簡〈緇衣〉篇研究》第8頁,北京大學碩士學位論文,指導教師:沈培副教授,2002年。

勝君指出,"不援其所不及"對照簡本似乎應解釋爲"不招攬自己所做不到的(事情)"①,是對的。但若按傳統說法認爲"煩"意爲煩亂,再說"其"指代臣,則不好解釋。其實這裏的"煩"是指繁瑣、繁多,《釋名·釋言語》:"煩,繁也。"古書用例甚多。《中論·核辯》"彼利口者,苟美其聲氣,繁其辭令"之"繁"用法與此處同。"不煩其所不知",即不要過多地說自己不瞭解的事情。這樣,"不援其所不及,不煩其所不知",正與簡文"言其所不能"意思相合。《國語·晉語九》"夫事君者,量力而進,不能則退",《管子·乘馬》"君舉事,臣不敢誣其所不能",意思均與之相當。

本文蒙陳偉武師審閱指正,謹致謝忱!

(作者單位:山東大學文學與新聞傳播學院)

---

① 馮勝君:《郭店簡與上博簡對比研究》,線裝書局 2007 年,第 60 頁。

《清華大學藏戰國竹簡（叁）》補說二則

周　鵬

一、生二戊豕

《清華大學藏戰國竹簡（叁）》是清華大學入藏竹簡整理報告的第三冊①。其中《傅說之命》上篇講述的是殷王求賢，傅說得遇，傅說伐佚仲②遭遇二豕的相關事情。爲方便討論，我們先依據整理報告，綜合學界意見，將相關簡文抄錄出來：

> 天廼命敓（說）伐逶₌审₌（佚仲。佚仲）是生子，生二戊（牡）豕。逶（佚）审（仲）卜曰："我亓（其）殺之？我亓（其）已，勿₌殺₌（勿殺？）"勿殺是吉。逶（佚）审（仲）愳（違）卜，乃殺一豕。敓（說）于寗（圍）伐逶

---

① 清華大學出土文獻與古文字研究中心編、李學勤主編：《清華大學藏戰國竹簡（叁）》（以下簡稱《清華（叁）》），中西書局 2012 年。本文所引整理報告意見均出此書，不另出注。
② "逶审"，整理報告讀爲"失仲"，無說。子居先生認爲其人蓋爲"佚"地的諸侯，如《逸周書·世俘》所稱"佚侯"者，可從。子居：《清華簡〈說命〉上篇解析》，孔子2000 網站（以下簡稱"孔子 2000"），http://www.confucius2000.com，2013 年 1 月 6 日。

（佚）审（仲），一豕乃觀（旋）保（堡）以遖（逝），乃遱（踐）。邑人皆從一豕墜（脫）审（仲）之自行，是爲赤敔之戎。（簡4－6）

簡文的"戊"，整理報告讀爲"牡"，說戊、牡二字皆在明母幽部，"牡豕"形容其子生性頑劣，可參看《左傳·昭公二十八年》所載的"封豕"。

關於"牡豕"的理解，學者意見不一。黃傑先生說"墜审之自行"應該讀爲"地中之自行"，即"自地中行"。並說"'自地中行'看似怪異，但此處所述本來就涉及神異虛誕之事，而且'豕'有長嘴，可以穿地"①。侯乃峰先生也說"之所以編排'一豕乃穿堡以逝'這種傳說，大概與豬的習性喜歡以嘴四處拱地有關係"②。李銳先生認爲"一豕乃旋保以遖"疑讀爲"一豕乃旋保以噬"，是說"傅說去攻打佚仲時，那被殺的一豕回到城裏咬人，於是傅說順利地攻進了城"③。這三種說法顯然都認爲"二戊豕"之所以得名與豬的習性有關，因爲豬的特性纔能夠"觀保以遖"，所以把"二豕"理解爲二豬。此三說雖多有新意，但臆想成分過多，我們認爲並不可據。

王寧先生說："生子以所類之動物稱之，乃一古老風俗。"《山海經·大荒東經》："黃帝生苗龍，苗龍生融吾，融吾生弄明，弄明生白犬，白犬有牝牡，是爲犬戎。"又《海內經》："黃帝生駱明，駱明生白馬，白馬是爲鯀"④，均是此類。廖名春先生贊同王說，並認爲"生"當訓爲"長"⑤。我們認爲王、廖之說基本可信。

整理報告讀"戊豕"爲"牡豕"，可從。但說是形容小孩的性情則不免讓人懷疑。我們認爲生子稱"豕"，與後文的"宰"有莫大的關係。"宰"字整

---

① 黃傑：《讀清華簡（叁）〈說命〉筆記》，武漢大學簡帛研究中心網站（以下簡稱"簡帛網"），http://www.bsm.org.cn，2013年1月9日。
② 侯乃峰：《讀清華簡（三）〈說命〉脞錄》，簡帛網，2013年1月16日。
③ 李銳：《讀清華簡3劄記（三）》，孔子2000，2013年1月14日。
④ 王寧：《讀清華叁〈說命〉散劄》，簡帛網，2013年1月8日。
⑤ 廖名春：《清華簡〈說命（上）〉初探》，《出土文獻與中國古代文明國際學術研討會論文集》，清華大學，2013年6月。以下引廖說皆出自此文，不另出注。

理者括注爲"圍","圍伐"表示圍攻之義,其實不然。韋是地名,即豕韋氏所在之"韋"。《詩·商頌·長發》:"韋顧既伐,昆吾夏桀。"《鄭箋》:"韋,豕韋,彭姓也。顧、昆吾皆己姓也。三國黨於桀惡,湯先伐韋、顧,克之。昆吾、夏桀則同時誅也。"陸德明《釋文》:"韋、顧,二國名也。"① 蓋因其名爲"豕韋",故生子即稱作"豕"。至於在"韋"前冠一"豕"字,大概是有某種特殊的風俗②。因此可知"二牡豕"不是別的,正是佚仲的二子,"牡"用以表示性別。古人稱孩子,不論男女都叫"子"③,"佚仲是生子"的"子"即爲此意。由於簡文稱其爲"豕",故用"牡"區分性別。至於簡文爲甚麼佚仲要殺二戊豕,我們認爲可以從以下兩個方面進行推測:

第一,佚仲所生二子是雙胞胎。由於一胎生二子比較少見,佚仲纔會占卜定吉凶。"生"訓爲"長"似可不必,所謂"生二牡豕"就是說"生下兩個兒子",與《山海經》所記用法相似。

第二,佚仲所生爲頭胎,古代有些民族有殺長子宜弟的習俗。《墨子·節葬下》:"昔者越之東有輆沐之國者,其長子生則解而食之,謂之宜弟。"又《墨子·魯問》:"子墨子曰:'楚之南有啖人之國者橋,其國之長子生則鮮(解之誤)而食之,謂之宜弟。'"④

我們更傾向於前一種推測。簡文接著說佚仲看到一胎生下的兩個兒子而進行占卜,結果是"勿殺是吉"。但佚仲違卜,乃殺一豕。違字原作憲,從韋從

---

① 詳參王志平《清華簡〈說命〉中的幾個地名》,清華大學出土文獻研究與保護中心網站(以下簡稱"清華網"),http://www.tsinghua.edu.cn,2013年12月25日。張卉:《清華簡〈說命上〉"說於韋伐失仲考"》,復旦大學出土文獻與古文字研究中心網站(以下簡稱"復旦網"),http://www.gwz.fudan.edu.cn,2013年12月28日。
② 徐中舒先生認爲稱其爲豕韋"是因爲他們養豬很多,食豬肉,衣豬皮",當可從。參見徐中舒《先秦史論稿》,巴蜀書社1992年,第48—49頁。
③ 李家浩:《吳王夫差盉銘文》,《著名中年語言學家自選集·李家浩卷》,安徽教育出版社2002年,第62頁。
④ 《墨子閒詁》,中華書局2001年,第187—188、470頁。

心，應該是表示佚仲不相信卜說的一種心理①。"乃"在此處從廖明春先生意見訓爲"竟"，是竟然、居然的意思。

"一豕"在簡文中共出現三次，分別是：

(1) 乃殺一豕。(簡5)
(2) 一豕乃觀保以遄（逝）。(簡5)
(3) 邑人皆從一豕埀审（仲）之自行。(簡6)

整理報告認爲（2）中"觀"字讀爲"旋"，與"還"字通用。遄讀爲"逝"，整句意爲"佚仲之子不戰而退守"；（3）中埀字讀爲"隨"，意云佚仲逃走而其子隨之。這樣的解釋就留下一個疑問：前面說佚仲生二牡豕，其中一豕爲其所殺。而後面又出現兩個"一豕"："一豕乃觀（旋）保以遄"，"一豕埀（隨）审（仲）之自行"。這樣理解似乎與佚仲生二子不合。楊蒙生先生即云：

> 其一子"不戰而退守"，一子"隨之"。以此處簡文的表達看，佚仲的兩個兒子都在，但是上文卻說"遄（佚）审（仲）慸（違）卜，乃殺一豕"，明顯不合。其中原因，待考。②

呂廟軍先生也有同樣的疑問。他說：

> 清華簡簡文是以追述的方式對佚仲的家庭情況進行記載的，提及佚仲氏（佚仲夫人）曾經生了兩個兒子（二牡豕），而佚仲違背占卜，殺了一個兒子（乃殺一

---

① 同類的例子，如楚簡"勇"作"惡"，"遜"字作"愻"等。參見龐樸《郢燕書說——郭店楚簡中山三器心旁文字試說》，載《郭店楚簡國際學術研討會論文集》，湖北人民出版社2000年，第37—42頁。
② 楊蒙生：《清華簡〈說命上〉校補》，清華網，2013年1月7日。

豕），這樣就祇剩下一個兒子了。但在後文詳述戰爭情況時又出現了"一豕乃觀（旋）保以逝……一豕隨仲之自行"，顯然此處說明佚仲還有兩個兒子！這樣，清華簡文記載就出現前後抵牾之處。

在此基礎上，呂先生推測佚仲實際上是生了三個兒子（即今天所說的三胞胎），清華簡文的"三"字被誤寫成"二"①。綜合整理報告的意見，兩位先生的疑問看似確實存在。廖名春先生也注意到了這一點，所以他認爲"殺"是"槃"的省文，古書"槃"常省爲"殺"，當解爲放、流放之義②。

簡文是否真的存在前後矛盾？答案自然是否定的。但要解開這一"矛盾"，對（2）（3）兩句的解讀很是關鍵。簡文觀字，原作 ，字左見右睿，楚簡文字首見。與簡文的觀字構件相同的字見於中山王 鼎，其字作 ，字同叡，讀爲"睿"③。睿字構形又見於郭店《性自命出》和上博一《性情論》④。侯乃峰先生認爲觀字可讀爲"穿"，《說文》以"睿"爲"古文叡"。睿（叡），古音在定母月部；穿，古音在透母元部，二字同屬唇音，韻部陽入對轉⑤。子居和王寧先生都認爲是睿字的繁構，訓爲睿智⑥。保字李銳先生解爲小城，《左傳·襄公八年》："焚我郊保，憑陵我城郭。"⑦ 廖名春先讀爲"俘"，並將句在觀字下斷讀。逷字一般讀"逝"。李銳先生讀"噬"⑧，廖名

---

① 呂廟君：《清華簡〈說命上〉篇失仲探微》，《出土文獻與中國古代文明國際學術研討會論文集》，清華大學，2013 年 6 月。
② 李銳：《讀清華簡 3 劄記（二）》，孔子 2000，2013 年 1 月 6 日。
③ 張政烺：《中山壺中山鼎銘文試釋》，《古文字研究》第 1 輯，中華書局 1979 年，第 254 頁。
④ 滕壬生：《楚系簡帛文字編（增訂本）》，湖北教育出版社 2008 年，第 951 頁。
⑤ 侯乃峰：《讀清華簡（三）〈說命〉脞錄》，簡帛網，2013 年 1 月 16 日。
⑥ 子居：《清華簡〈說命〉上篇解析》，孔子 2000，2013 年 1 月 6 日。王寧：《讀清華叁〈說命〉散劄》，簡帛網，2013 年 1 月 8 日。
⑦ 李銳：《讀清華簡 3 劄記（三）》，孔子 2000，2013 年 1 月 14 日。
⑧ 李銳：《讀清華簡 3 劄記（三）》，孔子 2000，2013 年 1 月 14 日。

春先生讀"折"。毚,王寧、侯乃峰先生認爲當讀爲"脫",解釋爲脫離①。廖名春先生讀爲"墮",意爲損毀、損壞。

按,侯乃峰先生對觀字字形分析是正確的,楚文字中的構件"見"往往不作聲符,且書寫居左②。我們從整理報告讀爲"旋",意爲"還"。《書·舜典》:"在璿璣玉衡,以齊七政。"《尚書大傳》作"在旋璣玉衡"。"保"即"堡",楊伯峻先生《春秋左傳注》:"保,今作堡,築土爲城,猶近代之土寨"。③ 毚讀爲"脫",毚從陀得聲,陀是透母歌部字,脫是透母月部字,聲紐相同,韻部陰陽對轉。"脫"解爲脫離。故而我們將以上(2)(3)兩句讀爲"一豙乃旋堡以逝"、"邑人皆從一豙脫仲之自行"。

"說于韋伐佚仲"的"于"當訓爲"往",整句意爲傅說去到韋地攻打佚仲。"一豙乃旋堡以逝"謂佚仲一子返回城堡後逃跑,"乃踐"意即攻下佚仲。"邑人皆從一豙脫仲之自行"是說城中百姓跟著一豙脫離佚仲自己逃跑了,這一支後來成爲赤敔之戎④。

通過我們的分析,得知簡文後兩個"一豙"都指未殺的一豙,這樣上文提及的疑問也就渙然冰釋:佚仲生下一對雙胞胎兒子,其一被殺,另一個在傅說伐佚仲的時候逃回城堡帶著邑人逃走,發展成爲了"赤敔之戎"。

---

① 王寧:《讀清華叁〈說命〉散劄》,簡帛網,2013 年 1 月 8 日。侯乃峰:《讀清華簡(三)〈說命〉脞錄》,簡帛網,2013 年 1 月 16 日。
② 參見滕壬生《楚系簡帛文字編(增訂本)》,湖北教育出版社 2008 年,第 792—795 頁。
③ 楊伯峻編著:《春秋左傳注》,中華書局 2009 年,第 958 頁。
④ "赤遝之戎",整理報告讀爲"敕俘之戎"。今從黃傑、劉國忠先生讀。參見黃傑《讀清華簡(叁)〈說命〉筆記》,簡帛網,2013 年 1 月 9 日;劉國忠《清華簡〈傅說之命〉別解二則》,中國文化遺產研究院編:《出土文獻研究》第 11 輯,2012 年 12 月,第 49 頁。

二、䢅㕟

《清華（叁）》中《周公之琴舞》成王作祡第二啟簡文稱"䢅㕟（啓）"，"䢅"字作如下之形（下左）：

整理報告說："䢅㕟，第二曲之'啟'。疑'䢅'爲'再'字之訛。《禮記·樂記》：'再成而滅商。'"相同的字形見於《傅說之命》上篇（上右），整理報告釋爲"䢅"，讀爲"庸"。"再"字《清華（叁）》凡三見，都出現在《芮良夫祡》篇，作 ![]、![] 和 ![]。相關的文例有兩處與"䢅㕟（啓）"有較大聯繫，分別是：

(4) 內（芮）良夫乃复（作）諰（祡）再夂（終）。（簡2）
(5) 虗（吾）甬（用）复（作）訨（祡）再夂（終）。（簡28）

"再夂（終）"與《周公之琴舞》的"䢅㕟（啓）"近似，但"䢅"與"再"字形體相差較大，整理者或綜合這兩點而以爲"䢅"是"再"字之誤。

按，整理者將此字釋爲"䢅"是正確的，但認爲是"再"的誤寫，恐有未安。"䢅"字從止甬聲，即"通"字。《楚系簡帛文字編》收錄了兩個從辵甬聲的"通"字作如下之形：

（郭店《性自命出》簡35）　　（九店56·47）

古文字形體中，從止、彳、辵、行的形體往往可以互換，如"逆"字作🜚，作🜚，又作🜚；"衛"字作🜚，作🜚，又作🜚，等等①。

苦行僧（網名）先生認為"通"可讀為"踵"，訓為繼，與"再"有相通之處②。蔡先金先生認為"通啟曰"的"通"字並非"再"字之誤，而是共的意思，即第二遂的啟開始了共同之啟了，從而認為從第二遂的第二啟開始，是周公與成王共同的"啟"了；劉麗文、段露航兩位先生贊同這種意見，並認為"通啟"的"通"字"在最原始的本子上本就是個'再'字，後來某位抄手覺得缺少周公八遂半有點兒講不通，於是就將其改成了'通'"③。顏世鉉先生認為䢊字當讀為庚、賡、更。庚、賡、更同音，古書中有音義相同的關係，"更"有繼續、再次之義。在他文後的附記中，提到來國龍先生認為"䢊啟"可讀為"重啟"，顏先生又再次舉證了"䢊"讀為"重"的例證④。

蔡先金先生認為"通啟"是周公和成王"共啟"，這種意見否可靠呢？我們需要做一些說明。

《周公之琴舞》共錄詩九首半，周公所作詩僅見半首，其性質是周公儆毖多士之詩⑤。成王作毖九首未闕錄，第一首與今本《周頌·敬之》相似，整理報告認為即今本《敬之》，可從。李學勤先生已經專文討論了《周公之琴舞》的結構，成王所作儆毖中有對自己的、也有對群臣的⑥，請參看。假設成王作毖從第二遂開始為周公和成王共啟，那麼儆毖的對象應該更多的是群臣，而不

---

① 參看劉釗《古文字構形學（修訂本）》，福建人民出版社 2011 年，第 45—46 頁。
② 參見簡帛網"簡帛論壇"《清華簡〈周公之琴舞〉初讀》，2013 年 1 月 15 日。
③ 劉麗文、段露航：《清華簡〈周公之琴舞〉對〈詩經〉流傳與編訂的啟示》，《清華簡與〈詩經〉國際學術研討會論文集》，香港浸會大學，2013 年 11 月。蔡先金先生意見轉引自本文。
④ 顏世鉉：《清華簡（叁）劄記一則》，《清華簡與〈詩經〉國際學術研討會論文集》，香港浸會大學，2013 年 11 月。
⑤ 李守奎：《清華簡〈周公之琴舞〉與周頌》，《文物》2012 年第 8 期，第 73 頁。
⑥ 李學勤：《論〈周公之琴舞〉的結構》，原載《深圳大學學報（人文社會科學版）》2013 年第 1 期，又收入論文集《初識清華簡》，中西書局 2013 年，第 202—206 頁。

會是成王。然通過李先生的分析我們發現,九遂中儆毖成王的詩要比儆毖群臣的多,這不能不引起我們的懷疑。再者,周公作毖僅見半首,如果說周公作毖九遂,加上成王第二遂開始的八首也衹有八首半,這與"九遂"也是不符的。故蔡說不可據,但他認爲"通"非"再"之誤,可從。

苦行僧先生讀"通"爲"踵",顏世鉉先生讀爲"庚"、"賡"、"更",來國龍先生讀"重",三家對文意的理解無疑都是正確的,但通本身就有連義,不煩改讀。"通啟"就是"連啟"。《文選·曹丕〈與吳質書〉》:"時有所慮,至乃通夜不瞑",呂向注:"通,連也。"①

附記:本文的寫作得到楊澤生先生的具體指導,謹志謝忱!

(作者單位:廣州市香江中學)

---

① 參看宗福邦、陳世鐃、蕭海波主編《故訓匯纂》,商務印書館2003年,第2290頁。

左塚漆梮文字補釋（三則）

傅修才

左塚漆梮出土於荊門左塚村戰國楚墓，其面上線圖有以朱漆書寫的楚文字182個。整理者黃鳳春、劉國勝兩位先生對漆梮文字做過很好的研究。其後又有多位學者對漆梮文字釋讀進行深入討論。我們在學習漆梮文字和諸家研究成果後，也有一些自己的淺見，現在寫出來，請大家不吝指正。

一、謹　行

漆梮方框第一欄有字作如下形：

文例爲"行A"。原整理者黃鳳春、劉國勝兩位先生將A字釋爲"訓"，讀作"順"①。高佑仁先生指出 A 字與楚簡中"訓"字的寫法差距甚大，與漆桐方框第三欄的"訓"字作 明顯不同。他認爲 A 字是"愼"字的特殊寫法：

> 從形體上看，△字（引者按：△代表 A 字）可分析爲從言、從斤，就文字結構的常則而言，很容易就使人懷疑它是否即"訢"字……"訢"即"欣喜"之"欣"的異體字，但是基於兩個理由我們並不主張把△釋爲"欣"字：首先此處若讀"欣行"，筆者在兩漢以前的文獻中尙未見有這樣的文例；其次，楚簡中從言、從斤之字，在文例中確切讀作"欣"的例證，目前尙不見用例。這個從言、從斤的字，筆者認爲最有可能的就是"愼"字。……《郭店·五行》簡 17 有個"愼"字作 ……《五行》簡 16 之"愼"字作 ，這兩個"愼"字的差別僅在" "字的"言"旁上旣不添"十"亦不添" "。從文例及字形上看，" "字就是"愼"字無誤，而我們知道楚簡中的"愼"字的"心"旁常可有可無，" "字去除"心"旁正與△字相同……此處的"行愼"也可讀爲"愼行"，相關文例古籍甚多。……棋盤中的"愼行"一詞具有期許、勸勉的性質。②

上博五《競建內之》7 號簡有個與 A 字形體相同的字，原文作如下之形：

B

---

① 劉國勝、黃鳳春：《記荊門左塚楚墓漆桐》，《第四屆國際中國古文字學研討會論文集》，香港中文大學 2003 年。黃鳳春、劉國勝：《左塚三號楚墓出土的棋局文字及用途考》，《荊門左塚楚墓》附錄六，文物出版社 2006 年，第 227—232 頁。下引整理者說皆以後文爲准，不另出注。
② 高佑仁：《〈荊門左塚楚墓〉漆棋局文字補釋》，《第十九屆中國文字學全國學術研討會論文集》，臺灣嘉南藥理科技大學，2008 年 5 月。下引高說皆出自此文，不另出注。

其文例爲"昔先君格王，天不見害，地不生孽，則 B 諸鬼神曰'天地盟棄我矣'"。整理者陳佩芬先生原將 B 字釋作"訴"①。季旭昇先生首先指出 B 字右旁從"斤"不從"斥"，可讀爲"祈"，與"禱"同意②。高佑仁先生認爲 B 字亦應釋爲"訢"，讀作"質"，"質諸鬼神"一語古籍中常見。

高佑仁先生指出 A 字應分析爲從言從斤，這個意見是很正確的。不過，他將 A 字改釋作"訢"字則可商榷。從用字習慣看，在楚文字中，我們還從未見以"訢"這一字形來表示"慎"的③。A、B 二字其實就是《說文》訓爲"喜"的"訢"字。《說文·言部》："訢，喜也。從言斤聲。"《史記·萬石張叔列傳》："僮僕訢訢如也。"裴駰《史記集解》引許慎曰："訢，古欣字。"《集韻·欣韻》："訢，通作忻。""訢"、"欣"、"忻"音義相同，實爲同一詞。高佑仁先生反對 A、B 二字釋作"訢"，其根本出發點還是"訢"字無法通讀文例。如果我們要證實 A、B 二字爲"訢"，就必須要解決這個問題。

我們先考察上博五簡文"訢"字的字義。陳佩芬先生指出簡文內容與《春秋繁露·必仁且知》句意相似。爲方便討論，我們將完整的文句引述如下：

> 《春秋》之法，上變古易常，應是而有天災者，謂幸國。孔子曰："天之所幸，有爲不善而屢極。"楚莊王以天不見災，地不見孽，則禱之於山川曰："天其將亡予邪！不說吾過，極吾罪也。"

兩相比較，正如楊澤生先生所指出的那樣，楚莊王"禱之於山川"與簡文

---

① 馬承源主編：《上海博物館藏戰國楚竹書（五）》，上海古籍出版社 2005 年，第 173 頁。
② 季旭昇：《上博五芻議（上）》，武漢大學簡帛網，2006 年 2 月 18 日。
③ 根據陳斯鵬先生的統計，楚文字中表示"慎"這個詞有"㫃"、"誩"、"訢"、"誩"、"紙"、"慫"、"誩"7 個對應字形。具體內容可參看陳斯鵬《楚系簡帛中字形與音義關係研究》，中國社會科學出版社 2011 年，第 215 頁。

"訢諸鬼神"相當，證明"訢"的確應該讀作"祈"①。從文義上看，天災是上天對人行爲的警示，天災未現，故楚莊王和簡文中的先君纔向鬼神求禱垂詢，他們對天地鬼神的敬畏之情不言自明。高佑仁先生讀"訢"作"質"，將簡文理解爲"詰問鬼神"，這一釋讀明顯是脫離前後文意的。

另外，漆桐的"訢"字，我們認爲當讀作"謹"。"訢"字上古音爲曉紐文部，"謹"字爲見紐文部，二者韻部相同，聲母同爲喉音，讀音相近。《說文·走部》："赾，行難也，从走斤聲，讀若堇。"《呂氏春秋·季秋紀》："皆墐其戶。"高誘注："墐，讀如斤斧之斤也。"所以，"訢"、"謹"可相通。楚文字中，從"斤"聲和從"堇"聲字相通用亦有其例。譬如，上博五《季康子問於孔子》簡7："夫義（儀）者，以斤君子之行也。"簡文中的"斤"字，何有祖先生讀爲"謹"，並且指出楚簡言及言行時多用"謹"字，如郭店《緇衣》33號簡"愼於言而懂（謹）於行②。范常喜先生亦贊同讀爲"謹"，認爲簡文中"謹"應訓爲"約束、禁止"義③。"謹"字在古代多有敬愼一類的意思，《說文·言部》："謹，愼也。"漆桐"行謹"猶言"謹行"，意謂謹愼行事，《史記·平津侯主父列傳》："蓋君子善善惡惡，君若謹行，常在朕躬。"《後漢書·獨行列傳》："汝修身謹行，學聖人之法，將以齊整風俗。"

總而言之，我們將 A 字釋讀作"訢（謹）"，無論從字形還是文例看都是沒有問題的。

---

① 楊澤生：《〈上博五〉劄記三則》，《中山大學人文學術論叢》第八輯，臺北文津出版社 2007 年，第 134 頁。
② 何有祖：《上博五零釋（二）》，武漢大學簡帛網，2006 年 6 月 24 日。
③ 范常喜：《〈弟子問〉〈季庚子問於孔子〉劄記三則》，武漢大學簡帛網，2006 年 8 月 2 日。

二、启

漆桐方框第三欄有單字作下揭之形：

C

《荊門左塚楚墓》將 C 字摹寫作 啟①。"戶"旁下所從筆劃雖有殘，但對照圖版，摹本的字形可信從。整理者將 C 字與方框第二欄的"啟"字皆隸定爲"启"，釋作"啓"。

方框第三欄上有文字 16 個。根據它們之間的對應關係，這些文字可分爲四組，其中的兩組作"經、逆、C、統（綱）"和"統、訓（順）、閟（閉）、紀"②。C 字對應的是"閟（閉）"。從文意來看，將 C 字釋爲"啓"無疑是合適的，整理者或許就是據此將此字釋爲"啓"。目前學術界一般都從整理者所釋，祇有陳劍先生在考證同欄"統"字時，雖仍從整理者將 C 字隸定爲"启"，但在其後標問號表存疑。

"啓"字在楚文字中常見，然未有作此形者，整理者所釋恐不可信③。我們認爲 C 字下部所從實爲"问"字。楚簡"问"字及從"问"之字作如下

---

① 湖北省文物考古研究所、荊門市博物館、荊襄高速公路考古隊編著：《荊門左塚楚墓》，文物出版社 2006 年，第 182 頁。
② "統"字的釋讀從陳劍先生的意見，具體內容可參看陳劍《試說戰國文字中寫法特殊的"亢"字和從"亢"諸字》，《出土文獻與古文字研究》第三輯，復旦大學出版社 2010 年。
③ 楚文字中"啓"字的寫法，可參看李守奎《楚文字編》，華東師範大學出版社 2003 年，第 195 頁。

之形：

问： 清華簡《繫年》67

銅： 信陽簡 2.14　　包山簡 265

清華簡"问"字用爲齊頃公之"頃"，"问"、"頃"二字音近，故可通用。信陽簡和包山簡的"銅"字爲李家浩先生所釋，他認爲字從"金""问"聲，與齊洹子孟姜壺銘文"用鑄爾羞銅"之"銅"是一字，讀爲"鈃"。《說文·金部》："鈃，似鐘而長頸。"① 其中特別值得注意的是，包山簡"銅"字所從的"问"訛寫作"同"。

其實，如果僅就字形而言，漆桐C字下部所從釋爲"问"和"同"都可以成立，因爲古文字中"问"和"同"存在互混的情況，上舉包山簡"銅"字即是其例。不過，根據漆桐的文例，我們認爲C字祇能釋作"扃"。"扃"字古可訓爲"閉"，《淮南子·俶真》："横扃天地之間而不窕。"高誘注："扃，猶閉也。"《漢書·外戚傳下·孝成班倢伃》："應門閉兮禁闥扃。"王念孫案："扃，亦閉也，《淮南·主術》篇'中扃外閉'，亦以扃閉對文。"② 漆桐上，"扃"、"閉"二字對文，意思正可相對應。

三、深

漆桐四維綫上有個被整理者釋作"肰"的字，原篆作如下

---

① 李家浩：《信陽楚簡"澮"字及從"关"之字》，《著名中年語言學家自選集——李家浩卷》，安徽教育出版社 2002 年，第 199 頁注①。

② 王念孫：《讀書雜志》，江蘇古籍出版社 1985 年，第 396 頁。

D

雖然 D 字字形上下部有殘，但是從剩餘的筆劃看，其與楚文字中"肰"字的寫法還是有差異的①。我們認爲 D 字其實是"深"字。試比較楚文字中"深"字的寫法：

郭店簡《老甲》8

郭店簡《成之聞之》4

上博五《鮑叔牙與隰朋之諫》6

從圖版上看，D 字上部明顯是有"宀"旁殘筆的。下部左邊彎筆是"水"之殘。右邊"朮"旁的筆劃保留得比較完整。所以，D 字應改釋爲"深"。然"深"上一字殘泐，其在漆桐中的用法不敢遽定。

附記： 本文是由筆者碩士學位論文（2012 年 5 月）的部分內容改寫而成，曾先後得到楊澤生先生、裘錫圭先生的審閱指正，謹致謝忱。此外，王凱博先生《左塚漆梮字詞小劄（四則）》（《中國文字》新 40 期，臺灣，藝文印書館 2014 年）一文的第三則也提出"![字]"字應釋爲"肩"，訓作"閉"，請讀者注意參看。

（作者單位：復旦大學出土文獻與古文字研究中心）

---

① 楚文字中"肰"字的寫法，可參看李守奎《楚文字編》，華東師範大學出版社 2003 年，第 260—261 頁。

東周晉系文字考釋拾遺

秦曉華

一、釋"疛"

三年榆次令戈（集成 17.11338）有字作■，用爲人名，《集成釋文》隸定爲"疚"，張亞初先生的《引得》作"疚（痈）"。按，■字"疒"下非從"又"，而是从"𢆉"，即"肘"之初文①，戰國三晉文字的"守"、"鑄"多从"𢆉（肘）"得聲，如■（中山守丘石刻）、■（《侯馬》1：30）、■（中山王方壺）、■（上官鼎）等，所從之"𢆉"與三年榆次令戈"疒"下之部件相同。因此，■應釋作"疛"，字从疒、𢆉（肘）聲。"疛"字見於《說文》："疛，小腹痛。从疒、肘省聲。"然而，晉系兵器銘文中，"疛"用作人名，字義不可考。

---

① 李天虹：《釋郭店楚簡〈成之聞之〉篇中的"肘"字》，《古文字研究》第 22 輯，中華書局 2000 年，第 262—266 頁。

二、釋"驫"

"驫"字見於韓國早期的驫羌鐘，用爲姓氏。何琳儀先生謂："姓書未見，疑爲胡姓。"① 按，"驫"應爲"馬"之繁文。湯餘惠先生指出："晚周文字筆劃較少的喜用複體，如《說文》古文'某'作'鬃'、'宜'作'宜'，《汗簡》'六'作'亣'，信陽楚簡'各'作'夅'，等等。"② 除此之外，何琳儀先生又舉出重迭多個相同部件的例子，如"文"之作 ᾰ（璽文 9.1）、"月"之作 ᾯ（《信陽》1.023）等③。這類重迭相同部件而構成的字形，陳偉武師稱之爲"同符合體字"，而且，陳師指出：同符合體字往往是繁簡無別，如《說文》："孖，籀文乃。"又，《說文》："夈，二余也。讀與余同。"④ 因此，我們懷疑"驫"所從之驫應爲馬之重迭形體，"驫"即"馬"之繁體。

从馬聲之"馮"常見於三晉璽印，與驫羌鐘之"驫"用法相似，均爲姓氏。何琳儀先生認爲姓氏"馮"應讀爲馬，馬爲嬴姓，伯益之後，見《元和姓纂》⑤。如此，驫羌鐘應讀爲馬羌鐘。

---

① 何琳儀：《戰國古文字典》，中華書局 1998 年，第 249 頁。
② 湯餘惠：《略論戰國文字形體研究中的幾個問題》，《古文字研究》第 15 輯，中華書局 1986 年，第 17 頁。
③ 何琳儀：《戰國文字通論（訂補）》，江蘇教育出版社 2003 年，第 214 頁。
④ 陳偉武：《同符合體字探微》，《中山大學學報》1997 年第 4 期，第 106—118 頁。
⑤ 何琳儀：《戰國古文字典》，中華書局 1998 年，第 607、608 頁。

三、釋"信"與"身"

《璽彙》3129著錄右揭一方古璽,原著錄釋爲"躳言",何琳儀先生釋爲"言躳(身)",認爲❀字與从身、呂(音雍)之"躳"爲同形字,並將璽文"言身"讀爲"言信"①。

按,《璽彙》3129號璽應爲單字璽,字應隸定爲"訡",爲"信"之異體。侯馬盟書"顗嘉之身"中的"身"字以作 ❀(《侯馬》156:19)爲常,而有一例作 ❀(156:20),字右上所从之"〇"顯然爲飾筆,與《璽彙》3129之形符——"❀"的結構相同,釋"❀"爲"身"應無疑問。而从言、身聲之"訡(信)"於晉系文字較爲常見,如梁上官鼎"信"之作 ❀、中山王方壺"信"之作 ❀等,均與訡字形體結構相同。戰國時期,單字"信"璽較爲常見,如《璽彙》3125、5427、5508、5509等,均爲單字"信"璽。因此,根據侯馬盟書"身"字的寫法,聯繫晉系"信"字的異體,我們認爲《璽彙》3129之 ❀應爲一個合體字,字應釋作"訡(信)"。

(作者單位:華南師範大學中文系)

---

① 何琳儀:《戰國古文字典》,中華書局1998年,第1140頁。

楚國尹官考辨三則

劉政學

春秋戰國時期，楚國由於深受商文化和南方土著文化的影響，在職官設置上與中原各國多有殊異，體現出了鮮明的地域特色。其中"尹"一類官名最有代表性。本文列舉了以往研究中存在問題的三個楚國尹官："囂尹"、"郮馬尹"和"辻尹"，幷提出了一些不同的見解，希望能爲他人今後的研究提供些參考，並請各位師友批評指正。

一、囂 尹

楚子狩于州來，次于穎尾，使蕩侯、潘子、司馬督、囂尹午、陵尹喜帥師圍徐以懼吳。（《左傳·昭公十二年》）

囂尹未見於出土文獻，祇見於傳世文獻。左言東先生援引張澍先生在《姓氏尋源》卷十四中的意見："囂尹氏見《氏族略》。澍按，楚靈王臣囂尹午，囂尹者，當是禁人喧囂之官，抑或行軍時令軍士無嘩也，非姓。"進一步指出囂尹職務當與《周禮·秋官》中的銜枚氏相似①。劉信芳先生認爲"囂尹爲囂

---

① 左言東編著：《先秦職官表》，商務印書館 1994 年，第 338 頁。

地之尹，其地亦應在淮泗之間，與東夷之敖實即一地"①。譚黎明先生認爲囂尹"曾是軍事職官"②。按：譚先生說法不確。楚國尹官多參與軍事行動，譚先生所引文例中的陵尹即是掌管山川的官員，又或者職掌工事的工尹也曾多次參與軍事行動，如《左傳·昭公二十七年》："吳師圍潛，楚莠尹然、工尹麇帥師救潛。"囂尹很有可能同陵尹、工尹的情況相似，祇是臨時率兵出征。劉信芳先生引包山簡 165："䢈（囂）酭（酞）尹之州加【公】䵼（胡）䝙（貍）。"將"囂"讀爲"敖"。《左傳·哀公十九年》："楚沈諸梁伐東夷，三夷男女及楚師盟於敖"，杜預注："敖，東夷地。""囂尹"作爲東夷敖地的長官參與伐徐，從地理方位上來看，這種說法似乎可以說得通。不過杜預在《左傳·昭公十二年》"蕩侯、潘子、司馬督、囂尹午、陵尹喜"後注明，"五子，楚大夫。"可知囂尹當與蕩侯、潘子、司馬和陵尹一樣，都應該是楚國公室外朝的中央職官。另外，楚國置縣都是滅國置縣。而敖僅是處於東夷的一處偏遠區域，在敖置縣的可能性很小。綜上所述，囂尹絶不會是"敖"地之尹。至於囂尹的具體職掌，左言東先生的意見比較可信。《周禮·秋官》："銜枚氏掌司囂。國之大祭祀，令禁無囂。"孫詒讓《周禮正義》："'掌司囂'者，司內外朝囂譁之禁也。"③囂尹應當與銜枚氏相似，是職掌祭祀的官員。

二、邲馬尹

鄤（邲）馬尹（曾侯乙簡 210 + 簡 52）

鄤（邲）馬尹之騮爲左驂（曾侯乙簡 153）

監馬尹（《左傳·昭公三十年》）

---

① 劉信芳：《楚系簡帛釋例》，合肥，安徽大學出版社 2011 年，第 88 頁。
② 譚黎明：《春秋戰國時期楚國官制研究》，吉林大學博士學位論文 2006 年，第 53 頁。
③ 《周禮正義》，中華書局 1987 年，第 2941 頁。

辻（郕）馬尹，曾侯乙簡整理者認爲"郕"即古書中的"成"，古代"郕"地有二：一是周文王之子郕叔武的封國，其地或說在今山東濮縣廢縣東南。二是魯邑，其地在山東寧陽縣北。不知簡文中的"郕"是哪一個①。劉信芳先生認爲"鄲（郕）馬尹"可能是郕地馬尹，因此，依文例《左傳》所載"監馬尹"即爲監地馬尹。而包山簡中職官名多見，卻未見"馬尹"，或與"□尹"乃一官之異名也②。按：劉先生的這種說法顯然是有問題的。

漾陸（陵）大宮酷〈瘠〉、大駐（駋）尹市（師）。（包山簡13）

由包山簡文可知大□（駋）尹是漾陵縣的地方官員，而據《左傳》昭公三十年中所載："（楚王）使監馬尹大心逆吳公子，使居養，莠尹然、左司馬沈尹戌城之"可知"監馬尹大心"與"莠尹然"、"左司馬沈尹戌"一樣，都屬於楚國朝廷中的重臣。二者分屬於中央政府與地方政府，不會是同一官職。曾侯乙簡中"郕馬尹"中"鄲（郕）"普遍認爲是地名。但據曾侯乙簡210＋52所載："七大夫所幣大（太）宰匹馬，大尹兩馬，宮廄尹一馬，少師兩馬，郕司馬一馬，郕$_{210}$馬尹一馬$_{52}$"可見"郕司馬"、"郕馬尹"與太宰、大尹、宮廄尹、少師並稱，可知"郕馬尹"當爲朝廷中央機構要員，而非地方官員。另據董說《七國考》載："劉向云：'楚有監馬尹、宮廄尹。'"監馬尹與宮廄尹並列，而曾侯乙簡文中"郕馬尹"與"宮廄尹"並列，監馬尹可能與郕馬尹相類。其職權當與宮廄尹相近，當爲管理馬匹的官員。

三、辻命尹、辻尹

辻命尹陳眚（省）爲視日（上博簡《昭王毀室》簡3）

---

① 湖北省博物館編：《曾侯乙墓》，文物出版社1989年，第526頁。
② 劉信芳：《楚系簡帛釋例》，第9頁。

乃命彭徒爲洛辻尹（上博簡《王居》簡7）

大辻尹之黃爲左服（曾侯乙簡145）

子左尹訨（囑）之新告（造）辻尹丹（包山簡16）

䣶（陰）大辻尹宋勞（包山簡51）

成昜（陽）辻尹成（包山簡145）

陸（陵）辻尹塙呂（以）楊虎斂（斂）閘（關）金於邾敓（包山簡149）

"辻"字多見於楚簡材料中，原隸定作"迅"。郭店簡面世後由李零先生改隸爲"辻"，認爲即"赴"的異體字。讀爲"瓻"，"瓻缶"指體型矮胖的一種缶①。關於"辻"字究竟當作何解，學界尚無定論。上博簡的整理者認爲"辻"即"卜"，辻令尹疑即"卜尹"，爲官名，春秋楚置，掌占卜。見於《左傳》昭公十三年。劉信芳先生指出"辻"不大可能讀爲"卜"，因爲包山簡中從中央到地方都有以"辻"爲名的職官，不可能有這樣多和占卜有關的職官。劉先生認爲，楚簡所見"辻缶"即"行缶"，以"辻"爲名的職官可能和《周禮・秋官・大行人》的"行人"有關，行人即使者，乃外交、禮儀官員②。陳昭容和廣瀨薰雄先生都認爲"辻缶"和沐浴使用的缶有關。廣瀨先生並主張將"辻"直接破讀爲"沐"③。王穎先生根據包山楚簡的材料推測，"辻"很可能是一種地方機構或官職④。范常喜先生則進一步認爲"辻"可能是一種司法部門的分支機構。在地方和中央朝廷都有設置。並指出《昭王毀室》中的"辻令尹"是朝廷中"辻"的最高長官。這一機構的長官可以幫

---

① 李零：《讀〈楚系簡帛文字編〉》，《出土文獻研究》第五輯，中華書局1999年，第141—142頁。
② 劉信芳：《楚系簡帛釋例》，第16—17頁。
③ 陳昭容：《從古文字材料談古代的盥洗用具及相關問題》，《中央研究院歷史語言研究所集刊》第七十一本第四分，2000年12月，第898—901頁；廣瀨薰雄：《釋"卜缶"》，《古文字研究》第28輯，中華書局2010年，第504—507頁。
④ 王穎：《包山楚簡詞彙研究》，廈門大學出版社2008年，第261頁。

助上司斷案，也爲其上司傳遞訴狀信息①。按：劉信芳先生認爲"辻尹"即"赴尹"，爲"行人"一類職官。這樣的解釋從詞義上還勉強可以講通。不過廣瀨薰雄先生認爲"辻缶"即"行缶"可能性不大，並指出稱爲"辻一"的器物祇有缶一種，"辻"祇能與"缶"結合，因此"辻"很有可能是一個專門表示缶的用途的詞②。河南南陽徐家嶺墓葬區 HXXM11 發掘出土的阼夫人嬭鼎銘文中出現了"辻鼎"一詞③，否定了廣瀨薰雄先生的說法。張丹先生指出與阼夫人嬭鼎形制相同的鼎亦見於淅川下寺楚墓及楚申縣彭氏家族彭射墓中，皆自名"湯鼎"。銘文"作鑄辻鼎，以和御湯"表明此鼎用於煮湯，正與湯鼎功能同。"辻鼎"當爲"湯鼎"之別稱④。而楚簡中"辻缶"又多與"湯鼎"一同出現：

　　一辻缶，一湯鼎，屯有蓋。（長臺關1號墓楚簡2 - 014簡）

　　一辻缶，一湯鼎。（望山2號墓楚簡54簡）

　　一辻缶，一湯鼎。（包山2號墓楚簡265簡）

由此可以推論"辻缶"當與"湯鼎"功能相似，或可以配合使用。"辻"應當是用來表示"缶"的具體使用功能。由此可知劉信芳先生認爲"辻缶"即"行缶"這種看法顯然是錯誤的。至於在楚簡官名中的"辻"究竟當作何解釋，則有待進一步的考察。

（作者單位：中山大學中文系）

---

① 范常喜：《讀〈上博四〉劄記四則》，簡帛研究網2005年3月31日。
② 廣瀨薰雄：《釋"卜缶"》，《古文字研究》第28輯，第504—507頁。
③ 王長豐、喬保同：《河南南陽徐家領M11新出阼夫人嬭鼎》，《中原文物》2009年第3期，第10頁。原文中隸作"迅"，現改釋爲"辻"。
④ 張丹：《南襄盆地出土兩周時期銘文研究》，武漢大學博士學位論文，2012年5月，第169頁。

複姓源流新證釋例*

劉 傑

戰國文字中的複姓資料豐富，多於傳世姓氏書有載。筆者在姓氏整理和考證的基礎上，選擇其中若干複姓①，結合出土文獻和傳世文獻，對傳世姓氏書所述作一新證，疏同證異，以期小補於漢語史姓氏專名的研究。

長勺 《通志·氏族略四》"以族爲氏"類："長勺氏，《左傳》商人六族有長勺氏。"《古今姓氏書辯證》卷十四謂："周成王分魯侯伯禽以商民七族（案，當爲六族），其一曰長勺氏。《春秋》'魯莊公及齊人戰於長勺'，即其地也。"按，戰國文字中有"長勺醫坵"私璽（《鶴廬印存》），施謝捷先生釋出②，並以"長勺"爲複姓，可從。《左傳·莊公十年》："十年春王正月，公敗齊師於長勺。"楊伯峻注："據定四年《傳》，成王分魯公以殷民六族，其中有長勺氏，則長勺原爲殷民所居之地。據《山東通志》，長勺在今曲阜縣北境。""長勺"作姓氏用，當係以地名爲氏。上引私璽從文字上看，近於楚物，與長勺地望不符，當是戰國時人口交流徙遷的結果。

---

* 本文得到湖南省哲學社會科學基金項目"戰國文字所見姓氏整理及疏證"（批准號：11YBA074），湖南大學"中央高校基本科研業務費專項資金"（10HDSK043）資助。
① 文中新證複姓，以複姓首字音序爲次。
② 施謝捷：《古璽複姓雜考（六則）》，《中國古璽印學國際研討會論文集》，香港中文大學文物館 2000 年。

洞沐　《元和姓纂》謂："漢有洞沐孟陽，治《易》。"按，戰國文字中有"桐木角"私璽（《珍秦齋藏印·戰國篇》36號），爲三晉物，吳良寶先生以"桐木"用作複姓，讀作"洞沐"①，可從。至遲戰國時已有"洞沐"一氏，很有可能與載於姓氏書的"桐門"、"桐里"氏一樣，屬以地名爲氏。

東方　《風俗通姓氏篇》謂："伏羲之後，帝出於震，位東方，子孫因氏焉。"《通志》引《風俗通》以"東方"列入"以地爲氏"類。《姓氏考略》則以"東方"氏始於漢代東方朔，謂："（東方朔）生三日，而父母俱亡，或得之而不知其姓，以見時東方始明，因以氏。"按，戰國文字中有"東方纸"、"東方疕"、"東方員"等三晉私璽（《璽彙》3957—3962②）；齊陶文中亦有"囗夔圓里東方囗"（《古陶文彙編》3.281）。可見"東方"氏來源較早，《通志》謂"東方"以地爲氏，較爲可信。

東里　《通志·氏族略三》"以地爲氏"類謂："東里，姬姓。鄭大夫子產居東里，因氏焉。曹瞞狀有南陽太守東里昆，泰始先賢狀有東里冕，魏志有東里袞。"按，東里初爲地名，春秋鄭國大夫子產即居住於此，《論語·憲問》："東里子產潤色之。"何晏《集解》："子產居東里。"故地在今河南省新鄭縣城內。戰國文字中有"東里囗"私璽（《璽彙》3449），正屬三晉物。

東陽　《古今姓氏書辯證》（卷二）謂："謹按《春秋左氏傳》：魯、齊、晉皆有東陽，魯之東陽在泰山南，齊之東陽近萊，晉之東陽在魏郡廣平以北。今婺州屬縣亦有東陽。必其先列國大夫，有以邑爲氏者。"按，戰國文字中有"東陽戲"私璽（《璽彙》3994），僅此一見，爲三晉物。晉之東陽見於《左傳·昭公二十二年》："六月，荀吳略東陽。"杜預注："東陽，晉之山東邑，

---

① 吳良寶：《古璽複姓統計及相關比較》，《古籍整理研究學刊》2002年第4期，第42頁。
② 羅福頤：《古璽彙編》，文物出版社1981年。文中簡稱《璽彙》。

魏郡廣平以北。"其地在今河北邢臺、邯鄲一帶①。"東陽"作姓氏用，係以地名爲氏。

公乘　《風俗通姓氏篇》謂："公乘，秦第八爵，當是以爵爲姓者。"按，複姓"公乘"在戰國文字中分佈較廣，不限於秦文字。三晉文字中，"公乘"二字多加合文符號作"㊙"，如三晉私璽"公乘高"、"公乘畫"（《璽彙》4068、4069）和守丘石刻中的"公乘得"皆如是。齊系文字中，"公乘"寫作"公輛"，如《璽彙》3554"公輛胥"，"輛"字作㊙，實爲車乘之"乘"的專字，如包山楚簡271"一輛正車"，"輛"字作㊙，與上引璽文相類，皆讀作"乘"。公乘本指兵車，《左傳·文公二年》："囚呼，萊駒失戈，狼瞫取戈以斬囚，禽之以從公乘。"戰國時用爲爵稱，《漢書·百官公卿表上》："爵：一級曰公士，二上造……八公乘。"顏師古注："言其得乘公家之車也。"作姓氏用，係以爵稱爲氏。

高堂（唐）　《風俗通姓氏篇》："齊卿高敬仲食采邑於高堂。因以爲氏。"《通志·氏族略三》"以邑爲氏"類引《風俗通》並謂："其地博州高唐。"按，"高堂"或即文獻中的"高唐"。《左傳·襄公十九年》："齊靈公卒。莊公即位。執公子牙於句瀆之丘。以夙沙衛易己，衛奔高唐以叛。"楊伯峻注："據《清一統志》，高唐城在今（山東）禹城縣西南，即今高唐縣東三十五里。"又銀雀山漢簡《孫臏兵法·擒龐涓》簡6—7："孫子曰：'都大夫孰爲不識事？'曰：'齊城，高唐。'孫子曰：'請取□□□□□□□二大夫……'。"整理者注："齊城、高唐皆齊國都邑……高唐，故城在今山東禹

---

① 齊"東陽"見於《左傳·襄公六年》："四月，晏弱城東陽而遂圍萊。"杜預注："東陽，齊竟上邑。"其地在今山東省臨朐縣境；魯"東陽"見於《左傳·哀公八年》："吳師克東陽而進，舍於五梧。"楊伯峻注："《彙纂》及顧祖禹《讀史方輿紀要》俱謂即今之關陽鎮，則在今費縣西南八十里，清時曾設巡司於此，此說可疑。今費縣西北平邑縣南數里有東陽鎮，不知是否即此，待考。"（《春秋左傳注》，中華書局1990年，第1648頁。）

城高唐之間。"戰國文字中有"高堂帀鉌"私璽（《璽彙》3999），從文字風格上看，正爲齊物，"高堂"用作姓氏，係以地名爲氏。另漢印中有"高堂護"印（《漢印文字徵》5.13），同作"高堂"。

即墨　《通志·氏族略三》"以邑爲氏"類謂："即墨氏，齊將田單守即墨，支孫氏焉。《漢書·儒林傳》城陽相即墨成。"《風俗通·姓氏篇》："即墨氏，田單守齊即墨有功，因以命氏。"按，齊刀幣系統中有"即墨"刀一類，面文作"節墨之大刀"①，節從即聲，"節墨"即地名"即墨"。墨字多作䘒，下部所從𠃌旁，過去或以爲從夕，或以爲從邑省。何琳儀先生認爲應是從勹，象人側面俯伏之形，勹爲附加聲符，䘒當隸作"匓"或"𥎊"，讀爲墨②，其說可信。即墨，春秋前期屬萊，齊靈公十五年（前567年）萊滅於齊，地入齊國。《史記·田敬仲完世家》："齊威王召即墨大夫而語之。"張守節《正義》："萊州膠水縣南六十里即墨故城是也。"《元和郡縣誌》："城臨墨水，故曰即墨。"在今山東平度東南。戰國文字中，齊兵器即墨華戈有銘："即墨華之造用"（《殷周金文集成》11160），"即墨華"爲人名，"即墨"作複姓用，係以地名爲氏。

苦成　《通志·氏族略五》"以邑謚爲氏"類謂："苦成氏，姬姓。郤犨別封於苦，爲苦成子。《潛夫論》：'苦成，城名，在鹽池東北。'然此城因苦成子之封而得苦成城之名，其實成謚也。"按，戰國文字中有"枯成臣"、"枯成戌"等私璽（《璽彙》4049—4052），皆爲三晉物，吳振武先生以"枯成"讀作"苦成"③，可從。《潛夫論·志氏姓》謂："苦成，城名也，在鹽池東北，後人書之或爲'枯'；齊人聞其音，則書之曰'庫成'；敦煌見其字，呼之曰'庫成'；其在漢陽者，不喜'枯'、'苦'之字，則更書之曰'古成'"，

---

① 黃錫全：《先秦貨幣通論》，紫禁城出版社2001年。
② 何琳儀：《古幣叢考》，安徽大學出版社2002年，第4—6頁。
③ 吳振武：《〈古璽彙編〉釋文訂補及分類修訂》，《古文字論集（初編）》，香港中文大學，1983年，第520頁。

可證。春秋時有"苦成叔"，見於《左傳·成公十七年》："矯以戈殺駒伯、苦成叔於其位"，杜預注："駒伯，郤錡；苦成叔，郤犫。"又《左傳·成公十四年》："衛侯饗苦成叔。"楊伯峻注："苦成，晉國地名，在今山西運城縣東面稍北二十二里。""苦成"用作姓氏，當以地名為氏。另《上博五·姑成家父》之"姑成"，整理者亦讀作"苦成"，"姑"當為楚地用字。

　　令狐　《新唐書·宰相世系表》謂："令狐氏出自姬姓。周文王子畢公高裔孫畢萬，為晉大夫，生芒季。芒季生武子魏犫。犫生顆，以獲秦將杜回功，別封令狐，生文子頡，因以為氏，世居太原。"按，令狐為春秋晉地，《左傳·僖公二十四年》："（重耳）濟河，圍令狐，入桑泉，取臼衰。"故城在今山西臨猗西，戰國時其地屬韓。上世紀二三十年代在河南洛陽太倉、金村兩地先後出土了兩件令狐君嗣子壺（《殷周金文集成》09719、09720），郭沫若先生以為："器之作者蓋晉之大夫，封於令狐者也。"[①] 戰國文字中有"命狐佗"、"命狐買"等私璽（《璽彙》3986、3987），皆為三晉物，"命狐"即文獻中的"令狐"，作姓氏用，屬以地名為氏。

　　閭丘、閭邱（閭丘、闠丘）　《通志·氏族略三》"以邑為氏"類謂："閭邱氏，志籍不言所處出，然邾國有閭邱。杜預云：高平南陽縣北有顯閭亭，本邾地，為齊所併，往往閭邱氏食邑於此，故以命氏。"按，戰國古璽文字中有"閭丘邊"、"閭丘脊"、"閭丘郓"等私璽（《璽彙》4012—4014），"閭丘"作姓氏用，吳振武先生讀作"閭丘"[②]；何琳儀先生則讀作"楚丘"[③]。"閭丘"、"楚丘"皆本地名。"閭丘"見於《左傳·襄公二十一年》："邾庶其以漆、閭丘來奔。"楊伯峻注："漆在今山東鄒縣東北，閭丘又在漆東北十里。""楚丘"，春秋時一為衛地，《左傳·閔公二年》："僖之元年，齊桓公遷邢於夷儀，封衛於楚丘。"楊伯峻注："楚丘，衛地，在今河南省滑縣東。"一

---

① 郭沫若：《兩周金文辭大系圖錄考釋》（下），上海書店出版社1999年，第239頁。
② 吳振武：《〈古璽彙編〉釋文訂補及分類修訂》，《古文字論集（初編）》，第520頁。
③ 何琳儀：《戰國古文字典》，中華書局1998年，第583頁。

爲戎州己氏之邑，《春秋·隱公七年》："戎伐凡伯於楚丘以歸。"從上引私璽皆爲齊璽來看，"閭丘"讀作"閭丘"較爲妥當。複姓"閭丘"還見於齊兵器閭丘爲鵑戈（《殷周金文集成》11073），"閭"字刻作"𨳿"，從門膚聲，黃盛璋先生認爲這種寫法要早於齊陶文中出現的從門呂聲的"閭"字①。此外，秦印中有"閭丘勝"（《秦代印風》201頁）。

西都　傳世姓氏書列錄"西都"氏，多引東漢王符《潛夫論》爲證，如《通志·氏族略五》"複姓"類即謂："見王符《潛夫論》。"但無實例。按，今本《潛夫論》中不見"西都"氏。戰國文字中有"西都墜"印（《吉林大學藏古璽印選》12.65），吳振武先生考證此印複姓時，推測今本《潛夫論》中的"西門"氏有可能本作"西都"②，可信。"西都"還見於戰國晚期趙國尖足布幣（《中國歷代貨幣大系·先秦貨幣》1042—1052），當爲鑄幣所出，其地在今山西離石縣境或孝義縣境。結合上引"西都墜"印爲三晉物，"西都"複姓不見於戰國其餘各系文字材料，"西都"用作姓氏，當屬以地爲氏。

西方　《通志·氏族略三》"以地爲氏"類謂："《姓苑》云：少昊，金天氏，位主西方，金（案，《元和姓纂》爲"今"）因氏焉。宋朝登科西方琥，淄州人。"按，戰國文字中有"西方冐"、"西方齒"私璽（《璽彙》3963、3964），前者爲三晉物，後者屬燕；漢印中亦有"西方樗"（《漢印文字徵》12.1）。"西方"作姓氏用，當與"東方"氏相類。

鮮于　《通志·氏族略三》"以邑爲氏"類謂："鮮于氏，子姓，鮮音仙。商後，周武王封箕子於朝鮮，支子仲食采于于，子孫以鮮于爲氏。宋慶曆登科有鮮于綽。"按，戰國文字中有"魚于窠"、"魚于目"等三晉私璽（《璽彙》4015—4021），"魚于"讀作"鮮于"。又傳世姓氏書中載有"鮮

---

① 黃盛璋：《燕、齊兵器研究》，《古文字研究》第19輯，中華書局1992年，第46—47頁。
② 吳振武：《古璽姓氏考（複姓十五篇）》，《出土文獻研究》第3輯，中華書局1998年，第82頁。

于"、"鮮虞"兩種複姓，其來源不同。上引"鮮于"爲子姓；鮮虞爲姬姓，《世本》卷七上："鮮虞氏，出自春秋時，鮮虞小國，晉伐鮮虞滅之，子孫以國爲氏。"《國語·鄭語》："北有衛、燕、翟、鮮虞、路、洛、泉、徐、蒲。"韋昭注："鮮虞，姬姓在翟者。"過去在討論古璽中的"鮮于"複姓時，因其習見於姓氏書，故多未言及"鮮于"、"鮮虞"二複姓的關係。傳世有杕氏壺（《殷周金文集成》09715），其銘有"杕氏福及，歲賢鮮于"，郭沫若先生認爲："鮮于即鮮虞，以魯昭十二年見於《春秋》，入戰國後改稱中山。"① 鮮虞所建之中山國在戰國初年又爲魏國所滅，《史記·魏世家》："十七年，伐中山，使子擊守之。"從戰國文字中複姓"鮏于"僅見于三晉文字來看，將複姓"鮏于"與文獻所載之"鮮虞"國聯繫起來似乎更爲合理一些。因此我們懷疑姓氏書中以"鮮于"、"鮮虞"分置不確，二者當合併爲複姓"鮮于"（在古文字材料中皆如此作），但在來源上則以姓氏書中"鮮虞"的記載爲是，係以國爲氏。

臧馬　《漢書·景武昭宣元成功臣表》載有"臧馬康侯雕延年。"臧勵龢等《姓氏考略》據此謂："匈奴王雕延年降漢，武帝封爲臧馬侯。見《漢書》當以封邑爲氏。"按，《璽彙》錄有一方齊系私璽，原書釋爲"□迯信璽"，右上璽文闕釋；湯餘惠先生補釋爲"戕（臧）馬"②，甚是。"臧馬"複姓在戰國文字中僅此一現，不見於它系文字；又漢武帝時所封臧馬侯國，其地約在今山東臨朐境，即戰國時齊之朐邑，二者正好相合。故"臧馬"用作複姓可上推至戰國，當以地名爲氏。

（作者單位：湖南大學文學院）

---

① 郭沫若：《兩周金文辭大系圖錄考釋》（下），第228頁。
② 湯餘惠：《略論戰國文字形體研究中的幾個問題》，《古文字研究》第15輯，中華書局1986年，第84頁。

論方濬益先生的古陶文研究*

徐在國

方濬益（？—1899），安徽定遠人，字謙受，又字伯裕。齋名"綴遺"。"博學，工爲文，精詁訓，善書畫，畫不多作"①。

《綴遺齋彝器款識考釋》三十卷，"此書略仿《積古齋鐘鼎彝器款識》而作，卷首《彝器說》三篇：上篇考器，中篇考文，下篇考藏。""馬衡先生藏有《綴遺齋彝器款識考釋草稿》，我爲介紹售歸燕京大學圖書館，並鈔錄副本。"②此草稿本現存北京大學圖書館，所收器比1935年商務印書館出版的《綴遺齋彝器款識考釋》多。

方濬益先生關於古陶文方面的論著主要集中在《綴遺齋彝器款識考釋》一書中。該書收錄陶拓摹本共計62方，分別在卷二十五（豆3方、登28方、罍1方、缶4方、盆1方、甌4方、甕2方）、卷二十六（甖4方）、卷二十八（區2方、釜2方、塤11方）。體例爲：摹本，釋文，考證。如：

---

* 本研究得到2007年度國家社會科學基金的資助。

① 方濬益：《綴遺齋彝器款識考釋》，商務印書館1935年。本文即依據此書進行研究。先錄方氏原文，後加按語。

② 容庚：《清代吉金書籍述評》，《學術研究》1962年第2、3期；又收入《容庚文集》，中山大學出版社2004年，第137、第138頁。

右柩殘瓦豆，銘二字，印款。此與下一器皆陳壽卿編修所藏，據拓本摹入。按《說文》所收古文豆作 , 其下從 , 今以此銘證之，當作 , 殆寫官傳抄之誤，《汗簡》因之，並喜豐等字，通改從 , 謬矣。(《綴遺齋彝器款識考釋》25‧5上)

柩豆

下面我們擬對方濬益先生的古陶文研究略作探討。

一、釋字正確者

方濬益先生關於古陶文字的考釋，釋字較爲準確，釋義注意與典籍相結合，得出的結論頗爲可信。比如：

右王瓦區銘二字，印款。與下七器皆陳壽卿編修所藏，據拓本摹入。此器齊地所出，文曰"王區"，殆齊威王稱王以後所造官區也。古陶器多殘毀或已破缺，此獨完整，猶可考見齊舊四量之制。

王區

右王殘瓦區銘同前，王上皆有點，爲羨文，猶殘瓦器河作 , 啟作 也。(《綴遺齋彝器考釋》28‧16上、下)

釋同

右城圓晭瓦登銘三字，印款，《說文》城籀文作 , 此首一字上從成，下從章，正城之籀文，特偏旁移易耳。圓亦陽之異文，古陰陽本字爲會易，此以國邑之名，故從囗見義。《漢書·地理志》城陽國，故漢文帝二年別爲國，莽曰莒陵。按此即春秋莒國，後入齊，戰國時已有城陽之名，不始于文帝之封朱虛侯章也。又城陽國有陽都縣，應劭曰：齊人遷陽，故陽國是。（《綴遺齋彝器考釋》25·9下）

蠶圓啡

按：關於"王區"陶文，鄭超先生曾說"方說較長。'王區'等當是齊威王稱王以後的官方量器，以此類推，'公區'等當是齊威王稱王以前的官方量器"①。"王上皆有點，爲羨文"，頗具卓識，方濬益先生已經認識到古文字中在一橫畫上常加飾點作爲羨文。"蠶圓啡"陶文，對文字的隸定、考釋均正確可從。

另有部分陶文釋字較準確，釋義則略有問題。比如：

右公瓦殘釜銘二字，印款，陽識。釜字半闕，《左》昭公三年傳"齊舊四量，豆、區、釜、鍾，四升爲豆，各自其四，以登於釜，釜十則鍾。陳氏三量登一焉，鍾乃大矣，以家量貸而以公量收之。"按前三器皆陳氏家量，此公釜則所謂公量也。（《綴遺齋彝器考釋》28·20上）

公釜

按：鄭超先生說②：

> 前三器指陳純釜，子禾子釜，陳侯因脀釜。若如方說，則"公釜"當屬於春秋時代，根據我們的考證，齊國陶文俱爲戰國時物，方說不確。公量當是田和立爲諸侯之後至威王稱王以前的齊國量器。《史記·田敬仲完世家》：

---

① 鄭超：《齊陶文初探》，中國社科院歷史所碩士學位論文，1984年，第72—75頁。
② 鄭超：《齊陶文初探》，第72—75頁。

康公之十九年，田和立爲齊侯，列於周室，紀元年，齊侯太公和立二年，和卒，子桓公午立（據《索隱》引《竹書紀年》，田和、田午之間尚有田侯剡一世）。……六年，救衛，桓公卒，子威王因齊立。

據此可知田和立爲諸侯以至齊威王稱王以前齊君可以稱"公"。這時的齊國陶量當然可以稱爲"公"量。

還有：

右䓕亭瓦罍銘二字，印款。䓕亭，當即䓕川，漢時爲王國。《漢書·諸侯王表》䓕川王凡二，一爲王賢，以齊悼惠王子武城侯立，一爲懿王。志以悼惠王子安都侯立爲濟北王。孝景四年，徙䓕川，蓋以戰國齊地舊名爲國號者也。（《綴遺齋彝器考釋》26·12上）

䓕亭

右亭升瓦罍銘二字，印款。

亭升

右亭升瓦罍銘，同前器。所謂亭，皆鄉亭之稱。《漢書·高帝紀》注"亭，謂停留行旅宿食之館。"《後漢·臧宮傳》注："每十里一亭，亭有長，以禁盜賊。"據此知漢時制度雖本秦法，實沿周世列國之舊。此二器與前䓕亭罍並出齊地，是其證矣。升，或是作器人名。（《綴遺齋彝器考釋》26·13上）

釋同

按：釋"䓕"、"亭"正確，對"亭"字的解釋也準確，但將""釋爲"升"，認爲是人名，則是錯的。此字當釋爲"久"，秦陶文中"亭久"之"久"字作：

陶文圖錄6·429·3 陶文圖錄6·429·4 陶文圖錄6·429·6

陶文圖錄6·430·3 陶文圖錄6·430·4 陶文圖錄6·430·1

陶文圖錄6·430·2 陶文圖錄6·431·1 陶文圖錄6·431·4

作"🔲"形者與"🔲"同。關於"久"字的用法，有如下之說：

施謝捷①：

"久"同"灸"，《說文》："灸，灼也。"因此秦律及陶文戳印中的"久"，大概是指烙印或戳印以做標記而言的，同常見的"印"、"璽"用法相類。

曹錦炎②：

所謂"久"，有"記"之義，相當於"印"。如內蒙古呼和浩特漢城遺址出土的陶器上，有"市久"或"市印"的戳印，即是明證。

何琳儀③：

秦器久，讀記。《說文》玖下引"《詩》曰，貽我佩玖。讀若芑。"是其佐證。

關於"亭久"陶文的時代，有如下之說：

---

① 施謝捷：《古陶文考釋三篇》，《古漢語研究》1997年第3期，第66頁。
② 曹錦炎：《古璽通論》，上海書畫出版社1995年，第44頁。
③ 何琳儀：《戰國古文字典》，中華書局1998年，第29—30頁。

王襄①：

　　亭久，秦漢之際器。

許淑珍②：

　　傳世"亭久"陶文至少有30餘件，大多數是陳介祺所藏。陳介祺收藏的陶文大多數是山東出土的。臨淄出土的這件"亭久"陶文，證明傳世中的同類陶文可能是臨淄齊城出土的。傳世有"臨淄亭久"陶文（彙編3·688），臨淄出土的"亭久"陶文應該是"臨淄亭久"的省文。秦代的市亭是市場管理機構，凡是蓋有市亭印章的陶文都應是經市檢驗合格加以認可的產品。根據以上的分析，"亭久"陶文的年代不是戰國而應屬於秦代。

傳世不少半通私名印陶文，如"胡蒼"（彙編9·76）、"徐眾"（彙編9·81）等也應是秦代的。這類陶文很有可能也是臨淄出土的。
許淑珍先生之說可從。"薔亭"陶文當是"臨淄亭久"的省文。
此外，文中另有大量釋字正確者，如：

右蔓里綴缶銘，六字，印款。（《綴遺齋彝器考釋》25·25上）

楚韋鄉蔓里綴

右闢瓦登銘一字，印款。按：𨳝爲闢之或體。《說文》："闢，開也。"

---

① 王襄：《古陶今釋》（1947年），《王襄著作選集》，天津古籍出版社2005年，第1185頁。
② 許淑珍：《齊國陶文的幾個問題》，《齊魯文博》，齊魯書社2002年，第144—145頁。

从門，辟聲。開，《虞書》曰闢四門。从門，从艹。"（《綴遺齋彝器考釋》25·20下）

公

右公瓦登銘一字，印款。（《綴遺齋彝器考釋》25·21下）

義斿

右義斿殘瓦登銘二字，印款。此與下十八器皆陳壽卿編修所藏，據拓本摹入。（《綴遺齋彝器考釋》25·13上）

範

右範瓦登銘一字，印款。（《綴遺齋彝器考釋》25.19下）

興

右興瓦登銘一字，印款。（《綴遺齋彝器考釋》25·18下）

孨

右孨瓦登銘一字，印款。《說文》部首孨，謹也，从三子，讀若翦。（《綴遺齋彝器考釋》25·20上）

䟽圀齊

右城圀齊瓦登銘三字，印款，陽識，反文，左行。（《綴遺齋彝器考釋》25·10下）

右辛匋里臧盆銘八字，闕者一字，半闕者二字，印款。此器形制與漢洗相似，尺寸高下亦如之。首一字，以前辛匋里登銘證之，亦左

字。臧爲臧之本字。說詳前甚諆鼎銘釋,又魯臧孫氏周璽文並作臧。(《綴遺齋彝器考釋》25·26 上)

□南亭鄉

辛■里臧

按:上錄諸字的釋讀,頗見其功力。釋"綴",湯餘惠先生釋同,詳見《略論戰國文字形體研究中的幾個問題》①。所釋"公釜",亦具卓識。曾有學者釋爲"公秄",並將"秄"讀作量名"溢",不確。所釋"臧"引齊璽爲證。

二、釋字錯誤者

方濬益先生關於古陶文字的考釋也有釋錯的,如:

右報瓦登銘一字,印款。《說文》"報,轢也。從車㫃聲,尼展切。轢車所以踐也。按報或作碾。《太平御覽》引《通俗文》"石碾轢殼曰碾。"《文選·西京賦》"當足見碾。"薛注:"足所蹈爲碾。"是報即碾之本字也。(《綴遺齋彝器考釋》25·21 上)

報

按:此字釋"報",誤。當釋爲"輴"字。高明、葛英會先生說:"輴,《說文》所無,《玉篇》輴他回反,《韓詩》'大車輴輴',輴,盛皃也。"②

---

① 湯餘惠:《略論戰國文字形體研究中的幾個問題》,《古文字研究》第 15 輯,中華書局 1986 年,第 11、第 62 頁。
② 高明、葛英會:《古陶文字徵》,中華書局 1991 年,第 231 頁。

右關里長甌幷蓋銘,各四字,印款。此器
外有橫紋瓦帶二道,如簋敦形制。(《綴遺
齋彝器考釋》25·27 上)

蓋,關里長□。　　器,釋同。

按:第三、四二字,湯餘惠先生釋爲"馬桓"①,是正確的。

右辛匋里瓦登銘,二字,刻款,左行。按瓦登印款多在跗,此在槃

下,特異。 即辛,下爲羡文。 ,則匋之省文也。(《綴遺齋

彝器考釋》25·18 上)

按:此陶爲一字,誤析爲二字。此字又著錄於《陶文圖錄》3·611·3。王恩
田先生釋爲"詻"②。王先生認爲左旁從"言",是對的,但右旁不是"各",
釋"詻"是不正確的。右旁應分析爲從"口","夊"聲,"口"可看作是贅
加的形旁。如此,此字從"言","夊"聲,應釋爲"詨"。

右桓殘瓦豆,銘二字,印款。此與下一器皆陳壽卿編修所藏,據拓

本摹入。按《說文》所收古文豆作 ,其下從 ,今以此銘證

之,當作 ,殆寫官傳抄之誤,《汗簡》因之,並喜豐等字,通　　桓豆
改從 ,謬矣。(《綴遺齋彝器考釋》25·5 上)

按:此字作 、 ,眾說紛紜。李家浩先生釋爲"橙",認爲"橙"當是

---

① 湯餘惠:《略論戰國文字形體研究中的幾個問題》,《古文字研究》第 15 輯,第 37 頁。
② 王恩田:《陶文圖錄》,齊魯書社 2006 年,第 1466 頁。

"樹"異體。李先生之說可從①。

右蔓里姁瓦登銘，六字，印款。第二字是覃之省文。第三字疑鄉之異文。第四字爲蔓之變體，蔓里即前豆銘之蔓圖里也。末一字左偏似女，姑釋姁。

右蔓里姁殘瓦登銘，同前器。（《綴遺齋彝器考釋》25·13下、14上）

按：第四字釋"蔓"，誤。此字或釋爲"蔓"。最後一字，陳介祺先生最早釋爲"姁"②。李零先生懷疑是"恕（？）"③。張振謙博士釋爲"姶"④。我本人傾向於李零先生說。

右豆里鎁瓦登銘，三字，印款二。下一印摩滅。第三字左偏半滅似從金，姑釋爲鎁。瓦器中有一器兩印者，此與下邱齊辛里缶是也。（《綴遺齋彝器考釋》25·15上）

按：最後一字當釋爲"鮏"，認爲左旁從"金"，誤。

---

① 李家浩：《九店楚簡》，中華書局2000年，第130頁。
② 陳介祺：《吳愙齋尺牘》7·11上題記。
③ 周進（藏），周紹良（整理），李零（分類考釋）：《新編全本季木藏陶》30·0103，中華書局1998年。
④ 張振謙：《齊系文字研究》，安徽大學博士學位論文（指導教師：黃德寬），合肥，2008年6月。

右遣瓦登銘一字，印款，反文。（《綴遺齋彝器考釋》25·22上）

遣

按：此字釋"遣"，誤。字當從李零先生釋爲"敓"①。

右右缶銘，一字，陽識，印款。（《綴遺齋彝器考釋》25·25下）

右

按：此字釋"右"，誤。字當釋爲"吃"。

右節墨甌銘，六字，印款。器外有橫紋瓦帶二道。《戰國策》、《史記》皆作即墨，此作節墨，與節墨刀同。丌，古文其。鉌，古文璽字也。《文選·西京賦》"懷璽藏綬"，薛注："天子印曰璽。"此節墨之丌，不審何人……（《綴遺齋彝器考釋》25·28）

節墨之丌
之鉌

按：將"節墨之丌"看作人名，誤。最後二字裘錫圭先生釋爲"坏工"，是非常正確的，不是"璽"字。"節墨之丌坏工"，裘錫圭先生認爲"此當是齊國節墨邑所屬'丌市'的工官或匠所用之印"②。

---

① 《新編全本季木藏陶》195·0709。
② 裘錫圭：《戰國文字中的"市"》，原載《考古學報》1980年第3期，又收入《古文字論集》第454—468頁。

右陳國殘瓦釜銘六字，印款，陽識。四、五兩字均有闕畫，不可強釋。（《綴遺齋彝器考釋》28·19下）

陳國右□□釜

按：此陶文當釋爲"陳囿（固）右廩亳釜"，第二字釋"國"，誤。

三、其他

方氏在《綴遺齋彝器考釋》中收錄僞器兩方：

右欒季罌銘，四字，刻款。潘伯寅尚書所藏器。據拓本摹入。

欒作 [圖], 省文。加通嘉，從尚書釋。此器大而深，與今世貯水缸相似。按：《說文》罌，缶也。……此器旣大且深，故當是罌。（《綴遺齋彝器考釋》25·23）

欒季加祿

按：此陶文，高明先生的《古陶文彙編》、王恩田先生的《陶文圖錄》均未收錄，無論從形體還是辭例看，均疑其僞。

右豹塤銘六字，豹字上畫斷缺。成者，樂之終。《周禮·樂師》："凡樂成則告備。"《儀禮·燕禮》："大師告樂正曰：'正歌備'。"鄭注曰："正歌者，升歌及笙各三終，閒歌三終，合樂三終爲一備，備，成也。"曰"九成"，蓋亦韶樂所用。《虞書》曰："簫韶九成"，鄭注曰："樂備作謂之成。"又《莊子·至樂篇》"奏九韶以爲樂"是也。"節九成"者，《爾雅·釋樂》"和樂謂之節"。《論語》"樂節禮樂"，《集解》曰"動得禮樂之節"。塤殆和樂之器歟？（《綴遺

豹作塤節九成

齋彝器考釋》28·31 上)

按：王恩田先生在《陶文圖錄》10·3·4 將此方陶文放入"偽品及可疑"類①。我們認爲是正確的。

另，王恩田先生在《陶文圖錄》10·2·1—10·2·4、10·3·1—10·3·3、10·4·1—10·4·4 將《綴遺齋彝器考釋》所錄如：

等 11 方塤全部列爲"偽品及可疑"②。我們對此持保留意見。

最後談一下方氏被引用最多的一個觀點。

第三字疑鄉之異文。(《綴遺齋彝器考釋》25·13)

第三字爲前器 ![] 字之繁文。(《綴遺齋彝器考釋》25·16 下)

方氏疑 ![]、![] 爲"鄉"之異文。此說被學者引述最多，也得到許多學者的贊同。高明先生曾討論過這個字，他說：

關於對此字的考釋，很早就有人注意。最初吳大澂釋爲"罨"字，顧廷龍、金

---

① 《陶文圖錄》，第 2591 頁。
② 《陶文圖錄》，第 2590—2592 頁。

祥恆均釋"遷",周進疑爲"鄙",李先登讀爲縣,方濬益謂之鄉字之異文,李學勤初釋鄙,後改釋鄉,鄭超從方、李二氏之説也讀鄉,並謂此字結構"似可分析爲從襄省聲"。案吳大澂釋此字爲䣜,基本不誤;方濬益謂爲鄉字異文,更爲精闢。但是,他們皆未説明衢字的結構與衢、鄉兩字的關係。①

高先生進一步對此字形體作了分析,認爲是"從行䣜聲",乃鄉之本字,贊同方氏釋法。最新的釋讀是李學勤先生,他説:

　　齊陶文這個字,從"行"從"邑",又從"共"或"共"省爲聲,顯然是"巷"字的另一個寫法。②

此字到底是何字,還有進一步討論的空間。但方氏釋法無疑是最有影響的。僅從這一點看,方氏在文字釋讀上確有過人之處。
　　總之,方濬益先生所錄陶文摹寫較爲準確。在考釋陶文時,不少釋法有過人之處,值得稱道。毋庸諱言,限於時代、資料,其釋文亦存在不少問題。

2009 年 2 月 28 日改定

(作者單位:安徽大學文學院)

---

① 高明:《從臨淄陶文看衢里製陶業》,《古文字研究》第 19 輯,中華書局 1992 年,第 305—306 頁。
② 李學勤:《秦封泥與齊陶文中的"巷"字》,《陝西歷史博物館館刊》第 8 輯,三秦出版社 2001 年,第 24—26 頁。

"忠信敬事富貴"璽考*

蕭 毅

盛世收藏網上出現過一方古璽，約 16mm 見方，鈕殘①：

後歸觀妙堂主人，因爲銅質很差，不便鈐朱。2011 年 9 月在北京有機會上手看到原印，經觀妙堂主人同意拍得照片一幀。這裏根據原物及照片，試作摹本。

---

* 本文得到國家社會科學基金重點項目"古璽集釋"（14AYY012）、全國高等院校古籍整理研究工作委員會重點科研項目"古璽文分域整理與研究"（0935）、中央高校基本科研業務費專項資金武漢大學自主科研項目（人文社會科學）"70 後學者學術團隊建設計劃"資助。
① 兩圖均見於盛世收藏網，http://bbs.sssc.cn/viewthread.php?tid=933851&highlight=，2010 年 7 月 4 日。

下面主要根據摹本來討論。

此璽"信"的言旁具齊文字特徵，即豎筆上多一點或一橫，故定此璽爲齊璽。類似的"信"也見於其他齊璽，如：

《古璽彙編》0232　　　同上 1954　　　同上 5557

前幾個字比較容易識別，爲"忠信敬事"，後面兩個字從常理推斷，也應該是習語。

我們主要討論後面兩個从貝的字。

先看第一個从貝的字。此字右邊所从應該是畐。齊文字中从畐的字不多見，如：

《古璽彙編》3753　　　　國差𦉜（《殷周金文集成》10361）

畐的上下部一般是連在一起的，古文字中也有上下分離的形體，如後面引及的"富貴"（《古璽彙編》4424）中的"富"。

"畐"的下部一般从田作，上下兩部分相連，古璽文字常見，如：

《古璽彙編》4413　　　　　　　　同上 4419

古璽文字中也有上下兩部分分開的"畐"，下部中間或从兩橫，如：

同上 4559　　　　　　　　同上 4560

从貝从畐的字不見於齊文字，不過在出土的戰國竹書中卻很常見，如：

郭店緇衣20　郭店緇衣44　上博周易12　上博彭祖8　上博君子爲禮9　上博弟子問6

其中與郭店緇衣對應的兩字,上博緇衣从富:

上博緇衣 11　　　　　　　　　　上博緇衣 22

璽文和這些字比較,應該是同一個字,主要不同是一爲左右結構,一爲上下結構。竹書中的這些字都用爲"富",璽文很可能也是用爲"富"。

再來看第二個从貝的字。這個字應該是"貴"字,同我們常見的"貴"字比較,也不過是變上下結構爲左右結構。下面一些類似的"貴"字可資比較:

郭店老子乙 5　　郭店老子甲 29　　上博曹沫之陳 21　　上博君子爲禮 9

傳世和出土文獻中常見"富""貴"連用。

《論語·顏淵》:"商聞之矣:死生有命,富貴在天。"《管子·牧民》:"民惡憂勞,我佚樂之;民惡貧賤,我富貴之。"《孟子·離婁下》:"其妻問所與飲食者,則盡富貴也。"

戰國文字中"富""貴"常連用,如上舉郭店緇衣 20 號簡、44 號簡等。古璽中的"富貴"則僅見於我們討論的這方古璽。

秦印中有"富貴",如:

《古璽彙編》4424

漢印中"富貴"、"貴富"常見,如:

《十鐘山房印舉》29·34　　同上 29·34　　同上 29·32　　同上 29·33

同上 29・14　　　　　　　同上 29・14　　　　　　《故宮博物院藏古璽印選》107

富貴是古人追求的重要目標。《論語・里仁》："富與貴，人之所欲也。"璽文"忠信敬事富貴"三個詞的次序頗耐人尋味。忠信是做人的根本，《禮記・禮器》："忠信，禮之本也。"敬事是做事的要求，《論語・學而》："敬事而信。"富貴不過是私欲的滿足，這種私欲的追求放在"忠信"、"敬事"之後，可見齊人的思想境界。

附記：2013 年曾在中國文字學會第七屆年會上宣讀此文。原文略長，此次交稿時因文集已經排版，文不宜長，故有較大刪減。

（作者單位：武漢大學文學院古籍整理研究所；武漢大學簡帛研究中心）

試論古璽分類中的一些問題

田 煒

如何對古璽進行分類，是古璽研究的重要問題。研究古璽分類問題，對古璽性質、起源的研究都有助益。當今學術界對古璽材料有多種不同的分類方法，其中較具代表性的有《古璽彙編》（下文簡稱《璽彙》）、《古璽通論》、《古璽彙考》（下文簡稱《彙考》）等幾種論著。《璽彙·目錄》根據印文的内容和性質把古璽分爲官璽、單姓私璽、複姓私璽、成語璽、單字璽，在書中圖錄部分又把成語璽寫成了吉語璽[1]。曹錦炎先生在《古璽通論》中把古璽分爲官璽、私璽、成語璽[2]。施謝捷先生在《彙考》中把古璽分爲官璽、私璽、成語璽、待分類璽，又將私璽細分爲姓名私璽、單姓名字私璽、複姓名字私璽（附姓氏私璽），將成語璽細分爲吉語璽和箴言璽[3]。《璽彙》的分類較爲雜糅，例如官璽是一個大的類别，而單姓私璽、複姓私璽是私璽中的兩個小類别，他們並不是同一個層面上的分類。《古璽通論》與《彙考》的分類是相似的，祇是《彙考》在每一大類下又分了若干小類，眉目更加清晰。他們的分類無疑

---

[1] 羅福頤主編：《古璽彙編》，文物出版社 1981 年。
[2] 曹錦炎：《古璽通論》，上海書畫出版社 1996 年，第 35—40 頁。按：在《古璽通論》的分類中，除了官璽、私璽、成語璽以外，還有圖像璽和少數民族璽，但後兩種與漢語言文字無關，不在我們的討論的範圍内。
[3] 施謝捷：《古璽彙考·目錄》，安徽大學博士學位論文（指導教師：黄德寬教授），2006 年。

比《璽彙》要合理，但也存在著一些問題。例如《璽彙》中沒有私璽的類別，故而祇好把成語璽單列出來，而《古璽通論》和《彙考》既然已經把私璽列爲一類，就應該把成語璽當作私璽下的一個小類別，不然成語璽和私璽也不是同一個層面上的分類。總之，由於學術界對古璽的性質和用途的討論還不夠深入，因此古璽的分類仍然存在著一些問題。下面我們將以《璽彙》所收的古璽材料爲基礎，結合近年來發表的一些新材料以及部分印跡材料，在已有研究成果的基礎上，對古璽的分類進行討論①。

一、身份類璽印的歸類問題

古璽中有一系列與"士"相關的內容：

1. 士（《彙考》199—200 頁）
2. 士鈢（璽）（《璽彙》4581；《珍秦（戰國）》21）
3. 上士（《璽彙》4632—4634；《珍秦（戰國）》22、23）
4. 上士之又（有）（《璽彙》4844—4851）
5. 王之上士（《璽彙》4819—4823、4825）
6. 王之上士卩（節）②（《璽彙》4826）
7. 王士之鈢（璽）（《安昌里館璽存》、《彙考》199 頁）
8. 中士（《珍秦（戰國）》24）
9. 君士（《鶴廬印存》119 頁）

---

① 本節討論璽印的性質、用途和分類時會涉及到大量的古璽、印跡材料。爲了節省篇幅和便於行文，在不影響結論的前提下，本文祇選擇列出其中的部分材料。
② "卩"字由吳振武先生釋出，見《〈古璽文編〉校訂》，吉林大學博士學位論文（指導教師：于省吾教授），1984 年，第8—9 頁。

《璽彙》將例1歸入單字璽，例2—6歸入吉語璽①。正如上文所說，《璽彙》圖錄部分所謂的"吉語璽"在該書目錄中作"成語璽"。羅福頤先生編寫的《古璽印概論》也曾經對成語璽有過專門的討論，而沒有把吉語璽列爲一類②。"成語璽"，陳介祺稱爲"通用印"③。羅振玉先生在1915年所作的《〈赫連泉館古印存〉敘》中最早把這類璽印改稱爲"成語璽"，他指出：

> 徵之古璽，已有取成語爲印者，如編中所載，曰"富"、曰"得志"、曰"右生"（右即佑）、曰"安官"、曰"敬事"、曰"敬上"、曰"上明"（上即尚），審其書體，皆在秦前。……據此知周代有成語印。④

1916年羅氏在《〈赫連泉館古印續存〉敘》中又說：

> 古璽有吉語印，前既已言之，此錄又有曰"昌"、曰"吉"、曰"生"、曰"富生"、曰"思言"、曰"千萬"、曰"宜有千萬"，則皆前錄所未見。又有曰"私璽"、曰"公私之璽"、曰"敬璽"者。⑤

羅氏前稱"成語印"而後稱"吉語印"，未知是以後者更正前者還是將後者等同於前者。但無論如何，都說明了羅氏雖然提出了"成語璽"的概念，但並未明確"成語"與"吉語"的關係。《璽彙》或即沿此而誤。後來黃賓虹先生

---

① 羅福頤主編：《古璽彙編》，文物出版社1981年。
② 羅福頤編：《古璽印概論》，文物出版社1981年，第33—34頁。
③ 陳介祺說轉引自：《黃賓虹金石篆印叢編》，北京，人民美術出版社1999年，第349頁。
④ 羅振玉：《〈赫連泉館古印存〉敘》，《赫連泉館古印存》，上海書店出版社1988年，第4頁。
⑤ 羅振玉：《〈赫連泉館古印續存〉敘》，《歷代印學論文選》下，杭州，西泠印社1999年，第659—660頁。

指出"成語璽"中包括了"吉祥語"與"訓誡語"兩種内容①，李學勤先生則改稱爲"吉語"與"格言"②，其觀點已經得到了學術界的普遍認同。其中"格言"或又稱"箴言"。近年來發表的古璽論著基本上都把"士"璽歸入成語璽③。施謝捷先生對此提出了不同的意見，他認爲例 1—8 都應該歸入官璽④。裘錫圭先生對"士"璽曾有過精闢的分析：

> 傳世戰國印中屢見"士"字印，《彙》（引者按：指《璽彙》，下文皆同。）即收入三枚（5121—5123）。此外，傳世戰國印中尚有"士鈢"（《彙》4581）、"上士"（《彙》4632—4634）、"王之上士"（《彙》4819—4823、4825、4826）、"上士之又"（《彙》4833—4851、4824）、"信士"（《彙》1664、1665、4681、5695、1663、4670、4671、5403、5593）、"正行治士"（《彙》4875）、"士正亡私"（《彙》4881—4883）等印。這些士印應該大都是身分爲士的人所佩帶的。⑤

其說至確，且同樣適用於裘先生文中没有討論到的例 7—9 等材料。上引例 1—9 諸"士"璽中的"士"就是指佩帶者的身份，並没有吉語或箴言的成分，將這些璽文看作成語是有問題的。但將其歸入官璽，也同樣存在問題。羅福頤先生曾經指出："自戰國以來，封建王朝任命官吏必授以璽印，作爲行政權力的憑證，這就是官印。"⑥ 這裏包含了兩層意思：一、官璽的内容應該是官名、

---

① 黄賓虹先生在具體論述中仍沿用陳介祺的說法，稱"成語璽"爲"通用印"，見《藏鈢例言》，《黄賓虹文集·金石編》，上海書畫出版社 1999 年，第 304 頁。
② 李學勤：《東周與秦代文明》，文物出版社 1984 年，第 332 頁。
③ 葉其峰：《戰國成語璽析義》，《故宫博物院院刊》1983 年第 1 期，第 77 頁。李東琬：《箴言古璽與先秦倫理思想》，《北方文物》1997 年第 2 期，第 29、31—32 頁。王人聰：《戰國吉語、箴言璽考釋》，《故宫博物院院刊》1997 年第 4 期，第 53 頁；收入《古璽印與古文字論集》，香港中文大學文物館 2000 年。
④ 施謝捷：《古璽彙考》，第 197—199 頁。
⑤ 裘錫圭：《古文字釋讀三則》，《徐中舒先生九十壽辰紀念文集》，成都：巴蜀書社 1990 年，第 9—10 頁；收入《古文字論集》，中華書局 1992 年。
⑥ 羅福頤編：《古璽印概論》，第 28 頁。

官署名或官方的職事；二、官璽應該是官方授予的行政權力憑證。而"士"璽的内容並不是職官名，而是代表了持璽者的社會階層和身份地位，這種身份不需要得到官方的正式授予，也不具有行使行政權力的作用，在性質上與私璽相同，應該屬於身份類私璽。《璽彙》0107 號重新著錄了下揭"大夫"璽：

舊皆以爲官璽。今與"士"璽並觀，知亦當視作身份類私璽。

與"士"璽性質相近的還有有關"君子"和"士君子"的一系列古璽：

10. 君子（《璽彙》4512）
11. 君子之又（有）（《璽彙》4841、4842）
12. 士君子（《璽彙》4731—4734）
13. 士君子之信壐（符）（《平庵考藏古璽印選》第二卷 89 頁）
14. 君子士（《彙考》198 頁）

學術界多把例 10—12 視作成語璽，認爲其性質相當於箴言①。施謝捷先生則將其視作官璽②。"君子"和"士君子"都是傳世文獻中常見的詞語。有關"君子"的如：

無君子莫治野人，無野人莫養君子。(《孟子·滕文公上》)
君子食無求飽，居無求安，敏於事而慎於言，就有道而正焉，可謂好學也已。(《論語·學而》)

---

① 葉其峰：《戰國成語璽析義》，《故宫博物院院刊》1983 年第 1 期，第 77 頁。曹錦炎：《古璽通論》，上海書畫出版社 1996 年，第 37 頁。李東琬：《箴言古璽與先秦倫理思想》，《北方文物》1997 年第 2 期，第 29、31—32 頁。王人聰：《戰國吉語、箴言璽考釋》，《故宫博物院院刊》1997 年第 4 期，第 52 頁；收入《古璽印與古文字論集》，香港中文大學文物館 2000 年。
② 施謝捷：《古璽彙考》，第 197—198 頁。

有關"士君子"的如：

  而今天下之士君子，居處言語皆尚賢，逮至其臨眾發政而治民，莫知尚賢而使能，我以此知天下之士君子明小而不明於大也。（《墨子·尚賢下》）

  有小人之辯者，有士君子之辯者，有聖人之辯者。不先慮，不早謀，發之而當，成文而類，居錯遷徙，應變不窮，是聖人之辯者；先慮之，早謀之，斯須之言而足聽，文而致實，博而黨正，是士君子之辯者也。（《荀子·非相》）

"君子"和"士君子"在傳世文獻中有兩個常用義，一是指統治者或貴族男子，如上舉《孟子》、《墨子》兩例；二是指德才出眾的人，如上舉《論語》、《荀子》兩例。"士君子"在《墨子》和《荀子》中最多見，在其他傳世文獻中則很少見。《墨子》中的"士君子"均指統治階級，而《荀子》中的"士君子"均指德才出眾的人，這種用法的區別可能與不同學派為表達自己的主張而選用特定的詞義有關。從上引古璽材料看，"君子"和"士君子"究竟是指貴族男子還是指德才出眾的人，尚難確定。但如果我們能夠確定璽文中的"君子"和"士君子"指的是持璽者本人，那麼無論取哪一種意義，都可以確定其身份類私璽的性質。例11辭曰"君子之又（有）"，說明古璽佩帶者的身份是"君子"。例13是日本園田湖城氏舊藏：

      （《平庵考藏古璽印選》所錄封泥拓本）

璽文為"士君子之信壐"。該璽首字或釋為"上"①，今據《平庵考藏古璽印選》所錄的封泥拓本②，知該字仍當釋為"士"。施謝捷先生讀"信壐"為

---

① ［日］小林斗盦編：《中國璽印類編》，天津人民美術出版社2004年，第2頁；據1996年日本二玄社本影印。
② ［日］神田喜一郎監修，加藤慈雨樓編：《平庵考藏古璽印選》第二卷，京都，臨川書店1980年，第89頁。

"信府"①。"坓"字在古璽中很常見，辭例多作"地名+坓"，石志廉、李家浩等先生認爲是"坓"即"府"字②，當即施氏所據。但"信坓"一詞與常見"坓"字的辭例不同，且讀"信坓"爲"信府"頗爲費解，難以貫通辭義。我們認爲"信坓"應該讀爲"信符"。"符"字從土與"璽"字或從土同理，顯示出該璽用於抑埴的性質。璽印自名爲"符"與例6"王之上士阝（節）"自名爲"阝"相類，可以相互參照。"信符"也見於傳世文獻，如：

　　巷術周道者必爲門。門二人守之，非有信符，勿行。（《墨子·旗幟》）
　　吏從卒四人以上有分者，大將必與爲信符，大將使人行守，操信符，信不合及號不相應者，伯長以上輒止之，以聞大將。（《墨子·號令》）

該璽自名"信符"，說明了璽文中的"士君子"確實是指持璽者的身份，而不能當作箴言。因此"君子"與"士君子"諸璽均當視作身份類私璽。

就目前所見，例14凡六見，茲選錄其中兩例：

《彙考》198頁　　《彙考》198頁

施謝捷先生釋爲"士君子"③。按照"倒品字式"古璽的讀序習慣，當讀爲"君子士"。"君子士"不見於傳世文獻，應該與"士君子"同義。

古璽中還有部分與身份相關的私璽也頗值得注意：

15. 佘成君邑大夫俞𤣥　（《璽彙》0104）
16. 卑（裨）醬（將）匠匋㐰（信）鉨④（《璽彙》0234）

---

① 施謝捷：《古璽彙考》，第197頁。
② 石志廉：《戰國古璽考釋十種》，《中國歷史博物館館刊》1980年第2期，第112頁。李家浩《楚國官印考釋（兩篇）》，《文物研究》第七輯，合肥，黃山書社1991年，第122頁。
③ 施謝捷：《古璽彙考》，第198頁。
④ 湯餘惠：《"卑將匠匋信璽"跋》，《考古與文物》1993年第5期，第80—81頁。

17. 栗市（師）① 罰 （《璽彙》3371）
18. 栗市（師）② 鴈 （《璽彙》3410）
19. 賈市（師）③ 貴 （《璽彙》3600）

例15、16舊皆以爲官璽④。例17、18舊以爲複姓私璽⑤。實際上，"身份＋私名"的稱謂方式在先秦很常見，如聊人絿、行人子羽、楚令尹子元、公子小白等等，可謂俯拾皆是，上引四例皆其屬。這類璽印或亦可以作爲執行公務的信物，但本質上屬於個人的標記，帶有"私"的性質，與公有的官署璽、官名璽有所不同，當視作私璽爲宜⑥。由於先秦有以官爲氏、以爵爲氏等以身份命氏的方式，導致"官爵名＋私名"有"身份＋私名"和"姓氏＋私名"兩種理解，如何對具體材料進行準確的劃分仍有待進一步研究。

二、部分工用璽印的歸類問題

（一）帶有工匠里居、所屬機構和私名的璽印的歸類問題

戰國時期手工業十分發達，工匠是當時社會的重要組成部分。工用璽印及其印跡是研究當時社會性質和手工業發展狀況的重要資料。目前所見的工用璽

---

① 吳振武：《〈古璽彙編〉釋文訂補及分類修訂》，《古文字學論集》初編，香港中文大學中國文化研究所、吳多泰中國語文研究中心，1983年，第515頁。
② 吳振武：《〈古璽彙編〉釋文訂補及分類修訂》，《古文字學論集》初編，第515頁。
③ 關於"賈市（師）"的考釋，見拙文《古璽印字詞零釋（八篇）》，《中國文字》新三十三期，藝文印書館2007年，第179頁。
④ 羅福頤主編：《古璽彙編》，文物出版社1981年，第18、40頁。
⑤ 吳振武《〈古璽彙編〉釋文訂補及分類修訂》，《古文字學論集》初編，第529頁。
⑥ 林素清女士曾對居延漢簡所載的用印制度進行過考察，指出私印有時也可以用於公文的封緘，可爲拙見之佐證，說詳《居延漢簡所見用印制度雜考》，《中國文字》新廿四期，藝文印書館1998年，第153、155—157、170—171頁。

印和印跡材料非常豐富，其中很大一部分包括了工匠的名字以及里居等信息。秦國陶文中常見"某亭某里某"之辭，其中"亭"和"里"常常可以省略。現存的秦印也可以找到類似的印文：

1. 咸郦里驕（《秦代印風》19頁）
2. 咸郦里竭（《璽彙》0182）
3. 咸𤣩園相（《十鐘山房印舉》卷二·官印一·四）

裘錫圭先生曾經對這些印、陶材料進行過討論：

> 在里名人名上加"咸亭"或"咸"，表示這些陶工受兼管市務的咸陽都亭嗇夫管轄。用古書上的話來說，就是表示這些陶工是有市籍者。從這些陶工必須在自己的產品上打上標明里居人名的規格統一的印章的情況來看，國家對有市籍者的生產顯然是控制得很嚴的。
> ……
> 那些僅僅打有亭印、市印而沒有記"某里某"等人名的陶、漆器，可能既有亭、市直接役使所屬工人製造的器物，也有亭、市管轄的有市籍者所造的器物。至於那些有"市府"印的漆器，大概都是市所屬之府直接役使工人製造的。①

秦"咸屈里竭"印，或以爲官印②，或以爲私印③，其具體歸屬尚未形成共識。

齊國也有很多標識陶工里居和私名的陶文，同樣可以在古璽中找到相應的品類：

---

① 裘錫圭：《嗇夫初探》，《古代文史研究新探》，南京，江蘇古籍出版社1992年，第491—492頁；原載於《雲夢秦簡研究》，中華書局1981年。
② 羅福頤主編：《古璽彙編》，第31頁。
③ 王輝、程學華：《秦文字集證》，臺北，藝文印書館1999年，第258頁。

4. 䧑圖南里鎰（《彙考》65 頁）

5. 䧑圖南里[※]（《彙考》65 頁）

6. 䧑圖南里鹿（《彙考》65 頁）

7. 䧑圖南里人[※]（《彙考》66 頁）

8. 䧑圖匋里孬（《新編全本季木藏陶》補 1、補 2）

9. 䧑圖匋里睧（賵）（《彙考》66 頁）

10. 䧑圖匋里者（《彙考》66 頁）

11. 䧑圖匋里人旻（《彙考》66 頁）

12. 㚈圖昜里王不[※]（《彙考》67 頁）

13. 日里[※]（《彙考》67 頁）

14. 䵷圖齊（《璽彙》3751）

朱德熙先生曾經指出這類陶文和璽文有四種格式：一曰"某里某"；二曰"某里人某"；三曰"某里匋者某"；四曰"某里人匋者某"①。董珊先生認爲除了朱先生所舉的四種格式以外，還有"某里人曰某"的格式②。這類材料不見於《璽彙》，施謝捷先生將其歸入官璽③。例 14《璽彙》釋爲"緘日圖齊"④。吳振武先生改釋爲"䵷圖（陽）齊"⑤。"䵷"即"城"之異體。"城圖"是齊國陶文中常見的里名，"齊"是陶工名，屬於"某里某"的格式。《綴遺齋彝

---

① 朱德熙：《戰國匋文和璽印文字中的"者"字》，《古文字研究》第 1 輯，中華書局 1979 年，第 117—118 頁；收入《朱德熙古文字論集》，中華書局 1995 年；又收入《朱德熙文集》第五卷，商務印書館 1999 年。

② 董珊：《戰國題銘與工官制度》，北京大學博士學位論文（指導教師：李零教授），2002 年，第 179 頁。

③ 施謝捷：《古璽彙考》，第 65—67 頁。

④ 羅福頤主編：《古璽彙編》，文物出版社 1981 年，第 346 頁。

⑤ 吳振武：《〈古璽彙編〉釋文訂補及分類修訂》，《古文字學論集》初編，香港中文大學中國文化研究所、吳多泰中國語文研究中心，1983 年，第 518 頁。

器考釋》著錄了下揭陶文摹本：

方濬益釋爲"城圖齊"①，與例14同辭，是陶璽文字合證之例。對這些陶文和璽文材料，學者已作了不少的研究。高明先生認爲：

> 臨淄城的衢里製陶業，都是民間經營的小作坊，生產的陶器，主要是供市場上銷售的商品。作爲商品出售的陶器，必須是價格廉，品質好纔能暢銷。各個衢里的民間製陶作坊，無不爲達到此一目的而競爭。他們爲了迎合消費者的心理，竭力使自己產品的品質和價格滿足消費者的要求，並設法讓他們瞭解自己產品的優點，認識自己產品的特徵和標記。這就是衢里陶作坊生產的陶器一定要注明製陶者居住的衢里和名字的原因和目的。不難設想，這種陶文事實上是在起着後世商標的作用，它是在爲產品的宣傳和市場競爭服務，則與官府工業中的"物勒工名，以考其成"（引者按："成"爲"誠"之誤。）之官工刻辭，完全是兩回事情。
>
> ……
>
> 衢里製陶業的陶工身份是自由的，他們既不同於"工商食官"的工奴，也不同於爲官府勞役的徒隸，更不同於貴族豢養的奴隸，他們是定居在臨淄城內各個衢里有市籍的市民。他們是在衢和里的管轄下經營自己的作坊，規模不大，生產分散，屬於小手工業生產者，他們要向政府納稅，按時服勞役，戰時男人要服兵役爲國王出征。他們的身份雖比奴隸、工奴、徒隸自由，實際上壓在他們肩上的負擔是很重的，隨時都有可能淪爲徒隸、工奴和奴隸。②

高明先生的說法大體上是正確的。但如果爲了市場競爭的需要，這些璽文和印跡陶文的格式必不至於如此統一，相反地應該標新立異纔是。實際上，這類記錄陶工里居和私名的璽文和印跡陶文類似於秦國陶工印文與印跡陶文，其所有

---

① （清）方濬益：《綴遺齋彝器考釋》二五·一〇，上海，商務印書館1935年。
② 高明：《從臨淄陶文看衢里製陶業》，《古文字研究》第19輯，中華書局1992年，第318—319頁；又收入《高明論著選集》，北京，科學出版社2001年。

者和使用者應該是齊國有市籍的陶工，格式的統一是國家對手工業控制的體現。

此外，三晉印跡陶文中還有下揭材料：

15. 卣（虞）匋（陶）親市（《陶彙》6·52、53）
16. 卣（虞）匋（陶）悹（《陶彙》6·109）
17. 卣（虞）匋（陶）厗（《陶彙》6·113、114）
18. 卣（虞）匋（陶）▇（《陶彙》6·115）
19. 卣（虞）匋（陶）▇（《陶彙》6·116）
20. 卣（虞）匋（陶）▇（《陶彙》6·117）
21. 卣（虞）匋（陶）沱（《陶彙》6·118、119）

這些印跡是虞的陶工戳記。"匋"即陶工，相當於齊國陶文中的"匋者"，"匋"字之後的是陶工名①。此外，燕國陶文中常見"左宮某"、"右宮某"陶文，也是官署機構的陶工所用的璽印的印跡。

上述三組古璽與印跡陶文的內容均爲陶工私名及其里居或所屬機構等信息，從本質上說仍屬於私璽的範疇，可稱爲"里居和機構工名類私璽"。

(二) 紀時璽的歸類問題②

古璽和印跡陶文中有下揭材料：

1. 奠昜陳㝬（得）三（《璽彙》0291）
2. 奠昜㝬（得）三（《陶彙》3·20）

---

① 裘錫圭：《戰國文字中的"市"》後《編校追記》，《古文字論集》，中華書局1992年，第467頁。
② 吳振武先生也曾經提出過"紀時印"的概念，他所列舉的材料除了我們提到的"十一年以來"璽以外，還有"十四年十一月師紹"璽等等，說見《釋三方收藏在日本的中國古代官印》，《中國文字》新廿四期，臺北，藝文印書館1998年，第86—90頁。

3. 立事歲（《陶彙》3·32）

4. 齊立邦鈢（璽）（《東周與秦代文明》328頁）

5. 呑（大）坿（市）① 九月（《陶彙》3·656）

6. 呑（大）坿（市） [印] （二）月（《陶彙》3·658）

7. 十一年弓（以）耒（來）（《陶彙》6·123—125 等）

例1—3是齊國常見的"立事歲"陶，例1、2中的"三"即"三立事歲"之省，例3則省掉了立事者名。例4曹錦炎先生曾有討論：

  "立邦"猶言"立國"。齊之始建國，於周初武王時，封呂尚於齊營丘。齊康公二十六年（公元前379年），田和篡齊，呂氏遂絕其祀。此立邦璽，疑即田齊建國時所制，帶有紀念意義。②

其實例1—4均屬以事紀年之例，用以標記器物製作的時間，當是工匠所用的璽印。例5、6爲記月市印戳記，均屬於齊國。裘錫圭先生認爲"可能跟市吏在執行某些任務時分月更代當值的制度有關"③。帶有記月市印印跡的器物應該是市的機構役使所屬的工匠或有市藉的工匠所造。例7在河南鄭州金水河南岸合作總社、黃河醫院、黃河中心醫院均有出土，就目前所見共有十五件④。從其出土的地點以及文字的風格可以判定爲韓國的陶文材料，同樣是陶工用的

---

① 裘錫圭：《戰國文字中的"市"》，《考古學報》1980年第3期，第286—288頁；收入《古文字論集》，中華書局1992年；又收入《裘錫圭自選集》，鄭州，河南教育出版社1994年。
② 曹錦炎：《古璽通論》，上海書店出版社1996年，第117頁。
③ 裘錫圭：《戰國文字中的"市"》，《考古學報》1980年第3期，第291頁；收入《古文字論集》，中華書局1992年；又收入《裘錫圭自選集》。
④ 張立東：《鄭州戰國陶文"亳"、"十一年以來"再考》，《考古學研究（六）——慶祝高明先生八十壽辰暨從事考古研究五十年論文集》，北京，科學出版社2006年，第440頁。

壐印印跡。"十一年㠯（以）㭒（來）"是器物的製作時間。"㠯㭒"舊有"以差"①、"以差"②、"厶夌"③、"厶來止"④、"以㭒"⑤、"以來"⑥等多種釋法。近出楚簡"來"字作 [字形]（《包山》簡132反）、[字形]（《郭店·成之聞之》簡36）等形，知"㠯㭒"當讀爲"以來"。"十一年"有韓惠宣王十一年⑦、晉悼公十一年⑧等說法，由於印跡上的文字是典型的戰國文字寫法，其年代當不能早到春秋，因而就這兩種說法而言，前說更爲合理。紀時壐是官營手工業的工匠用壐，是鈐戳在官署所用器物上的標記，與官壐的性質並不相同，因而應該別出一類。

（三）紀物壐的歸類問題

印文內容含有物品名稱的古壐很多，我們把其中的部分材料列舉如下：

甲：

1. 大車之坏（壐）（《壐彙》0222）
2. 中軍坐（廣）車⑨（《壐彙》0368）

---

① 商志譚：《說商亳及其它》，《古文字研究》第7輯，中華書局1982年，第200頁。
② 河南省文物研究所鄭州工作站：《近年來鄭州商城遺址發掘收獲》，《中原文物》1984年第1期，第11頁。
③ 張松林：《鄭州商城區域內出土的東周陶文》，《文物》1985年第3期，第78—79頁。張松林，《鄭州商城內出土東周陶文簡釋》，《中原文物》1986年第1期，第73—75頁。
④ 河南省文物研究所：《1992年度鄭州商城宮殿區發掘收獲》，《鄭州商城考古新發現與研究（1985—1992）》，鄭州，中州古籍版社1993年，第106—108頁。
⑤ 高明、葛英會編著：《古陶文字徵》，中華書局1991年，第16頁。
⑥ 李家浩：《戰國文字概論》講義，北京大學，1993年，轉引自楊澤生《〈古陶文字徵〉補正例》，《論衡》第四輯，廣州，中山大學出版社2006年，第115頁。
⑦ 李家浩：《戰國文字概論》講義，北京大學，1993年，轉引自楊澤生《〈古陶文字徵〉補正例》，《論衡》第四輯，第115頁。
⑧ 張立東：《鄭州戰國陶文"亳"、"十一年以來"再考》，第440頁。
⑨ 李學勤：《東周與秦代文明》，文物出版社1984年，第329頁。

3. ▨▨山金貞（鼎）鍴①（《璽彙》0363）

4. 右朱（廚）②貞（鼎）鍴（《璽彙》0367）

5. 中昜（陽）③都▨王▨（《璽彙》5562）

6. 單佑都市王▨鍴（《璽彙》0361）

7. 東昜（陽）洢（？）澤王▨鍴（《璽彙》0362）

8. 朱（廚）器（《陶彙》6·19）

9. 㐸（丘）亩（廩）廟（《璽彙》0324）

10. ▨亩（廩）韵（《璽彙》2226）

11. 亩（廩）韵（《璽彙》3327）

12. 滎昜（陽）庿（倉）器（《彙考》118頁）

13. 陽城倉器（《陶彙》6·26、6·27）

14. ▨都市鋀（豆）④（《璽彙》0292）

---

① "鍴"字由李家浩先生釋出，轉引自朱德熙《戰國文字中所見有關廄的資料》，《古文字學論集》初編，香港中文大學中國文化研究所、吳多泰中國語文研究中心，1983年，第416、421—422頁注［4］；收入《朱德熙古文字論集》，中華書局1995年；又收入《朱德熙文集》第五卷，商務印書館1999年。又朱德熙《戰國文字資料裏所見的廄》，《出土文獻研究》，文物出版社1985年，第246、249頁注④。

② 朱德熙、裘錫圭：《戰國文字研究（六種）》，《考古學報》1972年第1期，第81—82頁；收入《朱德熙古文字論集》，中華書局1995年；又收入《朱德熙文集》第五卷，商務印書館1999年。朱德熙、裘錫圭《戰國銅器銘文中的食官》，《文物》1973年第12期，第61頁；收入《朱德熙古文字論集》，中華書局1995年；又收入《朱德熙文集》第五卷，商務印書館1999年。

③ 裘錫圭：《戰國貨幣考（十二篇）》，《北京大學學報（哲學社會科學版）》1978年第2期，第81—82頁；收入《古文字論集》，中華書局1992年；又收入《裘錫圭自選集》，鄭州，河南教育出版社1994年。吳振武《古璽合文考（十八篇）》，《古文字研究》第十七輯，中華書局，第268—269頁。

④ 李家浩：《燕國"洀谷山金鼎瑞"補釋》，《中國文字》新廿四期，臺北，藝文印書館1998年，第77頁注20；收入《著名中年語言學家自選集·李家浩卷》，合肥，安徽教育出版社2002年。

15. 呑（大）坿（市）豆（《陶彙》3·653、3·654）

16. 呑（大）坿（市）區（《陶彙》3·655）

17. 公豆（《陶彙》3·720、3·721）

18. 王豆（《陶彙》3·724）

19. 市區（《陶彙》3·723）

20. 王區（《陶彙》3·726、3·727）

21. 公䇾（釜）① （《陶彙》3·722、3·748，《彙考》42 頁）

22. 王䇾（釜）（《陶彙》3·571、《彙考》43 頁）

23. 坿（市）鎑（鍾）② （《陶彙》3·717）

24. 王鎑（鍾）③ （《陶彙》3·726、3·727）

25. 鄘戈（《集成》10896、10897）

26. 郢禹④（《鶴廬印存》105 頁、《彙考》187 頁）

27. 陳禹（《考古》1973 年第 3 期）

28. 專鍋（《先秦貨幣通論》351—352 頁）

29. 鄢禹（《文物》1980 年第 10 期）

30. 盧（鹽）⑤ 金（《文物》1980 年第 10 期）

31. 陳窒立事歲安邑亳䇾（釜）（《璽彙》0289）

---

① "䇾（釜）"字從董珊先生釋，說見《戰國題銘與工官制度》，第 190 頁。
② 吳振武：《試說齊國陶文中的"鍾"和"溢"》，《考古與文物》1991 年第 1 期，第 69—70 頁。
③ 吳振武：《試說齊國陶文中的"鍾"和"溢"》，第 69—70 頁。
④ ［日］林巳奈夫：《戰國時期の重量單位》，《史林》第 51 卷第 2 號，1968 年，第 125—130 頁。安志敏：《金版與金餅——楚漢金幣及有關問題》，《考古學報》1973 年第 2 期，第 65—71 頁。
⑤ 此從黃錫全先生說，轉引自何琳儀《古幣文編校釋》，《古幣叢考》，合肥，安徽大學出版社 2002 年，第 244 頁；原載於《文物研究》第 6 輯，合肥，黃山書社 1990 年。又黃錫全《先秦貨幣研究》，北京，紫禁城出版社 2001 年，第 350—351 頁。又黃錫全《古文字與貨幣史——新見古文字材料與古代貨幣研究中之疑難問題舉要》，《古文字與古代史》第一輯，臺北，中央研究院歷史語言研究所，2007 年，第 234—235 頁。

32. 陳三立事歲右稟㿻（釜）（《璽彙》0290）

33. 平門陳□左里□亳豆（《彙考》41 頁）

34. 昌齊陳固南左里亳豆（《彙考》42 頁）

35. 陳華句莫稟□亳㿻（釜）（《彙考》42 頁）

乙：

1. 跎公氏之畬器（《陶彙》3·685、3·686）

2. 不降拜余（餘）子·之戩（造）金（《集成》11541）

3. 肖勒器，容一斗（《璽彙》1069）

丙：

1. 牰（犧）牲金鈬（《璽彙》3744）

2. 祭豆（《陶彙》3·838）

甲類材料的內容是官署機構所用器物的名稱，其中相當一部分帶有使用該器物的官署名，舊多以爲官璽。《睡虎地秦墓竹簡·工律》簡 104—105 云：

  公器官□久，久之。不可久者，以髤（漆）久之。其或叚（假）公器，歸之，久必乃受之。敝而糞者，靡蚩其久。官則告叚（假）器者曰："器敝久恐靡者，遝其未靡，謁更其久。其久靡不可智（知）者，令齎賞（償）。"①

吳振武先生曾經據此說明戰國時期有在官家器物上鈐戳或漆書久識的制度②，上舉甲類材料正是這種久識制度的實物證明。值得指出的是，這種璽印雖然客觀上標明了使用器物的官府機構名稱，但實際上並不是由官署或官員掌握用以

---

① 睡虎地秦墓竹簡整理小組編：《睡虎地秦墓竹簡》，文物出版社 1990 年，第 45 頁。
② 吳振武：《釋三方收藏在日本的中國古代官印》，《中國文字》新廿四期，臺北藝文印書館 1998 年，第 85 頁。

行使職權的，而是工匠在作器時按照要求鈐戳，以記錄器物名和使用器物的官署機構名稱等信息，其性質與官璽是有差別的。例1是齊國陽文大璽，例2是燕國長條形陽文璽。曹錦炎先生認爲例1、2皆爲管理或製造車輛的機構①，恐未安。根據《周禮·冬官·考工記》的記載：

> 攻木之工：輪、輿、弓、廬、匠、車、梓。

大車、廣車均爲車屬，"大車之坏"、"中軍坓（廣）車"很可能是造車工匠用以標記產品類別所使用的璽印。例3、4均屬燕璽，李學勤先生認爲可能與冶鑄業有關②，甚是。例3中的"金貞"，朱德熙先生徑釋爲"金鼎"③。曹錦炎先生在討論例4時，進一步指出：

> 此璽是專門用來戳打在鼎上，表明是右廚所掌的用器。很可能是在製造陶鼎或漆鼎時用的。④

朱先生和李先生的看法是對的，曹先生的觀點也大致正確，衹是用於製造"陶鼎或漆鼎"的說法略有不妥，例3有"金鼎"的字眼，說明這些璽印在鑄造青銅器時也可以使用。例5、6形制與例3、4相類，也是燕璽。孫慰祖先生曾經指出：

---

① 曹錦炎：《古璽通論》，上海書畫出版社1996年，第122頁。
② 李學勤：《東周與秦代文明》，文物出版社1984年，第328—329頁。
③ 朱德熙：《戰國文字中所見有關廄的資料》，《古文字學論集》初編，香港中文大學中國文化研究所、吳多泰中國語文研究中心，1983年，第416頁；收入《朱德熙古文字論集》，中華書局1995年；又收入《朱德熙文集》第五卷，商務印書館1999年。又朱德熙：《戰國文字資料裏所見的廄》，《出土文獻研究》，文物出版社1985年，第246頁。
④ 曹錦炎：《古璽通論》，第154頁。

燕國條形陽文璽多自銘作"端",鈕制均作細長直柄形便於把握,穿孔鑄於邊側。此類燕璽印文無邊欄,就其形制而言,是專用於壓抑器銘的。上海博物館藏"中易都加王ク",頂端有反復錘擊變形的痕跡,印文磨損較甚,可見當時被錘抑的器物質料必然具有一定的韌性和硬度。①

說明例5也是用於手工業生產的璽印。例5—7中有一個寫作 、、 等形的字,學術界一般認爲是璽印自名,舊有"刀"②、"ク"③ 等釋法。我們認爲這可能是一個量器名,"王"是一個限定詞。例5是鈐於中陽都中 這個機構所造王量上的印記,例6是鈐於單佑都中市所造王量上的印記,例7是東陽海澩(?)澤所造或所用的王量上的印記。《陶彙》4·13、4·20、4·29號著錄了下揭陶文:

這些陶文均出於河北易縣,但陶文中的地名卻都不相同,說明了這些地方應該是陶器的產地。例8的辭例與用途均與例4相類。例9—13是用於鈐戳倉廩器物的璽印,均屬晉系,其中例8、13爲登封陽城所出,屬韓國陶文,例12中

---

① 孫慰祖:《戰國秦漢璽印鈕制的演變》,《孫慰祖論印文稿》,上海書店出版社1999年,第95頁。
② 丁佛言輯:《說文古籀補補》九·三,中華書局1988年;據1925年版影印。
③ 何琳儀:《古璽雜識續》,《古文字研究》第19輯,中華書局1992年,第471—473頁。

的滎陽戰國時屬韓，故例12爲韓璽。李學勤先生指出例13"與河南登封韓陽城出土的'陽城倉器'相同，當亦鈐蓋陶器所用"①。例14是陶工用璽，是燕國🔲都中的市所造或所用的豆上的戳記。或以爲是市官所用之璽②，非是。例15—24用於鈐戳量器，是齊國工匠用璽的印跡③。例25是戈銘，時代屬於春秋，說明當時有在器物上鈐戳銘文的風氣。例26—30是楚國鑄造貨幣時施用的印記。例31—35是齊國的立事歲陶，是陶工所用璽印的印跡，其內容比較豐富，除了有器物的名稱以外，還有時間、地點等其他信息。

乙類材料並不多見，例1屬齊，例2屬燕，分別是陶器和青銅器上的印跡，格式均爲"某人之某器"，與之相對應的古璽實物尚未得見。例3屬於晉系，璽文曰"肖勒器"，器主姓肖（趙），從這一點來看，該璽很可能是趙璽。例3舊多以爲私璽，施謝捷先生改入官璽④。該材料爲晉璽，從璽文"人名＋器＋容量"的格式可以看出，也是用於標記器物的璽印。在目前所見的晉系陶文中還沒有發現類似的品種，彌足珍貴。璽文中的"肖勒"是私名，故該璽不宜視作官璽。就目前所見，乙類材料的格式均爲"器主之某物"，是工匠鑄造和燒製器物時所用，以標記器物的名稱及其所有者，而器物的所有者都是具體的個人，並非官署機構。如果說甲類材料還多少帶有"官"的性質，那麼乙類材料就明顯帶有"私"的性質了。

丙類材料中，例1《璽彙》歸入私璽，施謝捷先生改入官璽⑤。實際上從璽文內容來看，我們祇能判斷這些材料應該與祭祀有關，但無法判斷其官私性質。

---

① 李學勤：《海外訪古續記（三）》，《文物天地》1993年第1期，第23頁；收入《四海尋珍》，清華大學出版社1998年。
② 曹錦炎：《古璽通論》，上海書店出版社1996年，第148頁。
③ 關於古璽中"市"璽及相關材料的討論，參看裘錫圭《戰國文字中的"市"》，《考古學報》1980年第3期，第285—286頁；收入《古文字論集》，中華書局1992年；又收入《裘錫圭自選集》，河南教育出版社1994年。
④ 施謝捷：《古璽彙考》，第120頁。
⑤ 施謝捷：《古璽彙考》，第163頁。

綜上所述，紀物璽大都是手工業工匠用璽，是施用於器物上的標記。在上舉材料中，甲類材料是官署機構所用或所造器物的印記，乙類材料是私人器物的印記，丙類材料的官私性質尚不明確，因此我們建議另闢一類"紀物璽"以統攝這些材料。

（四）關於紀事璽的歸類問題

古璽和印跡有下揭材料：

甲：

1. 廿二年正月左匋（陶）君（尹）·左匋（陶）[圖]湯[圖]國（國）·左匋（陶）攻（工）敢（《陶彙》4·1）

2. 廿一年八月右匋（陶）君（尹）·[圖]疾[圖][圖]·右匋（陶）攻（工）湯（《陶彙》4·2）

3. 十八年三月右匋（陶）君（尹）·[圖]敢[圖][圖]（《陶彙》4·3）

4. 廿一年□□□［匋（陶）君（尹）］·[圖]疾[圖][圖]（《陶彙》4·4）

5. 廿二年八月□［匋（陶）君（尹）］·[圖]疾[圖]□（《陶彙》4·5）

6. 十六年四月右匋（陶）君（尹）·[圖]敢[圖][圖]·右匋（陶）攻（工）徒（《陶彙》4·6）

7. 左匋（陶）尹鐈疋（?）哭（器）鍴·左匋（陶）[圖]湯[圖]國（國）·左匋（陶）攻（工）敢（《陶彙》4·7）

8. 左匋（陶）君（尹）鐈疋（?）☒·匋（陶）攻（工）黑（《陶彙》4·8）

9. 十六年十月左匋（陶）君（尹）·□朘[圖]瑩·左匋（陶）攻（工）剢（《陶彙》4·11）

10. 二十一年四月右［匋（陶）君（尹）］·疾□[圖]□（《陶彙》4·

12）

11. 二十二年□月左匋（陶）君（尹）·左匋（陶）□湯■匽（國）（《陶彙》4·14）

12. 十七年八月右匋（陶）君（尹）·■看■（《陶彙》4·15）

13. 十一年七月左匋（陶）君（尹）·左匋（陶）■■■室（《陶彙》4·16）

14. 二十三年三月左匋（陶）君（尹）·左匋（陶）■湯■□（《陶彙》4·17）

15. □年四月右匋（陶）君（尹）·■敢■·右匋（陶）攻（工）徒（《陶彙》4·19）

16. □鑄■哭（器）鍴·■湯■匽（國）（《陶彙》4·21）

17. 左匋（陶）君（尹）鑄□·左匋（陶）■□（《陶彙》4·25、4·26）

18. 二年十一月左匋（陶）君（尹）·匋（陶）■湯■匽（國）（《陶彙》4·30）

19. 左匋（陶）君（尹）鑄□·■湯■匽（國）·左匋（陶）攻（工）□（《陶彙》4·31）

20. 十九年二月右匋（陶）君（尹）·■敢■（《陶彙》4·32）

21. 十六年九月右匋（陶）君（尹）·■看■■·右匋（陶）攻（工）刑徒戒（《中國古代陶文集拓》第2冊3頁）

22. 十年邟命（令）羑□，右庫工帀（師）魼，冶□（《集成》11291）

23. □年盲命（令）司馬伐，右庫工帀（師）高雁，冶□（《集成》11343）

24. 二年州句□□忓，工帀（師）犢，漆丞造（《集成》11298）

乙：

1. 郾王職乍（作）玫鋸（《集成》11188）
2. 郾王詈乍（作）玫鋸（《集成》11193—11194）
3. 郾王喜乍（作）玫鋸（《集成》11195）
4. 郾王職乍（作）巨玫鋸（《集成》11232—11234）
5. 郾王戎人乍（作）玫鋸（《集成》11237—11239）
6. 郾王詈乍（作）巨玫鋸（《集成》11240、11246）
7. 郾王喜乍（作）·巨玫鋸（《集成》11247、11248）
8. 郾王職·☒（《集成》11480）
9. 郾王喜·☒（《集成》11482）
10. 郾侯載乍（作）·左軍（《集成》11513）
11. 郾王職·乍（作）玫鈦（《集成》11515、11516、11519、11520—11521）
12. 郾王職乍（作）·黃卒鈦（《集成》11517、11518）
13. 郾王喜·慇（造）☒（《集成》11522）
14. 郾王喜·慇（造）檢鈦☐（《集成》11523）
15. 郾王詈·乍（作）玫鈦（《集成》11524）
16. 郾王職乍（作）·巨玫鈦（《集成》11526）
17. 郾王職·乍（作）巨玫鈦（《集成》11527）
18. 郾王喜·慇（造）全䚽（長）利（《集成》11528、11529）
19. 郾王詈乍（作）·☐卒玫（《集成》11530）
20. 郾王戎人·乍（作）玫鈦（《集成》11531）
21. 郾王戎人·乍（作）玫鈦（《集成》11536）
22. 郾王戎人·乍（作）巨玫鈦（《集成》11537、11539）
23. 郾王戎人·乍（作）王萃鈦（《集成》11538）
24. 郾王詈乍（作）·巨鈦鉚（《集成》11540）
25. 郾王戎人乍（作）·☐卒（甲）衙（率）鈦（《集成》11543）

26. 郾王喜□・☒（《集成》11585）
27. 郾王喜恧（造）業旅鈦（《集成》11612、11616、11617）

丙：
1. 令乍（作）雽（召）塤（《陶彙》2・3）
2. 令嗣（司）樂乍（作）夫☒塤（《陶彙》2・4）
3. ☒乍（作）雽（召）塤（《陶彙》2・5）
4. 陵右造鍼（戟）（《集成》11062）
5. 子禾子左造𢦏（戟）（《集成》11130）

丁：
1. 永用析（？）淫（盈），受六亭（斛）四紂（？）（《集成》9607）

　　甲類材料中例1—21是燕國陶文，均用璽印鈐戳，反映的是燕國官營製陶業監造制度，部分材料帶有紀年，但尚未見與之相應的古璽實物。例22—24是晉系青銅兵器上的印跡，反映的是三晉諸國官營冶鑄業的監造制度。丙類材料均爲燕王兵器上的印跡銘文，是燕國官營手工業工匠所用璽印的印跡。丁類材料都寫有器物主人的私名。就目前所見，丁類材料僅有一例。銘文中的"永用析（？）淫"爲嘏辭，"淫"當讀爲"盈"，是盈滿的意思。從內容上看，其官私性質尚無法判定。

　　上述四類材料中，甲、乙兩類均爲官署機構所用器物或王器上的印記，是官營手工業用璽，丙類是私人器物上的印記，丁類的性質則尚不明確。這些印跡的出現大體上有兩個原因：一是由於監造制度的實行，不同級別的工匠或工官要分別鈐戳璽印，起到"物勒工名，以考其誠"的作用；二是由於當時社會生產的迅速發展，戰爭的頻繁發生，日用器物和兵器的需求非常龐大，工匠爲了方便冶鑄、製造而使用璽印鈐戳的方式複製銘文。這些材料的內容比較複雜，有的甚至是一個主謂賓俱全的句子，故而我們建議另立一類"紀事璽"

以統攝這些材料。

綜上所述，我們認爲古璽可分爲官璽、私璽、紀時璽、紀物璽、紀事璽等五大類，而官璽又可以細分爲官署類、官名類、職事類等類別，私璽又可以細分爲姓名類、身份類、里居或機構工名類、成語類等類別。我們對古璽的分類可以用圖表表示如下：

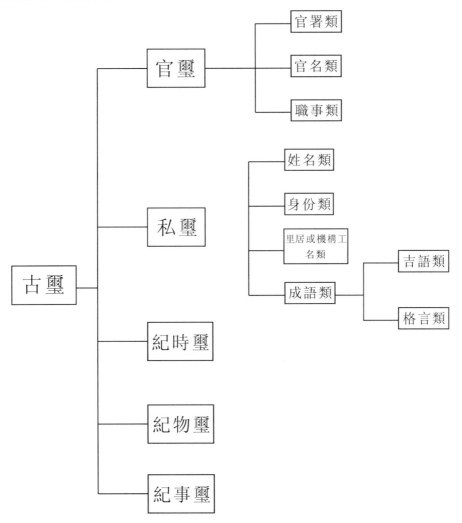

這裏還需要說明的是，有一些璽印的歸屬並不是唯一的。例如紀事璽中一些內容爲"某人作某器"的璽印，和紀物璽中內容爲"某人之某器"的璽印，他們的性質和用途是相同的，把前者歸入紀物璽也是可以的。

除了我們論及的內容以外，仍有一些問題是需要進一步研究的。譬如《集成》11470、11987 著錄了下揭不降矛和不降雙鋒鏃：

"不降"二字是用地名璽鈐戳而成的。又如《集成》10908 號武陽戈的"武陽"、11471 號平陽矛的"平陽"，《陶彙》6·21、6·23 號的"陽城"和6·42—6·44 號的"格氏"等等，均爲地名璽的印跡。傳世的古璽中，如《璽彙》0317 號"坪（平）阿"璽和《漢瓦硯齋古印叢》著錄的"郐（綸）氏"① 璽等地名璽應該就是工匠所用的璽印。此外，還有一些印跡材料的內容是官署機構名稱的，如《集成》11053 號武陽右庫戈的"右庫"、《陶彙》4·133 號的"左軍"等等。這些材料說明一些內容爲地名和官署機構名的璽印，實際上也是工匠用璽。如何把這些材料從官璽中分離出來，就是一個需要研究的問題。總之，本文祇是我們對古璽分類的初步探索，當中的一些看法可能還不夠成熟、不夠合理，但我們相信隨著問題的提出和研討的深入，這些問題終究是會被解決的。

---

① 李學勤：《戰國題銘概述（下）》，《文物參考資料》1959 年第 9 期，第 61 頁；收入《李學勤早期文集》，石家莊，河北教育出版社 2008 年。

附記： 本文是 2009 年夏天應《古文字論壇》之徵所作，至今已越五年，文章中的主要觀點我至今還是相信的。2010 年拙著《古璽探研》出版，已經把本文收入。在拙著出版以後，又有一些與本文內容相關的新成果發表，對文中涉及的一些璽印材料作了新的解釋。如紀物璽中有"犧牲金璽"和"鹽金"，吳振武先生指出這類稱"某金"的璽印是用於打在黃金或其包裝上的，說明這些金子是用於某種特殊用途的專款（見吳振武《關於戰國"某某金璽"的一個解釋》，《簡帛》第九輯，上海古籍出版社 2014 年）。又如燕國璽印或自名爲"鍴"，我們認爲當讀爲"揣"或"捶"，"鍴"的得名是由於這種璽印可以用於捶鍛壓抑的緣故［見拙文《戰國璽印自名解》，《中山大學學報（哲學社會科學版）》2013 年第 6 期］。這些內容未能寫入正文，謹記於此。

本研究獲得中央高校基本科研業務費專項資金（批准號：12WKPY32）資助。

（作者單位：中山大學中文系；出土文獻與中國古代文明研究協同創新中心）

天水放馬灘秦簡日書校讀*

陳　偉

（1）甲種簡30整理者原釋文："取之臧（藏）穴中糞土中"①。乙種簡66同。

今按，看簡文，"土"上一字實爲"畢"。當因形近而誤。

（2）乙種簡18原釋文："徵門數實數＝幷黔首家"。

徵，孫占宇、晏昌貴先生改釋爲"徙"②。"數＝"，孫占宇先生析讀作"數數"，晏昌貴先生析讀作"數虛"。今按：當讀作"數窶"。窶，讀爲"寠"。《爾雅·釋言》："寠，貧也。"《玉篇·宀部》："寠，空也。"睡虎地秦簡日書乙種《直室門》徙門下云："數富數虛，必幷人家"。寠、虛義近。

（3）乙種簡24原釋文"奪門主死"。

奪，晏昌貴先生釋爲"高"③。今按：看字形輪廓，當是"獲"。"主死"

---

* 本文是中國教育部哲學社會科學研究重大課題攻關項目"秦簡牘的綜合整理與研究"（08JZD0036）階段性成果。

① 甘肅省文物考古研究所：《天水放馬灘秦簡》，中華書局2009年，第85頁。以下引述出於此書者，不一一出注。

② 孫占宇：《放馬灘秦簡日書整理與研究》，西北師範大學博士學位論文，2008年6月，第43頁；晏昌貴：《天水放馬灘秦簡乙種〈日書〉分篇釋文（稿）》，《簡帛》第5輯，上海古籍出版社2010年，第19頁。

③ 晏昌貴：《天水放馬灘秦簡乙種〈日書〉分篇釋文（稿）》第19頁。

二字字形已不可辨識，或是"主必"。簡 24 有云："臨邦，八歲而更。弗更，井居左，种居右。"晏昌貴先生在其前擬補"獲門……"。其實，在釋出"獲門"後，簡 20、簡 24 相關文字應可直接連讀。睡虎地日書乙種《直室門》獲門下云："其主必富，八歲更，左井右种，种北鄉（向）廥。"與此大致相當。

（4）乙種 137 原釋文："廷行以利辰鄉必死亡"。

利，晏昌貴先生改釋爲"杓"。今按："廷"當釋爲"延"，同"征"。征行，出征或遠行。《國語·晉語四》："夙夜征行，不遑啓處，猶懼無及。"《史記·廉頗藺相如列傳》："以便宜置吏，市租皆輸入莫府，爲士卒費。"集解引如淳曰："將軍征行無常處，所在爲治，故言'莫府'。"

（5）乙種簡 139 原釋文："垣高厚死"。

今按："厚"爲"庫"字誤釋。高庫，高低。《淮南子·時則訓》"營丘壟之小大高庫"，高誘注："小大、高下各有度量也。"簡文是說，築垣無論高低，都將要死人。

（6）乙種簡 162、360 原釋文均由二段構成。晏昌貴、孫占宇先生予以拆分，將 360A 與 162B 綴合，孫占宇先生還將簡 297 接續其後，看作一篇①。乙種簡 310，整理者置於"雜忌"；晏昌貴先生與簡 345、348 等等置於一組②；程少軒先生看作可能歸入《鐘律式占》的竹簡③；孫占宇先生接在簡 250 之後，看作《參》篇的一部分④。今按：簡 310 實可與簡 297 連讀，其首字"占"與簡 297 末尾文字構成一句，即"日中以至晦以其雌占"，這適與上文"旦以至日中以其雄占"相對。

（7）乙種簡 228 原釋文："日中至日入投中林鐘貌殹"。

---

① 晏昌貴：《天水放馬灘秦簡乙種〈日書〉分篇釋文（稿）》第 38 頁；孫占宇：《天水放馬灘秦簡集釋》第 267 頁。
② 晏昌貴：《天水放馬灘秦簡乙種〈日書〉分篇釋文（稿）》第 38 頁。
③ 程少軒：《放馬灘簡式占古佚書研究》，復旦大學博士學位論文，2011 年 10 月，第 295 頁。
④ 孫占宇：《天水放馬灘秦簡集釋》第 244 頁。

貌，程少軒、蔣文先生疑爲"駉"①。今按：字當釋爲"猊"。《慧琳音義》卷八八"猊國"注："猊，師子。"《廣韻》："猊，狻猊，師子屬。一走五百里。"

（8）乙種簡 248 原釋文："是謂北龍"。

北，程少軒先生疑爲"赤"②。今按：字當釋爲"非"，讀爲"飛"。《莊子·逍遙遊》："乘雲氣，御飛龍，而遊乎四海之外。"《楚辭·九歌·湘君》："駕飛龍兮北征，邅吾道兮洞庭。"簡 296 "非鳥"③，亦應讀爲"飛鳥"。

（9）乙種 275 原釋文"夷則盜吏也"。

今按：秦簡"事"或寫作"吏"。依文意，這裏宜釋爲"事"。盜事也，可與簡 268 "田宇、池澤之事殹"、簡 270 "市販事殹"、簡 277 "鬭事也"比看。

（10）乙種簡 301、366，原釋文分別歸於"雜忌"、"問病"。晏昌貴先生以簡 301 與簡 319 連讀，簡 366 與簡 302 相次④。孫占宇先生分別歸於"土忌（二）"與"其他"⑤。今按，二簡應可連讀，形成完整的一條。即："·正月丑、酉，二月寅、申，三月卯、未，四月辰，五月巳、亥，六月午、戌，七月卯、未，八月申、寅，九月酉、丑，十月戌，十一月辰、巳，十二月巳、亥，凶日，不可以 301 初入官，忌殹。366"⑥

（11）乙種簡 309 最後四字原釋文："以殹治人"。

---

① 程少軒、蔣文：《略談放馬灘簡所見三十六禽（稿）》，復旦大學出土文獻與古文字研究中心網站 2009 年 11 月 11 日（http://www.gwz.fudan.edu.cn/SrcShow.asp?Src_ID=974）。
② 程少軒：《放馬灘簡式占古佚書研究》第 134 頁。
③ 鳥，原釋文作"爲"，孫占宇《天水放馬灘秦簡集釋》第 279 頁改釋。
④ 晏昌貴：《天水放馬灘秦簡乙種〈日書〉分篇釋文（稿）》第 26 頁。
⑤ 孫占宇：《天水放馬灘秦簡集釋》第 159、281 頁。
⑥ "五月巳"之"巳"原釋爲"己"，"凶"原釋爲"此"，係孫占宇先生改釋（《天水放馬灘秦簡集釋》第 159 頁）。

四字，孫占宇先生讀爲："以歐，治人。"① 晏昌貴先生釋爲"以毆治人"，以爲尙有後文②。今按："以"下一字，當從孫占宇先生所釋，讀爲"毆"。治，讀爲"笞"。"毆笞"一詞。睡虎地秦簡《法律答問》簡79："妻悍，夫毆治（笞）之，夬（決）其耳，若折支（肢）指、胅體（體），問夫可（何）論？當耐。"張家山漢簡《二年律令》簡39："父母毆笞子及奴婢，子及奴婢以毆笞辜死，令贖死。"可參看。

孫占宇先生將乙種簡127、128、309先後編次，稱爲"反支"篇。簡309按照我們的釋讀，文句未完。其後應與簡367連讀。這枚簡祇在頭端書有三字，原釋文作："春必薄"。孫占宇先生改釋作"者必蓐"③。今按："蓐"應讀爲"辱"。相關文句讀作："以去入官者，必去。以歐（毆）治（笞）人者，必蓐（辱）。"

(12) 乙種簡313原釋文"水漬"。

今按："漬"爲"潦"字誤釋。水潦，大雨，大水。《左傳》襄公十年："水潦將降，懼不能歸，請班師。"《管子·輕重丁》："齊西水潦而民飢，齊東豐庸而糶賤。"睡虎地秦簡《秦律十八種·田律》簡2："早〈旱〉及暴風雨、水潦、螽（蚤）蚰、群它物傷稼者，亦輒言其頃數。"

(13) 乙種簡320原釋文："吏官毋以壬戌歸及遠役。"④

今按：官當釋爲"宦"。秦漢時或吏、宦並舉。睡虎地秦簡《法律答問》簡191："可（何）謂宦者顯大夫？·宦及智（知）于王，及六百石吏以上，皆爲顯大夫。"張家山漢簡《二年律令》簡184："吏六百石以上及宦皇帝，而

---

① 孫占宇：《放馬灘秦簡日書整理與研究》第124頁。
② 晏昌貴：《天水放馬灘秦簡乙種〈日書〉分篇釋文（稿）》第40頁。
③ "者"字之釋，見孫占宇：《天水放馬灘秦簡集釋》，甘肅文化出版社2013年，第282頁；"蓐"字之釋，見孫占宇《放馬灘秦墓竹簡》2013年9月稿本。
④ 役，方勇（2009B）改釋爲"沒"，疑爲"役"之誤字。見方勇：《讀〈天水放馬灘秦簡〉小札（三）》，復旦大學出土文獻與古文字研究中心網站2009年10月17日（http://www.gwz.fudan.edu.cn/SrcShow.asp?Src_ID=942）。

敢字貸錢財者，免之。"其中吏指行政官員，宦指奉侍皇帝的侍臣、從官①。

（14）乙種簡 327 原釋文："日辰星各有主數而各三合"。

整理者釋爲"主"的字，陳劍先生釋爲"弎"②。今按：字應釋爲"勿"，疑當讀爲"物"。物數，物件數量。《儀禮·特牲饋食禮》："佐食盛朼俎，俎釋三個。"鄭玄注："個猶枚也。今俗言物數有若干個者。"《說文》："員，物數也。"

（15）乙種簡 329 原釋文："日中至日入投中瘛鐘虎殹"。

"虎"字之釋，程少軒、蔣文先生認爲不可信③。今按："虎"已見於簡 212。此處當是另一種動物。看字形輪廓，恐是"虞"。《說文》："騶虞也。白虎黑文，尾長於身，仁獸，食自死之肉。"

（16）乙種簡 336 原釋文："訊倉"。

第一字，陳劍先生釋爲"埶"④。今按：此字右從"凡"，左部似"鳥"字殘筆，恐是"鳳"。第二字看殘筆，似爲"鳥"。其左側殘泐，聯繫文意看，蓋是"鳴"。鳳鳴，適與"龍鳴"（簡 300）、"雞鳴"（簡 356）照應。

（17）乙種簡 346 原釋文："弗居軍丙丁䨻軍後徙戊己䨻軍殹庚辛䨻軍前徙爲雨不徙壬癸纍戰"。

孫占宇先生以爲"弗"前有缺文，擬補作"甲乙䨻"；並將"殹"改釋爲"敬"，讀爲"警"⑤。今按："弗"字爲"邦"字誤釋。其前尚有墨點，爲一篇之首。由此可知"邦居軍"爲本篇篇題。簡文讀作："·邦居軍：丙丁䨻（雷），軍後徙。戊己䨻（雷），軍敬（警）。庚辛䨻（雷），軍前徙，爲雨不

---

① 參看閻步克《論張家山漢簡〈二年律令〉中的宦皇帝》，《中國史研究》2003 年第 3 期。
② 程少軒：《放馬灘簡式占古佚書研究》第 165 頁引述。
③ 程少軒、蔣文：《略談放馬灘簡所見三十六禽（稿）》，復旦大學出土文獻與古文字研究中心網站 2009 年 11 月 11 日（http://www.gwz.fudan.edu.cn/SrcShow.asp?Src_ID=974）。
④ 程少軒：《放馬灘簡式占古佚書研究》第 138 頁引述。
⑤ 孫占宇：《天水放馬灘秦簡集釋》第 180 頁。

徙。壬癸纍（雷），戰。"

（18）乙種簡368 祇在簡首書有三字，原釋文爲："鐘已肎"。

今按："肎"爲"備"字誤釋。本簡應接在乙種簡283之後。簡283最後二字，原釋文作"服陽"。服，孫占宇先生改釋爲"陰"[①]。"陰陽鐘已備"，是說陰陽鐘至此已經完備。

（作者單位：武漢大學簡帛研究中心）

---

① 孫占宇：《天水放馬灘秦簡集釋》第264頁。

金關漢簡《譚致丈人書》校釋*

劉樂賢

金關漢簡 73EJT24∶65 號是一件書信木牘，正、背兩面都寫有文字，整理者的釋文作：

十一月五日具書肩水驛北亭息譚叩頭賜書
丈人萬年坐前善毋恙頃舍中毋它謹叩頭因言丈人所寄
郵子張書一封謹到書□□仲病至今未愈極坐人可□□
閒者敦迫事急數□□□叩頭□□□候使許補官令史□府□□□
記府□□守令史未如府……

73EJT24∶65A

方議其功未知□奴叩頭
丈人爲時不和謹衣彊幸酒食數進取便往來人願數來書記□
得日夜承聞丈人善毋恙叩頭幸甚□□
往入謹叩頭再拜　　耒
丈人□□

73EJT24∶65B①

---

* 本文得到 2009 年教育部新世紀優秀人才支持計劃資助（NCET–10–0004）。
① 甘肅簡牘保護研究中心等：《肩水金關漢簡（貳）》，上海，中西書局 2012 年，中冊第 284 頁，下冊第 141 頁。

從照片看，這件木牘的左部已破損，其正面的下部又有一道明顯裂痕，致使部分字跡殘缺或模糊不清。加之木牘上的文字多用草體書寫，辨識相當不易。在上引整理者的釋文中，就有不少以□表示的未識之字。比較而言，木牘正面第一行和第二行的文字保存完好，字跡較爲清晰，整理者的釋文也比較準確。第四行和第五行因有殘缺，釋讀甚爲困難，意思尚不明朗。木牘背面的字跡較爲模糊，所幸内容多爲書信套語，尚能知其大意。

　　經再三審視照片，我們覺得整理者的釋文雖然大體可信，但也存在一些值得商榷，或需要補充的地方。於是寫成這篇小文，希望能夠爲讀者理解這件書信提供幫助。

　　從牘文看，這件書信的寫信人是"息譚"，他於十一月五日在肩水候官的騂北亭給"丈人"寫信。

　　丈人，在古代一般是對老人的尊稱。如《論語·微子》："子路從而後，遇丈人，以杖荷蓧。"何晏集解引包咸曰："丈人，老人也。"① 《漢書·蘇建傳》："天漢元年，且鞮侯單于初立，恐漢襲之，乃曰：'漢天子我丈人行也。'盡歸漢使路充國等。"顏師古注："丈人，尊老之稱。"② 有時候，"丈人"也可以專指親近的老人或家長。如《漢書·疏廣傳》："居歲餘，廣子孫竊謂其昆弟老人廣所愛信者曰：'子孫幾及君時頗立産業基阯，今日飲食費且盡。宜從丈人所，勸說君買田宅。'"顏師古注："丈人，莊嚴之稱也，故親而老者皆稱焉。"③《尸子·發蒙》："家人子姪和，臣妾力，則家富。丈人雖厚衣食，無傷也。子姪不和，臣妾不力，則家貧。丈人雖薄衣食，無益也，而況且於萬乘之君乎？"④ 這件書信中的"丈人"，是寫信人"息譚"對其家中老人的稱呼，指的是"息譚"的父母。

　　"譚"在這件木牘中多次出現，顯然就是書信的作者。如果祇從字面考

---

① 程樹德：《論語集釋》，中華書局1990年，第1272—1273頁。
② 《漢書》，中華書局1962年，第2459—2460頁。
③ 《漢書》，第3040—3041頁。
④ 李守奎、李軼：《尸子譯注》，哈爾濱，黑龍江人民出版社2003年，第27頁。

慮，第一行此處提到的寫信人"息譚"，很容易被看作是一個姓"息"名"譚"的人。不過，"息譚"給家人特別是其父母寫信，大概是用不着說明姓氏的。所以這裏的"息"，還是應當解釋爲稱謂。古書"息"可以指兒子，《資治通鑑·周紀五》："左師公曰：'老臣賤息舒祺，最少，不肖，而臣衰，竊憐愛之，願得補黑衣之缺以衛王宫，昧死以聞！'"胡三省注："息，子也。"①《義府》卷下"新婦"條說："又古者，謂子爲息，息之訓，生也。《國策》：'左師觸龍云：老臣賤息舒祺。'梁武帝《長安有狹邪行》云：'大息組絪緼。中息佩陸離。小息尚清綺，總轡遊南皮。'"②東漢東海恭王彊臨死前上書，提到其兒子"政"時說："息政，小人也，猥當襲臣後，必非所以全利之也。"③在別的書信簡牘中，兒子可也可以自稱爲"息子"。如《敦煌漢簡》779號正面開頭說："息子來卿叩頭，多問丈人毋恙。"④息子，即兒子。《洛陽伽藍記·菩提寺》："雋問暢曰：'卿有兒死否？'暢曰：'有息子洪，年十五而死。'"⑤這件牘文的"息"，應與"息子"意思一致。總之，這是一封由兒子"譚"寫給其"丈人"即父母的書信，故本文將其擬題爲《譚致丈人書》。

根據整理者的釋文，這件書信的作者一開始即在書信的第一行，就用了"賜書"一詞，令人費解。我們知道，"賜書"一詞在簡牘和古書中，是用來表示對對方來信的敬稱。如《敦煌漢簡》1962號正面："年伏願子和少公幸賜書告，幸得奉聞子和少公毋恙。"⑥司馬遷《報任少卿書》："太史公牛馬走司

---

① 《資治通鑑》，中華書局1956年，第163—164頁。
② 黃生撰，黃承吉合按：《字詁義府合按》，中華書局1984年，第174頁。
③ 《後漢書》，中華書局1965年，第1424頁。
④ 甘肅省文物考古研究所：《敦煌漢簡》，中華書局1991年，圖版柒三，第249頁。張德芳：《敦煌馬圈灣漢簡集釋》，甘肅文化出版社2013年，第119頁，第299頁，第578頁。
⑤ 周祖謨：《洛陽伽藍記校釋》，中華書局1963年，第135—136頁。
⑥ 《敦煌漢簡》，圖版壹伍玖，第295頁。

馬遷再拜言，少卿足下：曩者辱賜書，教以順於接物，推賢進士爲務。"① 從這件書信的行文看，"賜書"的主語應當是"譚"。而"譚"作爲寫信人，如將自己給父母寫信稱爲"賜書"，殊不合理。從照片看，整理者釋作"賜"的字，初看起來與"賜"的草體較爲接近，但經仔細比較，它與漢代簡牘所見"賜"的草書寫法其實並不完全一致②。所以，該字是不是"賜"，尚可討論。如果此字確爲"賜"，則此處"賜書"與上引"賜書"的通常含義應有不同。此字暫時不能確釋，有待繼續研究。

　　第二行整理者釋作"謹叩頭"的"謹"字，其寫法與正面第三行"謹到"、背面第二行"謹衣彊幸酒食"的"謹"明顯不同，不能釋作"謹"。其實，這個字的寫法與正面第一行寫信人的名字"譚"一致，故也應釋作"譚"。

　　釋文第三行中的"郚子張"，顯然是一個人名。就目前所見材料而言，似乎不能確定漢代已有"郚"姓。整理者釋作"郚"的字，其左部也可能是"赤"③，故此字可以改釋爲"郝"。漢代以"郝"爲姓氏的人，西漢有"郝賢"（《漢書·霍去病傳》④），東漢有"郝崇"（《後漢書·章帝紀》⑤）、"郝絜"（《後漢書·梁冀傳》⑥）、"郝禮眞"（《後漢書·郭太傳》⑦）、郝孟節（《後漢書·方術傳》⑧）等。又，居延漢簡載有"郝毋傷"（334.36）⑨、"郝卿"（503.12）⑩、"郝更生"（E.P.T59：48）⑪ 等人，金關漢簡載有"郝子

---

① 《文選》，上海古籍出版社 1986 年，第 1854 頁。
② 陸錫興：《漢代簡牘草字編》，上海書畫出版社 1989 年，第 53—54 頁。
③ 《漢代簡牘草字編》，上海書畫出版社 1989 年，第 201 頁。
④ 《漢書》，第 2478 頁。
⑤ 《後漢書》，第 135 頁。
⑥ 《後漢書》，第 1184 頁。
⑦ 《後漢書》，第 2231 頁。
⑧ 《後漢書》，第 2750—2751 頁。
⑨ 謝桂華等：《居延漢簡釋文合校》，文物出版社 1987 年，第 524 頁。
⑩ 《居延漢簡釋文合校》，第 601 頁。
⑪ 甘肅省文物考古研究所等：《居延新簡》，中華書局 1994 年，上冊第 158 頁，下冊第 347 頁。

春"（73EJT23：789）①、"郝卿"（73EJT23：885 正面）② 等人。此外，《漢印文字徵》"郝"字條也收有一些以"郝"爲姓氏的漢印人名③。郝子張，姓郝字子張。丈人所寄郝子張書謹到，丈人託郝子張帶的書信已經收到。

這一行中，"書"後面有兩個字整理者缺釋。前一個缺釋字的寫法簡單，明顯就是"上"。後一個缺釋字與第二行"因言"的"言"寫法接近，故應釋作"言"。書上言，書信（指丈人託郝子張帶的書信）上說。居延新簡 E.P.T65：31 號，有"長仲萬年執事，起居毋它，善善。前者三月十日得書一封，書上曰十月廿八日具書"④ 等語。其"書上曰"，與此處的"書上言"是同樣的意思。

這一行中的"仲"，大概是指寫信人"譚"的一位兄弟或姐妹。因其在兄弟姐妹中排行第二，故稱"仲"。《詩·邶風·燕燕》："仲氏任只，其心塞淵。"高亨注："仲氏，古代長子長女稱伯稱孟，中子中女稱仲，幼子幼女稱叔稱季。"⑤ 也有可能，譚的一個兄弟或姐妹以"仲"爲字，故書信以"仲"相稱。

這一行"極"字後面被整理者釋爲"坐"的字，其寫法與第二行"丈人萬年坐前善毋恙"的"坐"明顯不同，釋"坐"恐不可信。從照片看，木牘於此處有裂開痕跡，因而導致該字的字形已有殘損，釋讀頗爲不易，這裏暫且從缺。其後面還有兩字，整理者皆未釋。前面一個字的上部是"艹"，下部與"樂"的草體接近，似可釋爲"藥"。此處"藥"作動詞用，是治療的意思。"藥"與"療"同義，可參看王引之《經義述聞》卷十八"藥石"條⑥。後一個字的字形與前面"書上言仲病至今未愈"的"愈"基本一致，似可分析爲

---

① 《肩水金關漢簡（貳）》，中冊第 217 頁。
② 《肩水金關漢簡（貳）》，中冊第 233 頁。
③ 羅福頤：《漢印文字徵》，文物出版社 1978 年，卷六：二十一。
④ 《居延新簡》，上冊第 185 頁，下冊第 413 頁。按：萬年，整理者釋文作"萬幸"。
⑤ 高亨：《詩經今注》，上海古籍出版社 1980 年，第 39 頁。
⑥ 王引之：《經義述聞》，江蘇古籍出版社 1985 年，第 437 頁。

上"偸"下"心"。漢簡中的"愈"字多作此形。

第四行中的"敦迫",是逼迫、迫促的意思。敦,逼,迫。《後漢書·韋彪傳附韋著傳》:"復詔京兆尹重以禮敦勸,著遂不就徵。"李賢注:"敦猶逼也。"①《後漢書·班固傳》:"然後欽若上下,恭揖羣后,正位度宗,有于德不台淵穆之讓,靡號師矢敦奮撝之容。"李賢注:"敦猶迫逼也。《詩》云:'矢於牧野。'又曰:'敷敦淮濆。'"② 敦迫,逼迫。《抱朴子外篇·自敍》:"義軍大都督邀洪爲將兵都尉,累見敦迫。"③ 敦迫,別的書信簡牘多作"迫"。閒者敦迫事急,近來迫於事情緊急。

這一行的"數"字之後,有三個字整理者缺釋。從照片看,前兩個字明顯是"失往",第三個字看上去像"來"。數失往來,可能是"數失往來人"或"數失往來者"的意思。還有一種可能,第三個字本是"人",因此字正好位於木牘斷裂處,以致看起來有些走樣。別的書信簡牘作"數失往人",可參考。例如,居延新簡 E. P. F22∶463 號背面有"叩頭叩頭,謹因往人奉記"等語④。居延漢簡 495.4 號正面:"吏奴下薄賤,多所迫,迫近官廷不得去尺寸,閒數失往人,甚毋狀。"其"人"字,《居延漢簡甲乙編》釋作"人",《居延漢簡釋文合校》校作"入"⑤。從文例看,當以釋"人"爲是。書信中的"數失往人",是說屢次錯過了帶信人,其實是說已經久未寫信問候。

這一行在"叩頭"與"候"之間,整理者釋文標有三個字不識字。其實,"叩頭"與"候"之間祇有兩字。這兩字的輪廓尚存,可以釋作"因言"。

這一行中被整理者釋作"許"的字,和第一行中寫信人名字"譚"的寫法一致,也應當釋爲"譚"。候使譚補官令史,肩水候打算讓譚補肩水候官令史之缺。這是譚在向父母彙報自己將要升職的情況。

---

① 《後漢書》,第 921 頁。
② 《後漢書》,第 1377—1378 頁。
③ 楊明照:《抱朴子外編校箋》,中華書局 1997 年,下冊,第 684 頁。
④ 《居延新簡》,上冊第 224 頁,下冊第 538 頁。
⑤ 《居延漢簡釋文合校》,第 592—593 頁。

"候使譚補官令史"後面的幾個字，因筆跡不甚清楚或有殘損，整理者祇釋出了一個"府"字。限於條件，我們在這裏也不擬做更多推測。

第五行的文字因爲木牘殘損，多數已經無法辨識，故這裏不作討論。

木牘背面的文字，應當可以與正面的文字連讀。可惜因爲木牘的左邊殘缺，正、背面之間的文字現在已經無法連讀成句。

背面第一行，"未知"之後被整理者釋作"囗奴"的兩字，似應改爲"何數"。該木牘"數"字多見，可比對。

背面第二行中整理者釋作"取便"的兩個字，應當改釋爲"所便"。數進所便，也見於別的書信簡牘。例如，居延新簡 E. P. T44：8 號背面有"謹候望，忍下愚吏士，慎官職，加強飱食，數進所便"等語①。居延新簡 E. P. F22－820 號也殘存"數進所便"等字，但整理者將"所便"同樣誤釋成了"取便"②。別的書信簡牘，有時也用"進所安"表達同樣的意思。如居延新簡 E. P. T26：12 號殘存"飱食，厚自愛，進所安，幸甚幸甚"等語③，即其例。

這一行的最後一個字，由於字跡甚爲模糊，整理者未能釋出。結合文例看，該字似可釋作"使"，並應與下一行文字連讀。

背面第三行的第一個字，整理者釋作"得"。該字左邊不是"彳"而是"言"的草寫，故不能釋作"得"。這個字，其實就是木牘正面幾次出現過的寫信人的名字"譚"。之後的"承聞"，應當改釋爲"奉聞"。"奉聞"是書信簡牘中較爲常見的一個詞語，這裏不必多作解釋。

整理者將這一行中"丈人"和"毋恙"之間的文字釋作"善"，不妥。試將其與木牘正面第二行"丈人萬年坐前善毋恙"句比較，可以看出：兩處"年"字的寫法完全一致，前面的"萬"字，兩處的寫法也較爲一致。所以，這一句應當改釋爲"使譚日夜奉聞丈人萬年毋恙"。"萬年毋恙"是書信簡牘

---

① 《居延新簡》，上冊第 53 頁，下冊第 101 頁。
② 《居延新簡》，上冊第 235 頁，下冊第 566 頁。
③ 《居延新簡》，上冊第 31 頁，下冊第 60 頁。

中用於問候人的一句套語。居延漢簡 502.14 號正面："曹宣伏地叩頭白記：董房、馮孝卿坐前萬年毋恙。"① 居延漢簡 81.5 號木觚第一、第二面："誼叩頭言：游君容萬年毋恙，頃舍中得毋有它急。"②

這一行的最後兩個字，整理者未釋。從照片看，最後一個字明顯是"因"。"因"前面一字的字跡甚爲模糊，參照文例，似可釋作"謹"。此處"謹因"兩字，應與下面一行文字連讀。

背面第四行的頭兩個字，整理者釋作"往入"，顯然是"往人"的誤釋。上文已經提到，居延漢簡 495.4 號正面的"往人"，也有被學者誤校作"往入"的情況。往人，就是過往的人，指帶信之人。

"往人"後面一字，整理者釋作"謹"，其實應釋作"譚"，可參看上文對正面第二行"譚"字的考釋。

"再拜"的"再"字，簡文寫得十分簡省。關於"再"的簡省寫法，可參看 73EJT4：67 號和 EJT4：108 號背面③。

這一行最後一個字，整理者祇是照原樣描摹，未能釋出。該字應釋作"奏"，是進、進獻、進呈的意思。73EJT4：110 號正面"謹因孫長實奉記，伏地再拜"中的"奉"字④，與此字寫法相近，也可以改釋爲"奏"。

背面第五行的末尾，即"丈人"之後的部分，無論看作一個字還是兩個字，都不容易釋讀。這裏暫且按照整理者的意見，將其看作兩個不識字。

根據以上的分析和討論，可以將這件書信的文字重新釋讀並標點於下：

十一月五日具書肩水騂北亭，息譚叩頭，賜（？）書。
丈人萬年坐前善毋恙，頃舍中毋它。譚叩頭，因言：丈人所寄

---

① 《居延漢簡釋文合校》，第 600 頁。
② 《居延漢簡釋文合校》，第 143 頁。
③ 甘肅簡牘保護研究中心等：《肩水金關漢簡（壹）》，中西書局 2011 年，中冊第 86 頁，中冊第 91 頁。
④ 《肩水金關漢簡（壹）》，中冊第 91 頁。

郝子張書一封謹到。書上言仲病至今未愈，極□人可藥愈。
間者敦迫事急，數失往來，叩頭，因言：候使譚補官令史，□府□□□
記府□□守令史未如府☑

                 73EJT24：65A

方議其功，未知何數。叩頭，
丈人爲時不和，謹衣，彊幸酒食，數進所便。往來人，願數來書記，使
譚日夜奉聞丈人萬年毋恙。叩頭，幸甚，謹因
往人，譚叩頭再拜，   奏
丈人□□。

                 73EJT24：65B

  我們雖然窮盡目力，企圖辨識出更多的文字，以爲讀者瞭解這件書信提供幫助。但因木牘殘損或字跡模糊，加之學識有限，這件書信中還有不少問題未獲解決。甚至連書信中最爲重要的部分，即"譚"給父母寫信的具體原因，也因木牘正面第四行、第五行文字有殘缺，不易通讀而不清楚。書信簡牘的釋讀並不容易，這篇小文旨在拋磚引玉，希望能夠得到方家指正。

  附記：本文撰寫過程中蒙馬怡研究員提供寶貴意見，謹此致謝。

                （作者單位：首都師範大學歷史學院）

漢代石刻文獻中的異構字

黄文傑

讀音、意義完全相同，形體不同的兩個或兩個以上的字，其中最通行的一個稱爲正體，其他的稱爲異體。異體字是一個共時的概念，在歷史上是發展變化的。東漢許慎編撰的《說文解字》，以小篆作爲正體，兼收古文、籀文、或體、俗體等異體。《說文》一書是以秦初《倉頡》《爰歷》《博學》等形體結構規範的小篆作爲標準字體的，上承戰國文字，下啓隸書，具有"正字"的地位。因此，本文在判定秦漢文字中的正體字和異體字時，把與《說文》小篆形體構成相同的字視爲正體字，否則視爲異體字，同時參考其他字書。

漢代石刻文獻中的異體字可分爲異寫字與異構字①。異寫字是讀音、意義完全相同，因書寫不同而形成的異形。異寫字的書寫不同表現在筆畫層面上，主要是筆畫位置、長短、曲直、增省、分合等的變化。異構字讀音、意義完全相同，但形體構成不同。所謂形體構成不同，主要表現爲改換表義或示音構件、增加或減省構件、相同構件間的組合位置變換等②。

---

① 異寫字和異構字的概念和術語是王寧先生提出來的。見王寧《漢字構形學講座》之第10講《異寫字與異構字》，《中國教育報》1995年9月2日第3版；又見王寧《漢字構形學講座》，上海教育出版社2002年，第80—86頁。
② 漢字的構形單位是構件（也稱部件）。當一個形體被用來構造其他的字，成爲所構字的一部分時，我們稱之爲所構字的構件。見王寧《漢字構形學講座》，上海教育出版社2002年，第35頁。

本文對漢代石刻文獻中的異構字進行分析研究。

一、漢代石刻文獻異構字簡釋

（一）改換表義構件的異構字①

正字/異構	用例	簡釋
靈/靈/靈	・魂靈瑕顯。（《北海相景君銘》） ・又《尙書考靈燿》曰。（《史晨前碑》） ・惟巛靈定位。（《石門頌》）	靈，從玉霝聲。靈，從巫霝聲。《說文》"靈"或體從巫作"靈"。邵瑛《群經正字》："今經典多從或體。""靈"或從土作"靈"。"靈""靈"乃"靈"改換表義構件"玉"爲"巫"或"土"的異構字。
葬/塟/塟（塟）	・生長塟陵在於成陽。（《堯廟碑》） ・建安十五年二月十日陳元盛塟。（《建安十五年題記》） ・塟枯槀乏。（《孫叔敖碑》） ・十七日辛酉塟。（《衡方碑》）	葬，從死在茻中。塟，從死在艸、土之中。埋葬用土，故葬所從"茻"之下部改換爲"土"。《字匯・土部》："塟，同葬。"《類篇》"葬"或作"塟"。《衡方碑》"塟"所從"土"字右多加一點作"圡"。碑"士"字或寫作"土"，故碑常加點把"土"寫作"圡"以區別。魏晉石刻亦見"塟""塟"字。"塟""塟（塟）"乃"葬"改換表義構件的異構字。
牢/窂	・祠孔子以大窂。（《史晨前碑》） ・郡遣吏以少窂祠。（《韓仁銘》）	牢，從牛，四周像養畜牲之圈。《玉篇・穴部》："窂，與牢同。"《干祿字書》："窂牢，上俗下正。""窂"乃"牢"改換表義構件"宀"爲"穴"的異構字。
咳/孩	・先生童孩多奇。（《婁壽碑》）	咳，從口亥聲。孩，從子亥聲。《說文》"咳"古文作"孩"。《字匯補・口部》："咳，與孩同，小兒也。""孩"乃"咳"改換表義構件"口"爲"子"的異構字。

---

① 下列表格包括"正字/異構""用例"和"簡釋"三部分。"異構"即異構字。"用例"中例子後邊小括號寫該例子的出處。

續上表

正字/異構	用例	簡釋
证/征	・君興師征討。（《曹全碑》） ・從風征暴。（《校官碑》）	证，從辵正聲。征，從彳正聲。《說文》"证"或體作"征"。"征"乃"证"改換表義構件"辵"爲"彳"的異構字。
復/退（返）	・退就勑巾。（《衡方碑》） ・害退，於戌亥之間。（《曹全碑》） ・進返以禮。（《夏承碑》）	復，從彳從日從夂。退，從辵從日從夂。《說文》"復"古文作"退"。《玉篇・彳部》："復，古退字。"《集韻・隊韻》："復，隸作退。""返"比"退"多加一橫。"退（返）"乃"復"改換表義構件"彳"爲"辵"的異構字。
詠/咏	・敬詠其德。（《禮器碑》） ・吟咏成章。（《趙寬碑》）	詠，從言永聲。咏，從口永聲。《說文》"詠"或體作"咏"。《廣韻・映韻》"咏"同"詠"。"咏"乃"詠"改換表義構件"言"爲"口"的異構字。
諎/嗟	・嗟逆賊，燔城市。（《曹全碑》） ・籲嗟昊蒼。（《譙敏碑》）	諎，從言差聲。嗟，從口差聲。《集韻・麻韻》："諎，或作嗟。""嗟"乃"諎"改換表義構件"言"爲"口"的異構字，且上下結構變換爲左右結構。
善/譱	・流恩褒譱。（《夏承碑》） ・寇息譱歡。（《校官碑》）	善，從言從羊。譱，從誩從羊。《說文》以"善"爲篆文，則字頭"譱"非古文即籀文。《正字通・言部》："譱，善本字。""譱"乃"善"改換表義構件"言"爲"誩"的異構字。
競/竸/䨓	・競以禮招。（《楊震碑》） ・莫不競慕。（《華山亭碑》） ・竸德國家。（《池陽令張君殘碑》） ・不䨓時榮。（《孫根碑》）	競，從誩從二人。竸，從䇞從二人。䨓，從䇞從二人。《隸辨・映韻》："《說文》作競，從誩從二人。《五經文字》云：競，經典相承隸省。"《玉篇・誩部》："竸"，同"競"。《龍龕手鏡・立部》："䨓"，同"覚（競）"。"竸""䨓"乃"競"改換表義構件"誩"爲"䇞"或"䇞"的異構字。

續上表

正字/異構	用例	簡釋
叔/村	·弓如村都。(《禮器碑陰》) ·趙震字村政。(《孔宙碑陰》)	叔，從又尗聲。《說文》"叔"或體作"村"。《字匯·寸部》："村，同叔。""村"乃"叔"改換表義構件"又"爲"寸"的異構字。
度/庋	·□儉而度。(《朝侯小子殘碑》) ·是度是量。(《白石神君碑》)	度，從又，庶省聲。庋，從攴，庶省聲。漢代文字從又的字多寫作從攴。"庋"乃"度"改換表義構件"又"爲"攴"的異構字。
役/伇	·增益吏伇。(《無極山碑》)	役，從殳從彳。《說文》"役"古文從人作"伇"。"伇"乃"役"改換表義構件"彳"爲"亻"的異構字。
效/効	·分子効力。(《耿勳碑》)	效，從攴交聲。効，從力交聲。《玉篇·力部》："効，俗效字。""効"乃"效"改換表義構件"攴"爲"力"的異構字。
雌/鴄	·鴄桑不鳴。(《北海相景君銘》)	雌，從隹氐聲。鴄，從鳥氐聲。《說文》"雌"籀文作"鴄"。《集韻·佳韻》："雌，亦作鴄。""鴄"乃"雌"改換表義構件"隹"爲"鳥"的異構字。
鴻/鳿	·鳿漸於般飲食衍衍。(《熹易·漸》)	鴻，從隹工聲。鳿，從鳥工聲。《說文》鴻或從鳥作"鳿"。《滿城漢墓銅鐙》《印》① 4.6 亦見"鳿"字。"鳿"乃"鴻"改換表義構件"隹"爲"鳥"的異構字。
雄/雊	·天降雄彦。(《武榮碑》) ·司徒臣雊。(《孔龢碑》) ·所在爲雊。(《曹全碑》)	雄，從隹厷聲。《龍龕手鏡·隹部》："雊"同"雄"。《字匯補·隹部》："雊與雄同。"《印》4.6 亦見"雊"字。"雊"乃"雄"改換表義構件"厷"爲"右"的異構字。

---

① 羅福頤《漢印文字徵》，文物出版社 1978 年。

續上表

正字/異構	用例	簡釋
雧/集	・宮曰集靈宮。（《華山廟碑》） ・詩所謂如集於木。（《西狹頌》）	雧，從雥從木。《說文》"雧"或體作"集"。《玉篇・雥部》："雧，今作集。"《印》4.8亦見"集"字。"集"乃"雧"改換表義構件"雥"爲"隹"的異構字。
朽/朽	・貴不朽之名。（《子遊殘碑》） ・貴速朽之反眞。（《孔宙碑》）	朽，從歺丂聲。《說文》"朽"或體作"朽"。"朽"乃"朽"改換表義構件"歺（歹）"爲"木"的異構字。
體/軆	・君之軆素。（《張遷碑》） ・軆性溫仁。（《堯廟碑》） ・軆蘭石之操。（《靈臺碑》）	體，從骨豊聲。軆，從身豊聲。《玉篇・身部》："躰、軆，並俗體字。"《干祿字書》："軆"，"體"的俗字。"骨"是身體的一部分，因此可以通用爲"身"。"軆"乃"體"改換表義構件"骨"爲"身"的異構字。
脊/瘠	・□仕就職瘠馬羸車。（《子遊殘碑》）	脊，從肉𠂔聲。《說文》古文"脊"從广從束、束亦聲，作"𤻮"。《集韻・昔韻》："脊，或作瘠。""瘠"乃"脊"改換表義構件"肉"爲"广"的異構字。
則/鼎	・慕寧儉之遺鼎。（《孔宙碑》） ・鼎文耀以消搖。（《開母廟石闕銘》）	則，從刀從貝。鼎，從刀從鼎。《說文》"則"籀文作"鼎"。《廿六年詔權》已見"鼎"字。"鼎"乃"則"改換表義構件"貝"爲"鼎"的異構字。
劍/劒	・自伏劒死。（《武梁祠畫像題字》）	劍，從刃僉聲。劒，從刀僉聲。《說文》"劍"籀文作"劒"。"劒"乃"劍"改換表義構件"刃"爲"刀"的異構字。
鼓/皷	・鍾（鐘）磬瑟皷。（《禮器碑》） ・倡優皷儛。（《孫叔敖碑陰》） ・追皷賊曹掾。（《張景碑》）	鼓，從壴從支。《正字通・皮部》："皷，俗鼓字。""皷"乃"鼓"改換表義構件"支"爲"皮"的異構字。北魏《元騰及妻程法珠墓誌》等亦見"皷"字。

續上表

正字/異構	用例	簡釋
愷/凱	・孔凱仲弟。（《禮器碑陰》） ・洪裕凱弟。（《劉寬後碑》） ・感背人之凱風。（《衡方碑》）	愷，從心豈，豈亦聲。凱，從几豈聲。《廣韻・海韻》"凱"同"愷"。《集韻・海韻》："愷，亦作凱。""凱"乃"愷"改換表義構件"心"爲"几"的異構字。
餈/粢	・絜其粢盛。（《白石神君碑》） ・犧牲粢盛。（《營陵置社碑》）	餈，從食次聲。粢，從米次聲。《說文》"餈"或體作"粢"。"粢"乃"餈"改換表義構件"食"爲"米"的異構字。
短/捉	・充（不）宰（幸）捉命喪身。（《韓仁銘》） ・命有捉長。（《囗臨爲父通作封記》）	短，從矢豆聲。捉，從手豆聲。《廣韻・緩韻》："捉"，同"短"。《光和斛》二亦見"捉"字。"捉"乃"短"改換表義構件"矢"爲"手"的異構字。
稟/粟/禀	・堊枯粟之。（《孫叔敖碑》） ・君禀資南霍之神。（《校官碑》）	稟，從㐭從禾。《隸辨》云："碑變禾從米。"又云："碑復變禾從示，今俗因之。"《字匯・示部》："禀，俗稟字。""粟""禀"乃"稟"改換表義構件"禾"爲"米"或"示"的異構字。
柰/奈	・奈何悲夫。（《鮮于璜碑》） ・奈何朝廷，奪我慈父？（《北海相景君銘》）	柰，從木示聲。奈，從大示聲。《廣韻・泰韻》："奈，本亦作柰。""奈"乃"柰"改換表義構件"木"爲"大"的異構字。
榦/幹	・內幹三署。（《武榮碑》） ・國之良幹。（《張遷碑》）	榦，從木倝聲。幹，從干倝聲。段注："榦，俗作幹。"《廣雅》"榦"作"幹"。"幹"乃"榦"改換表義構件"木"爲"干"的異構字。
析/枂/斨	・陽氣厥枂。（《張遷碑》） ・斨薪弗何。（《魯峻碑》）	析，從木從斤。枂，從木從片。斨，從片從斤。《廣韻》"枂"俗"析"字。《集韻・錫韻》："析，古作斨。""枂"乃"析"改換表義構件"斤"爲"片"的異構字。"斨"乃"析"改換表義構件"木"爲"片"的異構字。

續上表

正字/異構	用例	簡釋
邨/岐	・馮於鹵岐。（《華山廟碑》） ・岐齓謡是。（《鮮于璜碑》）	邨，從邑支聲。岐，從山支聲。《說文》"邨"或體作"岐"。"岐"乃"邨"改換表義構件"邑"爲"山"的異構字。
巷/衖	・休神家衖。（《魯峻碑》）	巷，從𨛜省、從共。《說文解字句讀》："字從邑，故言邑，大徐作里，非。群書作衖。"睡虎地秦簡《日書》甲83號背壹亦見"衖"字。"衖"乃"巷"改換表義構件"邑"爲"行"的異構字。"㫑"今作"巷"。
曑/參	・參國起按。（《衡方碑》） ・曹參夾輔王室。（《曹全碑》）	曑，從晶參聲。參，從厽參聲。《說文》"曑"或體作"參"。段注："今隸變爲參。""參"乃"曑"改換表義構件"晶"爲"厽"的異構字。
朙/眀/明	・君德明明。（《石門頌》） ・畏若神明。（《劉熊碑》）	朙，從月從囧。《字匯・目部》："眀，俗以爲明暗之明。"《說文》"朙"古文作"明"。"眀""明"乃"朙"改換表義構件"囧"爲"目"或"日"的異構字。
版/板	・永元十七年四月板令改爲元興元年。（《幽州書佐秦君闕》） ・板八〔章〕。（《熹・詩・大雅・板》）	版，從片反聲。板，從木反聲。《集韻・潸韻》："版，或從木。"《正字通・木部》"板，同版。""片"爲半木。"板"乃"版"改換表義構件"片"爲"木"的異構字。
稷/禝	・囗主后禝。（《武氏祠祥瑞圖題字》） ・肇祖后禝。（《樊敏碑》）	稷，從禾畟聲。禝，從示畟聲。《集韻・職韻》："禝，通作稷。""禝"乃"稷"改換表義構件"禾"爲"示"的異構字。
寔/寔	・寔生賢子。（《樊敏碑》） ・寔能紀陰陽之理。（《苑鎮碑》）	寔，從宀是聲。《龍龕手鏡・穴部》："寔，俗，正作寔。"漢代文字"宀"常寫作"穴"，如"牢"之作"窂"等。"寔"乃"寔"改換表義構件"宀"爲"穴"的異構字。

續上表

正字/異構	用例	簡釋
富/冨	·冨而無驕。（《石經論語殘碑》）	富，從宀畐聲。《正字通·宀部》："冨，俗富字。"漢代文字"宀"常寫作"冖"，如"牢"之作"军"等。"冨"乃"富"改換表義構件"宀"爲"冖"的異構字。
宦/窟	·官位窟學。（《堯廟碑》） ·士窟得志。（《三公山碑》）	宦，從宀從臣。窟，從穴從臣。《篇海類編·地理類·穴部》："窟，俗宦字"。"窟"之作"窟"與"牢"之作"牢"相類。"窟"乃"宦"改換表義構件"宀"爲"穴"的異構字。
躳/躬	·躬儉尚約。（《郙閣頌》） ·匪躬之故。（《熹·易·蹇》） ·□躬曼節。（《華嶽廟殘碑陰》）	躳，從身從呂。躬，從身從弓。《說文》"躳"或體作"躬"。《玉篇·呂部》："躳，或作躬。""躬"乃"躳"改換表義構件"呂"爲"弓"的異構字。
最/宗	·三載勳宗。（《蔡湛頌》） ·處茲中夏，伐業宗純。（《太室石闕銘》）	最，從冃從取。段注："最，俗作宗。"《篇海類編·宮室類·宀部》："宗，音最，極也。"從宀與從冃義同。"宗"乃"最"改換表義構件"冃"爲"宀"的異構字。
飾/餙	·功餙爾要。（《石門頌》） ·脩餙宅廟。（《禮器碑》）	飾，從巾從人食聲。餙，從芳食聲。《玉篇·食部》："餙，同飾。俗。"《印》13.16亦見"餙"字。"餙"乃"飾"改換表義構件"巾"和"人"爲"芳"的異構字。
厎/砥	·砥仁厲□。（《衡方碑》） ·砥鈍厲頑。（《立朝等字殘石》）	厎，從厂氏聲。砥，從石氏聲。《說文》"厎"或體作"砥"。"砥"乃"厎"改換表義構件"厂"爲"石"的異構字。
磊/礧/礌	·礧落炳煥。（《朱龜碑》） ·礌落彰較。（《魯峻碑》）	磊，從三石，會衆石之意。礧，從石畾聲；礌，從石畾聲；變會意爲形聲。《說文》"䃂"或體作"礧"。《廣韻·賄韻》"礧"同"磊"。《集韻·賄韻》"磊"或作"礌"。"礧""礌"乃"磊"改換表義構件的異構字。

續上表

正字/異構	用例	簡釋
炳/昺	·李昺字輔謀。（《孟孝琚碑》）	炳，從火丙聲。昺，從日丙聲。《集韻·梗韻》："炳，亦書作昺。""昺"乃"炳"改換表義構件"火"爲"日"的異構字，且左右結構變換爲上下結構。
衇/脈	·衇泉知陰。（《武梁祠畫像題字》） ·脈並氣結。（《朝侯小子殘碑》）	衇，從辰從血。脈，從辰從肉。《說文》"衇"或體作"脈"。《玉篇·肉部》："脈"，同"衇"。"脈"乃"衇"改換表義構件"血"爲"肉"的異構字。
職/軄	·將授緄軄。（《衡方碑》） ·歷郡右軄。（《曹全碑》） ·督郵部軄。（《西狹頌》）	職，從耳戠聲。軄，從身戠聲。《玉篇·身部》："軄，俗職字。""軄"乃"職"改換表義構件"耳"爲"身"的異構字。
聝/馘/膕	·斬馘部衆。（《裴岑紀功碑》） ·電震要荒，膕滅狂狡。（《趙寬碑》）	聝，從耳或聲。馘，從首或聲。膕，從國或聲。《說文》"聝"或體作"馘"。"馘""膕"乃"聝"改換表義構件"耳"爲"首"或"國"的異構字。
捧/拜	·轉拜部陽令。（《曹全碑》） ·繳拜郎中。（《張遷碑》） ·銘拜郎中。（《鄭固碑》）	捧，從手枼。拜，從兩手。《說文》"捧"或體作"拜"。《字彙·手部》："捧，古拜字。""拜"乃"捧"改換表義構件"枼"爲"手"的異構字。
戰/戜/䢋	·攻城野戰。（《曹全碑》） ·過者戰戰。（《天井道碑》）	戰，從戈單聲。戜，從弋單聲。䢋，從攵單聲。《隸辨》云："諸碑從戈之字或變作攵。"漢代文字"戈""弋"互作。"戜""䢋"乃"戰"改換表義構件"戈"爲"弋"或"攵"的異構字。
緈/綽	·雅度宏綽。（《魯峻碑》） ·綽綽［有裕］。（《熹·詩·角弓》）	緈，從素卓聲。綽，從糸卓聲。《說文》"緈"或體作"綽"。《印》13.7 亦見"綽"字。"綽"乃"緈"改換表義構件"素"爲"糸"的異構字。

續上表

正字/異構	用例	簡釋
野/壄	・獄無呼嗟之冤，壄無叩匈之結。(《校官碑》)	野，從里予聲；壄，從土從林予聲。《說文》"野"古文作"壄"。"壄"乃"野"改換表義構件"里"爲"土"與"林"的異構字。
勞/憥	・□□□□憥。(《孟孝琚碑》)	勞，從力熒省。《說文》"勞"古文作"𢣯"。"憥"乃"𢣯"簡省之形。"憥"乃"勞"改換表義構件"力"爲"心"的異構字。

（二）改換示音構件的異構字

正字/異構	用例	簡釋
球/璆	・孫府君諱璆。(《華山廟碑》)	球，從玉求聲。璆，從玉翏聲。《說文》"球"或體作"璆"。"璆"乃"球"改換示音構件"求"爲"翏"的異構字。
董/蕫	・都昌蕫芳。(《北海相景君銘》) ・武陽蕫元厚。(《禮器碑》) ・蕫督京輦。(《魯峻碑》)	蕫，從艸童聲。董，從艸重聲。清王煦《說文五翼》："蕫，《漢書》董賢字猶多作此，漢蕫氏二洗款識亦然。至董卓時，童謠云：'千里艸，何青青。'知董之爲蕫，自東漢始矣。""董"乃"蕫"改換示音構件"童"爲"重"的異構字。
葢/蓋/盖	・葢取諸此也。(《熹・易・說卦》) ・肇先盖堯之苗。(《衡方碑》)	葢，從艸盍聲。蓋，從艸盇聲。"葢"，邵瑛《群經正字》"今經典多作蓋"。《正字通・皿部》："盖，俗蓋字。""蓋"乃"葢"改換示音構件"盍"爲"盇"的異構字。
犁/犂	・臧其勳俾守犁陽。(《張表碑》) ・魏郡犂陽。(《魯峻碑陰》)	犁，從牛黎聲。犂，從牛秄聲。《集韻・齊韻》："犁，或作犂。""犂"乃"犁"改換示音構件"黎"爲"秄（利）"的異構字。

續上表

正字/異構	用例	簡釋
唬/啼	・啼泣東西。（《許阿瞿墓誌》） ・抱持啼呼。（《薌他君祠堂畫像題記》）	唬，從口虎聲。啼，從口帝聲。段注："唬，俗作啼。"《正字通・口部》："唬，啼本字。""啼"乃"唬"改換示音構件"虎"爲"帝"的異構字。
迹/速	・勳速薿（藐）矣。（《楊統碑》）	迹，從辵亦聲。速，從辵束聲。《說文》"迹"籀文作"速"。《集韻・昔韻》："迹，或作速。"《泰山刻石》已見"速"字。"速"乃"迹"改換示音構件"亦"爲"束"的異構字。
遲/迡/遟/遲	・潛俗陵迡。（《三公山碑》） ・棲遟歷稔。（《費鳳碑》） ・禮樂陵遲。（《禮器碑》）	遲，從辵犀聲。《說文》"遲"或體作"逞"，籀文從屖作"遟"。《廣韻・脂韻》："遲"，同"遲"。"遲"的變體又寫作"遲"。"迡（遞）""遟（遟）""遲"乃"遲"改換示音構件"犀"爲"尼""屖"或"犀"的異構字。
響/韹	・黃玉韹應。（《史晨前碑》）	響，從音鄉聲。韹，從音景聲。《字匯・音部》："韹，與響同。""韹"乃"響"改換示音構件"鄉"爲"景"的異構字。
赦/赦	・告從，不赦，不［詳］。（《熹・公羊・宣十二年》）	赦，從攴赤聲。《說文》"赦"或體作"赦"。"赦"乃"赦"改換示音構件"赤"爲"亦"的異構字。
鶴/鸖/鷎	・有鳥如鸖。（《武梁祠畫像題字》） ・龍爵（雀）除央（殃）鷎噣（啄）魚。（《蒼山畫像石題記》）	鶴，從鳥隺聲。鸖，從鳥霍聲。《干祿字書》："鸖"，"鶴"的俗字。《集韻・鐸韻》"鶴，或作鷎。""鸖""鷎（鷎）"乃"鶴"改換示音構件"隺"爲"霍"或"高"的異構字。
鶂/鷁	・六鶂退飛過宋都。（《熹・春秋・僖十六年》）	鶂，從鳥兒聲。鷁，從鳥益聲。《集韻・錫韻》："鶂，或从益。""鷁"乃"鶂"改換示音構件"兒"爲"益"的異構字。

續上表

正字/異構	用例	簡釋
剝/剿	·隕霜剿姦。（《衡方碑》）	剝，從刀杲聲。剿，從刀巢聲。《集韻·小韻》："剝，或作剿。""剿"乃"剝"改換示音構件"杲"爲"巢"的異構字。
刺/剌（剌）	·冀州剌史之考也。（《池陽令張君殘碑》） ·專諸炙魚剌殺吳王。（《武梁祠畫像題字》）	刺，從刀從朿，朿亦聲。《集韻·寘韻》："刺，俗作剌。"《隸辨》："（朿）碑變從夾。""剌（剌）"乃"刺"改換示音構件"朿"爲"夾"的異構字。
耺/耘	·置其杖而耘。（《石經論語殘碑》） ·農夫執耛，或耘或芓。（《三公山碑》）	耺，從耒員聲。《說文》"耺"或從芸作"耘"。《玉篇·耒部》："耺"，同"耘"。"耘"乃"耺"改換示音構件"員"爲"云"的異構字。
柉/梩	·乎梩宛廚。（《蒼山畫像石題記》）	柉，從木㠯聲。梩，從木里聲。《說文》"柉"或體作"梩"。"梩"乃"柉"改換示音構件"㠯"爲"里"的異構字。
棓/杯	·玉女執尊杯案柈（盤）。（《蒼山畫像石題記》）	棓，從木否聲。杯，從木不聲。《集韻·灰韻》："棓，或作杯。""杯"乃"棓"改換示音構件"否"爲"不"的異構字。
槃/柈	·玉女執尊杯案柈。（《蒼山畫像石題記》）	槃，從木般聲。柈，從木半聲。《玉篇·木部》"柈"，同"槃"。《集韻·桓韻》："槃，或作柈。""柈"乃"槃"改換示音構件"般"爲"半"的異構字。
邪/耶	·蕩耶反正。（《史晨後碑》） ·非爲耶也。（《熹·易·乾文言》）	邪，從邑牙聲。耶，從邑耳聲。《字匯·耳部》："耶，與邪同。""耶"乃"邪"改換示音構件"牙"爲"耳"的異構字。

續上表

正字/ 異構	用例	簡釋
游/遊 /斿	·帝遊上林。(《張遷碑》) ·浮斿塵埃之外。(《孔彪碑》) ·斿居放言。(《趙寬碑》) ·九斿大學。(《武榮碑》)	游，從㳄汓聲。遊，從㳄從辵子聲。斿，從㳄子聲。《說文》"游"古文作"遊"。《玉篇·辵部》："遊，與游同。"《玉篇·㳄部》："斿，或作遊。""遊""斿"乃"游"改換示音構件"汓"爲"子"的異構字，"遊"還增加構件"辵"。
稺/稚	·郭稚子碧。(《白石神君碑陰》) ·次弟字稚卿。(《孫叔敖碑陰》)	稺，從禾屖聲。稚，從禾隹聲。《集韻·至韻》："稺，亦作稚。""稚"乃"稺"改換示音構件"屖"爲"隹"的異構字。
糧/粮	·離敗聖輿食粮。(《禮器碑》) ·黍稷稻粮。(《白石神君碑》)	糧，從米量聲。粮，從米良聲。《玉篇·米部》"粮，同糧。""粮"乃"糧"改換示音構件"量"爲"良"的異構字。
竆/窮 (窮)	·窮理盡性以至於命。(《熹易·說卦》) ·窮下不苟。(《婁壽碑》) ·莫不流光□於無竆。(《北海相景君銘》)	竆，從穴躳聲。窮，從穴躬聲。《集韻·東韻》："窮，或作竆。""窮"所從"穴"省去下部兩筆變成"宀"，字則成"窮"。"窮(窮)"乃"竆"改換示音構件"躳"爲"躬"的異構字。
癃/瘩	·以家錢糴米粟賜瘩盲。(《曹全碑》)	癃，從疒隆聲。瘩，從疒，癃省聲。《說文》"癃"籀文作"瘩"。《印》7.20等亦見"瘩"字。"瘩"乃"癃"改換示音構件"隆"爲"夅"的異構字。
佗/他	·他如府記律令。(《張景碑》) ·他如故事。(《孔龢碑》)	佗，從人它聲。《集韻·戈韻》："佗，或从也。""他"乃"佗"改換示音構件"它"爲"也"的異構字。

續上表

正字/異構	用例	簡釋
裔/裔/褱/褱	・苗裔流衍。（《高頤碑》） ・光裔熾蓁。（《祝睦後碑》） ・盛德之褱。（《張壽碑》） ・枝褱滋布。（《張納功德叙》）	裔，從衣囘聲。《隸辨》云："《說文》裔從囘，碑變從商。""裔"乃"裔"改換示音構件"囘"爲"商"的異構字。《隸辨》云："《廣韻》裔亦作褱，移囘於衣字之中，碑變從商。《干祿字書》云：褱俗裔字。"又云："裔變作裔，碑復移商於上。""褱""褱"乃"裔（裔）"上下構件移位的異構字。
歔/欨/嘑	・歔欨哀哉。（《鮮于璜碑》） ・歔嘑悢哉。（《樊敏碑》）	歔，從欠虖聲。欨，從欠乎聲。《玉篇・欠部》"歔，或呼字。""虖"可簡省爲"乎"，則"欨"可看作"歔"改換示音構件"虖"爲"乎"的異構字。根據文義，"歔欨哀哉""歔嘑悢哉"即"嗚呼哀哉"。
歙/飲	・鳴漸於般飲食衍衍。（《熹・易・漸》） ・飲食。（《蒼山畫像石題記》）	歙，從欠酓聲。《玉篇・欠部》"歙，古文飲。""飲"乃"歙"改換示音構件"酓"爲"食"的異構字。
頌/額	・秩秩其威，娥娥厥額①。（《鮮于璜碑》）	頌，從頁公聲。額，從頁容聲。《說文》"頌"籀文作"額"。"額"乃"頌"改換示音構件"公"爲"容"的異構字。
嵬/隗	・高山崔隗兮。（《郙閣頌》）	嵬，從山鬼聲。隗，從山隗聲。《集韻・尾韻》："嵬，或作隗。""隗"乃"嵬"改換示音構件"鬼"爲"隗"的異構字。
陖/峻	・危難阻峻。（《西狹頌》） ・峻極穹蒼。（《華山廟碑》）	陖，從山陵聲。峻，從山夋聲。《說文》"陖"或省作"峻"。"峻"乃"陖"改換示音構件"陵"爲"夋"的異構字。

---

① 高文《漢碑集釋》（修訂本，河南大學出版社，1997 年）第 292 頁指出："碑額字左半從容甚清晰，天津市歷史博物館釋爲'額'。不成文理，誤。"細審拓本，此字確是從容之"額"字。

續上表

正字/異構	用例	簡釋
崝/崢	・登崢嶸。（《白石神君碑》）	崝，從山青聲。崢，從山爭聲。段注："崝，今字作崢。""崢"乃"崝"改換示音構件"青"爲"爭"的異構字。
碬/礝	・礝石神君。（《白石神君碑陰》）	碬，從石叚聲。礝，從石需聲。《集韻・獼韻》："碬，或作礝。""礝"乃"碬"改換示音構件"叚"爲"需"的異構字。
碑/䂞/硴	・豎建聿䂞。（《北海相景君銘》） ・建石立硴，顯頌先功。（《王孝淵碑》）	碑，從石卑聲。䂞，從石非聲。"硴"同"䂞"，左右結構與上下結構之別。"䂞""硴"乃"碑"改換示音構件"卑"爲"非"的異構字①。
烖/灾/災	・火無烖燀。（《白石神君碑》） ・灾害以生。（《淮源廟碑》） ・乃遭氛災。（《鄭固碑》）	烖，從火戈聲。灾，從宀火。災，從火巛聲。《說文》"烖"或體作"灾"，籀文作"災"。"灾""災"乃"烖"改換示音構件"戈"爲"宀"或"巛"的異構字。
忼/慷	・□悥慷慨。（《王孝淵碑》） ・武慮慷慨。（《耿勳碑》）	忼，從心亢聲。慷，從心康聲。"忼"，徐鉉等注"今俗別作慷"。《廣韻・蕩韻》："慷，忼，同上。""慷"乃"忼"改換示音構件"亢"爲"康"的異構字。
愙/恪	・郘志元恪。（《白石神君碑》）	愙，從心客聲。恪，從心各聲。《集韻・鐸韻》："愙，或作恪。""恪"乃"愙"改換示音構件"客"爲"各"的異構字，且從上下結構變換爲左右結構。
惄/忀	・[憂]心忀忀，[念我無祿]。（《熹・詩・正月》）	惄，從心鈞聲。忀，從心勻聲。《廣韻・清韻》："忀"，同"惄"。《集韻・諄韻》："惄，或作忀。""忀"乃"惄"改換示音構件"鈞"爲"勻"的異構字。

---

① 高文《漢碑集釋》疑"䂞"是"碑"之俗字。參見高文《漢碑集釋》（修訂本），河南大學出版社 1997 年，第 75 頁。

續上表

正字/異構	用例	簡釋
悑/怖	·夙夜憂怖。(《史晨前碑》) ·單于怖畏。(《鮮于璜碑》)	悑，從心甫聲。怖，從心布聲。《說文》"悑"或體作"怖"。《正字通·心部》："悑，怖本字。""怖"乃"悑"改換示音構件"甫"爲"布"的異構字。
濡/𩃬	·少以濡（儒）術，安貧樂道。(《衡方碑》) ·煌煌𩃬𩃬，其色若□。(《嘉祥畫像石題記》)	濡，從水需聲。《龍龕手鏡·水部》："𩃬"，"濡"的俗字。"𩃬"所從"需"類化爲"𩂦"。"𩃬"可看作"濡"改換示音構件"需"爲"𩂦"的異構字。
準/准	·君准則大聖。(《淮源廟碑》)	準，從水隼聲。《玉篇·冫部》："准，俗準字。""准"乃"準"改換示音構件"隼"爲"隹"的異構字。
捊/抱	·屠顏購孤，詐抱他人。(《畫像孔子等題字》) ·抱器幽潛。(《夏承碑》)	捊，從手孚聲。抱，從手包聲。《說文》"捊"或體作"抱"。《袖珍奇鈎》《印》12.8 等亦見"抱"字。"抱"乃"捊"改換示音構件"孚"爲"包"的異構字。
娱/妖	·羌胡誑之妖道。(《曹眞碑》)	娱，從女芙聲。妖，從女夭聲。"娱"，段注"俗省作妖"。《玉篇·女部》："娱"，同"妖"。"妖"乃"娱"改換示音構件"芙"爲"夭"的異構字。
戲/戱	·皇戲統華胥。(《禮器碑》) ·伏戲倉精。(《武梁祠畫像題字》)	戲，從戈虘聲。戱，從戈虛聲。《龍龕手鏡·戈部》："戱，今；戲，正。""戱"乃"戲"改換示音構件"虘"爲"虛"的異構字。
瓕/彌	·赫赫彌章。(《孔龢碑》) ·[趙盾之車]右祁彌明者力國□。(《熹·公羊·宣六年》)	瓕，從弓𤫉聲。彌，從弓爾聲。《說文通訓定聲·履部》："瓕，字亦作彌。""彌"乃"瓕"改換示音構件"𤫉"爲"爾"的異構字。

續上表

正字/異構	用例	簡釋
蟋/蟀	・蟋蟀在堂。（《石經魯詩殘碑》）	蟋，從虫帥聲。蟀，從虫率聲。《爾雅·釋蟲》"蟋蟀"陸德明釋文："蟀，本或作蟋。""蟀"乃"蟋"改換示音構件"帥"爲"率"的異構字。
垠/圻	・德以化圻民。（《楊統碑》）	垠，從土艮聲。圻，從土斤聲。《說文》"垠"或體作"圻"。"圻"乃"垠"改換示音構件"艮"爲"斤"的異構字。
勳/勛（勛）	・勛於後人。（《孟孝琚碑》） ・綏御有勛。（《張遷碑》） ・勛功有章。（《尹宙碑》） ・不問勛次。（《袁良碑》）	勳，從力熏聲。《說文》"勳"古文作"勛"。段注："《周禮》故書'勳'作'勛'。""勛"乃"勳"改換示音構件"熏"爲"員"的異構字。《說文》"員"籀文作"鼎"。"勛"從員，故書作"勛"。
動/勭	・固不勭心。（《婁壽碑》） ・淡界繆勭。（《衡方碑》）	動，從力重聲；勭，從力童聲。《集韻·董韻》："動，或作勭。""勭"乃"動"改換示音構件"重"爲"童"的異構字。

（三）改換成字構件的異構字

正字/異構	用例	簡釋
哲/喆/嚞（舙）	・既明且嚞。（《郭旻碑》） ・前喆遺芳。（《張遷碑》） ・既喆且明。（《耿勳碑》） ・謂君爲舙。（《譙敏碑》）	哲，從口折聲。《說文》"哲"古文從三吉作"嚞"。《玉篇·口部》："喆，同哲。""舙"字訛變爲從二舌。"嚞""喆（舙）"乃"哲"成字構件改換的異構字。
御/馭	・造父馭周。（《趙寬碑》）	御，從彳從卸。馭，從又從馬。《說文》"御"古文作"馭"。"馭"乃"御"表義構件"彳"和"卸"都改換的異構字。

續上表

正字/異構	用例	簡釋
刅/創	・過者創楚。（《西狹頌》）	刅，從刃從一。《說文》"刅"或從刀倉聲作"創"。"創"乃"刅"改換表義構件"一"爲"倉"、"刃"爲"刀"的異構字。
邠/豳	・馮於豳岐。（《華山廟碑》）	邠，從邑分聲。豳，從山從豩。《說文》"邠"又作"豳"。《玉篇・邑部》："邠，亦作豳。""豳"乃"邠"改換成字構件的異構字。
視/眡	・上眡彼蒼。（《張休涯涘銘》）	視，從見示。眡，從目氏。《說文》"視"古文作"眡"。"眡"乃"視"改換表義構件"見"爲"目"、"示"爲"氏"的異構字。
嶽/岳	・巀巀山岳。（《魯峻碑》） ・泰華惟岳。（《耿勳碑》）	嶽，從山獄聲。《說文》"嶽"古文作"岳"。"岳"乃"嶽"改換成字構件的異構字。
西/棲	・棲遲不就。（《李翊碑》）	西，鳥在巢上，象形。《說文》"西"或體作"棲"。"棲"乃"西"改換成字構件的異構字。
無/无	・功垂无窮。（《孔龢碑》）	橆，從亡無聲。无，奇字無。"橆"即"無"字。"橆"字形體筆畫太多，於是抽取"橆"字形的中間部分而寫作"无"①。"无"可看作"無"改換成字構件的異構字。
萬/万	・賈二萬五千。（《建平郫縣碑》） ・囗徒万八千四百囗。（《何君治閣道碣》）	萬，從厹，象形。《玉篇・方部》："万，俗萬字。"《日入大万鍾》《千万熨斗》《印》14.12等亦見"万"字。"万"可看作"萬"成字構件改換的異構字。
育/毓	・顏母毓靈。（《史晨前碑》） ・且以毓姿。（《譙敏碑》）	育，從𠫓肉聲。《說文》"育"或體從每作"毓"。"毓"乃"育"成字構件改換的異構字。

---

① 參見董珊《釋燕系文字中的"無"字》，載《于省吾教授百年誕辰紀念文集》，吉林大學出版社1996年，第209頁。

（四）增加構件的異構字

正字/異構	用例	簡釋
哀/悥	・嗚呼悥哉。（《王暉畫棺題字》） ・嗚呼悥哉。（《柳敏碑》） ・歔嚱悥哉。（《樊敏碑》）	哀，從口衣聲。悥，從心哀聲。《字匯・心部》："悥，同哀。""悥"乃"哀"增加表義構件"心"的異構字。
埶/蓺/藝	・剖演奧蓺。（《校官碑》） ・蓺於從畋。（《張遷碑》） ・刪定六蓺。（《史晨前碑》） ・兼覽群藝。（《夏承碑》）	埶，從坴，丮，持亟種之。《集韻・祭韻》："埶，或作蓺。""埶"增加"云"作"藝"，又增加"艸"作"蓺"。"藝""蓺"乃"埶"增加表義構件"云"的異構字。
殿/壂	・壂曰存僊壂。（《華山廟碑》） ・敬脩宗壂。（《堯廟碑》）	殿，從殳屍聲。《集韻・霰韻》："壂"通作"殿"。"壂"乃"殿"增加表義構件"土"的異構字。
典/箕/萸	・薈茲箕猶。（《楊統碑》） ・深明箕隩。（《譙敏碑》） ・含好萸常。（《鮮于璜碑》）	典，從冊在丌上。箕，從竹典聲。《說文》"典"古文作"箕"。"箕"乃"典"增加表義構件"竹"的異構字，強調簡冊之意。萸，從艸典聲，亦"典"增加表義構件"艸"的異構字。
凶/殈	・未巫殈虐。（《樊敏碑》） ・丁此咎殈。（《鮮于璜碑》）	凶，像地穿交陷其中。《玉篇・歹部》："殈，古文凶。""殈"乃"凶"增加表義構件"歹"的異構字。
网/罔/冈	・赫赫罔窮。（《禮器碑》） ・[學而不思]則罔。（《熹・論語・爲政》） ・續遇禁冈。（《曹全碑》）	网，從冂，下像网交文。《說文》"网"或體從"亡"作"罔"。《印》7.21 亦見"罔"字。"罔"乃"网"增加構件"亡"的異構字。"网"又省寫作"冈"。《廣韻》"网"俗作"冈"。
弔/吊/怛	・官適臨吊。（《夏堪碑》） ・顧天不怛。（《張壽碑》）	弔，從人持弓。《隸辨》云："吊，即弔字，碑變加口。""怛，碑復變加心。""吊""怛"乃"弔"增加表義構件"口"或"心"的異構字。

續上表

正字/異構	用例	簡釋
归/抑	・威儀抑抑。（《西狹頌》） ・扶弱抑強。（《校官碑》）	归，從反印。《說文》"归"俗從手作"抑"。"抑"乃"归"增加表義構件"手"的異構字。
崔/磪	・刻舀磪嵬。（《西狹頌》）	崔，從山隹聲。《集韻・灰韻》："崔，籀又作磪。""磪"乃"崔"增加表義構件"石"的異構字。
泉/湶（湶）	・波障源湶。（《孫叔敖碑》） ・闇忽離世，下歸黃湶。（《嘉祥畫像石題記》） ・平阿湶泥。（《石門頌》）	泉，像水流出成川形。《字匯補・水部》："湶，與泉同。"《石門頌》"湶"右下從小，乃"湶"之異寫。《袁氏鏡》三、北魏《寇臻墓誌》亦見"湶"字。"湶"（湶）乃"泉"增加表義構件"水"的異構字。
雲/靐	・枝葉雲布。（《郭仲奇碑》）	雲，從雨，云像雲回轉形。"靐"乃"雲"增加表義構件"云"的異構字。
乂/刈	・絜刈骾雄①。（《校官碑》）	乂，從ノ從乀相交。《說文》"乂"或體從刀作"刈"。"刈"乃"乂"增加表義構件"刀"的異構字。
或/域	・拜西域戊部司馬。（《曹全碑》） ・八方所達，益域爲充。（《石門頌》）	或，從囗從戈以守一，一地也。《說文》"或"或體作"域"。"域"乃"或"增加表義構件"土"的異構字。
它/蛇	・虵蛭毒蝮。（《石門頌》） ・交（蛟）龍委虵。（《嘉祥畫像石題記》）	它，從虫而長，像冤曲垂尾形。《說文》"它"或體作"蛇"。《玉篇・虫部》："虵，正作蛇。""虵"乃"它"增加表義構件"虫"的異構字。
二/弍	・光和弍年閏月廿弍日。（《光和斛》二） ・靈闈張口鼎弍。（《梁休碑》）	二，從偶一。《說文》"二"古文作"弍"。"弍"乃"二"增加表義構件"弋"的異構字。

---

① 根據拓本，"絜刈骾雄"第三字從骨作"骾"，《漢碑集釋》（修訂本，河南大學出版社 1997 年）446 頁此字釋作"鯁"。失察。

續上表

正字/異構	用例	簡釋
圭/珪	·受珪上帝。（《桐柏廟碑》） ·奉其珪璧。（《白石神君碑》）	圭，從重土。《說文》"圭"古文從玉作"珪"。"珪"乃"圭"增加表義構件"玉"的異構字。
处/處	·處士孔褒文禮。（《史晨後碑》） ·舉衡以處事。（《尹宙碑》）	处，從几從夂。《說文》"处"或體作"處"。"處"乃"处"增加表義構件"虍"的異構字。

（五）減省構件的異構字

正字/異構	用例	簡釋
䒠/兆	·京兆官弩。（《京兆官弩鐖》） ·營兆猶存。（《華山廟碑》）	䒠，從卜，兆，象形。《說文》"䒠"古文作"兆"。《玉篇·兆部》："䒠"，同"兆"。"兆"乃"䒠"減省表義構件"卜"的異構字。
䜻/智	·陽成□文智。（《魯峻碑陰》）	䜻，從白從亏從知。智，從白從知。《正字通·矢部》："䜻，古文智。""智"乃"䜻"減省表義構件"亏"的異構字。
臚/膚	·悔亡厥宗噬膚往何咎。（《熹·易·睽》） ·興雲膚寸。（《祀三公山碑》）	臚，從肉盧聲。膚，從肉，盧省聲。《說文》"臚"籀文作"膚"。《碩人鏡》《印》4.11亦見"膚"字。"膚"乃"臚"減省示音構件"盧"所從"皿"的異構字。
簠/盙	·恭儉自終，盙簋不陝。（《孔宙碑》）	簠，從竹從皿甫聲。盙，從皿甫聲。《龍龕手鏡·皿部》："盙"，"簠"的俗字。"盙"乃"簠"減省表義構件"竹"的異構字。
曐/星	·日月星辰所昭卬也。（《華山廟碑》） ·見星而行。（《鮮于璜碑》）	曐，從晶生聲。星，從日生聲。《說文》"曐"或體省作"星"。"星"乃"曐"減省表義構件"晶"為"日"的異構字。

續上表

正字/異構	用例	簡釋
穅/康	·舞以致康。(《華山廟碑》) ·艾康萬里。(《郙閣頌》)	穅，從禾從米庚聲。《說文》"穅"或省作"康"。"康(康)"乃"穅(穅)"減省表義構件"禾"的異構字。
灋/法	·法言稽古。(《衡方碑》) ·法曹史。(《曹全碑陰》)	灋，從水從廌從去。法，從水從去。《說文》"灋"今文省作"法"。"法"乃"灋"減省表義構件"廌"的異構字。
靁/雷	·雷電舉。(《武榮碑》) ·雷風相薄。(《熹·易·說卦》)	靁，從雨從晶。雷，從雨從田。《玉篇·雨部》："雷"，同"靁"。"雷"乃"靁"減省表義構件"晶"爲"田"的異構字。

（六）相同構件間的組合位置變換的異構字

正字/異構	用例	簡釋
蘇/蘓	·家得以蘓。(《徐氏紀產碑》)	蘇，從艸穌聲。穌，從禾魚聲。《干祿字書》："蘓蘇：上俗下正。""蘓"之示音構件"穌"所從"魚"和"禾"左右位置變換，成爲異構字。
咊/和	·孝和皇帝加元服。(《袁安碑》) ·和順於道德而理於義。(《熹·易·說卦》)	咊，從口禾聲。《玉篇·口部》："咊，古文(和)。""和"乃"咊"構件"口"和"禾"左右位置變換的異構字。
談/剡	少陽手書，沮剡里裹孝仲。(《元和四年刻石》)①	談，從言炎聲。"剡"乃"談"構件"言"和"炎"左右位置變換的異構字。
融/蝠	·高朗令蝠。(《張表碑》)	融，從鬲，蟲省聲。"蝠"乃"融"構件"鬲"和"虫"左右位置變換的異構字。

---

① 參見謝春華《〈元和四年刻石〉書法評析》，載《中國書法》2010年第4期。

續上表

正字/異構	用例	簡釋
翥/署	·翻署色斯。（《議郎元賓碑》）	翥，從羽者聲。《隸辨》云："《隸釋》云：以署爲翥。碑蓋移羽於上，所謂隸行是也。""署"乃"翥"構件"者"和"羽"上下位置變換的異構字。
羣/群	·於時群後卿士凡百黎萌靡不欷歔。（《楊震碑》） ·兼覽群藝。（《夏承碑》）	羣，從羊君聲。《五經文字·羊部》："羣，俗作群。""群"乃"羣"構件"君"和"羊"上下結構變換爲左右結構的異構字。
幼/彴	·育成彴媛。（《馬姜墓記》） ·彴而宿衛。（《西狹頌》） ·彴眇。（《孔褒碑》）	幼，從幺從力。《正字通·幺部》："幼，別作彴。"《印》4.1 等亦見"彴"字。"彴"乃"幼"構件"幺"和"力"結構變換的異構字。魏晉南北朝墓誌多見"彴"字。
弜/䂥	·䂥乃孔子。（《史晨前碑》）	弜，從矢，引省聲。䂥，從矢引聲。"弜"，段注"俗作䂥"。"䂥"乃"弜"構件"弓"和"矢"左右位置變換爲"矢"和"引"的異構字。
鄰/隣	·香風有隣。（《郙閣頌》）	鄰，從邑粦聲。《廣韻·眞韻》："鄰，俗作隣。""隣"乃"鄰"構件"粦"和"邑"左右位置變換的異構字。
穆/𥝆	·𥝆然清邈。（《魯峻碑》） ·陰陽𥝆清。（《開母廟石闕銘》）	穆，從禾㝔聲。"𥝆"乃"穆"構件"禾"和"㝔"左右位置變換的異構字。
秌/秋	·治嚴氏春秋。（《孔宙碑》） ·乃作春秋。（《史晨前碑》）	秌，從禾，燹省聲。《廣韻·尤韻》："秌，秋古文。""秋"乃"秌"構件"火"和"禾"左右位置變換的異構字。
縣（県）/緜	·行縣到成陽。（《堯廟碑》） ·斯縣獨全。（《張遷碑》） ·河內緜令王君。（《王稚子闕》）	縣，從系持県。"縣"碑變省從糸而作"県"，"縣"左右構件移位而作"緜"。"緜"乃"縣（県）"構件變換的異構字。

續上表

正字/異構	用例	簡釋
巍/魏	・魏魏大聖。（《孔龢碑》） ・魏魏蕩蕩。（《史晨前碑》） ・魏郡。（《魯峻碑陰》）	巍，從鬼委聲。鬼，從山鬼聲。《龍龕手鏡・山部》："魏"，"巍"的俗字。"巍"之表義構件"鬼"所從"山"與"鬼"上下位置變換，"魏"爲"巍"的異構字。
嶽/獄	・東獄黔首。（《孔宙碑》） ・乃獄降精。（《楊震碑》）	嶽，從山獄聲。"獄"乃"嶽"構件"山"和"獄"上下位置變換的異構字。
崇/崈	・勉崈協同。（《袁良碑》）	崇，從山宗聲。《玉篇・山部》："崈"同"崇"。"崈"乃"崇"構件"山"和"宗"上下位置變換的異構字。
獨/獨	・獨曷敢忘。（《鄭固碑》）	獨，從犬蜀聲。《隸釋》云"獨"即"獨"字。"獨"乃"獨"構件"犬"和"蜀"左右位置變換的異構字。
谿/磎	・磎源漂疾。（《郙閣頌》）	谿，從谷奚聲。《正字通・谷部》："磎，同谿。""磎"乃"谿"構件"奚"和"谷"左右位置變換的異構字。
纍/纙/累	・委性命於芒纙。（《周憬功勳銘》） ・累息屏營。（《史晨前碑》） ・累葉牧守。（《夏承碑》）	纍，從糸畾聲。"纙"當是"纍"構件"畾"和"糸"上下結構變換爲左右結構的異構字。"累"乃"纍"之省體。裘先生指出："'累'應由'纍'省變而成。"① 甚確。
障/鄣	・保鄣二城。（《衡方碑》） ・鮮卑數犯鄣塞。（《朱龜碑》）	障，從阜章聲。《集韻》"障"或作"鄣"。"鄣"乃"障"構件"阜"和"章"左右位置變換的異構字。

---

① 裘錫圭《〈秦漢魏晉篆隸字形表〉讀後記》，載《古文字論集》，中華書局1992年，第512頁。

二、小　結

漢代石刻文獻中存在大量的異構字。本文收錄了漢代石刻文獻中的異構字 156 個（組），其中，改換表義構件的異構字 54 個（組），約占總數 35%；改換示音構件的異構字 48 個（組），約占總數 31%；改換成字構件的異構字 10 個（組），約占總數 6%；增加構件的異構字 17 個（組），約占總數 11%；減省構件的異構字 8 個，約占總數 5%；相同構件間的組合位置變換的異構字 19 個（組），約占總數 12%。異構字類型 6 種。漢代石刻文獻中的 156 個（組）異構字中，以改換表義或示音構件的異構字爲多。增加構件的異構字有 17 個（組），而減省構件的異構字纔 8 個，説明漢代石刻文字簡省程度較弱，比較保守。

有些異構字是古文。如咳/孩，復/返，役/伇，胲/瘠（瘶），朙/明，視/眡，野/埜，勞/煢（䓕），游/遊（遛），勳/勛/勵，哲/喆（嚞），御/馭，嶽/岳，典/筴，二/弍，圭/珪，㐬/兆，斜線後者是古文。

有些異構字是籀文。如雎/鴡，則/𠝣，劍/劒，迹/速，遲/遅（遟），癰/瘫，頌/頟、裁/灾，臚/膚，斜線後者是籀文。

有些異構字是古文或籀文。善/譱，學/斅，斜線後者是古文或籀文。

有些異構字是奇字。如無/无，斜線後者是奇字。

有些異構字是俗體。如卬/抑，斜線後者是俗體。

有些異構字是或體。如霊/靈，延/征，詠/咏，叔/村，堆/塢，欒/集，朽/朽，刅/創，餈/粢，郊/岐，曑/參（參），躳/躬，厎/砥，衇/脈，職/䁌，捀/拜，綍/綽，球/璆，遲/迡（迨），赦/赦，賴/耘（蕓），柏/栖，崚/峻，裁/灾，悑/怖，抙/抱，垠/圻，邠/豳，西/棲，育/毓，网/罔，乂/刈，或/域，它/虵（蛇），处/處，曩/昱，穅/康，瀌/法，斜線後者是或體。

漢代石刻文獻中異構字的探討，無論對釋讀秦漢出土文獻，還是對漢字理論研究，都有重要的意義。

附記：本文爲國家社會科學基金項目"秦至漢初簡帛異寫字與異構字研究"（10BYY052）和國家社會科學基金重大項目"漢字發展通史"（11&ZD126）子課題"兩漢文字研究"的階段性成果。

參考文獻：

容庚《秦漢金文錄》，中華書局2012年。

容庚《金文續編》，中華書局2012年。

顧藹吉《隸辨》，中華書局1986年。

羅福頤《漢印文字徵》，文物出版社，1978年。

漢語大字典字形組《秦漢魏晉篆隸字形表》，四川辭書出版社，1985年。

（作者單位：中山大學中文系）

讀《說文》小記（五則）

陳煒湛

一、說　起

　　起，小篆作𧺆，從走，巳聲。《說文》古文作𧺇，從辵。段玉裁注曰："五經文字云從辰巳之巳，是。《字鑒》從戊己之己，非也。"錫永師《說文中之古文考》、胡小石《說文古文考》（收入《胡小石論文集三編》）論從走從辵皆行動意，古可通用，甚詳。今案新蔡葛陵楚墓所出竹簡屢見從走己聲之起，作𧺆（乙二6）、𧺆（零二38）諸形，又有從辵己聲之𧺇（甲二126零95）。按其文例，多用於兩干支之間，如："庚申之昏以起辛酉之日禱之。"（甲三109）又，郭店楚墓竹簡《老子》甲篇第31簡亦有𧺇，文曰："哎（奇）勿（物）慫（滋）起。"包山楚簡第164簡則作𧺇，用爲人名。據楚簡乃知起或可從辵，其從己聲則無可疑也。小篆從巳聲，殆漢人寫訛，段說不足據也。高明、葛英會《古陶文字徵》第229頁錄有𧺆（《陶文編》2.9）釋起。案此字右半似爲𠂤，釋起可商，或本當作𢀗，陶工誤之爲𠂤歟？

二、哭笑補說

《說文》有"哭"而無"笑"，段氏補從竹從犬之"笑"於竹部算篆後。

十餘年前，嘗作《且問"哭""笑"爲那般》一文，曾感慨於古文字材料裏"卻不見這哭笑二字"，且斷言"甲骨文裏沒有，金文裏沒有，戰國時的竹簡、帛書、璽印、陶文裏也沒有，要直到長沙馬王堆漢墓帛書裏纔出現哭字"。（《漢字古今談》，語文出版社1988年；又收入新版《古文字趣談》，上海古籍出版社2005年。）今案此說實誤，應予改正，故爲補說如次。

1942年出土於長沙的戰國楚帛書邊文即丙篇裏就有芺字。此字形在1964年錫永師《戰國楚帛書述略》一文所附摹本中便極清晰，其上乃"爲邦"二字，亦甚清楚。祇是錫永師文"帛書文字銓釋"部分未予考釋。曾憲通兄作於七十年代末正式發表於八十年代初的《楚月名初探》一文，已經釋帛書此字爲笑（《中山大學學報》1980年第1期；《古文字研究》第5輯，中華書局1981年；又收入《曾憲通學術文集》，汕頭大學出版社2002年）。後來憲通兄與選堂先生合著《楚帛書》（中華書局香港分局1985年），亦釋此字爲笑。

以古文字學常理分析，帛書之芺，上從艸，下從犬，隸定爲芺，無可爭議，而古文字從艸從竹每可通用無別，則芺即後世之笑亦即笑，足可論定，實毋須多事考證。或釋帛書之芺爲莽之異體，當讀如墓，可謂捨近求遠也。"……其□取（娶）女，爲邦笑"，文從字順，若讀爲"爲邦墓"，實不知所云矣。繼《楚帛書》之後在撰集《長沙楚帛書文字編》時，憲通兄復於芺字下詳加考證，並舉《戰國策·韓策》"恃楚之虛名，輕絕強秦之敵，必爲天下笑矣"爲證，謂"爲天下笑"與"爲邦笑"同意。又於《楚帛書文字新訂》一文之"取女爲邦笑"增補"爲……笑"書證多種，以相印證。如是，帛書之芺便是後世哭笑之笑，遂成定論。

《漢字古今談》出版不久，楚簡《老子》便於1993年在湖北荊門市郭店一號墓出土，並於1998年正式出版面世。其乙篇有云："上士昏（聞）道，堇（勤）能行於其中，中士昏（聞）道，若昏（聞）若亡（無），下士昏（聞）道，大芙之，弗大芙，不足以爲道矣。"前後二芙字，皆作〓，與帛書同，非芺（笑）莫屬。與《老子》同時出土的《性自命出》亦兩見從艸從犬之芺字，同樣非釋笑不可。是戰國竹簡上也有笑字。

十分值得注意的是：戰國竹帛文所見之〓形，尚可追溯至甲骨文。《殷虛文字甲編》第1798片即有〓字，艸下所從亦爲犬，乃地名。屈萬里《釋文》疑是莽之初文，孫海波《甲骨文編》歸諸附錄上，編號爲3080。今得竹帛爲證，乃知亦當釋笑也。

豈但如此，據新近出版的《上海博物館藏戰國楚竹書（五）》知，戰國楚地還有笑的異體字存在。該書《競建內之》篇第8簡有"今內之不得百生（姓），外之爲諸侯狱"句，狱，從兆，從犬，陳佩芬《考釋》"疑讀爲笑"。今案狱讀爲笑甚是，"爲諸侯笑"，與"爲天下笑"同意，見《韓非子·十過》（前述曾文引）。曾文"頗疑'笑'字本從犬，從艸得聲"。今得狱字，乃知從艸從兆實皆聲符（兆與笑古音同在宵部，艸古音在幽部），戰國之"笑"本爲形聲字也。之所以從犬，則誠如段公所言，古人以犬事喻人事耳，本不足奇，後世易艸爲竹，訛犬爲夭，遂成莫可名狀匪夷所思之笑，沿用至今。

與笑相對而同樣從犬的哭字在戰國楚簡亦已出現。前引《性自命出》第29至30得便兩見哭字："凡至樂必悲，哭亦悲，皆至其情也。……哭之鼓（動）心也……"字寫作〓〓，從犬，從叩，極清楚。楚簡之後，馬王堆漢墓帛書之前，雲夢睡虎地所出秦簡《日書》也三見哭字，作〓〓〓（參見張守中《睡虎地秦簡文字編》，文物出版社1994年）。又，據高明《古陶文字徵》所錄，則古陶文中亦已兩見哭字（見該書第48頁），上叩下犬，結構方式與竹簡同。

綜上所述，就哭笑二字而言，可作簡要補說：笑本作芺，最早見於甲骨文，又見於竹帛文；哭則最早見於戰國竹書及陶文。它們確實無疑地存身於漢字體系，至少也有兩千三百多年了。

三、說 忻

《說文》心部有忻而無忻。忻，見於近世出土之湖北郭店楚簡與河南葛陵楚簡，其義皆與訓"闓也"之忻異。郭店楚簡《性自命出》第32簡云："凡樂思而句（後）忻。"第41簡云："唯宜（義）道爲忻忠，唯惡不仁爲忻宜（義）。"忻用爲近。葛陵楚簡則忻福連言，甲—11云"忻福於北方"、甲—21云"忻福於卲王獻惠王柬大王"，乙三5云"忻福於司禍司禚司鮀各一瘍（牂）"，是其例。考金文祈多從队靳聲，"用祈多福"、"用祈眉壽"、"以祈眉壽"爲常見嘏辭（見張亞初《殷周金文集成引得》第971—972頁），簡文之忻福，實即祈福，忻用爲祈也。

考《說文》心部諸字，所從聲旁相同而心之位置有異者，多分爲二字，如：怡與怠，忠與忡，恭與恭，慕與慔，愚與惆，忩與忪，怒與恕，皆音同或音近而義異，不相混淆（《說文》以後新增之此類聲同心"異"而義別者亦至多，具見《玉篇》、《辭海》、《漢語大字典》諸字書）。忻與忻亦同此理，忻實爲《說文》所失收者。又按，若依勇之古文從心作惥之例推之，則視忻爲祈之古文亦無不可。蓋祈本發自內心之願望，其從心作忻，與順之作忺，欲之作忩，喜之作憙，哀之作恋（見郭店楚簡），皆屬合乎情理者也。

四、說 畏

畏，小篆作畏。《說文》卷九由部："畏，惡也。从由，虎省，鬼頭而虎爪，可畏也。"段注："虎上體省而兒不省，兒者似人足而有爪也。"畏下又有古文作🅧，許謂"古文省"，段謂"下象爪形"。按驗諸甲骨文、金文，知許說段注皆有未安。甲骨文畏作🅧🅧🅧諸形，實從鬼持卜之狀，卜者支也，鬼而執支，可畏之至。金文亦屢見畏字，盂鼎作🅧🅧，曰"畏天畏"；毛公鼎作🅧🅧，鬼形略變而仍持支，曰"敃天疾畏"，又曰"夙夕敬念天畏不睗"；鰲鎛又作🅧，曰"余彌心畏誋"；王孫鐘復增支作🅧，曰"畏嚴趯"，形雖小異，要皆從鬼而與虎形無涉。小篆所從之🅧，實割裂🅧形所致，所從之乚乃卜形之寫失。所謂古文🅧（《汗簡》引作🅧，與小徐本同），則尤失之又失矣。

考郭店楚簡屢見上鬼下心之愳，作🅧🅧🅧形，論其結構，當即《說文》媿之重文愧；論其字義，則同畏，或讀爲威。其義同畏者，如《性自命出》第52—53簡云"未型（刑）而民🅧，又（有）心🅧者也"，第60簡云"凡於這毋🅧毋蜀（獨）言"；《老子》甲篇第9簡"🅧四哭（鄰）"，丙篇第1簡云"其即（次）🅧之"；《尊德義》第33簡云"不釐則亡🅧"，皆是其例。其義如威者，則見於《緇衣》第45簡之稱"🅧義"，第30簡之稱"敬爾🅧義"（引《詩·大雅·抑》句，今本詩作"敬爾威儀"）。上述諸例之🅧，《郭店楚墓竹簡》之釋文，張光裕主編之《郭店楚簡研究文字編》、張守中《郭店楚簡文字編》均隸定爲悢，視爲《說文》所無字，並誤。今按此愳即愧，實乃畏之"古文"，乃楚地通行之異體字也，之所以從心者，強調內心之畏懼（"惡也"），猶前述忘、忎、愳等爲祈、順、勇等古文之比。《說文》廁愧於媿下作爲媿之重文或另有所據，至謂"從恥省"，則於古無證。甲骨文有🅧🅧二形，見於殘辭，義不能明，是否即媿，尚有可疑；金文媿字屢見，然皆用爲姓。吳大澂曰：《左傳》：狄人伐廧咎氏，獲其二女，叔隗季隗。昭王奔齊，王復之，又通於隗氏。隗與媿通，後世借爲慚愧字而媿之本義廢矣（《金文編》卷十二媿字條下引）。從心之愧僅見於陳肪簋，作🅧，云"囗龏愧忌"，義復與畏同。

包山楚簡又屢見鬼下從止從心之🅧🅧，實亦畏之異文（《包山楚簡》釋文及《包山楚簡文字編》均釋爲悢，應正）。《汗簡》畏下收有🅧形（與前引🅧

同出《義雲章》），鬼下從止似從心之訛。包山簡則鬼下既從止復增心，顯係加繁所致。其第172、173、183、192諸簡稱"畏王（之）垞人"、"畏王告室"，"畏王"當即威王，第176簡"邵嫒之人會亡畏"，則以亡（無）畏爲人名。

五、說一、二、三之古文弌弍弎

《說文》一字下有弌，謂"古文一"，二字下有弍，謂"古文二"，三字下有弎，謂"古文三"。眾所周知，甲骨文、西周金文之一二三皆以積畫爲之，未見有從弋之古文弌弍弎。段玉裁於"古文一"下注曰："一二三之本古文明矣，何以更出弌弍弎也？蓋所謂即古文而異者，當謂之古文奇字。"按據《說文序》，許書所謂古文，實有廣狹二義，廣義者乃泛指秦燒滅經書以前之文字，狹義者乃指"孔子壁中書"之類戰國文字。而所謂"奇字"，一見於卷八部首"兒"篆下，云"古文奇字人也"，又見卷十二"無"篆下，謂"奇字無也"。可見二者有別。段氏謂弌弍弎爲古文奇字，與許書原意不盡相符。吳大澂《說文古籀補》卷十二"二弍"條下"補"入從戈之𢍎一文，注云："𤰇君鉼二字如此。此六國特異文，非古文也。"容師《金文編》、商師《說文中之古文考》、胡小石《說文古文考》亦均引此以證二之古文弍，胡氏並詳論古戈弋可相通互用，𢍎即弍。商師曰："弌弍乃當時之別體，非古文之正也。吳禪國山碑一亦作弌，可知漢晉間弌字猶盛行。"又曰："一二三筆劃簡略，書寫之時，不能與它字相稱，至晚周遂增弋戈以填密之。漢開母廟石闕及袁安袁敞碑一二皆作𠄌 𠄌，末筆垂腳，取姿態與它字等齊之一證。"湖北郭店楚簡弌字五見，弍字二見（一作戒，從戊從二），可證《說文》所錄弌弍確爲戰國時之"別體"，僅傳寫稍異耳。茲錄其文例如下，以資參證：

1. ……則民德弌。（《緇衣》16—17）

2. 淑人君子，其義（儀）弌也。（《緇衣》39；今本《詩·曹風·鳲鳩》作"淑人君子，其儀一兮"。）

3. 四海之内，其眚（性）弌也。（《性自命出》9）

4. 君子於此弌戲者亡所瀆。（《六德》40）

5. 窮達以時，德行弌也。（《窮達以時》14）

6. 名或勿（物）參（三）。（《語叢三》67）

7. 上帝賢女（汝），毋戎爾心。（《五行》48；今本《詩·大雅·大明》作"上帝臨女，無貳爾心"。）

又據郭店楚簡，知戰國時楚地"一"尚有別體作"罷"者，見於《五行》篇第 16 簡："淑人君子，其義罷也。能爲罷，然句（後）能爲君子。"《郭店楚墓竹簡》編著者據帛書本及今本《詩》以證"罷"當讀作"一"，甚是。准此，則鄂君啓節之"歲罷返"一語，似可改讀"歲一返"，即一歲中往返一次，較原讀"歲能返"爲長。

《說文》所錄三之古文弌，至今仍無證，當俟諸異日。

（作者單位：中山大學中文系）

說"嫐"及其相關的字

譚步雲

在漢語中，與"醜"、"惡"相對的概念是"美"，寫成漢字，就是"羊"＋"大"。所以徐鉉等人說："羊大則美矣，故從大。"（《說文》卷四羊部美字條）以致現在從事美學研究的學者也拿"羊大"來加以發揮。

儘管在甲骨文中已有"美"字，儘管在傳世文獻中，表示與"醜、惡"相對的概念的確被寫成"美"，但是，由於出土文獻給我們提供了證據，從而讓我們知道：中國古人所謂的"美"並不是由"羊大"所生發出來的概念。

甲骨文中已見"美"字。據《殷墟甲骨刻辭類纂》（姚孝遂：1989：86頁）一書所收甲骨文統計，殷墟甲骨文"美"字凡38見，但沒有一例表"美好、美麗"義。例如"子美"（《合集》3100），用為人名；又如"……小臣穡比伐，禽危、美人廿人四……"（《合集》36481正），用為地名。所以李孝定先生說："契文羊大二字相連，疑象人飾羊首之形，與羌同意。"（李孝定：1991：1323頁）確有見地。

《金文編》（容庚等：1985：262頁）祇收了兩個"美"：一見於"美爵"①，一見於"中山王𗴂方壺"。前者用為人名，後者用如"善"。

如此看來，早期的文字充分證明了從羊從大者並不表"美麗、美貌、美好"的意義（戰國時的中山王方壺是個例外，詳下說），表示"美麗、美貌、

---

① 同銘器二，或稱"美乍㠯且可公爵"。

美好"意義的可能另有其字。

宋人所編《汗簡》(郭忠恕:1983:33頁)和《古文四聲韻》(夏竦:1983:37頁),收錄了《尚書》中的"嫩(美)"字,卻似乎從來沒有引起人們的重視。直到近年楚地出土了許多竹簡後,纔讓我們意識到,"嫩"纔真的是表示"美麗、美好"意義的字①。郭店楚簡《老子甲》、《唐虞之道》、《六德》諸篇見"敳"字,凡三例;《老子甲》、《老子丙》、《緇衣》、《性自命出》諸篇見"媺"字,凡七例。《老子乙》見"岂"字,一例。除了《六德》的"敳"讀為"微"外,其餘的都讀為"美"。稍後,上海博物館收藏的戰國楚竹簡裏也見"媺"字②。既然"岂"可用為"嫩",說明它的讀音與"嫩"相同。換言之,"岂"應是"媺"、"敳"的聲符,也就是从"敳"得聲的"嫩"的間接聲符。當然,"媺"也有可能是"嫩"的簡省。在《說文》當中,表示美麗、美貌、美好等意義的字多从女,例如"姝"、"姣"、"嬿"、"嫛"、"娧",等。大概緣自女子娟秀的面龐,曼妙的身姿,婀娜的體態。明顯地,表示"美麗、美貌、美好"意義的應是"嫩"或"媺",而"美"、"敳"和"岂"可能都是"嫩"或"媺"的通假字。

不過,"嫩"字的重新認識祇解決了問題的一半:因為《說文》並沒有"嫩"字!

《說文》當中不但沒有"嫩",而且沒有"媺"和"岂",祇見"敳"一字。《說文》:"𣪠,妙也。从人从攴豈省聲。"(卷八人部)就目前我們所能見到的資料看,此字應是从岂从攴。許慎顯然弄錯了。所以徐鉉也說:"豈字从

---

① 《郭店楚墓竹簡》的整理者據《汗簡》所引而釋之為"美",文物出版社1998年,第115頁。崔仁義先生逕作"嫩"。見氏著《荊門楚簡〈老子〉研究》,科學出版社1998年,第51頁。步雲按:湯餘惠主編的《戰國文字編》(福建人民出版社,2001年12月)失收"媺"二字。
② 《上海博物館藏戰國楚竹書》(四)逸詩《交交鳴鳥》有一字原隸定為"紁",讀為"豫"。董珊改釋為"嫩",見氏著《讀〈上博藏戰國楚竹書(四)〉雜記》,《簡帛研究》網站(http://www.jianbo.org/admin3/2005/dongshan001.htm)2005年5月20日刊出。筆者認為是正確的。

敓省，敓不應从豈省。蓋傳寫之誤。"《說文》雖然沒有"嫩"，卻另有與之相當的字。《說文》云："𡠾，色好也，从女从美。"（卷十二女部）筆者以為，這纔是表示"美麗、美貌、美好"的本字或正體。之所以作此推斷，是基於三方面的原因：1.《說文》的釋義和字形分析。"媄"無疑最切文獻用例。2. 文字的源流演變規律。當甲骨文出現"美"的時候，"敓"字尚未出現，因而造出"媄"比造"嫩"早。現在我們所見到的最早的"嫩"不過為戰國文字，而"媄"早就見於西周銅器銘文了。《金文編》（容庚等：1985）附錄下1254頁收一字：𡠾①，右邊的形體原摹與原拓略有參差。甲骨文"美"多作𦊆（參《甲骨文編》該條），比較可知右形即"美"，那麼，原篆實際上就是"媄"字②。雖然"媄"在銘文中用為人名，但在傳世文獻中，"媄"用為"美麗、美貌、美好"的意義還是有例證的："語笑能嬌媄，行步絕透迤。"（蕭綸《車中見美人》）文例是晚了點兒，但不排除這是仿古之作。所以朱駿聲《說文通訓定聲》上說："（媄），經傳皆以美為之。"（履部弟十二媄字條）實在是很有道理的。3. 如果上述的推論是錯誤的，那又怎樣解釋《說文》收"媄"而不收"嫩"呢？因為，在《周禮》中已見"嫩"字。《冬官·考工記》"輈人為輈"條云："軸有三理：一者，以為嫩也；二者，以為久也；三者，以為利也。"這裏的"嫩"正是可以解為"完美"的。鄭玄注謂："無節目也。"意思是說用作軸的木材以沒有結節曲紋為上品。號稱"五經無雙"的許慎沒道理視而不見。唯一讓人信服的推測是，許慎所看見的《周禮》中的"嫩"原來就寫成"媄"！退一步說，即便許慎見過"嫩"字，但祇是認為那是個不合規範的俗體，所以甚至不列在"媄"字條下作為異體！說也奇怪，在出土文獻中，至今我們還沒有發現除《汗簡》以外的"嫩"字。難道楚簡

---

① 所載器名或作"𢿙王盉"，或作"乍姬媄盉"，或作"𢿙王乍姬媄盉"。"媄"字以原篆出之，均無釋。

② 張亞初釋為"姊"。見氏著《殷周金文集成引得》，中華書局2001年，第314頁。中國社會科學院考古研究所編輯《殷周金文集成釋文》9411器（香港中文大學中國文化研究所，2001年10月）同。

的"姡"纔是正體？在沒有進一步的證據之前，我們不妨仍視之爲簡省好了。

就"中山王響方壺"和馬王堆帛書甲本《老子》出現"美"字的情況分析①，"美"通作"媺"的用法至遲在先秦時代就已經出現了。

結　語

經過上述文字的梳理，現在我們可以對"媺"及其流變作一個總結了：表示"美麗、美貌、美好"意義的本字或正體，應是"媺"；延至戰國時代，列國或造出"嫩"、"姡"，是爲"媺"的異體；其間，或以"散"、"岜"和"美"替代之，是爲"媺"的通假字；經秦火後，"美"字遂佔據了正體的地位而一直沿用至今。其流變過程大致如下圖所示：

媺—————→美
　↘嫩（姡）↗

主要參考文獻（以徵引先後爲序）：

[1] 許慎：《說文解字》，中華書局1963年第1版。本文簡稱"《說文》"。
[2] 姚孝遂主編：《殷墟甲骨刻辭類纂》，中華書局1989年。
[3] 郭沫若主編、胡厚宣總編輯：《甲骨文合集》，中華書局1979年10—1982年10月。本文簡稱"《合集》"。
[4] 李孝定：《甲骨文字集釋》，（臺灣）中央研究院歷史語言研究所，1991年3月影印五版。
[5] 容庚編著，張振林、馬國權摹補：《金文編》，中華書局1985年。
[6] 郭忠恕、夏竦：《〈汗簡〉〈古文四聲韻〉》，中華書局1983年。

---

① 陳松長編著的《馬王堆簡帛文字編》（文物出版社2001年）失收《老子》"美"字。

［7］湯餘惠主編：《戰國文字編》，福建人民出版社，2001 年。

［8］馬承源主編：《上海博物館藏戰國楚竹書》（四），上海古籍出版社 2004 年。

［9］中國科學院考古研究所：《甲骨文編》，中華書局 1965 年。

附記： 拙論承蒙陳師煒湛教授披閱一過，嘗在中國文字學會第四屆學術年會（陝西·西安—2007.8.）上宣讀，謹志謝忱。

"貞鼎""貝鼎""則鼎"疏釋

林志強

一

《說文》大徐本："鼎，三足兩耳，和五味之寶器也。……籀文以鼎爲貞字。"末句小徐本作"古文以貞爲鼎，籀文以鼎爲貞"。郭忠恕《佩觿》作"古文以貞爲鼎，籀文以鼎爲則"。段注本作"古文以貝爲鼎，籀文以鼎爲貝"。各家之説，互有差異。

段玉裁對這些不同的記載作了比較詳細的辨析，《段注》"鼎"下注云："二'貝'字小徐皆作'貞'。郭忠恕《佩觿》云：'古文以貞爲鼎，籀文以鼎爲則。'亦誤，今正。京房說'貞字鼎聲'，此古文以貝爲鼎之證也。許説剛、鼎、霣、䖃者，籀文之則、員、霣、妘（娟）字，此籀文以鼎爲貝之證也。"顯然，段氏認爲各本皆誤，而以"古文以貝爲鼎，籀文以鼎爲貝"爲正，並舉例進行了論證説明。

桂馥也以"貝鼎"對舉爲正，《説文解字義證》"鼎"字條下説："'籀文以貞爲鼎字'者，徐鍇本'從貞省聲，古文以貞爲鼎，籀文以鼎爲貞。'馥案：'貞'當爲'貝'。本書'員'字籀文作鼎，'則'字籀文作剛，此皆籀文以鼎爲貝之證。蓋因'貞'下有'一曰鼎省聲'之文，遂以爲'貞'字，不知'鼎省聲'當作'鼎聲',後人妄加'省'字也。"

那麼,古文和籀文有無如此整齊的對應情況?貞與鼎、貝與鼎、則與鼎的關係如何?是字書記載有誤還是另有緣由?清儒的看法是否完全正確?這些都是值得我們探討的問題。下面試結合有關材料對這些問題進行疏釋辨析。

二

"古文"的概念有廣狹之分,"籀文"的概念也多有分歧,小徐本、《佩觹》和段注本皆以"古文""籀文"相對舉,段氏更以具體例子證明了"古文""籀文"異字的事實,因此首先要分析一下"古文"和"籀文"的概念。段氏及其前的"古文""籀文"的概念,可以從段氏在《說文解字·敘》的注文中看得很清楚。

《說文解字·敘》:"及宣王大史籀著大篆十五篇,與古文或異。"段注:"孟康云:'史籀所作十五篇,古文書也。'此'古文'二字,當易為'大篆',大篆與倉頡古文或異,見於許書十四篇中者備矣,凡云'籀文作某'者是也。'或'之云者,不必盡異也,蓋多不改古文者矣……大篆之名,上別乎古文,下別乎小篆,而為言曰'史篇'者,以官名之,曰'籀篇''籀文'者,以人名之,而張懷瓘《書斷》乃分大篆及籀文為二體,尤為非是。"據此,段玉裁所謂籀文即大篆,是《史籀》篇中的文字,上有別於古文,下有別於小篆。

《說文解字·敘》:"至孔子書《六經》,左丘明述《春秋》,皆以古文。"段注:"'孔子書《六經》以古文'者,以壁中經知之。'左氏述《春秋傳》以古文'者,于張蒼所獻知之,皆見下文。古文大篆二者錯見,此云'皆以古文',兼大篆言之,《六經》《左傳》不必有古文而無籀文也。下文云'取史籀大篆,或頗省改',兼古文言之,不必所省改皆大篆而無古文也。秦書八體,一曰大篆,二曰小篆,不言古文,知古文已包於大篆中也。王莽改定古文,有六書，一曰古文，二曰奇字，即古文而異者，三曰篆書，即小篆，不言大篆，知古文奇字二者內已包大篆也。《呂氏春秋》云'倉頡造大篆'，是古文亦可稱大篆之證。"

《說文解字·敍》："皆取史籀大篆，或頗省改。"段注："言史籀大篆，則古文在其中，大篆旣或改古文，小篆複或改古文大篆，'或'之云者，不盡省改也。不改者多，則許所列小篆，固皆古文大篆，其不云'古文作某''籀文作某'者，古、籀同小篆也；其旣出小篆，又云'古文作某''籀文作某'者，則所謂'或頗省改'者也。"

根據以上材料，段玉裁所謂"古文"，是"籀文""小篆"之前的文字，非特指後來之狹義的"戰國時期六國文字"。根據他所認定的文字發展序列，漢字是先有古文，然後是大篆（籀文）、小篆。這其實也是許慎以來諸家對"古文"含義的通常理解。段玉裁認爲，因爲大篆承古文而來，但不能盡改古文，因此小篆之前的有關文獻在描述用字情況的時候，稱古文者兼大篆言之，稱大篆者兼古文言之，所以，小篆雖是"取史籀大篆，或頗省改"而成，其實也包含古文在內。也就是說，古文、大篆、小篆的流變關係是"大篆旣或改古文，小篆復或改古文大篆"，改而未能盡改，後者都包含著前者。因此小篆中沒有標明"古文作某"、"籀文作某"者，說明古文、大篆、小篆同形；標明"古文作某""籀文作某"者，則是屬於省改之列。下面以這樣的概念來分析段氏爲證明"古文以貝爲鼎，籀文以鼎爲貝"所舉的有關例子。

1. "貞"字屬於"古文以貝爲鼎"之證

《說文·卜部》："貞，卜問也。从卜，貝以爲贄①。一曰，鼎省聲。京房所說。"此即段注"京房說'貞字鼎聲'"之出處。段注云："許說从貝，故鼎下曰貞省聲，京說古文以貝爲鼎，故云从卜鼎聲也。"按段氏以此爲"古文以貝爲鼎"之證，其實頗難令人信服。他說："許所列小篆，固皆古文大篆，其不云'古文作某''籀文作某'者，古、籀同小篆也。"據此，"貞"字下未

---

① 段注本作"從卜、貝。貝，以爲贄"，補一"貝"字。

列古文及籀文之形，則"貞"字實是古文、籀文和小篆同形，視之爲古文籀文均可。若視之爲古文，以京房說爲準，固可說明"古文以貝爲鼎"；若視之爲籀文，不就成了"籀文以鼎爲貝"的反證了嗎？

2. "則、鼎、䨳、妘"屬於"籀文以鼎爲貝"之證

《說文·刀部》："則，等畫物也。从刀，从貝。貝，古之物貨也。𠟽，古文則。𠟽，亦古文則。𠟽，籀文則从鼎。"段注："鼎部曰'籀文以鼎爲貝'，故員作鼎，娟作妘，霣作䨳，則作𠟽。"

《說文·員部》："員，物數也。从貝，口聲。凡員之屬皆从員。鼎，籀文从鼎。"段注："'鼎'下曰'籀文以鼎爲貝'，故員作鼎，則作𠟽。"

《說文·雨部》："霣，雨也。齊人謂雷爲霣。从雨，員聲。䨳，古文霣。"段注："'古'當作'籀'。'員'下云'籀文作鼎'，'鼎'下云'籀文以鼎爲貝'是也。妘者籀文妘（娟），𠟽者籀文則，皆是以鼎爲貝。"

《說文·女部》："妘，祝融之後姓也。从女，云聲。妘，籀文妘从員。"段注："員，籀文作'鼎'，古音同'云'。小徐本篆作嫥。"按照段氏自己的劃分，若小篆下不云"古文作某""籀文作某"者，則古、籀同小篆。此條祇列籀文作"妘"，則小徐之作"嫥"者，既是小篆，也屬古文（其實與籀文也祇是偏旁位置不同），其从"鼎"作，實與"古文以貝爲鼎"之說相悖。

段氏爲說明"古文以貝爲鼎，籀文以鼎爲貝"，在以上各條注釋中，前後兼顧，互爲闡發，可謂殫精竭慮。在《說文》的材料範圍內，在段氏所理解的古文、籀文的概念裏，其說似乎頗有理據。但段氏爲了使"古文以貝爲鼎，籀文以鼎爲貝"成爲一條規則，有些地方又有臆改之嫌。比如《說文》"霣"下錄古文，从鼎，段氏卻說："'古'當作'籀'。"其說證據不足，不能令人信服。而"妘（娟）"字小徐本的材料，也與段氏之說相悖。可見即使以段氏的設定爲前提，"古文以貝爲鼎，籀文以鼎爲貝"的條例還不能完全成立。

王國維在《史籀篇疏證·序》及《戰國時秦用籀文六國用古文說》中首次明確指出許書所錄之古文，實即戰國時期東土六國之文字，已被學界證明是

正確的。以這樣的概念來考察"古文以貝爲鼎",其說就更不能成立了。首先,段氏作爲"古文以貝爲鼎"之證的"貞"字,就必須被排除掉,因爲"貞"字爲小篆,不是"古文",失去了立論的基礎。其次,段氏改"霣"字古文爲籀文,沒有事實根據;我們遵從《說文》之實,"霣"古文從鼎,顯然就是"古文以貝爲鼎"的反證。

綜上所述,段氏所舉"籀文以鼎爲貝"的例證雖較"古文以貝爲鼎"的例證充實,但還難以完全證明其說之準確性及可靠性,至於"古文以貝爲鼎"之說,不僅例證少,且解釋也十分牽強,不管視古文爲殷周之古文還是六國之古文,都難以成立。然則"古文以貝爲鼎,籀文以鼎爲貝"是否漢字演變之通例,就值得再進一步檢驗了。從下面的研究中可以看出,鼎、貝之交混,乃是古文字演變過程之常見現象,實無古文、籀文之分,更無"古文以貝爲鼎,籀文以鼎爲貝"之整齊對應關係。小徐本、《佩觿》所言之"古文""籀文"的對應格局,也是不符合古文字實際情況的。

三

我們先根據古文字材料來看看"貞"與"鼎"的關係。"貞"字甲骨文本借"鼎"字爲之,作 ❏[1],周原甲骨加卜作 ❏(H11:1)、❏(H11:10)[2],金文亦有作 ❏(散盤)[3] 者,都成爲形聲字。其所從之"鼎",有省訛爲"貝"者,如冲子鼎作 ❏,爲後世所承。這是"貞""鼎"二字在字形上的聯繫。《說文》引京房說"貞"字"鼎省聲",釋其從"貝"之緣由,是符合

---

[1] 孫海波:《甲骨文編》,中華書局 1965 年,第 148 頁。本文所引甲骨文字形,除特別說明外,皆見《甲骨文編》,下不一一注明。
[2] 曹瑋:《周原甲骨文》,世界圖書出版公司北京公司 2002 年,第 1 頁、第 10 頁。
[3] 容庚:《金文編》,中華書局 1985 年,第 225 頁。本文所引金文字形,除特別說明外,皆見《金文編》,下不一一注明。

"貞"字的源流情況的。從文字使用的角度看，甲骨文"貞"字本借"鼎"形來用，加"卜"形成"貞"字後，从卜从不省之鼎的"貞"字（如中山王鼎的"鼑"字）和从卜从省略之鼎的"貞"字（如冲子鼎的"𪔀"字），金文皆慣用爲"鼎"字，若撇開古文、籀文之拘，大徐本的"籀文以鼎爲貞字"，小徐本的"古文以貞爲鼎，籀文以鼎爲貞"，《佩觿》的"古文以貞爲鼎"等記載，其實是很符合古文字的貞、鼎互用之情形的。王筠《說文句讀》"鼎"下引嚴可均說云："鼎，彝器銘有鼑體，鼎得鼎、貞兩讀，與小徐本合。"甚是。劉心源指出："今審古文以貞爲鼎，是也。"① 王國維在《史籀篇疏證》中除了引用甲金文證明貞、鼎互作外，又云："《書·洛誥》：'我二人共貞。'馬融注：'貞，當也。'（見《釋文》）'貞'無'當'訓，馬融知'貞'即'鼎'字，故訓爲'當'，此以貞爲鼎者也。蓋'貞''鼎'二字形既相似，聲又全同，故自古通用。許君見壁中書有貞無鼎，史篇有鼎無貞，故爲此說，實則自殷周以來已然，不限古文、籀文也。"② 朱德熙、裘錫圭、李家浩等先生指出鼎"實即'貞'字古體。'貞'、'鼎'音近，春秋、戰國時人多以'貞'爲'鼎'"③。這些意見都很正確。要之，貞、鼎之互作，淵源古遠，乃形、音交纏之故，無古、籀彼此之分，大小徐及郭忠恕所記，有其合理因素，未必如段、桂所言，以爲"貞"乃"貝"字之誤也。故劉心源指出："古文以貞爲鼎者……則郭說是，段說非也。"④

上述"貞"字所从之"貝"乃是"鼎"之省訛，則貝、鼎相混淵源亦甚古，"則"字中的"貝"也是因"鼎"而來，因此貞鼎、則鼎、貝鼎之相混，

---

① 見《古文審》卷六，清光緒十七年自寫刻本。收入《金文文獻集成》第十一册，線裝書局 2005 年，第 485 頁。
② 《史籀篇疏證》"鼎"字條，見《王國維全集》第五卷，浙江教育出版社 2009 年，第 30—31 頁。
③ 《望山楚簡》，中華書局 1995 年，第 124 頁。
④ 見《古文審》卷六，清光緒十七年自寫刻本。收入《金文文獻集成》第十一册，線裝書局 2005 年，第 485 頁。

應該是一個問題的不同表現，其中貝與鼎的關係是一個基礎，清儒以"古文以貝爲鼎，籀文以鼎爲貝"爲諸說之正，也有其必然因素。下面試爲疏釋。

"貝"字甲骨文作⟨字⟩、⟨字⟩等形，後者近似於鼎字簡體⟨字⟩。金文作⟨字⟩、⟨字⟩等形，本與鼎形有別，但也作⟨字⟩（臣辰卣）、⟨字⟩（師遽簋）等形，後者與鼎形接近。

"鼎"字甲骨文作⟨字⟩、⟨字⟩等形，金文作⟨字⟩、⟨字⟩等形，皆象鼎之形。商代鼎文作⟨字⟩形，更加形象。亦偶見其簡體作⟨字⟩（昶仲鬲），類似从貝。⟨字⟩一類的寫法省去左右的筆劃〉〈，就是貝形了。這是"鼎"容易變爲"貝"的主要原因。

可見貝、鼎構形本來就存在混作的基礎，尤其在充當合體字偏旁的時候，混作的可能性會更大。從古文字的情況看，貝、鼎混作應該可以分爲兩種情況：一是當意符可互換，二是因形近而相混。

但意符互換不能否認可能也是由於形近相混造成的，分開講祇是爲了說明的方便。

意符互換的例子也可追溯到甲骨文。甲骨文"敗"字作⟨字⟩（前三·二七·五），从貝；又作⟨字⟩（乙七七〇五），从鼎。就敗字意義而言，从攴擊貝與从攴擊鼎一樣都可表示毀壞。因此這裏的貝、鼎可以看成作意符互換。

"寶"字古文字多是从宀从玉从貝，缶聲，但也有一些寶字貝符寫作鼎，如⟨字⟩（同簋）、⟨字⟩（禪盨）、⟨字⟩（盠男鼎）、⟨字⟩（郜討鼎）等。從數量來看，寶字之鼎似乎應是貝之偶然的訛混，但從文字形義關係看，鼎亦寶器，寶字从鼎，正當其義，因此也可看作意符互換。

貝、鼎相混的情況要比互換的情況多。段玉裁舉了"則、鼎、霫、敤"四個"以鼎爲貝"的例子，從古文字情況看，除"霫"字不見於目前所發現的古文字材料之外，其他三個都是成立的。下面先對此"則、員、妘（媩）"三字進行疏釋。

"則"字段篆作⟨字⟩，當是最完整的字形，表示仿照一鼎刻畫另一鼎之意，西周金文二鼎多省爲一鼎。从鼎作的"則"字直到漢碑還都保留著,如孔宙碑"則"字就作🖻①。戰國時期或省鼎爲貝,如《行氣玉銘》作🖻,爲小篆及後世文字所繼承。

"員"字乃"圓"之初文,甲骨文作🖻(中大一〇七)、🖻(佚一一)等形,金文作🖻(員父尊)、🖻(員壺)等形。字皆以鼎口之圓表示方圓之圓。郭店簡作🖻(《緇衣》18)②,仍从鼎作,楚簡讀"云"或"損"。以目前材料看,祗有小篆訛省爲"貝",後世文字承之。

"妘(媜)"字輔伯鼎作🖻,从貝,仲皇父盨同;函皇父簋作🖻,从鼎,函皇父匜、翏生盨、周棘生簋、吊上匜等皆同,其貝、鼎相混,爲時已久。

除段氏所舉外,我們再舉一些例子:

"勳"字中山王壺作🖻,"隕"字中山王鼎作🖻,从鼎,《集韻》之"賁",金文作🖻,亦从鼎,皆可與上述"員"字情況互爲證明。

"鼏"字秦公簋作🖻,从鼎,國差瞻作🖻,从貝,亦鼎、貝互作。

"𩛥"字常形作🖻,史頌簋和史頌鼎分別作🖻、🖻,一从鼎,一从貝,正可比照。

"賓"字金文作🖻(史頌簋),亦偶見作🖻(鄭井吊鐘),亦貝、鼎相混。

"具"字甲骨文作🖻、🖻,皆从鼎。"具"的本義是備辦好飯菜,故从鼎。𠭯鐘作🖻,變从貝。曾伯簠作🖻,當爲小篆🖻所本。《說文》以爲从貝省。所以"具"字在演變過程中,實際經歷了兩次省略:從鼎省爲貝,又有貝之省。

"貿"字公貿鼎作🖻,貨幣文字作🖻(《貨系》479),皆从貝,亦偶有从

---

① 顧藹吉:《隸辨》,中國書店 1982 年,第 757 頁。
② 荊門市博物館:《郭店楚墓竹簡》,文物出版社 1998 年,第 18 頁。

鼎作者，如仲㦰父簋作🖋①。

以上表明，貝、鼎互混是古文字比較常見的現象，但它們的互混並不完全平等。就古文字材料觀察，本从鼎訛爲貝的情况要比本从貝訛爲鼎的情况要多，主要的原因大概是貝比鼎寫起來更爲簡單。

綜上所述，在古文字裏，貞與鼎、貝與鼎都有密切的關係，清儒以"貝鼎"對舉爲正，固有道理，但否定貞與鼎的關係，則是錯誤的。桂馥解釋"貝"字作"貞"的緣由是"蓋因'貞'下有'一曰鼎省聲'之文，遂以爲'貞'字，不知'鼎省聲'當作'鼎聲'，後人妄加'省'字也"。其實，不管是"鼎省聲"還是"鼎聲"，對於解釋爲甚麼"貝"字誤作"貞"，都沒有甚麼說服力。至於則與鼎的問題，雖然"則"字之"貝"符也是由"鼎"省訛而來的，不能說它們沒有關係，但段玉裁把《佩觿》所言"古文以貞爲鼎，籀文以鼎爲則"與小徐本的"古文以貞爲鼎，籀文以鼎爲貞"和段注本的"古文以貝爲鼎，籀文以鼎爲貝"合起來作爲一組異文來看待，可能並不合適。因爲《佩觿》卷一云："有以冰爲凝，有以渴爲竭，古文以貞爲鼎，籀文以鼎爲則，其矛楯有如此者。"可見《佩觿》所論乃是以甲字爲乙字的所謂"矛盾"的文字現象②，並非甲乙對舉互用，與小徐本及段注本要麽貞與鼎對舉，要麽貝與鼎對舉其實並不相類。2009 年，張光裕先生發表《樂從堂藏獄簋及新見衛簋三器銘文小記》一文③，認爲獄簋"祀於其百神，亡不鼎"之"鼎"當讀爲"則"，如其說可信，可以說爲《佩觿》所言找到了一個證據。

附記：本文承蒙裴大泉博士提供有關文獻材料，謹致謝忱！

（作者單位：福建師範大學文學院）

---

① 董珊：《侯馬、溫縣盟書中"明殛視之"的句法分析》，復旦大學出土文獻與古文字研究中心網站 2008 年 1 月 15 日。
② 其中"冰"與"凝"、"渴"與"竭"其實是古本字與後起字的關係。
③ 該文載《中山大學學報》2009 年第 5 期。

簠鋪考辨

石小力

青銅器中有一類長方形、斗狀，器蓋同形之器（器形見圖 2），自名頗富變化，最常見者作"匿"，自北宋《考古圖》、《博古圖錄》等青銅器著錄書以來，學者都稱之爲"簠"，但唐蘭、高明先生先後在《文物》上刊文反對，認爲簠指青銅器中的一類淺盤有鏤空高圈足的豆形器（器形見圖 1）[①]，學者們從之者衆多，而堅持舊說的亦不乏其人。本文梳理了各家說法之得失，綜合青銅器自名、功用、形態、文獻記載，並據新出楚簡材料，認爲宋人釋"匿"爲"簠"之說可從，而淺盤有鏤空高圈足的豆形器可據其自名稱爲"鋪"，相當於文獻中的籩。

一

宋人釋"匿"爲"簠"，主要文獻依據是《周禮·地官·舍人》的鄭玄注："方曰簠，圓曰簋，盛黍稷稻粱器。"不過許慎《說文》則曰："簠，黍稷

---

① 唐蘭：《略論西周微史家族窖藏銅器群的重要意義》，載氏著《唐蘭先生金文論集》，紫禁城出版社 1995 年，第 213 頁；原載《文物》1978 年第 3 期。高明：《䀇、簠考辨》，載氏著《高明學術論集》，上海古籍出版社 2013 年；原載《文物》1982 年第 6 期。

方器也。""簠，黍稷圓器也。"剛好與鄭說相反。但據出土青銅器，簋皆爲圓器，而許慎以方圓區別簋簠，故"簠"不會也是圓器，因而許說遭到了學者的否定。如容庚先生便說：

> 今證之彝器，簠形長方，銘云"用盛稻粱"，則鄭玄之說是也。①

釋"簠"說成爲了主流意見。清代學者多將"匿"字釋爲"簠"，並進而指出此字即文獻中"胡簋"之"胡"，如阮元：

> 簠字作[匿]，从古，从匚，古聲。通作胡。《左·哀十一年傳》"胡簋之事則嘗學之"，胡簋即簠簋也。《禮·明堂位》殷之六瑚與敦簋並列，明爲黍稷之器。瑚之爲簠異名無疑矣。②

後來，楊樹達先生從古音角度論證"匿"與"簠"爲一字，並進而認爲《說文》中的"匭"是"匿"字或體③。

但也有不同意見，最早對釋"匿"爲"簠"提出質疑的是強運開，他據《說文》說解反對釋"簠"，謂"匿之爲器實即胡槤之胡，匿爲正字而胡、瑚則藉字也"，並認爲"匿"即《說文》"匭"之古文④。

1976 年末，在陝西扶風發掘了莊白一號西周青銅器窖藏，內有豆形器，銘文作："微伯瘭作筲，其萬年永寶。"(《集成》4681) 唐蘭先生稱之爲"瘭簠"，謂：

> 瘭簠似豆而大，淺盤平底，圈足鏤空，銘作筲，是簠的本字。宋代曾有劉公鋪，

---

① 容庚：《商周彝器通考》上海人民出版社 2008 年，第 275 頁。
② 阮元：《積古齋鐘鼎彝器款識》七·二，商務印書館 1937 年。
③ 楊樹達：《積微居小學述林》，中國科學院出版社 1954 年，第 11 頁。
④ 強運開：《說文古籀三補》，中華書局影印 1986 年，第 23—24 頁

一九三二年出土的厚氏元匡，過去都歸入豆類，是錯了。《說文》："簠，黍稷圓器也"，就是這類器。本多竹製，在銅器中發展較晚。宋以來金石家都把方形的筐當做簠，銘文自稱爲匡。也稱爲臣，或作匨，則是瑚的本字。學者們紛紛說許慎錯了。今見此器，可以糾正宋以來的錯誤，也可以證明這類的簠在西周中期已經有了。①

1982 年，高明先生發表《䀇、簠考辨》一文，據 1977 年陝西扶風縣法門鎮雲塘村 2 號窖藏出土的白公父簠（《集成》4628）自名作"䀇"，而認爲自名爲"臣"的青銅器的真正名稱當作"䀇"，宋人所講的簠乃是青銅器中的一類淺盤有鏤空高圈足的豆形器②。

唐、高之說在學界產生了很大的影響，如《金文編》在第四版將第三版原歸入卷五"簠"字頭下的諸"臣"字移入十二卷，而收入豆形器的自名"筲、甫、匡"等字③。

2008 年 6 月，河南南陽春秋晚期楚國彭射墓出土了一批青銅器④，其中一件青銅器銘文作："彭子射兒自作飤䀇，其眉壽無期，永寶用之。"自名即《說文》中的"䀇"字，且此青銅器的形制與自名爲"臣"的青銅器形制相同。2012 年，李剛先生刊發《䀇、簠補釋》一文，據新出彭子射兒簠自名爲"䀇"而支持唐、高之說⑤。

上引唐文、高文和李文的一個共同特點即據新出青銅器自名來反對舊說，這本是很好的一個出發點，但僅僅依據青銅器自名與字書或禮書中的某個器名相同或相近，而認爲此自名是文獻中的某器，就有點片面了。首先，古人的用字習慣比較複雜，同一器名，往往異體眾多，不能祇依據其中的一個異體下結

---

① 唐蘭：《略論西周微史家族窖藏銅器群的重要意義》第 213 頁。
② 高明：《䀇、簠考辨》。
③ 容庚編著，張振林、馬國權摹補：《金文編》，中華書局 1985 年，第 301—302、845—847 頁。
④ 南陽市文物考古研究所：《河南南陽春秋楚彭射墓發掘簡報》，《文物》2011 年第 3 期，器形見第 12 頁圖一二，銘文見第 23 頁圖五三·1。
⑤ 李剛：《䀇、簠補釋》，《古文字研究》第 29 輯，中華書局 2012 年。

論，況且先秦時期同形字現象比較突出①，有時候相同的形體代表的往往是迥異的兩個字。其次，青銅器的定名，依據自名是最重要的一條命名原則，但同時也要兼顧形制、功用，如我們不會將自名爲"盂"的匜稱爲盂，不會把自名爲"簠"的盨稱爲簠。故青銅器的定名，要綜合自名、形態、沿革、文獻記載等各方面來考慮。

高文發表後，劉翔先生首先撰文提出質疑，他據叔邦父簠的自名作"匡"，與《說文》"簠"字古文相同，而認爲方形有蓋器應稱爲"簠"，並不是盨或簋②。後來，李學勤先生從自名、形態功用、文獻記載三方面論證了自名爲"臣"的長方形有蓋器應從宋人定名爲文獻中的"簠"，而自名作"筩、甫、匩"等字的淺盤高圈足豆形器則相當於文獻中的"鋪"③。

二

青銅器中的淺盤高圈足豆形器，迄今發現不少，而且多有自名。這種器物的自名有以下幾種寫法④：

---

① 關於出土古文字資料中的同形字可參陳偉武師《戰國秦漢同形字論綱》，載《于省吾教授百年誕辰紀念文集》，吉林大學出版社 1996 年。
② 劉翔：《簠器略說》，《古文字研究》第 13 輯，中華書局 1986 年。
③ 李學勤：《青銅器中的簠和鋪》，載氏著《中國古代文明研究》，華東師範大學出版社 2005 年。
④ 參陳芳妹《晉侯對鋪——兼論銅鋪的出現及其禮制意義》，《故宫學術季刊》第 17 卷第 4 期，2000 年夏季。

表 1　淺盤高圈足豆形青銅器自名寫法

字頭	原字形	出處
甫		《集成》4659、4669、4673、4674、《新收》1460、《通鑒》6119、6120、《近出》541、《近出》542、《古文字研究》28 輯 222 頁圖 2
箁		《集成》4681、《通鑒》6157
鋪		《集成》4684
匍		《集成》4689、4690、4691
匐		《新收》857

從上表可以看出，此器自名以"甫"爲聲符或基本聲符，且有的形體從"竹"，故唐蘭先生釋作"簠"是很自然的，不過考慮到此類器的形制和功用，以之爲文獻中的"簠"便有些困難了。字書和禮書所載的簠，據許說和鄭注，是盛黍稷稻粱之器，而淺盤圈足豆形器，器盤祇有很低的立緣（器形參圖 1），馬承源先生指出"盤淺，不能多置物"[1]，顯然不適合盛裝稻粱之用。況且，此類器存在的時間比較短，多見於西周中期至春秋時期，發現的數量甚少，而文獻中的"簠"，每以"簠簋"連稱，是青銅禮器的代表，如《禮記·樂記》："簠簋俎豆，制度文章，禮之器也。"《禮記·曾子問》："曾子問曰：'天子嘗禘郊社五祀之祭，簠簋既陳，天子崩，后之喪，如之何？'"簠應和簋一樣，

---

[1] 馬承源：《中國青銅器》，上海古籍出版社 1988 年，第 161 頁。

是一種很常見的青銅器纔對,故從淺盤圈足豆形器的流行時間和發現數量上來看,視作簠也是不合適的。

圖1 微伯瘋箮

圖2 曾侯乙簠

宋以來稱爲"簠"的長方形有蓋器(器形參圖2),容積很大,適合於盛放黍稷稻粱,且該類青銅器在銘文中多記有用途,如:

  史免簠:用盛稻粱。　(《集成》4579)
  郜召簠:用實稻粱。　(《近出》526)
  弭仲簠:用盛秫稻穛粱。　(《集成》4627)
  伯公父簠:用盛穛稻糯粱。　(《集成》4628)
  叔朕簠:以歕稻粱。　(《集成》4620—4622)

與文獻中的簠一致,且該類器西周早期後段就已出現,直到戰國晚期纔消失,發現的數量眾多,可以作爲青銅禮器的代表。

以上從功能形制、文獻記載兩方面論證了自名爲"匡"的長方形有蓋器相當於文獻之"簠"。下面來看自名,長方形有蓋器自名以"匡"爲最常見,占已見自名的絕大多數,但異體眾多,頗富變化,參下表:

表 2　長方形器蓋同形青銅器自名寫法

編號	字頭	字形	出處舉例
A1	臣		《集成》4498
A2	匜		《集成》04557—04559、《新收》1046、1045
A3	鉅		《集成》4600、4523、4474、4475
A4	鈷		《集成》4503
A5	祜		《集成》4581
A6	盬		《集成》4628
A7	盬		《文物》2011 年第 3 期 23 頁圖 53.1
A8	匼		《集成》4483、4482、4504
B1	医		《集成》4580
B2	匽		《集成》4627
B3	笑		《集成》4630（可疑）
C1	歐		《集成》4572

續上表

D1	匫		《集成》4517、4518、4519、4520
D2	害		《集成》4574、4565、《近出》518
D3	鍺		《集成》4484
E1	匩		《集成》4615、4579
E2	鍷		《集成》4552
F	匯		《集成》4516

根據聲符的不同，這些自名可分爲六類：

第一類：從古聲，或以古爲基本聲符。A1 從匚，古聲，最常見。其他寫法或聲符繁化作"故"或"鈷"，或省去義符匚，或省去聲旁古，或易義符匚爲皿，匚、皿皆爲表容器的義旁，故可換用，將 A6 中表材質的金旁易以表器皿義的缶旁，則成 A7，就與《說文》"盬"字相同了。A5 從示旁，比較特別①。

第二類：從夫聲，或以夫爲基本聲符。B1 從匚，夫聲，"夫"作"大"形，古文字常見，如金文"善夫"，大鼎（《集成》02807）作"善大"，攻吳王鑑"大差"（《集成》10296）即"夫差"。B2 見於弭仲簠，爲宋人摹本，從

---

① 陳偉武師指出此類器物可盛稻粱而用於祭祀，故從示旁。

毄爲聲，"毄"旁疑从"夫"得聲①。B3 見於陳逆簠，銘文或疑僞，暫不論。

第三類：C1 从猷爲聲。唐蘭先生釋猷爲胡②，已得到學術界公認，胡與古上古音相同。"猷"字害、夫皆聲，疑爲雙聲符字，夫與甫聲韻皆同，皆爲幫母魚部，如《說文》"簠"字古文作"医"，可證二者可以相通。害，古音爲匣母月部，與夫字讀音看似遠隔，其實不然。比如在楚簡中，歌類韻與魚類韻有較多的接觸③。最直接的證據是曾侯乙墓鐘磬銘辭，律名"割肄"即古書中的"姑洗"，"割"从害聲，在銘文中無疑讀爲"姑"，姑从古得聲，古音見母魚部。此外，如師克盨（《集成》4467、4468、《近出》507）有"干害王身"之語，毛公鼎（《集成》02841）、師詢簋（《集成》04342）則作"干吾王身"，"害"和"吾"代表的應是同一個詞，吾也是魚部字。這說明，"害"的古音與魚部有着密切關係，大西克也先生則進一步推斷，西周春秋金文中的"害"字讀音屬於魚部，後始轉入歌部④。

第四類：从害聲，D1 从匚，害聲，D2 徑作害字。害字疑即猷字異體，將聲符夫換做吾，亦爲雙聲符字。D3 或釋爲鈷，不確，"古"字上部皆作"十"字形，D3 右旁與古明顯不類，此字右旁應爲"害"，可參邾公子害簋"害"字作 （《小邾國遺珍》67 頁），D3 从金，害聲，作爲器名應是"鹽"字異體，此亦可證"害"字古音和魚部十分密切。

第五類：以𠂤爲聲符或基本聲符，匩即《說文》中的匡（筐）字。

---

① 陳斯鵬師看過本文初稿後指出：此說可疑。毄讀如聶，和夫音頗相遠。《集成》（修訂增訂本）釋文讀爲"璉"，大概以爲從珥聲，但音也不近。我懷疑其聲旁是從人持矩的那個矩字。

② 唐蘭：《周王猷鐘考》，載氏著《唐蘭先生金文論集》，紫禁城出版社 1995 年；原載《國立北平故宮博物院年刊》，1936 年。

③ 參陳斯鵬師《楚系簡帛中字形與音義關係研究》，中國社會科學出版社 2011 年，第 333—335 頁。

④ 大西克也：《論古文字資料中的"害"字及其讀音問題》，《古文字研究》第 24 輯，中華書局 2002 年。

第六類：以黃爲聲符。

以上六類，第一至四類古、夫、獸、害讀音均可相通，爲一字，可以"臣"爲代表，第五、六類坒、黃讀音相通，爲一字，可以"匚"爲代表。"匚"和"臣"之間的關係，字編多分立，如四版《金文編》分立爲2072號"臣"、2067號"匚"、2073號"匱"三個字頭，《新金文編》則分立爲0989號"𦥑"、2626號"匚"、2631號"匱"三個字頭。但是，自名爲"匚"的青銅器，器形與"臣"相同，另外，如曹公簠（《集成》4593）、陳公子仲慶簠（《集成》4597）、蔡侯簠（《新收》1896）皆匚臣連用，匚、臣表示的是同一種青銅器。另外，臣從古聲，古音在見母魚部，匚古音在溪母陽部，聲紐同屬喉音，韻部爲陰陽對轉關係，古音是非常接近的。故"匚"和"臣"應該是同源的關係。

下面重點談一談"臣"與"簠"的聲韻關係。二字古韻皆在魚部，聲紐一爲牙音，一爲唇音，韻雖相同，聲卻遠隔，反對釋"臣"爲"簠"的學者，一個主要的原因就是二字聲紐較遠。如最早提出反對意見的強運開，指出"臣"字"當讀公戶切而未可認臣即簠之古文"①。後來，龍宇純先生專門著文，依據形聲字聲符應兼具聲韻母兩方面關係的原則，反對釋"臣"爲"簠"，並指出"臣"實爲胡（瑚），上舉第三、四類並爲害字②。龍說所依據的原則，無疑要遵循，但我們也要留意在原則之外也有特殊現象的存在，且上古聲韻距今已遠，語音演變甚巨，對於上古聲韻，我們掌握的還十分有限，故要充分考慮到特殊現象的存在。

在上古漢語中，"古"聲字的讀音似與幫母有密切的關係。最著名者，如1936年，唐蘭先生考定"獸"可讀爲"胡"字，而"獸"字害、夫皆聲，"簠"字《說文》古文作"匚"，故"臣"與"簠"可相通。銅器銘文中有

---

① 強運開：《說文古籀三補》，中華書局影印1986年，第24頁。
② 龍宇純：《說簠臣𠤎匚及其相關問題》，載氏著《絲竹軒小學論集》，中華書局2009年；原刊《中央研究院歷史語言研究所集刊》第六十四本第四分，1993年。

一個用爲姓氏的字①，从夫从古，二旁皆聲，可讀爲"胡"。

　　近年公佈的楚簡中亦有古聲字和甫聲字相通者，如郭店楚簡《窮達以時》第2、3簡有云："舜耕於鬲（歷）山，陶拍於河臣，立而爲天子，遇堯也。"袁國華先生考釋"河臣"一詞謂：

　　　　簡文云："陶拍於河臣。"查古籍如《墨子·尚賢》、《呂氏春秋·慎人》、《管子·版法解》、《史記·五帝本紀》、《列女傳·周南之妻》等皆有舜"陶於河瀕（瀕或作濱）"的記載，故循音義求之，"河臣"應讀作"河浦"。②

　　李家浩先生亦讀爲"河浦"③，李學勤先生引用袁說來討論青銅器自名"臣"，認爲"這有力的支持了在銘文中釋'簠'的意見"④。

　　郭店簡《窮達以時》第10—11簡："驥駬張山，騏空於邵棘，非無體壯也。窮四海，至千里，遇告古也。"上引李家浩先生文讀"告古"爲"造父"⑤。造父爲古之善御者，如《管子·形勢解》："造父，善馭馬者也。"《荀子·儒效篇》："造父者，天下之善御者也。"《荀子·哀公篇》："昔舜巧於使民，而造父巧於使馬。"騏驥遇到造父而窮四海，至千里，故李說甚確。甫从父聲，故此亦可證古聲與甫聲相通。

　　"臣"字亦屢見於新蔡葛陵楚簡的簿記簡中，如："一臣，其重一鈞。宋良志受四臣又一赤。李絅爲宋木受一臣又☐"（新蔡甲三220+零343）"臣"字在簡文中用爲量器名和容量單位，宋華強先生讀爲《考工記》中栗氏所製量器"鬴（釜）"，《考工記·栗氏》記載"（鬴）重一鈞"與簡文"一臣，

---

① 見於枯衍簠蓋（《集成》3804）、枯仲衍鐘（《考古與文物》2007年第3期第7頁圖17）。
② 袁國華：《郭店楚簡文字考釋十一則》，《中國文字》新廿四期，1998年，第141頁。
③ 李家浩：《讀〈郭店楚墓竹簡〉瑣議》，載《郭店楚簡研究》（《中國哲學》第二十輯），遼寧教育出版社1999年，第353—354頁。
④ 李學勤：《青銅器中的簠和鋪》。
⑤ 李家浩：《讀〈郭店楚墓竹簡〉瑣議》第354—355頁。

其重一鈞"重量相合①。宋說無疑是可信的。

上舉楚簡中臣、古讀爲唇音字之例，有力地支持了宋人讀"臣"爲"簠"的意見。故"臣"和"簠"聲紐雖相距甚遠，但還是可以通用的。在出土楚系文獻中還有一些見系字跟幫系字交替的例子，趙彤先生曾對此做過歸納，雖然所舉個別例子可商榷，但大部分可信，並從音理上作了解釋，認爲在上古楚方言中發生了 $^*K^w- > ^*P-$ 的音變，出現在後元音前的圓唇舌根音聲母變成了雙唇音聲母②。施向東先生則認爲"上古漢語中唇音聲母字與曉母字的通轉的現象反映了漢藏語中唇輔音與半元音 w 的交替"③。雖然諸家解釋不同，但上古漢語中唇音和舌根音交替的現象是客觀存在的。

以上從形制、功用和自名等方面論證了青銅器中的長方形有蓋器即文獻中"簠簋"之"簠"。

古書中"簠"字又作"胡"，見於《左傳·哀公十一年》："孔文子之將攻大叔也，訪於仲尼。仲尼曰：'胡簋之事，則嘗學之矣；甲兵之事，未之聞也。'"杜預《集解》："胡簋，禮器名。夏曰胡，周曰簋。"《孔子家語·正論解》引"胡"作"簠"。"簠"字又作"瑚"，《禮記·明堂位》："有虞氏之兩敦，夏后氏之四璉，殷之六瑚，周之八簋。"上引阮元文認爲"胡"、"瑚"即"簠"，甚確。此外，《說文·皿部》有"盙"字，許慎訓爲"器也"，以共名釋專名，並未質言爲何器。朱駿聲《說文通訓定聲》："疑即瑚璉之本字。""盙"字見於青銅簠自名，亦爲簠之眾多異寫之一。總之，古書中的簠、胡、瑚、盙所指皆爲同一種器物，即青銅器中自名爲"臣"的長方形有蓋器。上引唐文、高文、李剛文僅據青銅器自名中的某一個異體而否定前人說法，這是不足信的。

---

① 宋華強：《新蔡葛陵楚簡所記量器"鬴（釜）"小考》，《平頂山學院學報》2006 年第 4 期。
② 趙彤：《中古舌根聲母字和雙唇聲母字在戰國楚系文獻中的交替現象及其解釋》，《中國語文》2006 年第 3 期。
③ 施向東：《漢藏語唇輔音與半元音 w 的交替》，《語言研究》2006 年第 2 期。

三

最後，談一談自名作"籅、甫、匩、鋪"等字的淺盤高圈足豆形器相當於文獻中的何種器物。

宋人將此種青銅器歸入豆類，如《博古圖錄·簠簋豆鋪總說》（卷十七）云："若夫劉公鋪，……舊以其鋪之聲與簠相近因以附諸簠。今考簠之器方而鋪之器圓，又自與豆登略無少異。……疑銘之以鋪者，有鋪陳薦獻之義，而其器則豆耳，故以附於豆之末云。"所論自名"鋪"有"鋪陳薦獻"之義，從後來發現的同類器自名又作"籅、甫、匩"看，未必正確，但據器形歸入豆類，還是頗有見地的。1936年，高亨先生撰文，從器形和功用方面論證此種豆形器為籩①。後來，陳夢家先生在討論安徽壽縣蔡侯墓所出類似器物時，從高說稱之為籩②。《說文》："籩，竹豆也，從竹，邊聲。"《爾雅·釋器》："木豆謂之豆，竹豆謂之籩。"雖以材質異其名，但實際上二者當是以形制和功用來區別的。《儀禮·鄉射禮》："薦脯用籩。……醢以豆。"鄭玄注："脯用籩，籩宜乾物也。醢以豆，豆宜濡物也。"《周禮·天官·籩人》云"掌四籩之實"，與《醢人》"掌四豆之實"相對。總之，豆盛濕物，籩盛乾物。淺盤豆形器容積小，不適宜盛濕物，而盛放"水果"等乾物則是合適的。故高亨先生認為"鋪"即"籩"有一定的道理③。鋪古音為滂紐魚部，籩，幫紐元部，聲雖近，但韻部較遠，因此高先生認為"鋪"、"籩"一聲之轉則難以信從。所以後來的學者雖然贊同高亨之說，但多據自名稱之為"鋪"。

---

① 高亨：《古銅器雜說》，載氏著《文史述林》，中華書局1980年；原載《河南博物館館刊》第五集，1936年。
② 陳夢家：《壽縣蔡侯墓銅器》，《考古學報》1956年第2期。
③ 陳偉武師看過本文初稿後指出，淺盤高圈足豆形器可能以其功用在於薦脯（肉脯、果脯），又為竹製，故名為籅，籅、脯實亦同源。

出土青銅鋪有記載用途的，1992年山西曲沃北趙村晉侯墓地2號墓流散出一件豆形器，現藏臺北故宮博物院，器銘爲："唯九月初吉庚寅，晉侯對作鑄尊匍，用旨食大饎，其永寶用。"（《新收》857）銘文所云用途爲"用旨食大饎"，"旨食"亦見於山東臨朐縣五井鎮泉頭村墓葬出土的上曾太子般殷鼎，銘文曰"多用旨食"（《集成》02750），金文亦作"旨飤"，如伯旗魚父簠"用俻旨飤"（《集成》04525），仲大師鼎"用宴旨飤"等。"大饎"金文首見，黃錫全先生分析爲从食、从林、从五（五當爲聲符），但相當於今之何字，待考①。陳芳妹先生讀爲"糈"，引《楚辭·離騷》王逸注"糈，精米，所以享神"爲證②。朱鳳瀚先生從之③。李學勤先生謂可參看《儀禮·士冠禮》的"旨酒令芳，籩豆有楚"及鄭注："楚，陳列之貌。"④"饎"以食爲義符，故理解爲稻梁等粢盛是很正常的，但是，金文"旨食"、"飤"之後的賓語皆爲父兄、朋友、大夫等一類的人物，如：

郙召簠：用飤諸母諸兄。　（《近出》526）
伯紳簠：其用飤正、御史、朋友、尹人。（《通鑒》05100）
諫簠：用日飤賓。（《近出》447）
王孫叔䚄：以飤父兄。（《通鑒》03362）
九里墩鼓座：以飤大夫、朋友。（《集成》00429）

沒有見到一例以粢盛作對象的，故讀"糈"可疑。"大饎"應和父兄、朋友、大夫一樣，爲一種身份。"用旨食大饎"表明此器的功用爲宴饗，與文獻之"籩"之功用相同，如《爾雅·釋器》"竹豆謂之籩"，邢昺《疏》："籩，

---

① 黃錫全：《關於晉侯墓地幾位晉侯順序的排列問題》，載氏著《古文字與古貨幣文集》，文物出版社2009年，第152—153頁。
② 陳芳妹：《晉侯對鋪——兼論銅鋪的出現及其禮制意義》第61頁。
③ 朱鳳瀚：《中國青銅器綜論》，上海古籍出版社2009年，第149頁。
④ 李學勤：《青銅器中的簠和鋪》第78頁。

以竹爲之，口有籐緣，形制如豆，亦受四升，盛棗、栗、桃、梅、菱芡、脯脡、臄鮑、糗餌之屬，祭祀、燕享所用。"《左傳》昭公六年："季孫宿如晉，晉侯享之，有加籩。"故從功用來看，認爲靑銅鋪相當於文獻中的籩的意見可從。

此外，在信陽簡遣策記有以下器物：

竹器：十笑，屯赤錦之帽。（2-05）
二豆笑。二笑笑。四十笑，屯紫緅之帽，紫緅之□。（2-06）

其中的器皿"笑"，材質爲竹，且與"豆"並舉，很有可能就是文獻中的"籩"，而自名作"笑"，恰可與靑銅器中的淺盤高圈足豆形器的自名"筩、甫、匜、鋪"通用，而遣策之"笑"上皆有覆冪之巾，亦與大多數靑銅鋪無蓋的特點相合，而靑銅簠皆爲器蓋相合之器，如再加覆冪之物即爲多餘。故"笑"應與靑銅鋪爲一類器物，如李家浩先生即認爲遣策中的"笑"即靑銅器中的淺盤平底豆形器①，但他從唐蘭、高明二先生之說讀爲"簠"卻不可從。其實，信陽簡遣策中亦記有與靑銅簠同類之器：

□糈之［器］：□□□。二芺秏（梁）。（2-29）

"芺"字已往學者多認爲與簡 5、6 的"笑"字表示同一種器物，故將二字皆讀爲"簠"。當然，僅從字形看，一從艸，一從竹，古文字中二者作爲義符可以互換，故二字無疑可以相通，但考慮到"芺"內所盛爲"梁"，與靑銅鋪功用不類，而與靑銅簠功用相同，此處之"芺"應即靑銅器中的方形器——簠。

故從戰國楚簡遣策記載來看，亦可證明靑銅鋪相當於文獻中的籩。

---

① 李家浩：《關於郂陵君銅器銘文的幾點意見》，《江漢考古》1986 年第 4 期，第 84 頁。

附記：小文蒙陳偉武師、陳斯鵬師、范常喜先生審閱指正，洪德榮先生惠贈相關資料，謹致謝忱。

2014 年 8 月 30 日初稿

2014 年 10 月 21 日修改

（作者單位：中山大學中文系）

《詩》、《書》、金文"保乂(艾、辥)"詞義辨正

雷燮仁

《詩》、《書》、金文屢見"保乂"一詞,"乂"或作"艾",金文作"辥"。如:

樂只君子,保艾爾後。　　　　　　　　　　　　　　　《詩·小雅·南山有臺》
自成湯至于帝乙,罔不明德恤祀。亦惟天丕建,保乂有殷。　《書·多士》
天壽平格,保乂有殷;有殷嗣,天滅威。　　　　　　　　　《書·君奭》
率惟茲有陳,保乂有殷,故殷禮陟配天,多歷年所。　　　　《書·君奭》
往敷求于殷先哲王,用保乂民。　　　　　　　　　　　　《書·康誥》
則亦有熊羆之士、不二心之臣,保乂王家,用端命于上帝。　《書·顧命》
以降大福,保辥䣙國。
　　　　　《宗婦鼎》、《宗婦簋》、《宗婦壺》(集成① 2683、4076、9698)
天子其萬年無疆,保辥周邦,畯尹四方。　　《大克鼎》(集成 2836)
余咸畜胤士,作馮左右,保辥王國。　　　　《晉公盆》(集成 10342)

---

① 中國社會科學院考古研究所編:《殷周金文集成(修訂增補本)》,中華書局 2007 年。本文簡稱集成,下同。

其中《尚書》數例，斷句、標點皆依通行之說。依僞孔傳、孔穎達《正義》，"保"訓安，"乂"訓治。而《詩》毛傳則訓"保"爲安，訓"乂"爲養。王國維《觀堂集林·釋辪上》結合金文材料，釋《詩》、《書》、金文中的"保乂（艾、辪）"爲保有、治理①，從之者衆。如王氏弟子楊筠如《尚書覈詁》即沿用王說②，顧頡剛、劉起釪《尚書校釋譯論》把"保乂"皆理解爲保有、治理一類意義③。但也有不同於王說者，如屈萬里《尚書集釋》釋《康誥》"用保乂民"時說："乂與艾，古通用。艾，《爾雅·釋詁》：'養也。'又云：'相也。'保乂，猶言保護也。"④

今按"保"訓安，古書故訓習見，可參看《故訓匯纂》"保"字頭"保，安也"條⑤。《尚書》亦常見"保"訓安者。如《盤庚》之"保居"，《康誥》之"小人難保"，《多士》之"惟時上帝不保"等，"保"皆訓安，諸家並無疑義。《無逸》："徽柔懿恭，懷保小民，惠鮮鰥寡。""懷"訓安，古書故訓同樣習見。《盤庚》之"先王不懷"、"用懷爾然"，《文侯之命》之"肆先祖懷在位"，《秦誓》之"邦之榮懷"，諸"懷"皆用此義。故"懷保"同義連言。《無逸》云"懷保小民"，《康誥》云"小人難保"，義有正、反，"保"皆訓安。《康誥》："別求聞古先哲王，用康保民。""康"訓安，"康保"同"懷保"，也是同義連言。《詩·小雅·天保》："天保定爾。"《中山王䤼鼎》（集成2840）："用定保之。""保定"、"定保"即"懷保"、"康保"。《康誥》言"往敷求于殷先哲王，用保乂民"，又云"我時其惟殷先哲王德，用康乂民"，一作"保乂"，一作"康乂"，亦可證"保乂"的"保"與"康"同義，與"懷保"、"康保"的"保"一樣，皆訓爲安。

《無逸》："爰知小人之依，能保惠于庶民，不敢侮鰥寡。"對比上引"懷

---

① 王國維：《觀堂集林（附別集）》，中華書局1959年，第279—280頁。
② 楊筠如：《尚書覈詁》，陝西人民出版社2005年，第339頁。
③ 顧頡剛、劉起釪：《尚書校釋譯論》，中華書局2005年，第1525、1568、1594等頁。
④ 屈萬里：《尚書集釋》，中西書局2014年，第150頁。
⑤ 宗福邦、陳世鐃、蕭海波主編：《故訓匯纂》，商務印書館2003年，第121頁。

保小民，惠鮮鰥寡"，"保惠"應即"懷保"、"惠鮮"合而省言之。"惠鮮"之"鮮"義不明。《漢書·景十三王傳》、《谷永傳》、《後漢書·明帝紀》中元二年詔俱引作"惠于鰥寡"，皆略去"鮮"字不釋。以音求之並結合上下文意，"鮮"似應通"善"。《爾雅·釋詁上》："鮮，善也。"《逸周書·王會》："奇幹善芳。善芳者頭若雄雞。"《山海經·西山經》郭璞注引"善"作"獻"。"獻"、"鮮"可通假。《禮記·月令》："天子乃鮮羔開冰。"鄭玄注："鮮當爲獻，聲之誤也。"《周禮·天官·凌人》鄭玄注引"鮮"作"獻"，《呂氏春秋·仲春紀》同。《爾雅·釋山》："小山別大山，鮮。"《釋名·釋山》"鮮"作"獻"，《詩·大雅·公劉》毛傳"鮮"作"巇"。"善"通"獻"者，猶"善"通"鮮"。"善"古音禪紐元部，"鮮"古音心紐元部，韻部相同，禪紐屬舌上音，心紐屬齒頭音。而"饘"古音爲心紐元部，同爲舌上音，亦與齒頭音的"鮮"通假，如《禮記·祭義》："烹孰饘薌。"《大戴禮記·曾子大孝》作"烹孰鮮香。"《說文·虫部》："蟹，有二敖八足，旁行，非蛇鮮之穴無所庇。从虫解聲。"《荀子·勸學》："蟹二螯八足，非蛇蚖之穴無所寄者，用心躁也。""蚖"，也作"鱓"、"鱣"、"鱔"。玄應《一切經音義》："鱣，又作鱔、鮮。"這更是"鮮"與"善"之間確爲通假關係之明證。"惠善鰥寡"即惠愛善待鰥寡。《禮記·表記》："節以壹惠。"鄭玄注："惠，猶善也。""惠"、"善"義近，故連言。

無論"惠鮮"如何釋讀，"保惠"即"懷保"、"惠鮮"合而省言之，似無可疑。"保惠"又作"安惠"。漢《斥彰長田君碑》："安惠黎義。"又作"惠康"。《文侯之命》"惠康小民"即《無逸》之"能保惠于庶民"。《召誥》："相古先民有夏，天迪從子保，面稽天若，今時既墜厥命。"《禮記·中庸》："子庶民也。"鄭玄注："子，猶愛也。"此言"子"通"慈"。《爾雅·釋詁》："惠，愛也。"舊注釋"子保"的"保"爲"保護"，恐不確。"子保"即"惠保"、"保惠"，"保"訓安。

綜合以上分析，"保乂"的"保"應訓安。王國維讀爲保有，是不對的。其實王說之誤，放在《尚書》具體語境中，是顯而易見的。如《顧命》一例，言"熊羆之士、不二心之臣"治理王家尚可，但不能說臣子保有王家。又如《君奭》"率茲有陳，保乂有殷"，"有陳""猶今語所謂陣容也"①，指上言伊尹、保衡、伊陟、臣扈、巫咸、巫賢、甘盤等賢臣。言眾賢臣治理有殷尚可，但絕不能說眾賢臣保有有殷。"溥天之下，莫非王土。"保有有殷者，乃商王一人，他人豈能染指。

　　舊注訓"保乂"的"保"爲安，是對的，那麼舊注訓"乂"爲治，是否完全正確呢？《史記·三王世家》言"保國乂民"，後附"褚先生曰"則作"保國治民"，似可佐證舊注以"保乂"爲安治之不誤。但"乂"或"艾"確有安義。概國治則民安，故"乂"可訓安。如《史記》、《漢書》屢言"諸夏艾安"、"天下艾安"，"艾安"即"安寧"、"懷安"。《史記·孝文本紀》："方內安寧。"《孝景本紀》："天下懷安。"《康誥》言"用保乂民"，又言"用康乂民"，且句中位置完全相同。其"康乂"一詞，又見於《康誥》："若保赤子，惟民康乂。"屈萬里《尚書集釋》："康，安。乂，治。康乂，安定也。"②"康乂"即"安乂"，"艾安"則爲倒言，兩者並無區別。《康誥》云："往敷求于殷先哲王，用保乂民。"又云："別求聞古先哲王，用康保民。"更可證"保乂"同"康保"，"乂"訓安，故與同訓安的"保"同義連言。

　　《君奭》："巫咸乂王家。"舊注訓"乂"爲治。對比《史記·太史公自序》於《燕世家》贊曰："召公率德，安集王室，以寧東土。""安集"即"安輯"，"集"通"輯"，古書習見。《漢書·高帝紀下》："同安輯之。"僞古文尚書《湯誥》："輯寧爾邦。""輯"皆訓和。安、寧與輯、和義近。《逸周書·諡法解》："好和不爭曰安。"一言"乂王家"，一言"安王室"。故"巫咸乂王家"的"乂"訓爲安，亦無不可。《顧命》云"熊羆之士、不二心之臣""保乂王家"，與"巫咸乂王家"、召公"安集王室"相類。《君奭》云："率惟茲有陳，保乂有殷。"眾賢臣"保乂有殷"，亦與"熊羆之士、不二心之

---

① 屈萬里：《尚書集釋》，第210頁。
② 屈萬里：《尚書集釋》，第152頁。

臣"" 保乂王家"、"巫咸乂王家"、召公 "安集王室" 相類, "保乂" 的 "乂"也應訓安，與 "保" 同義。

《康誥》篇末，周公勉勵康叔曰："明乃服命，高乃聽，用康乂民。"據《史記·衛世家》，康叔受《康誥》於周公，"康叔之國，既以此命，能和集其民，其民大悅。""和集" 義近 "安集"、"安定"。周公要求康叔 "用康乂民"，而康叔也的確做到了 "能和集其民，其民大悅"。這也從一個側面證明 "保乂"、"康乂" 的 "乂" 的確訓安。

周公在《康誥》中屢屢用及 "保乂"、"康乂"、"康保" 等詞，是有其歷史背景的。《康誥》是周王朝冊封周文王的兒子康叔於衛的誥辭。周公攝政二年平定武庚叛亂，三年定奄，四年建侯衛，封魯侯禽、燕侯旨、衛康叔及在晉的唐等。周公平定叛亂後，對殷民分而治之，計分在洛邑、宋、魯、衛等地，其非子姓殷民，如懷姓分在唐（晉）。分在衛地的非子姓殷民就是《左傳》定公四年所說的殷民七族：陶氏、施氏、繁氏、錡氏、樊氏、饑氏、終葵氏。故此康叔衛所轄民眾以殷遺民為主，並及奄、庸等地新征服的臣民。因此周公告誡康叔小心謹慎，認清自己任務之重大，要善於用懷柔、安撫手段，以德教化安民。是以明德、用德、以德用罰、明德慎罰為《康誥》的中心思想。《大戴禮記·盛德》云 "以之德則國安"。正是在 "以之德則國安" 的思想指導下，周公圍繞 "明德慎罰" 這一主題，反覆告誡康叔，並屢屢用及 "保乂"、"康乂"、"康保" 等表示安定、安撫義的詞。

"保乂" 詞義既明，則 "天壽平格保乂有殷"、"亦惟天丕建保乂有殷" 的斷句和理解皆有重新討論的必要。"天壽平格" 句，是《尚書》中一個爭訟紛紜的小問題。舊注在 "壽"、"平"、"格" 三字上扯來扯去，加之 "保乂" 詞義未明，一直未有確詁①。我認為此句應標點為 "天壽、平、格、保乂有殷"。"壽" 即壽延，即《君奭》所言 "多歷年所"。"平" 通 "蕃"，繁榮、蕃昌。《詩·小雅·采菽》"平平左右"，《左傳》襄公十一年引作 "便蕃左右"，是

---

① 詳參顧頡剛、劉起釪《尚書校釋譯論》第 1571—1572 頁。

"平"、"蕃"相通之證。"格"讀爲"嘏",福也。"天壽、蕃、嘏、保乂有殷"即上天壽延、蕃昌、降福、安定有殷。《秦誓》云"邦之榮懷","榮"即"平(蕃)","懷"即"保乂";《洪範》云"壽"、"富"、"康寧","富"即"平(蕃)","康寧"即"保乂"。《左傳》昭公二十年:"其所以蕃祉老壽者。""蕃祉"連言,猶"平(藩)"、"格"並舉。《宗婦鼎》"以降大福,保辪腏國",也以"降福"即"格"與"保乂"連言。《多方》:"惟帝降格于夏。""降格"即降福。"惟帝降格于夏",亦可換言爲"天格有夏"。《國語·周語下》云:"黃天嘉之,祚以天下,賜姓曰姒,氏曰有夏,謂其能以嘉祉殷富生物也。""嘉祉"即"假祉"、"嘏祉"、"格祉",可簡言爲"格";"殷富"及蕃昌富庶之意,亦可簡言爲"蕃"。此段可與"天格有夏"對讀。《召誥》:"今相有殷,天迪格保。""迪"乃"詞之用也"①,全句換言之,即"今相天格、保有殷",言天降福、安定有殷,也包含在"天壽、平、格、保乂有殷"中。

"天壽、平、格、保乂有殷"、"天丕建、保乂有殷",可與《儀禮·少牢饋食禮》"主人受祭之福,胡壽保建家室"對讀。胡培翬《儀禮正義》引孔廣森《禮學卮言》云:"胡壽,猶遐壽也。"又引蔡德晉云:"保,言保守也。"②今按胡、蔡之說不確。《周禮·春官·大宗伯》:"以佐王建保邦國。"鄭玄注:"保,安也。"《尚書》言"建、保乂",《周禮》言"建、保","保"同"保乂",義爲安定。"胡壽"即"遐壽"之說亦不妥。《儀禮·士冠禮》"永受胡福"鄭玄注:"胡,猶遐也、遠也。"此即孔廣森讀"胡壽"爲"遐壽"之所本。按"胡"與从叚得聲之字可通假。《禮記·表記》:"瑕不謂矣。"鄭玄注:"瑕之言胡也。""瑕不",《詩》作"遐不",即"胡不",今言"何不"。鄭玄言"胡猶遐也",即言"胡福"通"遐福"。"遐福"一詞又見於《詩·小雅·天保》:"降爾遐福。"《小雅·鴛鴦》亦言"宜爾遐福"。鄭玄箋云:

---

① 王引之:《經傳釋詞》,江蘇古籍出版社2000年,第61頁。
② 胡培翬:《儀禮正義》,商務印書館1934年,第26頁。

"遐，遠也。"馬瑞辰《毛詩傳箋通釋》則云："遐，與嘏聲近而義同。"① 即言"遐福"同"嘏福"，同義連言。《詩·大雅·卷阿》："天錫公純嘏。"鄭玄箋："受福曰嘏。"毛傳則云："嘏，大也。"毛傳釋"嘏"爲大，鄭玄箋"嘏"爲受福，與鄭玄云"遐，遠也"，馬瑞辰云"遐"通"嘏"，頗爲相似。故"胡壽保建家室"應讀爲"嘏、壽、保、建家室"。"嘏、壽、保"即《君奭》之"壽、格、保乂"，"保、建"即《多士》之"建、保乂"。

"天丕建、保乂有殷"、"胡壽保建家室"、"以佐王建保邦國"的"建"，歷來讀如字。今按建聲與卷聲可通假。《周禮·考工記·輈人》："終日馳騁左不楗。"鄭玄注："書楗或作券。"《墨子·號令》："慎無厭建。"孫詒讓《閒詁》："'建'讀爲券，聲近字通。"②《晏子春秋·外篇》："立命而建事。"孫詒讓《札迻》："'建'與'券'聲近字通。'建事'，謂厭倦於事也。"③ 故"建有殷"、"建王室"、"建邦國"的"建"，似可讀爲"眷"或"勌"、"勧"。僞古文尚書《大禹謨》："皇天眷命。"《太甲》："皇天眷佑有商。"《書·召誥》："其眷命用懋。""眷"皆義眷顧。《廣雅·釋詁四》："勧，勤也。"《玉篇·力部》："勌，勉也。"《類篇·力部》引《說文》："勌，勉也。"《詩·小雅·小明》："睠睠懷顧。"魯詩、韓詩作"眷眷"。王念孫《廣雅疏證》："睠睠，亦殷勤之意也。"此云"眷眷"通"勧勧"、"勌勌"。《詩·豳風·鴟鴞》："恩斯勤斯。"孔穎達疏引王肅云："勤，惜也。"馬瑞辰《毛詩傳箋通釋》則云："勤，當讀'昔公勤勞王家'之勤。勤、勞，皆憂也。"④ "昔公勤勞王家"語出《金縢》。《儀禮》言"建（勧）家室"，《金縢》云"勤勞王家"，語義相近。實則勤勉、勤勞、勤恤、惜恤、眷顧，義近而通貫。"嘏、壽、保、建家室"即言降福、壽延、安定、眷恤（或勤勉）家室。

---

① 馬瑞辰：《毛詩傳箋通釋》，中華書局1989年，第511頁。
② 孫詒讓：《墨子閒詁》，中華書局2001年，第613頁。
③ 孫詒讓：《札迻》，中華書局2009年，第141頁。
④ 馬瑞辰：《毛詩傳箋通釋》，第472頁。

"建（眷）、保乂"合而簡言之即"眷保"，與《召誥》"天迪從子保"的"子（慈）保"義近。而"天迪從子保"也應標點爲"天迪從、子、保"。"從"，疑讀爲"聳"、"慫"，訓爲勸、勉。《皋陶謨》："汝無面從。"孫星衍《尚書今古文注疏》："史公讀爲慫，謂獎勸也。"①《廣雅·釋詁一》："慫慂，勸也。"《方言》卷十："食閻、慫慂，勸也。南楚凡己不欲喜而旁人說之，不欲怒而旁人怒之，謂之食閻，或謂之慫慂。"錢繹《箋疏》："慫、聳、懱、竦並字異而義同。"②《方言》卷六："自關而西秦晉之間相勸曰聳，或曰獎。""天從（聳）、子（慈）、保有夏"即上天勸勉、慈愛、安定有夏。周初八誥多用豐鎬方言。豐鎬即位於"自關而西秦晉之間"。《方言》記錄的是戰國秦漢時的語言狀況。"自關而西秦晉之間相勸曰聳"似可追溯到周初的豐鎬方言。

如果讀"從"爲"聳"、"慫"訓勸成立，則"天丕建、保乂有殷"的"建"更有可能讀爲"劵"或"勱"。"劵"、"勱"、"聳"皆訓勉。《說文·力部》"劵，勞也"與"勤，勞也"相並而列。《盤庚》："懋建大命。"《毛公鼎》（集成2841）、《單伯鐘》（集成82）則言"勞堇大命"，《禮記·祭統》引衛孔悝之鼎銘云"勤大命"，"勞堇"即"勞勤"，同義連言，皆訓勉。故此"懋建大命"似可讀爲"懋劵大命"。"懋劵"亦同義連言，與"勞勤"同義，都訓勉。

最後還要說說"俾乂"一詞。《堯典》："湯湯洪水方割，蕩蕩懷山襄陵，下民其咨，有能俾乂？"《立政》："自古商人，亦越我周文王立政：立事、牧夫、準夫，則克宅之，克由繹之，茲乃俾乂。"《堯典》之"俾乂"，楊筠如《尚書覈詁》云：

"俾"，治也。"俾"與"比"通。《詩·皇矣》"克順克比"，《樂記》"比"作

---

① 孫星衍：《尚書今古文注疏》，中華書局1986年，第106頁。
② 錢繹：《方言箋疏》，中華書局1991年，第369頁。

"俾";《漸漸之石》"俾滂沱矣",《論衡·明雩》"俾"作"比",即其證。"比"又與"庀"通。《魯語》"夜庀其家事"韋注:"治也。"《左傳》"子木使庀賦"杜注:"治也。"《書序》"王俾榮伯作賄肅慎之命",馬本"俾"作"辯"。辯亦治也。乂,《說文》作"壁",治也。①

楊氏謂"俾乂"皆言治也,即同義連言,是對的。這裏補充一點。《立政》"茲乃俾乂"後又云:

> 我其克灼知厥若,丕乃俾亂相我受民。和我庶獄庶慎,時則勿有間之,自一語一言,我則末惟成德之彥,以乂我受民。

舊注以"丕乃俾亂"爲句。"丕乃俾亂,相我受民。"僞孔釋爲:"大乃使治之,能治我所受之民。"以使訓"俾",以治訓"亂",以治訓"相"。今注多以"俾亂"爲"俾治",但仍以使訓"俾",且以"相我受民"與"和我庶獄庶慎"並列,以之屬下句。我認爲"丕乃俾亂相我受民"應爲一句。"俾亂相"三字同義連言。全句簡言即"丕乃治我受民",與下文"以乂我受民"同。

楊筠如又謂"俾乂"即"保乂",比其師王國維更進一步。王國維釋"保乂"爲保有、治理,楊筠如則謂"保乂"皆言治,都是不對的。"俾"、"保"相通之說,始自孫星衍《尚書今古文注疏》。《盤庚》"承汝俾汝",孫星衍謂"承、俾"即上文"不惟民之承保"之"承保"②。《尚書校釋譯論》:"'保'、'俾'在《廣韻》分屬重唇音的'幫'和輕唇音的'非'二聲類,然古同爲重唇音,二者無別。"③ 故"保"、"俾"通用。但"保"、"俾"古音韻部相隔甚遠,斷無同音或音近假借之可能。而"承保"的"保",其義也不同於

---

① 楊筠如:《尚書覈詁》,第20頁。
② 孫星衍:《尚書今古文注疏》,第223頁。
③ 顧頡剛、劉起釪:《尚書校釋譯論》,第907頁。

"俾"。我的看法,"承保"的"保",義同"承受"的"受","承受"、"承保"皆同義連言。關於這個問題,容另文論述。

2014 年 11 月底寫定

(作者單位:青海省西寧市 104 信箱醫療隊)

據出土材料說《詩》二則

楊鵬樺

一、歲事來辟

《詩·商頌·殷武》第三章：

> 天命多辟，設都於禹之績。歲事來辟，勿予禍適，稼穡匪解。

鄭箋云："來辟，猶來王也。天命乃令天下眾君諸侯，立都於禹所治之功，以歲時來朝覲於我殷王者，勿罪過與之過適，徒勅以勸民稼穡，非可解倦。"孔穎達、王先謙均從之①。

今案：鄭箋謂"來辟"爲"來王"難通。一則前文"多辟"已指"眾君"，即"諸侯"，則"辟"似無復指"殷王"之理，且即使"辟"爲"殷王"，鄭玄亦不得不加入"朝覲"以疏通文義，如此則有增字之嫌；二則下文言"勿予禍適"，又言及"稼穡"，此處若言朝覲之事亦顯前後不類。史牆盤（西周中，集成②10175）有銘曰："害屖文考乙公，遽趩（爽）髦屯，無諫

---

① 《毛詩正義》，北京大學出版社 2000 年，第 1721—1722 頁；王先謙：《詩三家義集疏》，中華書局 1987 年，第 1118 頁。
② 即《殷周金文集成（修訂增補本）》，中華書局 2007 年。下同。

辳（農）嗇（穡），歲䅖隹（唯）辟"①，後二句與"歲事來辟，勿予禍適，稼穡匪解"近同，"歲䅖隹（唯）辟"與"歲事來辟"尤爲類似。

"歲䅖唯辟"之"䅖"，字象禾植田中，裘錫圭先生以爲即"稼"之初文②，然則"歲稼"指歲收、農稼之事。陳斯鵬先生認爲"辟"可訓"治、理"，如《書·金縢》"我之弗辟，我無以告我先王"、《左傳》文公六年"正法罪，辟獄刑"等，又因"辟"常訓爲"法"，故"歲稼唯辟""緊承'無責農穡'而言，意謂乙公管理農稼歲收之事極爲順達有成效，堪稱法式楷模"。"歲事來辟"頗可與之類比，具體詞義說解如下：

首先，先秦重農，有時直接以"歲"表示年穀收成，如《左傳》昭公三十二年："閔閔焉如農夫之望歲。"哀公十六年："國人望君，如望歲焉。"杜預注："歲，年穀也。"③ 又《孟子·梁惠王上》："非我也，歲也。"如此則"歲事"自可指年成、農稼之事。《周禮·春官·籥章》："國祭蜡，則龡《豳》頌，擊土鼓，以息老物。"鄭注："求萬物而祭之者，萬物助天成歲事，至此爲其老而勞，乃祀而老息之，於是國亦養老焉，《月令》'孟冬，勞農以休息之'是也。"④ 其中"歲事"當即指農事，故引"勞農以休息之"作比。《尚書大傳·略說》："穧俎已藏，新穀⑤已入，歲事已畢，餘子皆入學。"亦指農事。其次，"來"在《詩》中或用爲語助，作用近於"是"⑥，如《邶風·谷風》"伊余來塈"，猶言惟余是愛⑦；《小雅·四牡》"將母來諗"即將母是念，

---

① 釋文大體從陳斯鵬《西周史牆盤銘解詁》，《中山大學學報》2013年第6期。下文引陳先生說均出此文，不另出注。
② 裘錫圭：《史牆盤銘解釋》，《文物》1978年第3期。
③ 《左傳正義》，北京大學出版社2000年，第1950頁。
④ 《禮記正義》，北京大學出版社2000年，第743頁。
⑤ 本誤作"祈樂"，據鄭注改，詳陳壽祺《尚書大傳輯校》，載阮元、王先謙編《清經解 清經解續編（拾）》，鳳凰出版社2005年，第1866頁。
⑥ 王引之：《經義述聞》，江蘇古籍出版社2000年，第127頁。
⑦ 馬瑞辰：《毛詩傳箋通釋》，中華書局1989年，第139頁。

惟養母是念①；《小雅·采芑》"蠻荊來威"猶蠻荊是威②；《大雅·桑柔》"反予來赫"即反予是嚇③。至於"辟"，則當取"治理"一義，林義光已提及④，用例見前引陳文所舉。

綜上，"歲事來辟"猶"歲事是辟"，謂惟治歲收農稼之事，故下文進而言"勿予禍適，稼穡匪解"，"禍"通"過"、"適"通"謫"⑤，意謂不施過責，耕種不怠，可與史牆盤銘"無責農穡，歲稼唯辟"互證。《晏子春秋·內篇問上第三》載齊景公問晏子"古之盛君，其行何如？"晏子所對即有"勞力歲事，而不責焉"之語，或可視為"歲事來辟，勿予禍適"及"無責農穡，歲稼唯辟"之注腳。

二、賓載手仇，室人入又

《詩·小雅·賓之初筵》次章：

> 籥舞笙鼓，樂既和奏。烝衎烈祖，以洽百禮。百禮既至，有壬有林。錫爾純嘏，子孫其湛。其湛曰樂，各奏爾能。賓載手仇，室人入又。酌彼康爵，以奏爾時。

其中"賓載手仇，室人入又"，前賢訓釋有異，如毛傳："手，取也；室人，主人也。主人請射於賓，賓許諾，自取其匹而射。主人亦入於次又射，以耦賓也。"鄭箋："仇，讀曰鄭；室人，有室中之事者，謂佐食也；又，復也。賓

---

① 《經義述聞》，第127頁；《詩三家義集疏》，第559頁。
② 《經義述聞》，第127頁；程俊英：《詩經注析》，中華書局1991年，第511頁。
③ 《經義述聞》，第127頁。
④ 林義光：《詩經通解》，中西書局2012年，第443頁。
⑤ 說據《毛詩傳箋通釋》，第1187頁。

手挹酒，室人復酌爲加爵。"朱熹、方玉潤等從鄭說①。馬瑞辰曰："據下文'以奏爾時'，時謂中者，則自從《傳》謂賓自取匹以射，其義爲允。"胡承珙則謂："天子諸侯燕禮、射禮，以膳夫、宰夫爲主人。前此正射，君與賓爲耦，此時或君不欲射，主人膳宰之屬故可請射於賓，亦入於次，又射以耦賓也。"②程冠英認爲"入又"是"又入"之倒文，"指又加入發射以陪來賓"③。林義光則認爲："室人，導賓酌酒者也，疑亦僕人師或小臣正之屬。……又讀爲右。金文每言入右。如'井伯入右豆閉'（豆閉敦）、'艾季入右卯立中廷'（卯敦），入右皆導賓入門之義。……此時室人導賓酌酒，雖非入門，以與納賓之事相類，故亦謂之入右也。室人導賓儀節，《大射禮》所不載，殆禮文有闕略耳。"④

今案：諸說主要分歧在鄭玄、朱熹等以爲言宴飲，毛亨、馬瑞辰及胡承珙等以爲言射禮。具體到"室人入又"，鄭、朱蓋將其與"酌彼康爵"連讀，解爲佐食者復入以酌，前提是須將"仇"讀爲"鄭"即挹酒，否則難言"復酌"；毛、胡以"又射"解"又"，則有增字之嫌，程說與之類似，且前文無"室人"，此處若謂室人又射，於理難通。諸說中惟林氏引金文解"入又"最爲精審，類似文例又見廿七年衛簋（西周中，集成4256）"南伯入右（佑）裘衛，入門"、七年趞曹鼎（西周中，集成2783）"刑伯入右（佑）趞曹，立中庭"等⑤，"入"與"佑"爲前後相次動作，《詩》爲整齊句式，當可合而言之。至於林氏"室人導賓酌酒"之說，則仍有可商。"賓載手仇"前一句爲"各奏爾能"，即各自獻上你們的才能，若僅爲飲酒則似難言"能"，故當以毛

---

① 《毛詩正義》，第1035—1036頁；朱熹：《詩集傳》，中華書局1958年，第164頁；方玉潤：《詩經原始》，中華書局1986年，第451頁。
② 馬、胡二說見《毛詩傳箋通釋》，第750—751頁。
③ 《詩經注析》，第698頁。
④ 《詩經通解》，第281頁。
⑤ 更多文例詳張亞初編著《殷周金文集成引得》，中華書局2001年，第1263頁。

傳之"取其匹而射"爲勝①。且林氏亦知"導賓儀節,《大射禮》所不載",則更添疑問。至於疑"室人"爲"僕人師或小臣正之屬",則尚可補說。

先秦文獻中,"室人"可泛指家中之人。如《詩·邶風·北門》:"我入自外,室人交徧讁我。"鄭箋:"我從外而入,在室之人更迭遍來責我。"孔疏從之②。又《墨子·尚同中》:"數千萬里之外,有爲善者,其室人未徧知,鄉里未徧聞,天子得而賞之。數千萬里之外,有爲不善者,其室人未徧知,鄉里未徧聞,天子得而罰之。"此外,"室人"有時可特指家中平輩婦女。如《禮記·昏義》:"婦順者,順於舅姑,和於室人,而后當於夫。"鄭注:"室人,謂女妐、女叔、諸婦也。"孔疏:"經既言'順於舅姑',乃'和於室人',是在室之人,非男子也。女妐,謂壻之姊也。女叔,謂壻之妹。諸婦,謂娣姒之屬。"③值得注意的是,孔穎達在解釋鄭注爲何如此訓釋"室人"時,強調了前文的"順於姑舅",似乎有個意識前提,就是"室人"至少從字面上看無法特指"女妐、女叔、諸婦",祇是在這個語境中纔作此解,倘若跳出此語境,則"室人"當指"在室之人",與前文所舉《北門》、《尚同中》之"室人"近同。以此爲基礎,本詩"室人"當從鄭箋解爲"有室中之事者",即主人家中辦事人員。結合金文"入右(佑)"及毛傳"取其匹而射"的解釋,"室人入又"意謂室中辦事人員入內以輔助賓客完成射禮。長囟盉(西周中,集成9455):"穆王蔑長囟,以迷即(佽)邢伯",迷佽即輔助,盉銘言射禮,可與此詩互爲參照。

值得注意的是,揚之水先生曾於《詩經名物新證之六——〈小雅·賓之初筵〉》一文④中,舉出土戰國秦漢繪畫材料,用以探索詩中宴、射之禮,其

---

① 假設是飲酒,依林氏思路,倒不如徑讀作"入侑",其言"導賓酌酒"大概是爲了牽合飲酒之說與金文用例。
② 《毛詩正義》,第201頁。
③ 《禮記正義》,第1892—1893頁。
④ 載《中國文化》第15、16期,1997年12月,又其著《詩經名物新證》,北京古籍出版社2000年。

中有幾幅對"賓載手仇，室人入又"的理解極具參考價值：

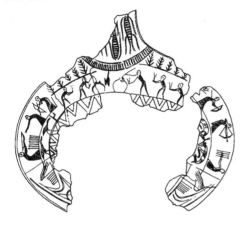

圖1　山西定襄縣中霍村銅匜，春秋晚至戰國早　　圖2　河北平山縣三汲銅鑑，戰國早（局部）

圖3　成都百花潭嵌錯壺，戰國（局部）　　圖4　故宫博物院藏宴樂壺，戰國（局部）

圖5　山西襄汾南賈鎮銅壺，戰國（局部）　　圖6　江蘇鎮江諫壁王家山銅鑑，春秋末（局部）

上揭六器均爲東周器①，本文所截取的部份圖片均可反映其時上層社會的行射場面②。圖1中，左側有二人同射，一人持弓遞與射手，右側同樣位置則有一人袒左臂執四矢供射手取用，圖2左側內容與之類似。《儀禮·大射》記載，行大射禮時，"司射適次，袒、決、遂，執弓，挾乘矢於弓外"，據鄭注、賈疏③，此句所言即主持射禮者（射人）至更衣處，袒左臂、套扳指、戴袖套，手夾四矢於弓外，這與圖1射手旁二人所爲極相似，不同的祇是禮書記載細緻而圖畫有所省簡而已。而圖3~5中，除楹間射者二人之外，楹柱左側均有一人跪坐，髮型、服飾與射者異，揚之水謂其"手持狀類算籌的小木棍，或即釋算之大史"④，負責計算射者的命中率。圖3最左側還有一人執旌，《大射》有"執旌以負侯"，鄭注謂"令射者見侯與旌，深志於侯中也"⑤，起到指引作用；圖4二射者背後有一人持弓作揖，服飾與跪坐者同，大概也是輔佐人員；圖6於射者前跪坐者當與之類似。

鄭玄、馬瑞辰、程俊英、揚之水等均認爲《賓之初筵》記大射禮，詩中亦有"百禮既至，有壬有林"、"既立之監，或佐之史"等，皆可見其規格極高。而按前文所言，"賓載手仇，室人入又"，即賓客自取其匹而射，室中辦事者入內佑助之，正可爲各圖所印證。正因賓客取匹而射，則當屬二人競射活動，既是競賽，除了基本的取矢持弓者，還需要計分者，可能還有執旌指引

---

① 各器詳情可參：（1）李有成：《定襄縣中霍村東周墓發掘報告》，《文物》1997年第5期；（2）河北省文物研究所：《河北平山三汲古城調查與墓葬發掘》，《考古學集刊》第五集，中國社會科學出版社1987年；（3）四川省博物館：《成都百花潭中學十號墓發掘記》，《文物》1976年第3期；（4）楊宗榮主編：《戰國繪畫資料》，中國古典藝術出版社1957年，圖20；（5）山西省考古研究院侯馬工作站：《三件戰國文物介紹》，《文物季刊》1996年第3期；（6）鎮江博物館：《江蘇鎮江諫壁王家山銅鑒》，《文物》1987年第12期。
② 一般同一圖中除射箭外還有宴飲、鼓樂或作戰場面，限於篇幅無法全面呈現，請參看前引揚之水先生文。
③ 《儀禮注疏》，北京大學出版社2000年，第370—371頁。
④ 《詩經名物新證之六——〈小雅·賓之初筵〉》，前揭。
⑤ 《儀禮注疏》，第374頁。

者,這些人在《大射》裏有司射、大史等名號,但均屬於此行射環節的佑助者,由"室人"即主人室中辦事人員臨時擔任,亦在情理之中。

附記:本文蒙楊澤生先生是正多處,陳偉武、陳斯鵬及吳吉煌諸先生亦曾從不同角度提出寶貴意見,謹致謝忱。

(作者單位:中山大學中文系)

《說文》"䇂""辛"二部及相關諸字芻議

蔡一峰

《說文解字》有"䇂"、"辛"兩個部首。"䇂"下從3字，重文1個；"辛"下從6字，重文3個。小篆"䇂"和"辛"僅一筆之差，於古文字形亦近，歷來學者對此兩字及所隸諸字多有爭議，但迄無定說。筆者結合較新的出土材料，以字形爲主要依據，參證文例、故訓和聲韻，在斟酌各家之說基礎上重新梳理，略作闡發。伏乞方家不吝賜教。

一

《說文·䇂部》："䇂，辠也。从干二。二，古文上字。讀若愆。"《段注》："辠，犯法也。會意。干上是犯法也。"《說文·辛部》："辛，秋時萬物成而孰，金剛味辛。辛痛即泣出。从一从䇂。䇂，辠也。辛承庚，象人股。"《段注》："《律書》曰：辛者，言萬物之新生，故曰辛。《律曆志》曰：悉新於辛。《釋名》曰：辛，新也。物初新者，皆收成也。"《說文解字部首訂》："䇂爲辠之小者，辛爲辠之大者，若散言之則䇂亦辛也。故辛从䇂上。䇂在干上。會意相同而義但有輕重耳。"① 較早的考釋多囿於許說，訓釋上認爲"辛"和"辛"渾言義近，析言有別。第一位以古文字的視角考證二字的學者是羅振玉先生。羅氏以爲："辛辛兩部之字，義多不別。……古文辛與辛之別。但以直畫之曲否別之。"嗣後，王國維先生則認爲二字並非一字，"此二字之分，不在橫畫之多寡，而在直畫之曲直。"② 羅王二氏對"辛"和"辛"的判別持相同意見，於字源卻截然相反。後來郭沫若先生提出"辛"和"辛"本爲一字的說法，認爲二者象刻鏤之具，即剞剧之形③。此說影響甚大。近人詹鄞鑫先生也承認"辛"和"辛"本一字，並進一步推斷二字象形所本是青銅鑿，爲鐫之初文④。隨着出土材料的增多及研究的深入，如今學者逐漸對"辛辛一字說"產生懷疑，大致可分兩種意見，一種仍認爲二字有同源關係⑤，另一種則對此明確否定⑥。

就所見材料看，"辛"和"辛"本爲一字說實無確證⑦，二字早期構形與用法均區別明顯。"辛"甲骨文習見且多作 或 ，其垂筆或曲或折，中間一筆爲橫劃，也見有在 內增飾一筆作 ，金文目前僅見商器 辛 鼎作 （《集成》990）。"辛"甲金文均常見，多作 ，中間一筆呈"V"形，頂上或增飾

---

① 參丁福保編纂《說文解字詁林》，中華書局 1988 年，第 3192—3200 頁"辛"字條及第 18129—18131 頁"辛"字條。
② 于省吾主編：《甲骨文字詁林》，中華書局 1996 年，第 2475 及 2496 頁。
③ 詳見《郭沫若全集》考古編第一卷：《甲骨文字研究·釋干支》，科學出版社 1982 年，第 178—186 頁。
④ 和郭說不同，詹氏認爲"辛"與"丂"不宜混爲一談，詳見詹鄞鑫《釋辛及與辛有關的幾個字》，《中國語文》1983 年第 5 期。
⑤ 陳昭容：《釋古文字中的"辛"及从"辛"諸字》，《中國文字》新 22 期，藝文印書館 1997 年；劉釗：《利用郭店楚簡字形考釋金文一例》，《古文字研究》第 24 輯，中華書局 2002 年。
⑥ 季旭昇：《說文新證》，福建人民出版社 2010 年，第 165 頁；樂效：《說"宰"》，復旦網 2009 年 4 月 12 日；周忠兵：《從甲骨文金文材料看商周時的墨刑》，《出土文獻與古文字研究》第 4 輯，上海古籍出版社 2011 年。
⑦ 《甲骨文字詁林》，第 2500—2501 頁按語已指出。

一筆作 ✦，"辛"的典型特點在於豎劃均是筆直①。辭例方面"辛"字多用爲天干之辛或先王先妣的廟號，"䇂"未見作此用②。聲韻上，季旭昇先生認爲"䇂"上古音在心紐眞部開口三等與"辛"的聲紐相去太遠。按"䇂"古溪紐元部，韻母與"辛"雖元眞旁轉，聲紐齒牙通用之例雖不罕見，但仍不足以證二字有同源分化的關係。所以僅就目前所見甲骨金文來看，"辛"和"䇂"的形、音和用法判若涇渭，很可能還是兩個原本彼此獨立的系列，不宜草率判爲一字。

二

《新甲骨文編》"䇂"字條下收有以下幾種寫法③：

1. ✦ 合 20236；✦ 合 10691；✦ 合 22291；✦ 花東 481
2. ✦ 合 20613；✦ 合 13845；✦ 合 4090；✦ 合 6450
3. ✦ 合 21305；✦ 合 940 正

---

① 《合補》10295 有字作 ✦，劉釗、洪颺、張新俊編《新甲骨文編》收於"䇂"字下（福建人民出版社 2009 年，第 783 頁），李宗焜編《甲骨文字編》"䇂"下未收（中華書局 2012 年，第 982—985 頁）。該辭爲殘辭，似仍可讀爲"父辛"，形體與"辛"更接近，疑此"䇂"與"辛"形近致訛或誤刻。另關於"辛""䇂"早期字形的不同，周忠兵文章《從甲骨金文材料看商周時的墨刑》亦有類似論述。

② 對"䇂"的用法學界未達一致。徐中舒主編《甲骨文字典》：1. 人名，2. 國名，3. 地名，4. 鬼神名（四川辭書出版社 2006 年，第 228—229 頁）；馬如森著《殷墟甲骨文實用字典》：1. 疑爲一種獲取獵物的工具；2. 疑爲和獵物同時可得（上海大學出版社 2008 年，第 60 頁）；劉興隆著《新編甲骨文字典》：卜辭作人名或地名（國際文化出版公司 1993 年，第 126—127 頁）。

③ 《新甲骨文編》，第 135 頁。

第 2、3 種往往隸定作"丯"。"丯"字《說文》未見，但收有"訄"。《說文·口部》："訄，語相訶歫也，从口歫丯，丯惡聲也，讀若櫱。"甲骨文作𠮷。卜辭"訄"與"㞢（𠮷）"、"訄（𠮷）"通用無別①，皆从"丯"得聲，讀爲作孼之"孼"，表凶咎之義。由此可知"丯"古讀同"孼（櫱）"，屬疑母月部，與"辛"均爲牙音，韻部月元對轉，讀音接近。裘錫圭先生指出"丯"象一種刀類工具，根據形音義推測其爲"乂"的初文，"乂"和"孼"都是疑母月部②。王子楊先生通過出土文物及字形文例的對比進一步得出甲骨文𠦒（即"丯"字）取象於新石器時代用於割草獲禾的石鐮，中間橫畫象納柲之闌，這種鐮刀古書稱之爲"銍"③。這個結論應該是可信的，根據這一點我們可以繼續推導《說文》讀若愆訓爲罪的"䇂"來源於甲骨文的"丯"，是"丯"的簡化分化字。可從以下幾點來看：

（1）"丯"簡化作"䇂"具有構形上的可能性。據甲骨文"丯"及从"丯"的字，我們可以找到這樣一種簡化關係：

𠦒→𠦒→𠦒→𠦒→𠦒→𠦒→𠦒→𠦒

上述字形演變衹是我們根據文字演變規律構擬，是不是嚴格按照這條路徑演進則不一定。

甲骨文"蔑"字的異體"𦬼"有作𠦒，"秝"字也有作𠦒，所从之"丯"均簡化成了十④；古文字常見由"丂"訛變爲"于"也與上述演變類似，可資旁證。另金文"辟"所从有作𠦒，亦有作𠦒，縱畫連作一筆，也可看作繁簡兩種寫法。

（2）聲韻極近，作聲符時可以互換。甲骨文"訄"、"訄"、"訄"均有

---

① 《甲骨文字詁林》，第 2481 頁，按語。
② 裘錫圭：《釋"𦬼""秝"》，《古文字論集》，中華書局 1992 年，第 35 頁。
③ 王子楊：《釋"銍"、"丯"》，《甲骨文字形類組差異現象研究》，中西書局 2013 年，第 358—376 頁。
④ 裘錫圭：《釋"𦬼""秝"》，《古文字論集》，第 35 頁。

以"辛"作聲符，如：㓷（《合集》22091）、㓷（《合集》04209）、㓷（《合集》00767）。

（3）詞義上，訓爲罪的"辛"可以是由"亏"引申分化而來。按上揭"亏"爲石鐮類刀具的象形，除用於割禾割草之外，不能排除可用於作刑具。殷墟花園莊東地甲骨有"璧"字作㓷（《花東》37）、㓷（《花東》180）或㓷（《花東》490），王子楊先生認爲此字從"璧"的象形初文〇，"亏"可能是加注的聲符①；周忠兵先生的分析與王文同②；陳煒湛先生認爲許書從口實由〇而訛，花東諸璧尤其是㓷實其初形③。按，在無法斷定"亏"在"璧"字中有表意的前提下，認爲㓷所從之㓷作聲符用是可行的。"璧"金文作㓷、㓷（《集成》9730），從玉辟聲，所從之"〇"可有可無，然於甲骨文則未見省，花東甲骨中有省㓷之字㓷（《花東》180）似仍可釋"璧"④，"亏"可表音當無疑。按王子楊和周忠兵兩位先生對"璧"的析法，"辟"也應是從亏得聲，不是一般的會意字。甲骨文"辟"字作㓷，象一蹲踞之人身後豎立一把鐮刀，會意施刑於人，正是"辟"字本義。《管子·君臣上》："論法辟衡權斗斛"。尹知章注："辟，刑也"。《書·呂刑》："大辟疑赦，其罰千鍰。"孔傳："死刑也。"孔穎達疏："《釋詁》云：辟，罪也。死是罪之大者，故謂死刑爲大辟。"胡厚宣先生指出夏周兩代刑法都稱五刑，夏曰辟，周曰罪，呂刑曰罰，其義皆同，等於說是刑法。殺刑，夏刑，呂刑作大辟，《尚書大傳》說："大

---

① 王子楊：《釋"銍"、"亏"》，《甲骨文字形類組差異現象研究》，第370頁。
② 周忠兵：《從甲骨文金文材料看商周時的墨刑》，《出土文獻與古文字研究》第4輯，第18—19頁。
③ 陳煒湛：《花東卜辭字形說》，《中國文字學報》第3輯，商務印書館2011年。
④ 參見劉一曼、曹定雲《殷墟花園莊東地甲骨卜辭考釋數則》，《考古學集刊》第16集，科學出版社2006年，第250頁。

辟，死刑也"，與殺同①。刑罪誅殺及法義和君義都有引申關係。所以，甲骨文"辟"應分析爲从卩从丂丂亦聲，後加"○"更直接地表聲似到西周金文方始見②。用今天的眼光看，羅振玉先生析金文"辟"从○辟聲的說法③並不符合文字源流的事實。

不過，"丂"於"璧"意義上恐非毫無瓜葛，古代玉璧被視爲神權、法權、人權、夫權及執法者的象徵④，用表刑具的 丂 來代表權力或貴族，跟"王"之初文以斧鉞之形的 王 來表示可謂異曲同工。

《甲骨學一百年》十一章第五節"商代的刑罰和監獄"中"黥刑"一小節⑤列有以下文例：

1. 乙酉卜，王，貞余辛朕老工。（《合》20613）
2. 庚子卜，扶，令民、興辛。（《合》20236）
3. 丙寅卜，王，令火、戈辛。（《合》20245）
4. 癸丑卜，賓，貞叀旬令目睪辛。（《合》4090）
5. 貞叉母睪辛。（《合》6450）

---

① 胡厚宣：《殷代的刵刑》，《考古》1973年第2期。又于省吾認爲砍頭即呂刑中的大辟之刑，甲骨文中"伐"字正表此義（《甲骨文字釋林》，中華書局2009年，第8頁），裘錫圭指出古代死刑主要是砍頭（《甲骨文中所見的商代五刑——並釋"𠚣""剢"二字》，《古文字論集》，中華書局1992年，第210頁）。從詞義看，"伐"爲"辟"之屬，"辟"是涉及誅殺刑罰的總稱，"大辟"即極刑、死刑，砍頭之刑是死刑的一類。
② 甲骨文有 𰀀 （《合集》8101），《新甲骨文編》釋"辟"，《甲骨文字編》釋"璧"，此從後說。
③ 羅振玉：《殷虛書契考釋》，收入《甲骨文獻集成》第七冊，四川大學出版社2001年，第46頁。
④ 周南泉：《論中國古代的玉璧——古玉研究之二》，《故宮博物院院刊》1991年第1期，第87頁。
⑤ 王宇信、楊升南：《甲骨學一百年》，社會科學文獻出版社1999年，第487頁。

按，上揭諸例中"辛"應釋"辛"更準確（除例3作🖐外，其餘均於前文列出），爲"辟"之省文，表對有罪之人（指老工、民、興、火、戈、𦥑等人）施以死刑之義，此書釋"辛"表"黥刑"的觀點顯然來源於郭說。

綜上，《說文》中的"辛"由"丂"簡化而來。換句話說，"丂"是"辛"的初文，《說文》訓罪義是其引申義而非本義。

三

《說文·辛部》下收有"童"、"妾"二字。"童，男有辠曰奴，奴曰童，女曰妾。从辛，重省聲"；"妾，有辠女子給事之得接於君者。从辛从女"。《說文》的"童"字蓋古"僮"字。《說文·人部》："僮，未冠也。"《釋例》："《韻會》曰，《說文》：童，奴也。僮，幼也。今以僮幼字作童，童僕字作僮，相承失也"①。《段注》引《禮記·內則》曰："聘則爲妻，奔則爲妾。不必有罪"②。從許氏的分析看，"童""妾"二字均表奴僕之屬，以訓罪的"辛"作意符並歸隸於"辛"部下看似理所當然，但在古文字中卻找不到理據，不免使人生疑。

郭沫若先生從甲骨文出發，在"辛"和"辛"同字且爲剞劂之象形的結論下，推斷"童"和"妾"乃至"僕"頭上的構件是表受黥刑之意③。姚孝遂先生批評郭說並認爲"童""妾"二字爲罪人之爲奴者在殷代實無證明已具有此等觀念④。周忠兵先生對此有詳考，他認爲古代墨刑刑具是一種帶齒狀刃

---

① 《說文解字詁林》"童"字條下，第3196頁。
② 《說文解字詁林》"妾"字條下，第3199頁。
③ 《郭沫若全集》考古編第一卷：《甲骨文字研究·釋乾支》，第178—186頁。
④ 《甲骨文字詁林》，第2501頁，按語。

部的外形像小笵子的工具，甲骨文作▢（《合集》61），可釋"筓"①。其結論應該可從按"童"和"妾"甲金文作②：

童（甲）：a. ▢合30178；b. ▢屯650
童（金）：a. ▢牆盤；b. ▢毛公鼎；c. ▢番生簋
妾（甲）：a. ▢合657；b. ▢合904正；c. ▢合18003；d. ▢合32164
妾（金）：a. ▢妾復尊；b. ▢伊簋；c. ▢克鼎

季旭昇先生認爲"童"和"妾"字上部所從均爲"䇂"非"辛"，應歸到"䇂"部③。此說恐非。構形上"童"和"妾"頂部作▢或▢確實與"䇂"極似，但還可省作▢、▢④或▢，這類簡寫於同時期"䇂"字未見，又單從構形也無法判定所從是縱向有曲筆的"辛"。在甲金文中頂上與"童"和"妾"有類似構件且下爲人屬的字很多，如銅器有圖形文字▢、▢⑤，今多隸爲"竟"，"竟"甲骨文作▢；"競"甲骨文作▢或▢，金文作▢⑥。如此甚繁，茲不贅舉。值得一提的是，和上文所舉毛公鼎"童"同出有字作▢，即"豙"，兩字上部構形完全相同。《說文·豕部》："豙，豕怒毛豎。一曰殘艾也。"《義證》引《爾雅翼》說豪豬云"見人則怒，其豪白色盡露，蓋是怒氣所發。⑦"

---

① 周忠兵：《從甲骨文金文材料看商周時的墨刑》，《出土文獻與古文字研究》第4輯，第25頁。
② 甲骨文選自《新甲骨文編》，第135—136頁；金文選自容庚編著，張振林、馬國權摹補《金文編》，中華書局1985年，第154—155頁。
③ 《說文新證》，第164—166頁。
④ 宗周鐘（《集成》260）有"鐘"作▢，所從"童"字上部亦省。
⑤ 見《金文編》第1037頁附錄上055號。
⑥ 朱鳳瀚：《僕麻卣銘考釋》，《于省吾教授誕辰一百週年紀念文集》，吉林大學出版社1996年，第86頁有類似的論證。
⑦ 桂馥：《說文解字義證》，齊魯書社1987年，第818頁。

其頂部應該是表示因怒而豎之毛髮，用 ▼ 來表示毛髮或其他身體部位，正與 "鳳"和"龍"古文構形如出一轍。于省吾先生云："在人則爲頭飾，在物則爲冠角類之象形"①，可謂獨具慧眼，有學者以爲 ▼ 是表美麗或特殊的標誌，現在看也有一定道理②。另外也有學者認爲"童"所从之 ▼ 是一種鑿子，古用作刑具，从"辛"从"目"表用"辛"刺瞎眼睛，造意與民同③。總之，就所見古文字材料，將"童"和"妾"隸屬於"辛"部下仍是權宜之策。

古文字中，尤其在甲金文字裏作構件的"▼▼▼▼"極常見，其來源是多元的，雖往往爲構字所需可以隸定（或後來類化）爲"辛"和"辛"，但這些字在古文字中與"辛"和"辛"祇是形同形近，原本卻可能是毫不相涉的系列。先秦文字的構造是一個不斷變化的發展過程，起源上不同的字，在演變過程中有局部或全部形體雷同的現象，需要作歷史的，多方面的考察，纔能得出正確的符合實際的結論④。像以上諸字，如果缺乏謹慎的形音義對比，就容易直接跟"辛"或"辛"的音義扯上聯繫，造成論證上的錯亂，甚至影響到其他字的分析。

四

《說文·辛部》下另外收有"皋"、"辜"、"辭"、"辯"、"辭"五個字。

---

① 于省吾：《雙劍誃殷契駢枝 雙劍誃殷契駢枝續編 雙劍誃殷契駢枝三編》，中華書局 2009 年，第 319 頁。
② 鄭慧生：《商周文字中的義符》，《甲骨文與殷商史》新二輯，上海古籍出版社 2011 年。
③ 楊琳：《〈說文〉辨正五則》，《中國文字研究》第五輯，廣西教育出版社 2004 年，第 19 頁。
④ 林澐：《究竟是"翦伐"還是"撲伐"》，《古文字研究》第 25 輯，中華書局 2004 年，第 115 頁。

最早羅振玉先生認爲"凡許書辛辛二部所隸之字及部首之辟，口部之商，皆應隸丂部"，王國維先生從之①。季旭昇先生亦明確指出"皋"、"辪"、"辭"从"辛"②。可見，學者多認爲這幾個字應从"辛"爲宜，但"辛"和"辛"在《說文》中畢竟判然有別，小篆"皋"、"辜"、"辪"、"辡"、"辭"均从"辛"而非"辛"，可能是還訛變類化所致。對這兩者的形混，尚無人有明確的解釋。

这個問題首先還得從"辛"和"辛"的判別說起。最早且有影響力的說法來自羅振玉和王國維兩位前輩的"垂筆曲直以別字"，也有學者疑之，如商承祚先生認爲"亦有不盡然者"。雖然我們在第一節中已經明確了"辛"和"辛"在形體上存在差別，但甲骨文中我們已經看到極少數草率寫法已是模棱兩可，如"辛"有作▽（《花東》481），"辛"有作▽（《合集》22186），這無疑會給"辛"和"辛"的訛混創造條件。然金文中"辛"所見極少，而"辛"習見，垂筆均爲筆直無一例外，从"辛"得聲的"新"金文作▽或▽，"親"作▽或▽，垂筆直勢尤顯，亦無例外。由此我們大膽推測，在甲骨文及商周金文中"辛"爲垂筆筆直，反之則是"辛"，羅王二氏的判別在這兩類古文字材料中是適用的，繼而可以作爲判斷《說文·辛部》五字所从的標準。

"辪"甲骨文作▽，金文作▽。形體上看所从顯然是"辛"。甲骨文讀爲"孽"，表凶咎；金文或讀"乂"表輔相。克鼎："保辪（乂）周邦。"或讀"嬖"，治也。晉公盆："整辪（嬖）爾容"。金文中的讀法顯然與"丂"的另外一個分化字"乂"有關係。《說文·辛部》："辪，皋也。从辛耑聲"，《玉篇》："辪，死刑也。"張舜徽先生云："凡言罪孽，當以辪爲本字"③。"耑"和"丂"上古均爲疑母月部，與"辛"音近，在《說文》又與"辛"

---

① 《甲骨文字詁林》，第2477頁。
② 《說文新證》，第165頁。
③ 張舜徽：《說文解字約注》，華中師範大學出版社2009年，第3593頁。

同訓，更進一步說明其關係之近。從古文字的角度看，"辭"中的"丂"既表音又表意，可看作一種特殊的雙聲符字。將"辭"歸入"辛"部下是合理的。

"辭"金文或从"丂"作🔲，或从司（有時省口）作🔲。🔲為从手从系从𠙵，本義為治絲，引申為治亂。季旭昇先生云："辛為乂之本字，引申有治理之義；口、言所以治也。秦漢文字'辛'訛為'辛'，即'辭'字。'辭'為會意字。"可從。《說文·辛部》："辭，訟也。"亦與訓皋之"辛"有關。"辭"本从"辛"非从"辛"無疑。

"辡"金文作🔲，構形上判斷乃是从"辛"，用作第一人稱代詞，亦隸定為"辝"。叔尸鎛："女（汝）敬共（恭）辝命"；齊侯鎛："枼（世）萬至於辝孫子。"中山方鼎"辝"作"🔲"，《戰國文字編》收於"辭"字條下①。其餘戰國和秦漢文字"辡"多見从"受"从"辛"。用例與"辭"接近，可表"辡別"、"文辭"之義。李孝定先生云："金文'辭'字作'嗣'，'辡'字作'辝'，分別甚明；至小篆則二字均从'辛'，惟左旁則一从'受'，一从'𤔔'，疑'受'為'𤔔'之訛……'辭''辡'疑本為一字"②。《廣韻·支部》："辡，同辭。"《段注》："按經傳凡辡讓皆作辭說字，固屬假借，而學者乃罕知有辡讓本字。……《世說新語》、蔡邕題曹娥碑：'黃絹幼婦，外孫齏臼。'解之曰：'齏臼所以受辛，辡字也'。按此正當作辭，可證漢人辡辭不別耳。"③《說文·辛部》："辡，不受也。从辛从受。受辛宜辡之。"其"不受"之義殆"辡別"之引申。《金文編》據《說文》籀文🔲把"辡""辝"視為一字。季旭昇先生從文例詞義出發疑二字非同④。我們認為這並不妨礙"辡（或辝）"本从"辛"而非从"辛"的觀點。

"皋"金文作🔲（牧簋）、🔲（中山王鼎），下皆是曲筆。戰國文字🔲（郭

---

① 湯餘惠主編：《戰國文字編》，福建人民出版社2001年，第965頁。
② 李孝定：《金文詁林讀後記》，中央研究院歷史語言研究所，1982年，第490頁。
③ 《說文解字注》，上海古籍出版社1981年，第742頁。
④ 《說文新證》，第1007頁。

店·老甲5)、󰀀（雲夢·效律1）、󰀀（詛楚文）及󰀀（秦駰玉版）已基本訛爲从"辛"，然石經古文作󰀀，其下从"丯"甚明。《說文·辛部》釋"皋"爲"皋人蹙鼻苦辛之憂"，非是。疑"皋"的構形源於"劓"。"劓"甲骨文作󰀀，从刀从自，會割鼻之意，爲古代五刑之一。《周禮·秋官·司刑》鄭玄注："劓，截其鼻也。""劓"古疑母月部，與"丯"聲韻皆同①，又可表刑具的"丯"和"劓"中之"刀"同類屬，如將古文"劓"从"刀"替換爲"丯（甲骨文󰀀下部即是'刀'形）"，兼表音義，此構形恰是"皋"字。《說文通訓定聲》析"皋"从辛自聲②，按"劓"从"鼻"聲，"自"是"鼻"之初文，聲韻本相一致，同爲自字聲系③，可知"皋""劓"同源。"皋"本應从"丯"，即《說文》之"辛"。

"辠"金文作󰀀，从死古聲，與《說文》古文同。睡虎地秦簡"辠"或从"辛"作󰀀、或从"辛"作󰀀④，蓋均是後起形聲字。戰國文字中从"辛"的字已向"辛"類化，單就後起字形無法判定。《說文·辛部》："辠，皋也"。與"辛"爲同訓，在許氏的訓釋體系裏，"辛"較"辛"而言與"辠"的關係更爲密切。另張舜徽先生有云："辠之言罝也，謂人罹於法，猶魚之入於網罝也。俗稱法爲法網，意在是矣。皋辠古通作罪罝"⑤。又清華簡《繫年》簡52有"辠"字作从"皋""古"聲可參。所以我們認爲"辠"所从應該也是來源於"辛"。

從以上諸字的分析看，《說文·辛部》"皋"、"辠"、"辥"、"辤"、"辭"在古文字中最早應从"辛"，正與羅振玉先生的說法相一致。這些字在小篆中均从"辛"，是經訛變類化而成，戰國文字正是二字處於訛混的重要階段，

---

① "劓"，《說文》小篆作"劓"，从"臬"聲，又於"㕚"字處曰"讀若臬"。
② 朱駿聲：《說文通訓定聲》，武漢市古籍書店1983年，第610頁。
③ 高亨纂著、董治安整理：《古字通假會典》，齊魯書社1989年，第575—576頁。
④ 張守中撰集：《睡虎地秦簡文字編》，文物出版社1994年，第218頁。
⑤ 《說文解字約注》，第3593頁。

"辥"有作 [字] （雲夢·為吏6），又有作 [字]（吉林200）；"辟"有作 [字]（雲夢·雜4），又有作 [字]（郭店·五行47）。在秦篆統一文字之前，"辛"和"𦍒"的訛混直接影響了二字乃至其他相關字的形體變化，六國文字尤其明顯，直接表現出"辛"和"𦍒"形體訛混雙向流動的現象。如楚簡中的"新"字，垂筆均呈曲筆：

[字]包山154、[字]郭店·六25、[字]上博五·三17·43、[字]清華簡·繫年26

"辛"也有垂筆呈彎曲的：

[字]包山176、[字]包山176、[字]九店·M5640、[字]望山·M167

璽陶文中曲筆的"辛"字更為習見①：

[字]璽彙1269、[字]璽彙0406、[字]陶彙3·619、[字]陶彙3·622

回頭我們看羅王二氏的"垂筆曲直以別字"說，其在判斷"辛"和"𦍒"早期文字上基本是適用的，但通過筆畫的直曲來別字顯然不是長宜之計，特別到了春秋戰國時代文字的急速分化和書寫材料多樣，書體因素影響因素增大，"垂筆曲直"的區分就變得難以把握，這也是持"辛𦍒一字"說的學者一直詬病之處。現在來看，簡單地將"辛"和"𦍒"當作一字固然不可取，但如將"垂筆曲直"作為唯一的別字標準，則容易把"辛"及本從"辛"的字當成"𦍒"，把"𦍒"及本從"𦍒"的字當成"辛"，甚至牽涉到字義，以為"辛"和"𦍒"的形混是同義意符的替換，從而斷定"辛"也可表罪義，這種推理顯然是有問題的。

---

① 選自《戰國文字編》，第964頁。

"辛"和"𢆉"的訛混以致最後經篆定類化統一爲"辛"並固定下來，這個過程包含了二字意義功能的變化。就如上文所分析的"㚔"、"䇂"、"辥"、"辟"和"辭"，所從之"𢆉"有表意，但訛爲"辛"之後"𢆉"的功能則由"辛"來承擔①，尤其以目前出土材料看，自西周以後"𢆉"字已罕見單用②，更增加其可能性③。另外，裘錫圭先生已指出卜辭時代"丂（丂）"字兼有"司"一類讀音④，"司"與"辛"同爲心母，加上"𢆉""辛"眞元旁轉，"𢆉"朝"辛"的類化似還存在聲韻上的因素⑤。由此我們

---

① 學者往往把這種訛變理解爲同義意符的替換，或據小篆分析字形，認爲"辛"可表刑具或與刑罪有關的東西，而實際上對"辛"的本義到目前爲止並沒有達成共識，是否與"𢆉"在意義上有關聯更加難以確定。如果祇是形訛致混，那麼這幾個字小篆所從的"辛"從文字學來講則是既不表音又不表義的記號偏旁而已。
② 劉釗也指出"𢆉"等字在古書中找不到具體用例，但見於甲骨文或金文。（《談考古資料在〈說文〉研究中的重要性》，《中國古文字研究》第一輯，吉林大學出版社1999年。）另陳偉武師指出漢代畫像磚"閔子騫"之"騫"作"辛"，又馬王堆帛書《春秋事語》"閔子辛"之"辛"有作 (67)，與"辛"一般寫法有別，張政烺曾疑"閔子辛"即"閔子騫"（《〈春秋事語〉解題》，《文物》1977年第1期），現在看來不無道理。
③ "丂"在春秋戰國時代仍存孑遺，多見作聲符。如古陶文 和璽文 ，湯餘惠分別釋作"綺"和"薛"，"丂"均祇表音（《戰國文字考釋（五則）》，《古文字研究》第十輯，中華書局1983年；《略論戰國文字形體研究中的幾個問題》，《古文字研究》第十五輯，中華書局1986年）；陳斯鵬指出 （曾侯乙磬）中的 爲加注聲符"辛"之"賣"，從此聲符的字在楚簡中似又轉讀入月部（《簡帛文獻與文學考論》，中山大學出版社2007年，第86頁）。楚簡"辛"字聲系的通假可參白於藍編著《戰國秦漢簡帛古書通假字彙纂》（福建人民出版社2012年，第809頁）。按"辛"之初文"丂"也屬月部來看，楚簡中可能保留其更古老的讀音。
④ 裘錫圭：《說"婤"》（提綱），《古文字與古代史》第二輯，中央研究院歷史語言研究所，2009年。
⑤ 按"司"屬之部，與眞部的"辛"的聯繫很容易讓人聯想到"囟"（眞部）與"思"（之部）的關係，二者均與"辛"字聲系的字有互通（詳見陳斯鵬《論周原甲骨和楚系簡帛中的"囟"與"思"——兼論卜辭命辭的性質》，《文史》2006年第1輯），其中有何淵源，謹錄此待考。

推斷，"䇂（亏）"字的功能因類化而併入了"辛"，且前人常訓"辛"表有罪義很可能正是因"䇂（亏）"的合流而來。

《定聲》："䇂，大辠也。从辛上會意，干上爲䇂辠之小者。辛，撠也，撠，刺也。辛上爲䇂，辠之大者。辠辟辠辟辩皆从此爲意。《白虎通·五行》：辛所以煞傷之也。"《書·洪範》："從革作辛"。江聲集注音疏："辛，所以殺傷之也，猶五味乃委殺也"。又《段注》釋"辛"曰："辛痛泣出，辠人之象。凡辠宰辜辟辭皆从辛者由此。"按《定聲》的分析乃據小篆爲本，析形和訓釋皆囿於《說文》，所舉《白虎通》之例乃基於五行學說，殊不可據。江氏之訓釋與表罪之義仍有距離。《段注》引《說文》"辛痛即泣出"解釋爲"辠人之象"則是詞義引申的思路，但仍覺牽強。可見前人對"辛"有罪義的訓釋主要基於以下四點：

（1）按《說文》析字認爲"辛"爲會意字並將其與"䇂"聯繫起來；（2）利用陰陽五行學說訓釋；（3）通過"辛痛"之義引申到罪人受刑之"辛苦"；（4）通過《說文·辛部》所從另外五字皆有犯罪之義而逆推"辛"字亦有之①。

仔細推敲即可發現這幾種釋訓都是有問題的，在出土和傳世的先秦典籍中尚未見"辛"有訓爲罪之例。如果我們的推斷可信，那麼要比詞義引申說更合理些。小篆"辠""辭"等字所從之"辛"作意符可表罪義，和"辛"字本可訓爲罪截然不同，不容混淆。

當然，對"辛"造字本義的考釋是極其複雜的，學界聚訟紛紜，我們仍不能斷定"辛"與刑罪之屬沒有必然聯繫，更無法排除其與"䇂"的混用是義近替換或同化的可能。值得注意的是，《說文》其他從"辛"的字來源也不

---

① 王寧主持整理：《章太炎說文解字授課筆記（縮印本）》，中華書局 2010 年，第 608 頁；《辛部》：朱希祖：辛部字多說犯罪，則辛亦有罪誼。引申爲辛苦。又《說文解字約注》第 3592 頁舜徽按：以本部所屬諸文考之，則辛之本義爲辠，確然無疑，辠人備受楚毒，故引申爲辛苦、辛辣。

單純，陳偉武師曾指出戰國文字"梓"爲"杍"之訛，"宰"本从宀子聲①，可見一斑。

總之，對於"辛"造字本義以及《說文》中與"辛"相關字的構形來源還可進一步討論。

附記：本文曾提交澳門漢字學會成立暨兩岸四地漢字學術研討會，今略作刪改。初稿仰承陳師偉武、楊澤生、陳斯鵬三位先生及陳送文、石小力兩位學兄審閱，匡謬賜正多處，謹此一併申謝！

2013 年 12 月 24 日初稿
2014 年 10 月 17 日改定

（作者單位：中山大學中文系）

---

① 陳偉武：《戰國秦漢同形字論綱》，《于省吾教授誕辰一百週年紀念文集》，吉林大學出版社 1996 年，第 228 頁。按，"辛"和"子"除形同致訛外，聲韻也涉及真之二部。

古漢字演變中"借形記音"的現象
——兼論清華簡《程寤》篇中的 栒 和 㪤①

張連航

引　言

　　漢字歷史久遠，從甲骨卜辭（商代晚期，約公元前13世紀）到現代漢字，中間已經經歷了三千多年的歷程。作爲漢語的載體，語言借助漢字形體，纔能被記錄下來。而記錄漢語的形體——漢字，由於年代、地域、書體等不同原因，並不是一成不變的。當然，語言本身也在不斷地變化。漢字與漢語（形體與語詞）的對應關係，要到漢代以後纔逐漸穩定。更早之前的情況，祇能透過出土材料，纔可以從側面瞭解到一些片段。從漢字發展歷程看，形聲化是一大方向。許多字，早期可能是象形或會意字，後來都變成了形聲字。這也是爲什麼《說文解字》9353個字頭中，大部分是形聲字的原因。而在現代漢字體系中，形聲字還仍是主流。常用字中，占百分之八十五以上。若談及整個漢字體系，形聲字的數目更超過九成。

---

① 本文乃香港特別行政區大學教育資助委員會資助研究課題《逸周書與傳世、出土文獻的綜合研究》下的子課題，項目編號：GRF841413（R1093）。

本文希望借著討論現代漢字中"祓"字的來源與演變，闡述漢字發展中如何"借形記音"的特點。嚴格來說，所有漢字都是"借形記音"或"借形記義"的。本文所謂的"借形記音"是指漢字在發展過程中有意改變某一部分形體結構，以達到記錄語音的目的。

　　在新出土的《清華簡》中，"⿰巿⿱屮又"被認為是"祓"字。⿰巿⿱屮又是一個形聲字，左邊的"巿"（⿱屮丿）聲符，右邊從"手"或"以手持木"。《說文解字》云：祓，除惡祭也。金文中，這個字寫作"⿰巿⿱屮又"，或借作"拜"。在甲骨文中，"祓"字是一個假借字，它用為祭祀動詞或祭名，卜辭中常見有"⿱大巿無尤"、"⿱大巿年"、"⿱大巿雨"等句子。"⿱大巿"即"祓"。

一、釋 ⿱大巿（茇）

　　⿱大巿字在甲骨刻辭中經常出現。有⿱大巿年、⿱大巿雨、⿱大巿禾、⿱大巿生等用例。如：

　　（1）乙卯卜㱿貞⿱大巿雨……上甲羊　《合集》① 12861
　　（2）癸丑卜賓貞⿱大巿于嶽　《合集》14431 正
　　（3）庚寅卜爭貞翌丁酉⿱大巿于妣 丁三牛　《合集》10520
　　（4）辛巳卜亙貞祀嶽⿱大巿來歲受年 二告　《合集》9658 正

⿱大巿字又可寫成⿱大巿、⿱大巿、⿱大巿等形。以往學者各自從不同的角度對這個字做過探索，或出於猜想，或得於歸納。直到上世紀 80 年出版的《甲骨文簡明詞典》和《甲骨文字典》，對此字釋義仍未達一間，以有必要繼續討論。

　　於形體可見，⿱大巿形是武丁時期特有。如上引（1）、（2）、（3）、（4）及

---

① 案：《合集》即《甲骨文合集》，後邊的編號即《合集》上的編號。下同此。

《合集》3516、7343、1961 正等，形體均作此。而在內容上都是關於祈雨或祈來歲豐年。所祭對象主要是自然神（河、嶽）和先祖神（妣丁）。至祖庚、祖甲後，這種祭祀有了較明顯的變化。首先，所祭的物件由原來以自然神為主，變成了先祖神。這種傾向，由卜辭的定量分析清楚可見。另外，句子也變得較長且複雜。如"無尤"語句的出現，在武丁時代就未曾發現。如：

(5) ……寅卜旅……王賓🦴 無尤　《合集》25640

(6) ……戌卜行貞王賓上甲🦴五牛無尤　《合集》22631

字形寫成🦴是這期卜辭的特點。如《合集》23538、《合集》25891、《合集》22631 等。此外，🦴形體主要在第五期甲骨中出現。如《合集》36482、《合集》35803、《合集》38683 等。

(7) 甲辰卜貞王賓🦴祖乙祖丁祖甲……　《合集》35803

(8) 癸亥卜貞王賓🦴無尤　《合集》38683

🦴字學界都認為可隸定為奉字，有祈求之意。這種看法，應由辭例推勘所得。對此字的探索也有個過程。孫詒讓在《契文舉例》（下 19）說："《說文》裘部🦴古文裘，石鼓作🦴，此（筆者案：即指🦴）與彼略同。"羅振玉、吳其昌贊同孫說。羅氏以為"🦴既為獸皮而未製衣，是含求得之誼。故引申為求匄之求。卜辭中亦有作🦴，亦求字"。其實🦴形體是否象死獸之皮都不要緊，主要是在甲骨卜辭中，🦴字依辭例推勘似有求匄 的意思。王國維早年對釋求之說就仍有疑義，"🦴字未詳，余嘗釋為求字，然於此可求年，於他處不可通……"①

---

① 諸家詳細的解釋請參考于省吾主編《甲骨文字詁林》（中華書局 1996 年）第 2 冊 1533 號和 1540 號字條所引。

爲這個字的研究打開缺口的是郭沫若。郭氏首先以歷史的眼光，把金文中❄、❄、❄等形和甲骨文相對比。如《孟爵》有"隹王初❄於成周"；《杜伯盨》"用❄壽匄永命"。他把❄釋爲奉，認爲"明係用爲祈祀之義"。又說："❄乃❄之省，周公毁捧字作❄，吳尊作❄所从奉字均與此同。"這主要是由於《說文》中拜字作"捧（❄）"。《說文》："捧，首至地也。从手奉聲。"奉字在《說文》中也是一形聲字，訓爲"疾也"。小徐本、王筠《說文句讀》解釋一樣。在金文裏，捧是一種禮節。如"敢捧頴首"（《敢方鼎》）、"敢敢捧手頴首"（《彔伯簋》）。寫法有❄（《沈子簋》）、❄（《井侯簋》）、❄（《農卣》）等形。是从❄从手的會意字。❄形，明顯就是甲骨文中的❄形。

捧字《說文》的解釋肯定有問題。由於秦漢簡冊的出土，現在我們已能很好地掌握拜字形體演變的軌跡。

❄ 沈子簋——❄ 幾父壺——❄ 小篆

——❄ 睡虎地簡——❄ 居延漢簡——拜 楷書

這個字在睡虎地簡中，把篆書的圓筆變直。到了居延漢簡中，形體訛變成❄，由此演變成我們楷體的"拜"。在典籍中捧（拜）字通作拔。《詩經·甘棠》有"勿翦勿拜"句。阜陽漢簡詩經作"X 譤勿❄"鄭玄注詩時說"拜之言拔也"。就聲韻來說，拜、拔兩字古代同音。然而聯繫起其他的因素，這個字給我們很大的啟發。拔，《說文》訓爲"擢也。从手犮聲"。《爾雅·釋草》有"茇"字，義爲草根。音和拔同，在古籍中常互用。我們認爲❄（或隸定爲奉）就是象草根之形的"茇"字。❄形可分兩部份。上面的❄形是草露在地面的部份，所以可有❄、❄等形態。而下面的❄形是指埋在地下的根鬚。事實上，草字本可寫成❄形。❄字本義爲草根，所以還有❄部份和草形有別。另外，❄从手从❄，正是以手拔草根之形。訓爲拔去之擢，良有以也。《小爾雅·廣物》云"拔根曰擢"則證據更直接。可見❄即茇字，奉爲象形；茇則是形聲。從文字發展的源流看，像草根一類的字是有外型可象的，完全有可能用象形的方法造字。而捧（即拔）是从手从夅的會意字，而非《說文》所說的形聲字。這個字寫成"拔"在古籍中也有訓為"疾"的。（見《史記·黥布傳》）"拔興之暴"索隱。）這和夅在《說文》中訓為疾同義。夅與拔同音又同義，可見夅字和从夂聲的芨、拔等字在語源上是有同源關係的。

二、清華簡《程寤》篇中的 䄠

清華簡《程寤》篇，是《逸周書》散佚的篇章。以《藝文類聚》、《太平御覽》等類書相校，纔能確定真身①。《程寤》篇共九支簡，原無篇題，簡二談及周文王妃太姒夢見太子發在商廷遍植梓樹的情況，受驚嚇醒，將夢境告知文王。文王亦懼，詔祝、巫、宗等到來，分別為文王、太姒及太子發三人除䄠凶兆，並於事後祭祀祖先神、自然神等神祇，鬻告宗方社稷，祈禱於六末山川。

下圖即簡二、簡三的内容及釋文。

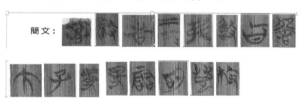

【簡二】（太姒）寤驚，告王。王弗敢占，詔太子發，俾靈名凶，䄠（祓）。

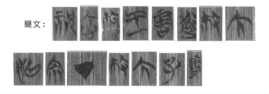

---

① 參考清華大學出土文獻研究與保護中心《清華大學藏戰國竹簡（壹）》，上海，中西書局 2010 年，第 135—141 頁。

祝忻🗒（祓）王，巫率🗒（祓）太姒，宗丁🗒（祓）太子發。

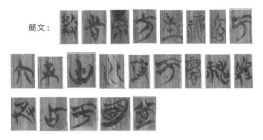

🗒（幣）告【簡三】宗祊社稷，祈於六末山川，攻於商神，望，烝，占於明堂。

這段內容中有兩個字，跟祭祀有關，分別是🗒和🗒字。兩字第一字🗒，釋文釋為从"巿"从"攵"的"巿攵"，讀作"祓"（並母月部），這應該是認為🗒是一個形聲字，左邊的"巿"是聲符（幫母月部），讀音跟"祓"相近，右邊形符是"手"。而《說文解字》云："祓，除惡祭也。从示犮聲。""祓"所以是除惡之祭，和"拔"有擢、去的意思有關。其實清華簡中🗒，被釋作"祓"，除了音近以外，右邊的"手"，也反映出跟這個字相關的資訊，"拔除"需要用手。另外，左邊的"巿"聲符（🗒），我們認為其實亦是🗒（《杜伯盨》）部件的變形。將上劃拉直，下劃拉寬。文王由於對夢境擔心，詔祝、巫、宗來為三人施行祓祭，驅除災穰，自然是合適的安排。而捧與🗒的形體差別其實是戰國文字地域上的差異。秦系文字作捧、楚系文字作🗒，但最終變成从"犮"聲一系的字。茇、拔、祓。

🗒字是茇的本字，在甲骨文中，🗒字用為祭祀動詞或祭名，其實就是"祓"字的假借。"去惡"與"迎福"為對，是一件事的兩面。在卜辭中🗒雨、🗒禾、🗒來歲受年，都是迎福的意思，即希望有好的收成，百姓能安居樂業。在《廣雅》中祓祭屬於禳祭。《疏證》說："祓之言拂也。說文：祓，除惡祭也。周官女巫掌歲時祓除釁浴。"鄭注云："歲時祓除，如今三月上巳如水上之類。"和卜辭中"🗒無尤"的句子結合起來看，更能說明，"無尤"是無災禍譴垢之意。除去惡的，無災禍；正是迎福來祥。

三、清華簡《程寤》篇中的󰀀

本文另一個要討論的字是"󰀀",整理小組釋爲"敝"(幣),認爲是以"幣"祭的方式祭祀祖先及自然神,但缺乏進一步解釋。在清華簡(壹)《程寤》篇注釋七,則提及《周禮男巫》鄭注:"但用幣致其神。"及孫詒讓《周禮正義》云:"但用幣,則無牲及粢盛也。"①似欲在古籍中找證據。我們覺得這樣釋讀,主要的證據大概祇能是"󰀀"和"幣"有些形似。"幣"字上部分右邊,像"攵"(手)下部分从"巾"也跟"市"形近。所以做此臆測。其他學者討論時,亦跟隨此說,都沒有進一步說明②。但這個解釋恐不確。從上下文意思看,"󰀀"應該是一種祭祀的儀式。以此方法禱告神祇。對象是"宗方社稷"及"六末山川";也就是指祖先神及自然天地之神。祭祀祖先、諸神時,是否用幣?在商代及周代早期恐怕不常見。

"󰀀"也是左右結構的字,左邊上下結構,左下和右邊合起來,就是這個"󰀁"(祓)。也就是說第二個字祇是在󰀁字形的左上方,加了󰀂形。但這個形體不是"敝",倒像是"采"󰀃(《禾作父乙卣》)。那麼,我們是否可以認爲這個字應該也是一個从󰀁"采"聲的形聲字?"采"字古音是並母元部,甲骨卜辭中有"叔",《說文》云:"楚人謂卜問吉凶曰叔。从又持祟,祟亦聲。"叔字古音滂母元部字。與"采"音近。但這個字不是祭祀名稱也不是祭祀動詞。

甲骨卜辭中還有󰀄(《粹二七五》)釋爲"紫"。此字形構跟《說文》中的叔很像,但讀音有別。兩字的差別主要在左上方从"木"還是从"出"。古形兩者極似。《說文》:"紫,燒紫焚燎以祭天神,从示,此聲。"甲骨文象以

---

① 參《清華大學藏戰國竹簡(壹)》,第137頁,注七。
② 例如在黃懷信、沈寶春、邢文等先生的文章中,對此字的解釋,均從整理小組。

木架於示前，焚燎以祭神之意①。《禮記·王制》："歲二月東巡守，至於岱宗，柴而望祀山川。"我們覺得〔柴〕與卜辭的〔柴〕很像。卜辭〔柴〕是一個會意字，用手捆木焚燒以祭祀。而〔柴〕，則是从〔祓〕，采聲（清母之部），與柴（崇母支部）音近，可以讀爲柴。因爲"〔采〕"（采）的形體跟"采"形體很相像，故取來作爲聲符吧。

假如上面的推論是可信的，那麽這兩支簡的內容，就好理解了。

（太姒）寤驚告文王。文王不敢占問，而是先詔太子發，讓靈名先爲他舉行〔祓〕（祓）祭，拂除惡兆。然後再請祝忻、巫率、宗丁，分別爲文王、太姒和太子發舉行除惡祭祀。之後，再〔柴〕（柴）告【簡三】宗（祖先）祊（山河）社稷，再祈禱天地山川。

而〔敀〕與〔柴〕即"祓"與"柴"。

總　結

本文透過清華簡"〔祓〕"（祓）聯繫拔、拜等字，找到甲骨文時的語源即"〔朱〕"。同時，瞭解到文字發展到戰國時期，祓在秦系文字作〔捼〕，在楚系文字則作〔祓〕。我們認爲"〔祓〕"的聲符部分，是從變更"〔朱〕"形而來的。將它拉直成爲"〔木〕"表聲符，即"借形記音"方法。改變會意字爲形聲字捼、敀。至於爲何後來選"祓"來記錄這個語詞？我們認爲漢字發展到今文字階段，已非常自覺加強其嚴謹規範及效率。作爲聲符的形體數目開始受到限制，而非無限地擴大。原則是簡單爲主。所以漢字是向簡化、規範化的方向發展。

（作者單位：香港教育學院中國語言學系）

---

① 參考方述鑫等編《甲骨金文字典》，成都，巴蜀書社 1993 年，第 14 頁。

論同形字與上古音研究中的聲系劃分

葉玉英

同形字現象，又稱"異字同形"，早爲人們所關注。漢代顔師古、宋代鄭樵、清代段玉裁和朱駿聲等學者皆有論及①。當代學者王力②、裘錫圭③、陳煒湛④、姚孝遂⑤、陳偉武⑥、張新俊⑦、禤健聰⑧、陳斯鵬⑨、詹今慧⑩、譚生力⑪等先生就同形字的概念、內涵、性質、來源等問題作了具體深入的研

---

① 參看裘錫圭《文字學概要》，商務印書館 1988 年，第 210—211 頁。
② 王了一（王力）：《字的形音義》，中國青年出版社 1953 年。
③ 裘錫圭：《文字學概要》，第 208—219 頁。
④ 陳煒湛：《甲骨文異字同形例》，收入陳煒湛《甲骨文論集》，上海古籍出版社 2003 年，第 20—34 頁。
⑤ 姚孝遂：《甲骨文形體結構分析》，《古文字研究》第 20 輯，中華書局 1999 年，第 278—281 頁。
⑥ 陳偉武：《簡帛兵學文獻探論》，廣州，中山大學出版社 1999 年，第 151—159 頁；陳偉武：《戰國秦漢同形字論綱》，《于省吾教授誕辰 100 年紀念文集》，長春，吉林大學出版社 1996 年，第 228—232 頁。
⑦ 張新俊：《上博楚簡文字研究》，長春：吉林大學博士學位論文，2005 年。
⑧ 禤健聰：《戰國楚簡字詞研究》，廣州：中山大學博士學位論文，2006 年。
⑨ 陳斯鵬：《楚系簡帛中字形與音義關係研究》，北京，中國社會科學出版社 2011 年，第 82—92 頁。
⑩ 詹今慧：《先秦同形字研究舉要》，臺灣新北，花木蘭出版社 2013 年。
⑪ 譚生力：《秦楚同形字對比研究》，長春：吉林大學碩士學位論文，2011 年。

究。裘錫圭先生將"同形字"分爲廣義的同形字和狹義的同形字。狹義的同形字指：（1）分別爲不同的詞造的、字形偶然相同的字；（2）由於形借而產生的、用同樣的字形來表示不同的詞的現象；（3）本來不同形的字，由於字體演變、簡化或訛變等原因，後來變得完全同形了。廣義的同形字還應該包括所有表示不同的詞的相同字形，這就包括被借字和假借字①。同形字中有的是共時平面的，如甲骨文中"月"和"夕"②、"命"和"令"③、"立"和"位"④。由於字體演變、字形訛混造成的同形字則是歷時的⑤。我們在此討論的同形字是經歷時演變造成的同形字。這些同形字所在的諧聲系列，往往在中古韻書中的音韻地位差異比較大。在上古音研究中，如何釐清它們之間的關係，成爲一個直接影響到古音構擬結果的問題。本文不揣鄙陋，試舉數例以申之。

---

① 裘錫圭：《文字學概要》，第 210—219 頁。
② "月"和"夕"一字分化。陳煒湛先生對一至五期甲骨文的"月"、"夕"進行全面的梳理，發現一、二期甲骨文中"月"基本上作"☽"、"☾"，"夕"作"☾"、"☽"，僅少數例外；三期"夕"可作"☾"，亦可作"☽"，而且作"☾"的現象逐漸普遍起來了。然而此期某月之"月"卻仍作"☾"。四期"月"、"夕"皆作"☽"，未見"☾"。也就是說三、四兩期甲骨文中"月"、"夕"多同形，作"☽"。到了五期，多數情況下以"☾"爲"夕"，以"☽"爲"月"。參看陳煒湛《甲骨文論集》，第 1—6 頁。
③ 甲骨文有"令"字，沒有"命"字，"命"皆假借"令"爲之。這就是說，在甲骨文中，"命"和"令"完全同形。西周金文雖然已有"命"字，但"命"除了用作本字外，用爲"令"的情況也很多。"令"除了用作本字外，用爲"命"的情況也很多。這種情況一直持續到戰國中期。戰國晚期的睡虎地秦簡、漢初的馬王堆帛書中"命"和"令"已截然分開。
④ "立"和"位"在甲骨文、西周春秋金文中都是同形的，皆作"立"。在戰國早期的中山王䁅方壺中"位"寫作"竩"。郭店楚簡和包山楚簡已有"位"字。參看李守奎編《楚文字編》，上海，華東師範大學出版社 2003 年，第 491 頁。
⑤ 有一部分歷時演變造成的同形字是由於訛混造成的，祇見於一個時期的古文字資料中，並未在後世文字中形成不同的諧聲系列，不在本文所論之列。

一、因音近造成形體混同的聲系

　　漢字演變的歷史過程中，常見訛混現象。訛混是指一個文字構形因素與另一個與其形體接近的構形因素之間產生的混用現象。發生訛混的構形因素基本是指可以獨立的字和構形偏旁。訛混不僅有單向的發展，有時還是可以互換的雙向互動①。劉釗先生認爲訛混祇跟形體有關，與音、義無關。我們認爲有不少訛混不僅因爲形體接近，還跟音近有直接關係②。這些因爲音近而產生的訛混現象正是我們在上古音研究中因爲關注的物件。

　　例1."告"聲系

　　《廣韻聲系》中，"告"聲系包含中古聲母有明顯差異的兩組字，一組爲精組的"造"、"簉"、"艁"、"慥"、"糙"；另一組爲見組的"告"、"郜"、"誥"、"勂"、"筶"、"祰"、"皓"、"浩"、"晧"、"悎"、"咭"、"聕"、"靠"、"酷"等。《說文》："造，从辵告聲。"許慎不知道"造"所從之"告"與《說文》所謂"从口从牛"的"告"在古文字中不是一個字。古文字資料表明，這兩組字所從的聲符"告"實際上來自兩種不同形體。大西克也先生指出楚系文字中"告"有兩類形體，"告A"屬見系，表示"告訴"、"告發"等義；"告B"屬精系，讀爲"造"③。陳劍先生指出"造"之聲符"告"是由甲骨文"𡳿"、"𡳿"（"艸"字初文）之異體"𡳿"演變而來的。"＊告（造）"跟"告"始終還保持著一些區別，即中豎是否屈頭和中豎上所從是小點還是橫畫。雖然"＊告（造）"形逐漸有一些寫得已經跟"告"混同的，但"告"卻從不寫作"＊告（造）"形。這種分野，也足以說明"＊告

---

① 劉釗：《古文字構形學》，福州，福建人民出版社2006年，第139頁。
② 葉玉英：《古文字構形與上古音研究》，廈門大學出版社2009年，第303—315頁。
③ 大西克也：《戰國楚系文字中的兩種"告"字——兼釋上博楚簡〈容成氏〉的"三告"》，《簡帛》第1輯，上海古籍出版社2006年，第81—96頁。

（造）"跟"告"的來源不同。陳先生進而指出：戰國文字中，讀作"造"的也有作"告"的，即直頭、有橫畫。秦文字中"造"多爲直頭的，但也有屈頭的，秦代漆器烙印文字"造"或省作"告"，皆爲屈頭之形。"郜"、"錯"、"酷"、"俉"等在古文字資料中皆有從"＊告（造）"和從"告"兩種不同的來源①。即這兩種形體在戰國文字中已有混同的趨勢，以至於到《說文》小篆變得完全同形。之後用隸書、楷書書寫的字書、韻書也沿襲小篆。由此看來，"告"及從"告"聲之字在形體上有兩種來源，是可以肯定的了。那麼，對這些字的上古音構擬是不是也應該分開呢？這些字的中古韻部是一樣的，聲紐差異比較大，該怎麼處理呢？我們認爲這兩種形體後來的混同恰恰是因爲二者音近造成的。從屮聲字有與見系交替的情況。如甲骨文作" "、" "、" "、" "等形的字裘錫圭先生和陳劍先生認爲應該釋讀爲"遭"。它們也是從" "、" "（"屮"字初文）之字②。戰國兵器銘文中"造"字就有從曹聲作的，如十八年戈"造"字作" "，𨥈公鈽戈"造"假借"曹"爲之。《莊子·大宗師》："造適不及笑，獻笑不及排。"于省吾先生《雙劍誃莊子新證》謂"造應讀作遭"③。上博三《彭祖》有字作" "（簡7），可隸作"敆"，"敆"即"造"字，在文中讀作"遭"。凡此可證"曹"聲與"造"聲關係十分密切。西周春秋金文邾國曹姓字作"嫷"，從女夆聲。冀小軍先生認爲甲骨文"夆"字當讀爲"禱"④。陳劍先生認爲"夆"與金文中讀爲"仇"的" "、" "等形爲一字分化。"仇"爲群母字⑤。據於以上證據，我們認爲"告"聲系的構擬應該將精組和見組結合起來。我們將"告"的上古聲母擬爲 ＊kl-，"造"的上古聲母擬爲 ＊skhl-／＊sgl-。因爲"告"聲系還與以母有

---

① 陳劍：《甲骨金文考釋論集》，北京，綫裝書局 2007 年，第 127—176 頁。
② 陳劍：《甲骨金文考釋論集》，第 144—150 頁。
③ 于省吾：《雙劍誃群經新證·雙劍誃諸子新證》，上海書店出版社 1999 年，第 350 頁。
④ 冀小軍：《說甲骨金文中表祈求義的夆字——兼談夆字在金文車飾名稱中的用法》，《湖北大學學報》1991 年第 1 期。
⑤ 陳劍：《甲骨金文考釋論集》，第 21—38 頁。

關。滕侯吳戈"造"字作"〔圖〕"（殷周金文集成11123），从戈从告从酉。陳偉武先生指出此字乃雙聲符字，所從之"告"、"酉"都是聲符。① 《說文》："酒，就也，所以就人性之善惡。从水从酉，酉亦聲。一曰造也，吉凶所造也。古者儀狄作酒醪，禹嘗之而美，遂疏儀狄。杜康作秫酒"。"一曰造"乃聲訓。"酉"、"酒"乃古今字。從出土文獻來看，甲骨文、金文、楚簡中"酒"字皆作"酉"。"酉"是以母字。

二、因形體割裂而混同的聲系

我們知道，有些在甲骨文中是獨體象形或連體會意字，到西周春秋金文就發生了形體割裂。如"聞"字，甲骨文作"〔圖〕"（甲骨文合集17145），耳朵和人體是連體的，但在西周早期的金文中，耳朵就從人體中割裂開來了。如"〔圖〕"（利簋）、"〔圖〕"（盂鼎）。這種割裂現象在漢字發展的每一個歷史階段都頻繁發生。如"樂"字在金文中還是連體的，作"〔圖〕"（瘋鐘）。戰國文字始有部分割裂的形體，如"〔圖〕"（侯馬盟書·宗盟類1：104）、"〔圖〕"（郭店楚簡·語叢三54）、"〔圖〕"（睡虎地秦簡·日書乙241），東漢末熹平石經"樂"字則已割裂成四個部分，作"樂"（詩經·小雅·南山有臺），楷書"樂"就是源自此形。有些漢字形體本是象形字，經割裂之後因為跟另一漢字形體同形，就被視為形聲字。上文提到的"奉"字就是這樣一個例子。

例2. 卉聲系

《說文》："卉，艸之總名。从艸、屮。"徐鉉音注："許偉切"。楚帛書有用作本義的"卉"字，作"〔圖〕"（乙1·79）、"〔圖〕"（乙5·83）。又《說文》"奔，疾也。从夭卉聲。""奔"字作"〔圖〕"。南唐徐鉉音注："呼骨切"，

---

① 陳偉武：《簡帛兵學文獻探論》，第123頁。

徐鍇《說文解字繫傳》音注："呼兀切"。《集韻·沒韻》小韻"呼骨切"下："𣎆，《說文》：'疾也'。"桂馥《說文解字義證》："疾也者，䅺奔，俗作倏忽。"段玉裁《說文解字注》："《上林賦》：'薊薱卉歙'又'卉然興道而遷義'。《西京賦》：'奮隼歸鳧，沸卉軿訇'。薛綜曰：'奮迅聲也。卉皆𣎆之假借。'""卉歙"即"𣎆歙"，形容風聲迅疾。近人蘇曼殊《斷鴻零雁記》第七章："浩此地鏡，無裔無襜，圓形在前，神光𣎆閃。""𣎆"亦表"疾速"之義。可見"𣎆"的"迅疾"義一直沿用至今。《說文》："撵，首至地也。从手、𣎆。𣎆音忽。""撵"後來寫作"拜"。上古音"撵（拜）"爲幫母月部，與"忽"的讀音差距甚遠，因此許愼不認爲"撵"从"𣎆"，但他用直音法用"忽"給"𣎆"注音，也證明徐鉉、徐鍇的注音是有根據的，即"𣎆"的確有個曉母物部的讀音，也的確从"卉"聲。這個"𣎆"字訓爲"疾也"。《說文》："欥，咄欥，無憨。一曰無腸意。从欠出聲，讀若卉。"徐鉉音注"醜律切"。"欥"爲透母物部字。《集韻·術韻》小韻"閏吉切"下收"欥，說話。一曰無憨。"此"欥"字的上古音爲曉母物部，而"卉"爲曉母微部字。

《說文》从卉聲的字還有"賁，飾也。从貝卉聲。"徐鉉音注爲"彼義切"。"賁"的上古音爲幫母歌部。既然《說文》說"賁"從"卉"聲，這就表明"卉"除了曉母微部的讀音外，還有一種重唇音的讀法。那麼這種重唇音的來源是甚麼呢？這還得從"𣎆"說起。爲了表述的方便，我們用"卉$_1$"表示曉母微部的"卉"，用"卉$_2$"表示讀重唇音的"卉"。

"𣎆"字甲骨文作"𣎆"（甲骨文合集 34111），在卜辭中讀爲"禱"。陳劍先生認爲甲骨文"𣎆"當从"夲"聲①。金文作"𣎆"（叔卣）、"𣎆"（衛鼎）、"𣎆"（毛公𪊽鼎），金文中也有讀爲"禱"的，表祈求義。金文還有用於表車飾的，如師克盨銘文："駒車、𣎆較、朱虢靳靳。"王臣簋："賜汝朱黃

---

① 陳劍：《甲骨金文考釋論集》，第 31 頁。

奉親"，張政烺認爲"奉"字當讀爲"賁"①。石鼓文《鑾車》："帥彼鑾車，奉㱿眞如。""奉"、"㱿"皆指車飾②，字作"[字]"，與《說文》小篆作"[字]"形同。也就是說，訓爲"飾也"的"奉"與"賁"同音。黃德寬等先生疑"奉"爲"賁"之初文③。

從以上論述來看，"奉"是表示三種不同音義的同形字："奉₁"表"迅疾"義，爲曉母物部字，从"卉₁"聲；"奉₂"訓爲"飾也"，與"賁"同音，讀重唇音，从"卉₂"聲。朱駿聲說幫母月部的"捧"从"奉"聲，看來是正確的。"捧"當是以"奉₂"爲聲符的字；"奉₃"表祈求義，讀爲"禱"，爲端母幽部字，从"夲"聲。"奉"所从之"卉"、"夲"大概是从"[字]"這類形體中割裂而成的。"奉₁"割裂之後上部與"卉₁"形同且音近，故許愼誤以爲"卉₁"是"奉₁"的聲符。關於"奉₃"，陳劍先生認爲"奉₃"及从"奉₃"之字在篆隸中已遭到淘汰，並可能是被"求"聲之字兼併了④。我們認爲从"奉₂"割裂出來的"卉"字就是"賁"的聲符"卉₂"的來源。"奉₂"與"賁"是古今字的關係。這還可以從《說文》對"饎"、"鼖"二字的形體分析中得以證明。《說文》："饎，滫飯也。从食奉聲。[字]，饎或从賁。[字]，饎或从奔。"（按：依《說文》體例，"饎或从賁"，即或从賁聲。"或从奔"即或从奔聲。）"饎"字小篆作"[字]"，與"[字]"略有不同，但確爲一字。"饎"字金文作"[字]"（姚鼎）、"[字]"（鬥侯盂）、"[字]"（戈弔鼎）等形，可證。又《說文》"鼖，大鼓謂之鼖。鼖八尺而兩面，以鼓軍事。

---

① 張政烺：《王臣簋釋文》，載於張政烺《甲骨金文與商周史研究》，中華書局 2012 年，第 239 頁。
② 郭沫若《石鼓文研究》指出："奉、賁飾也。金文言車飾者多見此字。""㱿"，王國維認爲即《周禮·春官·巾車》之"軟"字，亦爲車飾。參看《郭沫若全集·考古篇》第九卷《石鼓文研究》，北京，科學出版社 1982 年，第 78 頁；王國維《觀堂集林》第一冊，中華書局 1959 年，第 285 頁。
③ 黃德寬等編：《古文字譜系疏證》，商務印書館 2007 年，第 378 頁。
④ 陳劍：《甲骨金文考釋論集》，第 34 頁。

从鼓賁省聲。�，鼓或从革，賁不省。"由"鼓"與其異體"鞹"來看，我們認爲"賁"就是截取"奉₂"的上部"卉₂"，再加上意符"貝"而成的"奉₂"的後起字。因爲"賁"裝飾的物件常常是贈禮，如賁帛、賁賽，故加"貝"作爲意符。"賁"及從"濆"、"價"最早見於秦文字。睡虎地秦簡"賁"字作"賁"（日書甲 56 背），"濆"字作"濆"（日書甲種 62 背），"價"字作"價"（封診式 84）。劉釗先生認爲"賁"的聲符"卉₂"是截取"奔"字的部分構形而成的簡省分化字，"奔"字本从走，从三止，作"奔"（大盂鼎，西周早期），西周中期的大克鼎作"奔"，所从之"止"已訛變成"屮"①。春秋早期的陳子匜"席"字作"席"，春秋晚期的叔夷鎛"銤"字作"銤"，戰國晚期的中山王䤺鼎"奔"字作"奔"，睡虎地秦簡"奔"字作"奔"（日書甲 152）。我們認爲，雖然"奔"字所从之三"止"形在西周中期就訛變成"屮"，但仍當爲三"止"之形的訛體，尚不表音。因爲"卉₂"尚未從"奉"中割裂出來成爲一個獨立的聲符。再者，"奉₂"和"賁"都訓爲"飾也"，"賁"與"奉₂"的關係顯然比"奔"更直接。我們對比睡虎地秦簡中的"奔"字和"賁"字，就不難理解《說文》"奔，从夭賁省聲"。

通過以上分析，我們知道"卉"聲系實際上包含兩個諧聲系列，一是喉音字，包括"浜"、"栟"、"哱"、"奉"等字；另一個系列是唇音字，包括"鼓"字、"奔"及从"奔"聲之字、"賁"及从"賁"聲之字。我們在古音構擬的時候，必須將二者截然分開。

三、字體演變造成形體混同的聲系

隸變是漢字形體發展中一個重大轉捩點，許多漢字形體在甲骨文、簡文、

---

① 劉釗：《古文字構形學》，第 120 頁。

簡牘文字，甚至小篆階段差別很大，但在隸變之後混同了。如《說文》小篆"覀"字作"■"，"要"字作"■"，"賈"字作"■"、"粟"字作"■"、"覆"字作"■"，形體毫無共同之處，但到了隸楷階段，這幾個字卻有了一個相同的部首"西"。因爲"西"在這些字中不表音，所以不會干擾我們的上古音研究。然而，有些在古文字階段不同的字，由於隸變，聲符變得同形了。這就會給我們的上古音研究帶來困擾。

例3. "亙"聲系

从"亙"聲的字也有兩種來源，應該分爲兩個諧聲系列。元部字"桓"、"宣"、"洹"、"垣"、"烜"、"萱"、"貆"、"絙"等字的聲符"亙"字，甲骨文作"■"（甲骨文合集12050）、"■"（甲骨文合集22099）、"■"（甲骨文合集6944）、"■"（甲骨文合集36791）等形。"桓"字《說文》小篆作"■"，漢簡作"■"（定縣漢簡16）；"宣"字西周金文作"■"（虢季子白盤），《說文》小篆作"■"，秦陶作"■"（古陶文字徵·秦陶1388）；"洹"字甲骨文作"■"（甲骨文合集8320）、"■"（甲骨文合集7854正），金文作"■"（洹子孟姜壺），《說文》小篆作"■"；"垣"字"■"（先秦貨幣文字編196頁·貨系4029），秦兵器文字作"■"（壽戈）；《說文》小篆"貆"作"■"、"絙"作"■"；蒸部字"恆"、"姮"、"絚"、"峘"等字的聲符實際上是"亘"字，甲骨文作"■"（甲骨文合集14749正）、"■"（甲骨文合集14768）。"亘"爲"恆"字初文。西周早期金文"恆"字作"■"，已加了心旁。秦漢文字"恆"字仍从"月"，作"■"（睡虎地秦簡·秦律十八種84）、"■"（馬王堆帛書·老子甲卷後古佚書354）。馬王堆帛書已有訛从舟的，作"■"（老子甲146），乃《說文》小篆"■"所本。顧藹吉《隸辨》收"恆"字，作"■"（樊敏碑）、"■"（郙閣頌）。顧氏加按語曰："今之隸書轉舟爲日。"郙閣頌的時代是東漢建寧五年，樊敏碑是東漢建安十年，皆在東漢末。可見在東漢末年，"恆"、"姮"、"峘"等字的聲符與"桓"、"宣"、"垣"、"洹"、"狟"等字的聲符混同了，皆作"亙"。最典型的是，"緪"一讀胡官切，見於《說文》，訓"緩也"；另一讀古恆切，收在《廣韻·登韻》，義為"大索"。"峘"字收在《廣韻·桓韻》"胡官切"下，引《爾雅》："小山岌大山曰峘"，又"戶登切"。這是典型的音義皆異的同形字。我們構擬上古音的時候，對於這種情況應該果斷地將它們分成兩個不同的聲系，避免糾葛。鄭張尚芳先生《上古音系》中的古音字表就將元部的"亙"和蒸部的"亙"分為兩個聲系，並將同形字"峘"區別為"峘$_1$"和"峘$_2$"，"緪"別為"緪$_1$"和"緪$_2$"①。

四、從古至今皆同形的聲系

有些本來應該分屬兩個不同諧聲系列的字，由於它們的聲符從古至今都是同形的，更具有隱蔽性。如果不是借助古文字材料，我們很難分清。

例4. "叀"聲系

《說文》："惠（𢡔），仁也。从心，从叀。古文作𢡔，从𠀉。"許慎不認為"惠"是形聲字。然而，從古文字資料來看，"惠"當从"叀"聲。"叀"字在甲骨文早期作"🙢"、"🙢"，晚期作"🙢"。在卜辭中皆作語氣詞，讀作"惠"。金文"叀"作"🙢"（牆盤）、"🙢"（哀成弔鼎）、"🙢"（史叀鼎）、"🙢"（戈叀爵）、"🙢"（何尊）"🙢"（毛公層鼎）、"🙢"（無叀鼎）。"叀"在金文中或延續甲骨文的用法，作語氣詞"惠"，如何尊："叀（惠）王恭德裕天"；或用作"施惠"之"惠"，如毛公層鼎："汝毋敢忘寍，虔夙夕叀（惠）我一人。"金文已有"惠"字，作"🙢"（獸簋）、"🙢"（黏鎛），从心叀聲。郭店楚簡《忠信之道》："口叀（惠）而實弗從（5）""叀"字作

---

① 鄭張尚芳：《上古音系》，上海教育出版社2003年，第331、507—508頁。

"●",與郭店楚簡《緇衣》簡41"惠"字作"●"所從形體一致。楚文字"惠"字還有作"●"（楚帛書甲10）、"●"（郭店楚簡·尊德義32）等形的。

西周金文中"叀"或可讀爲"專"，如哀成弔鼎："君旣安叀（專），亦弗墜獲。""安叀"即"安靜專一"。《周易·繫辭上》："其靜也專，其動也直"。《說文》："專（●），六寸簿也。从寸叀聲。一曰叀，紡專。"。商代金文"專"字作"●"（專鐃）。甲骨文早期作"●"、"●"，晚期作"●"、"●"。"叀"象紡專之形。"專"象以手轉動紡專。"塼"指陶製的紡專。劉向《說苑·雜言》："子獨不聞和氏之璧乎！價重千金，然以之間紡，曾不如瓦塼。"楚簡從叀聲的字有"遱"、"徳"、"剚"、"傳"等字。"遱"字作"●"（郭店楚簡·老子甲22）、"●"（郭店楚簡·尊德義28），或從"剚"聲作"●"（郭店楚簡·語叢四20）。"徳"字作"●"（郭店楚簡·唐虞之道1）。"剚"字作"●"（上博四·昭王毀室2）、"●"（上博四·曹沫之陳）。"剚"即"剸"字。"傳"字作"●"（包山楚簡120）。楚簡中"傳"還可以假借"遱"、"徳"爲之。"遱"、"剚"皆可讀爲"轉"。"剚"還讀作"斷"。如郭店楚簡《老子》甲："大曰逝，逝曰遱（轉），遱（轉）曰返。(22)"上博五《季康子問於孔子》："且夫賤今之先人，世三代之遱（傳）史，豈敢不以其先人之遱（傳）志告？(14)"郭店楚簡《唐虞之道》："唐虞之道，禪而不徳（傳）。（簡1）"上博四《采風曲目》："徵和：《輾剚（轉）之實》。(3)"上博四《曹沫之陳》："五人以伍，一人有多，四人皆賞，所以爲剚（斷）。(62)"

從以上文字資料來看，"惠"和"專"聲系所從的聲符在甲骨文、金文、簡牘文字、《說文》小篆中都同形。那麼這兩個聲系的字是分還是合？鄭張尚芳先生根據《說文》"惠"字古文作"●"，以爲"惠"所從之"叀"從"卉"聲，說像"聽"或"齊"字初文。這種解釋就"●"這樣的字形來說似乎有道理。但"叀"作"●"實際上是繁化的結果了。"惠"字以及多數讀作"惠"的"叀"字並不作此形。黄德寬等先生認爲"🌱"所從之"丫"象系絲的枝杈，非從屮，或從三"丫"，亦非"屮"字①。

從意義上說，多數讀"專"聲的字都有"團圓"義。如"摶"、"團"、"轉"、"愽"、"漙"等。《說文》："漙，露兒。"露珠是圓的。"愽約"指團聚、聚會。宋沈遼《寄題譚氏需亭》詩："宴樂乃餘事，文華相愽約。"徐鉉在《說文》"惠"字下注曰："爲惠者，心專也。"這麽說來，"惠"和"專"在意義上也有聯繫了。我們認爲徐說頗爲牽强，不可信。

從語音來看，"專"聲系字的中古聲母都在端組和章組，"惠"聲系的字則分屬心母、清母、邪母和匣母諸紐。這兩個聲系在中古韻部上的差別也很大。"專"聲系有桓、仙兩種，"惠"聲系則分屬祭部、齊部和脂部。

綜上所述可見，"專"聲系和"惠"聲系所從之聲符從古至今都是同形字。結合古文字資料以及音義分析，我們認爲這兩個聲系的上古音構擬應該分開，不宜有糾葛。

爲了對"惠"聲系有更加準確的把握，我們還需要討論從"惠"聲的"穗"字的異體"采"。因爲《說文》將從"惠"聲的"穗"字收作"采"字的或體。《說文》："采，禾成秀也，人所以收。從爪從禾。穗，采或從禾惠聲。"《中國歷代貨幣大系·1 先秦貨幣》收有周空首布"武采"，字作"采"（596）、"采"（597）。"武采"即地名"武遂"②。"遂"和"穗"中古音都是邪紐至部。

《說文》："褒，袂也。從衣采聲。褎，俗褒從由"，"采"又是"褒"字的聲符。睡虎地秦簡《封診式·治獄》："……帛裏莽緣領褒（袖）及履。（22）""領褒"即"領袖"。"褒"字作"褒"。張家山漢簡《奏讞書》："其莞碎，媚衣褒（袖）有敝而絮出，碎莞席（167）麗其絮。（169）""衣褒"

---

① 黄德寬等編：《古文字譜系疏證》，商務印書館2007年，第2886頁。
② 吳良寶：《中國東周時期金屬貨幣研究》，北京，社會科學文獻出版社2005年，第48—49頁。

即"衣袖"。郭店楚簡"釆"的確用作"由",如《忠信之道》:"故行而鯖兌民,君子弗釆也。(6)"又《唐虞之道》:"六帝興於古,皆釆此也。(8)"裘錫圭先生按語云:"釆讀爲由。"上博二《子羔》:"釆(抽)諸畎畝之中,而使君天下而俯。(8)""皋陶"之"陶"在《唐虞之道》簡12中作"❋(釆)",在上博二《容成氏》中作"❋(秀)"(簡34)。睡虎地秦簡《日書乙種·秦》:"正月、二月,子釆(47壹)""三月、四月,寅釆(48壹)""五月、六月,辰釆(49壹)""七月、八月,午釆(50壹)""九月、十月,申釆(51壹)""十一月、十二月,戌釆(52壹)",《日書甲種·稷辰》簡26正壹、27正壹、28正壹、29正壹、30正壹、31正壹中與"釆"對應的皆爲"秀"字。

　　裘錫圭先生認爲"釆"是"秀"的初文或本字。"秀"、"穗"義近,因此"釆"又被人當作"穗"字。卜辭"釆"用爲動詞,意即摘取禾秀。這個字也有可能應讀爲"挽"。"釆"也許本來"挽"的表意初文①。《說文》:"擂,引也。从手畱聲。挽,擂或从秀。抽,擂或从由。"白於藍先生認爲"釆"字在上古應同時有"釆"(穗)、"秀"兩種讀音,代表兩個同義詞。"釆"字因爲引申表示人的優秀、出眾之義,於是在原有字形上追加了人旁,成爲从人釆省聲的形聲字,而"穗"字則代表"釆"字的另一種音的後期形聲字。即"穗"、"秀"與皆从"釆"中分化而來。

　　戰國文字中有"秀"字。石鼓文中"秀"作"❋"(田車)。睡虎地秦簡"秀"字作"❋"(日書甲13正貳)、"❋"(日書甲13)、"❋"(日書甲32正)。"誘"字作"❋"(秦律十八種1)。"莠"字作"❋"(日書甲種63背)。包山楚簡"秀"字作"❋"(簡20)、"❋"(簡23)、"❋"(簡31)、"❋"(簡54)、"❋"(簡146)。"鄯"字作"❋"(簡62)、"❋"(簡

---

① 裘錫圭:《甲骨文中所見的商代農業》,載裘錫圭《古文字論集》,中華書局1992年,第348—352頁。

142），"繡"字作"[圖]"（簡254）、"[圖]"（簡261）。我們看到，"秀"及从秀之字並不从"人"，而是从"乃"。睡虎地秦簡"乃"字作"[圖]"（秦律十八種65）、"[圖]"（法律答問27），郭店楚簡"乃"字作"[圖]"（老子乙16）、"[圖]"（唐虞之道6）、"[圖]"（楚帛書乙8·85），皆可證"秀"字實从"乃"。秦簡、楚簡中从人之字皆無如此作此形者。九店楚簡"作"字作"[圖]"（M56·32）、"[圖]"（M56·33），後一形體所从之"人"近似"乃"，但對比前一字形，仍可辨這類"人"字形體是與"弓"字訛混了。可見白於藍先生說"秀"从"人"不可信。他說"秀"和"穗"是同義詞也不準確。"秀"的本義指"禾類植物開花抽穗"，指的是一種現象，跟"采"（穗）表示一種事物，在詞義上是有區別的。我們認爲"采"當爲"撛"的初文，表示用手摘取禾穗，故又可指"禾穗"。古代漢語中常見一個字既表動作，又指稱動作的物件。《說文》訓"撛"的異體"擂"爲"引也"。"秀"从禾从乃。《說文》："乃，曳詞之難也。象氣出之難。"《說文》對"乃"的詞義訓釋雖然有些牽強，但許慎用"曳"來解釋"乃"，便道出了其中的語源。"曳"亦有"牽引"之義。从"秀"聲的"誘"也有"引"義，這表明"秀"與"采"應該是同源詞，而不是同義詞。"秀"的上古音是心母幽部，"采"（穗）是邪母質部。鄭張尚芳先生構擬的上古六母音系統中，幽部爲u，脂部爲i。① 二者都是高母音，祇是圓唇與不圓唇的區別。王念孫早已指出："凡幽部之字固有從脂部之聲者。《說文》褎字從衣采聲，即其例也。"② 何琳儀曾舉134例幽、脂通轉的例子。可資參證。

由此可見，"穗"字的上古音構擬應該與"秀"聲系、"由"聲系結合起來考慮。

---

① 鄭張尚芳：《上古音系》，第71頁。
② 何琳儀：《幽脂通轉舉例》，《古漢語研究》第一輯，中華書局1996年，第348—372頁。

五、結語

上舉諸例表明，有些在《廣韻》聲系中同形的聲符實際上卻有著不同的來源，有的形成過程還比較複雜。因此我們應該利用古文字研究成果，探析一些同形字的來源和形成過程，從而正確地劃分聲系，爲古音研究和構擬提供堅實可靠的材料。

（作者單位：廈門大學中文系）

戰國至秦代蜀地書跡探研

吳曉懿

春秋時期，秦國本來是地處西陲的小國，長期受戎狄侵擾。秦穆公任用百里奚、蹇叔爲上大夫治理國家，秦國迅速崛起。戰國時期，秦孝公採納商鞅主張，變法圖新，宣導軍功爵制，國力强盛。《華陽國志》記載："昔蜀王封其弟於漢中，號曰苴侯，因命之邑曰葭萌。苴侯與巴王爲好，巴與蜀爲仇，故蜀王怒，伐苴。苴奔巴，求救於秦。秦遣張儀從子午道伐蜀。"公元前316年，秦國大舉出兵滅掉了蜀國，將其設爲屬地，秦惠王册封子通國爲蜀侯，以陳壯爲相，開始長達一百多年的統治。

一

戰國時期由於各國盤踞一方，文化的差異而導致出現書風各異，地域性的書法流派逐漸明晰。隨著出土材料的不斷豐富和戰國文字的深入研究，書寫的差異成爲學術研究關注的焦點。書法界在古文字學者研究的基礎上，總結出秦系文字形體的特點，一是由於文字載體和書契工具不斷地更迭，導致書寫材料空前豐富和書寫方式的多樣化。二是緣於地域文化的差異，在字體嬗變過程中出現大量異構、假借和俗寫等現象，字形變化顯得猶爲紛繁複雜。戰國中晚期秦國已經流行用古隸書寫，充分發揮秦人卓犖不群的個性特點，墨跡書寫風格多樣化，並帶有明顯的地域性色彩。其中最有代表性的是1975年在湖北省雲夢縣睡虎地被挖掘出土的睡虎地秦簡和1980年在四川省青川縣城郊郝家坪發掘出來的青川木牘（見圖一、圖二）。

考古學家在整理郝家坪戰國古墓出土的遺物時中發現兩件木牘書跡，其中一件因殘損不可識讀，另一件較爲完好，文字內容爲："二年十一月己酉朔朔日，王命丞相戊（茂）、內史匽，□□更脩爲田律：田廣一步，袤八則爲畛。畝二畛，一佰（陌）道。百畝爲頃，一千（阡）道，道廣三步。封，高四尺，大稱其高；捋（埒），高尺，下厚二尺。以秋八月，脩封捋（埒），正疆畔，及登千（阡）百（陌）之大草。九月，大除道及除隘（澮）；十月爲橋，修陂堤，利津口。鮮草，離（雖）非除道之時，而有陷敗不可行，相爲之□□。四年十二月不除道者：□一日，□一日，辛一日，壬一日，亥一日，辰一日，戌一日，□一日。"① 尹顯德《小篆產生以前的隸書墨跡——介紹青川戰國木牘兼談"初有隸書"的問題》一文②，詳細闡述了青川木牘的出土情況、書寫特徵、文字演變等方面，對我們能夠瞭解其書體變遷、字形特點、辨別年代，提供了可靠的理論依據。

青川木牘比雲夢睡虎地秦簡還要早八十年，牘文記載了公元前309年（秦武王二年），秦滅巴蜀後推行的土地制度和實施政策的情況，其中包括更修田律，疏通河道，築堤修橋等內容，出現了秦國"丞相"和"內史"兩個官名。研究者根據其內容確定爲《秦武王二年王命左丞相更修田律》。③ 青川木牘是唯一一件發現在蜀地的秦系木質文字載體，字形已體現篆隸之間的轉化軌跡，筆道富於變化而不失犀利，彎筆爲弧線富有彈性，出現掠筆、波挑、不同姿態

---

① 四川省博物館、青川縣文化館：《青川縣出土秦更修田律木牘——四川青川縣戰國墓發掘簡報》，《文物》1982年第1期，第11頁。
② 尹顯德：《小篆產生以前的隸書墨跡——介紹青川戰國木牘兼談"初有隸書"的問題》，收錄於《書法文庫·名篇佳書》，上海書畫出版社2008年，第3頁。
③ 四川省博物館、青川縣文化館：《青川縣出土秦更修田律木牘——四川青川縣戰國墓發掘簡報》，《文物》1980年第1期。

的點畫，結體奇詭流麗，帶有濃厚的地方文化氣象。木簡墨書用筆時講求起筆重落而收筆輕提，與睡虎地秦簡相比較，結體錯落有致，用筆率意流暢而不呆板，如"橋"、"道"、"內"、"史"、"高"、"月"等字的運筆，用鋒富於起伏變化，線條渾圓宛曲、柔中帶剛。書寫者別具匠心使字跡儘量向橫發展，字體端正稍方扁，左掠右波，極力行舒展之意，使結構緊而不密，疏而不松。

　　由於當時社會隨著時代的快速發展，書寫量的不斷增大，原來複雜筆劃構成的漢字進行簡化處理勢在必行，簡單便捷的書寫必然成爲追求的目標。在這過程中秦系各簡的用筆差異較大，出現許多筆法技巧的嘗試，青川木牘也不例外反映出毛筆運動的豐富性。木牘的形制與竹簡相比，其寬裕的容字空間更適合毛筆的揮運，能充分發揮筆軟生奇的內涵與張力。木牘改變了竹簡形制對書寫存在著限制，在某種程度上促成了書體結構發生的變化，並爲隸書的萌發創造了書寫的空間。另外，因爲木牘沒有竹簡編聯的章法要求，所以行間字距顯得更加參錯茂密。青川牘的書寫技術不太高超，或者還不能很好地掌握新的寫法（指秦系書寫規則或含有隸書筆意的寫法，而仍推崇著"保守"的、富含較多篆意的寫法），這導致了其筆下的"隸書因素"並不十分充分、準確地表達。

　　通過分析青川木牘墨跡的運筆用鋒和筆畫特點，大致可分爲以下幾類：第一類是用筆穩健，書寫時一絲不苟，如"命"、"爲"、"三"、"波"、"王"等字；第二類是筆勢短促快捷，這是比較常見的一種類型體現書寫性簡化隸變之特點，如"壬"、"亥"、"三"、"其"、"以"等字；第三類是字勢縱長，時出斜向拖長筆劃，其字勢往往傾斜，打破工穩平正的篆書體態，如"修"、"戊（茂）"、"十"、"及"、"已"等字；第四類是用筆草率，隨意自如，有一種輕松明快的書寫節奏，如"大"、"之"、"草"、"九"、"津"等字。由此可以看出秦系簡牘書法風格上的差異與變化，既有圓厚雄強、沉着痛快的雲夢睡虎地秦簡，又有與之迥然不同，用筆講求肆意縱逸的青川木牘。

二

由於璽印在材質上比簡牘堅硬，鑄造的文字比起書寫的簡牘文字顯得工穩，字跡殘泐現象亦較少，是研究古文字書法較易進入的門檻。近年來陝西、山西、遼寧等地先後出土了一大批封泥，其中含有豐富的職官資料。這些官名，主要來源秦國的職官系統。公元前285年，秦昭襄王誅殺謀反的蜀侯，平定蜀亂之後設立蜀郡，以郡守爲當地最高行政長官。根據出土的文獻可以粗略地瞭解到當時秦王在蜀地分官設職的情況，在秦璽印、封泥和兵器銘文中曾出現如"蜀大府丞"、"蜀守若西工師"、"蜀工師丞"、"蜀左織官"、"成都丞印"、"嚴道丞印"等官名。王國維認爲："竊謂封泥與璽印相表裏，而官印之種類則較古璽印爲尤夥，其足以考證古代官制地理者，爲用至大。"① 戰國時期，璽印作爲憑信不分地位卑尊都可以使用。秦始皇統一六國之後纔將皇帝之印專稱爲"璽"。漢代略有變化，王室貴族也可以擁有"璽"。封泥是古璽鈐印在陶土之上的另一種款識，爲了防上別人拆封信函，同時又是中國書法篆刻藝術特有的表現形式。

秦封泥所見的"蜀大府丞"②，爲了追求印面的美觀，字與字之間都有邊欄裝飾，邊框與文字結合和諧自然，圓勁瘦細的筆劃顯示出錚錚之力，以對稱、嚴謹、工穩之布白顯示出莊重。大府是秦代中央和地方常設的官府機構，主要職能是貯藏物品，徵收賦稅，執掌財政供軍國之用。《禮記·曲禮下》："天子之大府。"鄭玄注："府，主藏六物之稅者也。"蜀大府丞，應該是蜀郡所設的大府負責掌印之官。

《殷周金文集成》的兵器銘記中有"蜀守若西工師"，這可能與當時"物

---

① 王國維：《齊魯封泥集序》，《觀堂集林》，河北教育出版社2003年，第456頁。
② 王偉：《秦璽印官地理研究》，陝西師範大學博士學位論文，2008年，第190頁。

勒工名"的工官制度有很大關係。《禮記·月令》："是月也，命工師效功，陳祭器，按度程，毋或作爲淫巧，以蕩上心，必功致爲上。物勒工名，以考其誠，功有不當，必行其罪，以窮其情。"鄭玄注："工師，工官之長也。"銘文"蜀守若西工師"的構形不太固定，筆劃粗細變化明顯，字形是根據用字多寡和器形的需要，或減筆，或增筆，甚至挪動偏旁，四周寬綽，字體略偏扁，與整飭的秦璽封泥構形迥異，結構疏密相宜，章法講究錯落有致，排列形式常以各種微妙的參差變化來打破呆板的平衡。

蜀左織官①，爲秦設在蜀郡的主管織染、繡作工坊的官吏。秦在中央設有織室機構，而蜀地織綿久負盛名，此封泥可證蜀郡設有織室機構。"蜀左織官"的一筆一畫大多都規整端莊，追求靜穆，有廟堂之氣。在印面處理方面，四個字的字勢向中間聚攏，同時也向璽印的四個邊角拓展，形成上下相形、左右相倚、寬博渾厚的格局，藝術性極高。

三

關於小篆與隸書起源問題，在書法史上一直爭論不休而難見雌雄，但隨著大量的古文字材料的發現，將能進一步梳理清楚其中的經緯。秦嬴兼併天下結束了東周之季諸侯割據的局面。丞相李斯積極推行"書同文"的政令，黜罷六國文字與秦不合者，將筆劃茂密、佈置歷落的"大篆"改爲齊整勻停、纖勁圓轉的"小篆"，作爲秦國標準字體。另外，有關"隸書"的名實與源流，近代學者有多種臆測，有人認爲下層官吏和一般老百姓參與書寫文字與六國古文的苟趨省易有直接關係，詭變簡率的隸書出自於徒隸之手，秦代隸書的興起也是緣於獄史隸人專門使用。魯國堯查閱了兩漢典籍之後，得出結論：隸書之名起於班固；徒隸既非奴隸，亦非指中下層官吏，而是指稱罪犯；所謂"施之

---

① 傅嘉儀：《新出土秦代封泥印集》，西泠印社出版社 2002 年，第 41 頁。

於徒隸",是指"施加於徒隸,對付、處理奴隸們犯罪案件的簡便的新書體"①。

　　歷史文獻中最早提到隸書肇始的是東漢時的許慎,他在《說文解字》中說:"秦滅經書,滌除舊典,官獄務繁,初有隸書,以趨約易。"西晉的衛恆在《四體書勢》中說:"或曰下杜人程邈爲衙吏,得罪始皇,幽系雲陽十年,從獄中改大篆,少者增益,多者損減,方者使圓,圓者使方。奏之始皇,始皇善之,出爲御史,使定書。或曰邈所定乃隸字也。"南北朝的庾肩吾《書品》說:"尋隸體發源秦時,隸人下邳程邈所作。"唐朝的張懷瓘在《書斷》中說:"案隸書者,秦下邳人程邈所造也……幽繫雲陽獄中,覃思十年,益大、小篆方圓而爲隸書三千字,奏之始皇,善之。用爲御史,以奏事繁多,篆字難成,乃用隸字,以爲隸人佐書,故曰隸書。"元代的吾丘衍《學古編》說:"秦隸者,程邈以文牘繁多,難於用篆,因減小篆爲便用之法,故不爲體勢,若漢款識。篆字相近,非有此法之隸也。便於佐隸,故曰隸書。"② 這讓後人誤認爲隸書的產生晚於小篆,小篆是古文字的終結,隸書是今文字的開始,把隸書的創製歸功於秦始皇時期的程邈。古代學者掌握的古文字材料有限,祇有少量的石刻材料,如石鼓文、詛楚文、峋嶁碑等,難見墨跡材料。如果沒有發現先秦簡帛的出土材料,局限於銘刻文字,很難深入系統地研究秦隸。

　　自雲夢睡虎地秦簡和青川木牘兩批秦系簡牘被公佈之後,由秦篆蛻變的過渡性字體"古隸",引發書法界對小篆與隸書起源問題新的認識。有學者認爲:"隸書在戰國晚期已經基本形成了。隸書顯然是在戰國時代秦國文字俗體的基礎上逐漸形成的,而不是秦始皇讓某一個人創造出來的。"隸書起源早於秦統一六國,當然不是小篆衍生出來的,應從古隸演變而來的。通過對秦簡牘的研究,知道早在戰國晚期就已經出現了"隸書"。在隸書逐漸形成的過程

---

① 魯國堯:《隸書辨》,《魯國堯自選集》,河南教育出版社1996年,第19—52頁。
② 吾丘衍:《學古編》,《美術叢書》初集第7輯,浙江人民美術出版社2013年,第79—80頁。

裏，經常用文字的官府書吏一類人一定起過重要作用，程邈也許就是其中起作用比較大的一個；也有可能在秦的官府正式採用隸書的時候，程邈對這種字體作過一些整理工作，因此就產生了程邈爲秦始皇造隸書的傳說①。所以文字學史上所豔稱的"程邈作隸"，大約是指程邈對隸書做了一些整理和規範的工作，但可惜的是其整理成果沒有成爲標準字書流傳下來②。古隸也叫秦隸，是漢字從古文字變到今文字的過渡形式，因而它是古文字跟今文字之間的一種形式。普通把它叫作隸書③。戰國中晚期，尤其是古隸產生以後，趨異求同，筆劃隸化已成爲各系文字普遍的發展趨勢④。隸書之興，實爲中國文字變遷史上一大事，上承籀篆，下啟正楷，書寫較易，認識反難，而古文亦從此荒矣⑤。李學勤進一步說明，"隸書的流行，尤其值得注意。隸書的萌芽，包括其形體筆勢的種種特點，固然可以在戰國時代秦國文字中找到，然而隸書因其省易，在繁重的政府事務間普遍使用，成爲官方承認的一種字體，確係始於秦代。也正因爲如此，秦至漢初的書籍亦以隸書抄寫，取代了已被廢止的古文和書寫困難的篆書。"⑥

　　程邈造隸之事，歷史上也有人提出疑問。北魏時期酈道元《水經·穀水注》提到隸書並非始創於秦朝，堅持認爲秦的隸書要比小篆字體更早。《宣和書譜·隸書》："後人發臨淄塚，得齊太公六世孫胡公之棺，棺上有文隱起，字同今隸。按胡公先始皇已四百年，何爲已有隸法。"對隸書起源問題所持的質疑，等到青川木牘出土之後，證明這種推測是對的。

　　隸變的趨勢在秦統一六國前早已顯露出來，但從草篆的發生到隸意的萌

---

① 裘錫圭：《文字學概要》，商務印書館1988年，第69頁。
② 簡帛文獻語言研究課題組：《簡帛文獻語言研究》，社會科學文獻出版社2009年，第214頁。
③ 蔣善國：《漢字形體學》，文字改革出版社1959年，第166頁。
④ 何琳儀：《戰國文字通論》，江蘇教育出版社2003年，第308頁。
⑤ 吳世昌：《羅音室學術論著》，社會科學文獻出版社1998年，第622頁。
⑥ 陳松長：《馬王堆簡帛文字編·李學勤序》，文物出版社2001年。

芽，從春秋晚期到戰國時代，古隸的形成經歷了相當長的歲月。戰國中後期至秦代初期這種隸變的跡象變得明朗起來，似乎向前邁出了一大步。吳白匋在《從出土秦簡帛書看秦漢早期隸書》中指出："隸書既然起於始皇之前，當然不是小篆演變，簡化而成的，而是從秦國一貫使用的文字演變，簡化的……秦隸和小篆的關係，是同出於一祖先的兄弟關係，都是周篆體文字不斷簡化的結果。"①

裘錫圭在《文字學概要》中說："在秦國文字裏，大約從戰國中期開始，俗體纔迅速發展起來。在正體與俗體的關係上，秦國文字跟東方各大國文字也有不同的特點。東方各國俗體的字形跟傳統的正體的差別往往很大，而且由於俗體使用得非常廣泛，傳統的正體幾乎被沖得潰不成軍了。秦國的俗體比較側重於用方折，平直的筆法改造正體，其字形一般跟正體有明顯聯繫。而且戰國時代秦國文字的正體後來演變為小篆，俗體發展為隸書。"② 這糾正了許慎、衛恆、庾肩吾、張懷瓘等因史料不足而妄下判斷的錯誤。

（作者單位：廣東第二師範學院美術系）

---

① 吳白匋：《從出土秦簡帛書看秦漢早期隸書》，《文物》1978 年第 2 期。
② 裘錫圭：《文字學概要》，第 69 頁。

圖二 睡虎地秦簡(局部)(採自曾憲通、林志強《漢字源流》,附圖19,中山大學出版社2011年)

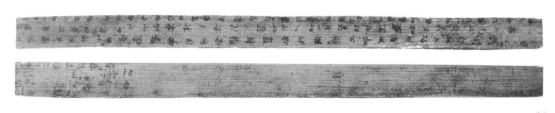

圖一 青川木牘(局部)(採自曾憲通、林志強《漢字源流》,附圖18,中山大學出版社2011年)

《爾雅》十二歲名疏證

陳送文

《爾雅·釋天》備記十二歲名，清人郝懿行《爾雅義疏》論之已詳，茲據馬王堆天文書《五星占》、隨州孔家坡《日書·司歲》篇（下簡稱《司歲》）、敦煌本《爾雅注》（伯二六六一、伯三七三五）、碑刻銘文、金文等資料，結合傳世典籍加以疏證，以補清人之不逮。下列歲名，以《爾雅·釋天》爲綱。

一、攝提格

《爾雅·釋天》："太歲在寅曰攝提格。"《五星占》作"聶提【格】"[1]，《爾雅》"攝"，馬王堆帛書作"聶"。《說文·手部》："攝，引持也。从手聶聲。""聶"讀爲"攝"，兩者音通。"攝提格"亦見於敦煌本《爾雅注》（伯二六六一、伯三七三五）："大歲在寅曰攝提格。"[2]《司歲》簡四二七壹作"聞民挌"，劉樂賢先生指出："'聞'字當是'聶'字之訛，'民'字是'氏'的訛誤。"[3] 劉說可信。馬王堆帛書《刑德》乙本九宮圖作"聶氏"，饒宗頤

---

[1] 劉樂賢：《馬王堆天文書考釋》，中山大學出版社2004年，第30頁。
[2] 張涌泉主編：《敦煌經部文獻合集》第四冊，中華書局2008年，第2037頁。
[3] 劉樂賢：《戰國秦漢簡帛叢考》，文物出版社2010年，第106—112頁。

先生指出"聶氏"當即"攝提"①，可參。

二、單閼

《爾雅·釋天》："（太歲）在卯曰單閼。"《五星占》作"單閼"。《史記·屈原賈生列傳》："單閼之歲兮，四月孟夏，庚子日施兮，服集予舍，止於坐隅，貌甚閒暇。"《索隱》引李巡云："單閼，起也，陽氣推萬物而起，故曰單閼。孫炎本作'蟬焉'。蟬猶伸也。"《史記·曆書》："端蒙單閼二年。"《集解》引徐廣曰："單閼，一作'亶安'。"《開元占經·歲星占》引孫炎曰："本單作殫，釋曰殫，猶申也。"《玉海》卷第十"律曆"："單閼，卯。"爲便於對照相關異文，列表如下：

《爾雅》	《五星占》	《索隱》引孫炎	《集解》引徐廣	《開元占經》引孫炎	《玉海》
單閼	單閼	蟬焉	亶安	殫閼	單閼

"蟬"、"殫"皆從"單"聲，當讀爲"單"。亶，亦當讀爲單。從亶與從單之字古多相通，可參《古字通假會典》【亶與單】條②。

焉、安、閼三者音近。焉、安當讀爲閼，可參《古字通假會典》【安與閼】③、【焉與閼】④。又從曷與從盍之字古多相通，可參看《古字通假會典》【盍與鶡】【壒與堨】⑤，而從曷之字又可與閼字相通，參看《古字通假會典》

---

① 饒宗頤：《馬王堆〈刑德〉乙本九宮圖諸神釋——兼論出土文獻中的顓頊與攝提》，《簡帛研究》第一輯，法律出版社1993年，第93頁。
② 高亨纂著，董治安整理：《古字通假會典》，齊魯書社1989年，第202頁。
③ 同上注，第173頁。
④ 同上注，第176頁。
⑤ 同上注，第614頁。

【遏與閼】①。楚帛書"風雨是於",饒宗頤先生指出:"《大荒北經》言燭龍'風雨是謁。'郭注:'言能請致風雨',句法相同,於讀爲謁。"② "闔"讀爲"閼"。

又《司歲》簡四二八壹作"單□",劉樂賢先生指出:"'單'後一字的形狀有些模糊,但大部份筆劃尚存,釋爲'閼'應無問題。"③

三、執徐

《爾雅·釋天》:"(太歲)在辰曰執徐。""執徐"見於《五星占》:"其明歲以三月與胃晨出東方,其名爲執徐。"④《司歲》簡四二九壹作"執郗"。"郗"從邑舍聲。從余與從舍之字古多相通,詳參《古字通假會典》【荼與舍】⑤ 條。

四、大荒落

《爾雅·釋天》:"(太歲)在巳曰大荒落。"《五星占》作"大巟【落】"⑥,劉樂賢指出:"'落'字原缺,據文義補。大巟落,讀爲'大荒落'。大荒落,十二歲名之一,參看《爾雅·釋天》。"⑦《史記·天官書》作"大荒

---

① 高亨纂著,董治安整理:《古字通假會典》,第 616 頁。
② 饒宗頤、曾憲通:《楚地出土文獻三種研究》,中華書局 1993 年,第 235 頁。
③ 劉樂賢:《戰國秦漢簡帛叢考》,第 107 頁。
④ 劉樂賢:《馬王堆天文書考釋》,第 30 頁。
⑤ 高亨纂著,董治安整理:《古字通假會典》,第 837 頁。
⑥ 劉樂賢:《馬王堆天文書考釋》,第 30 頁。
⑦ 同上注,第 31 頁注釋〔十〕。

駱":"大荒駱歲:歲陰在巳,星居戌。"《史記·曆書》引作"大芒落"。《史記·曆書》:"祝犁大芒落四年。"裴駰集解:"芒,一作'荒'。"張守節《正義》引姚察曰:"言萬物皆熾盛而大出,霍然落之,故云荒落也。"《史記·曆書》:"強梧大荒落四年"《索隱》:"強梧,丁也。大芒駱,巳也。"《司歲》簡四三〇壹作"大亡"。按,大荒落、大巟【落】、大荒駱、大芒落、大芒駱、大亡皆同詞異寫。

五、敦牂

《爾雅·釋天》:"(太歲)在午曰敦牂。"敦煌本《爾雅注》(伯二六六一、伯三七三五)作"敹牂"①,整理者注:"敹,刊本作'敦','敹''敦'隸變之異。"②《司歲》簡四三一壹作"隤臧"。"隤"上古音為定母微部,"敦"為端母文部,兩者聲紐同為舌音,韻部微文對轉。"臧"、"牂"上古音皆為精母陽部。何有祖先生認為"臧"字或應釋作"狀"③。

六、協洽

《爾雅·釋天》:"(太歲)在未曰協洽。"《五星占》作"汁給"④,劉樂賢先生指出:"汁給,讀為'協洽'。給、洽二字皆從'合'得聲,故可通假。'汁'在古書中常與'協'通用。"⑤ 在其他出土文獻中亦有"汁"讀為"協"

---

① 張涌泉主編:《敦煌經部文獻合集》第四冊,第2037頁。
② 同上注,第2047頁。
③ 何有祖:《也說孔家坡漢簡〈日書〉所見歲名》,簡帛網,2006年10月10日。
④ 劉樂賢:《馬王堆天文書考釋》,第30頁。
⑤ 同上注,第31頁注釋〔十四〕。

之例證。銀雀山漢簡《唐勒》簡二一一三正："人謂就（造）父登車嗛（攬）蒅（轡），馬汁（協）險（斂）正（整）齊，周（調）均不摯（縶），步騺（趨）兢久疾數（速）。""汁"讀爲"協"，可參看。敦煌本《爾雅注》（伯二六六一、伯三七三五）作"恊洽"①，整理者注："恊，刊本作'協'，'恊'爲'協'之俗字。"② 關於敦煌"恊"字，張涌泉先生指出："恊，《正名要錄》'本音雖同，字義各別例'：'叶、恊，和：翩，同。'斯一四四一號《勵忠節鈔·德行部》：'沈約書云：恊贊通天，其梁宇宙；高勳盛烈，則被管弦。'按：前例是以'叶''恊'爲一字而與'翩'（翩）比較，'恊'爲'協'字俗書（《干祿字書》：'恊協：上通下正。'），'恊'又同'協'。慧琳《音義》卷二八《說無垢稱經》第六卷玄應音義：'恊同：又作翩、叶三（二）形，同，胡頰反。《爾雅》：恊，和也。合也，亦同用也。'（玄應《音義》卷二載末句無'用'字）其中的'恊'亦爲'恊'的俗字，而'恊'又同'協'。今本《爾雅·釋詁上》云：'協，和也。'可以爲證。斯六五三七號《何滿子詞》：'平（半）夜秋風凜凜高，長城恊（協一俠）客逞雄豪。'可參。"③ "協洽"，《史記·天官書》引作"叶洽"："叶洽歲：歲陰在申，星居申。""叶"，"協"字或體。《說文·劦部》："協，衆之同和也。从劦从十。叶，古文協，从曰十。叶，或从口。"《史記·曆書》引作"汁洽"，《史記·曆書》："昭陽汁洽二年。"《集解》："汁一作協。"《月令精鈔》引作"協泠"，《月令精鈔》下集："十二支名：子，困敦；……未，協泠。""泠"，上古音爲來母耕部，"洽"爲匣母緝部字，兩者聲韻俱遠，當不可相通。"泠"爲"洽"之訛誤。"令"、"合"字形相近，典籍中常相訛混。《漢書·韓彭英盧吳傳》："令齊趙共擊楚彭城。"王念孫《讀書雜志》"令齊趙"

---

① 張涌泉主編：《敦煌經部文獻合集》第四冊，第2037頁。
② 同上注，第2047頁。
③ 張涌泉：《敦煌俗字研究》下編《敦煌俗字匯考》，上海教育出版社1996年，第18—19頁。

條指出:"'令'當依《史記》作'合',謂漢與齊趙合而共擊楚也。"① 可參。《司歲》簡四三二壹作"蓋口","蓋"從盍聲。《說文·疒部》:"瘥,跛病也。从疒盍聲。讀若脅,又讀若掩。""蓋"與"協"音近可通。

七、涒灘

《爾雅·釋天》:"(太歲)在申曰涒灘。"《五星占》作"芮莫"②,劉樂賢先生指出:"芮莫,讀爲'涒灘'。芮從'內'得聲,而從'內'得聲的'汭'字(《說文解字》以爲'退'字或體)古音與'涒'相近,故'芮'可讀爲'涒'。《史記·曆書》:'橫艾涒灘始元元年。'《集解》:'涒灘,一作芮漢。'莫,與《說文解字》堇字的上部同形,許慎以爲即'黃'字之省,但該字在甲骨文中有時與'熯'通用。熯,《說文解字》認爲是'漢省聲'。這說明,該字可能是'熯'、'漢'等字的原始聲符,故可與'灘'或'漢'通假。"③ "涒灘",金文阠夫人嫚鼎作"欿難"④。"涒灘",漢《魯相韓敕造孔廟禮器碑》引作"涒歎":"惟永壽二年,青龍在涒歎。"《隸釋》:"涒歎者,以歎爲灘也。"⑤ "灘",《經典釋文》引作"攤"。《經典釋文·爾雅音義》:"灘,本或作攤。""灘"、"攤"皆從"難"聲,可相通。又《史記·曆書》:"商橫涒灘三年。"《索隱》:"《天官書》及《爾雅》申爲汭漢,丑爲赤奮若。"《正義》:"涒音吐魂反,灘音吐丹反。又作'涒漢',字音與上同。"綜上所述,"涒灘"、"芮莫"、"涒歎"、"涒攤"、"汭漢"、"涒漢"皆是同詞異寫。

---

① 王念孫:《讀書雜志》,江蘇古籍出版社 2000 年,第 282 頁。
② 劉樂賢:《馬王堆天文書考釋》,第 30 頁。
③ 劉樂賢:《馬王堆天文書考釋》,第 31 頁注釋〔十六〕。
④ 王長豐、喬保同:《河南南陽徐家嶺 M11 新出阠夫人嫚鼎》,《中原文物》2009 年第 3 期,第 10 頁。此承陳斯鵬先生、石小力兄告知。
⑤ 洪适:《隸釋 隸續》,中華書局 1986 年,第 20 頁。

八、作噩

《爾雅·釋天》:"(太歲)在酉曰作噩。"《司歲》簡四三五壹作"作駱"。"作噩",《月令精鈔》引同,《史記·天官書》作"作鄂",漢碑《殽阮君神祠碑》作"作詻",《漢書·天文志》和《海錄碎事》卷二"天部下"亦作"作詻"。《開元占經·歲星》引作"作愕",《經典釋文·爾雅音義》:"噩,本或作咢字。同五各反。"

《史記·天官書》:"作鄂歲:歲陰在酉,是居午。"《索隱》:"《爾雅》:'在酉為作鄂。'李巡云:'作咢,皆物芒枝起之貌。'咢音鄂。今案:下文云'作鄂有芒',則李巡解亦近得。《天文志》云'作詻',音五格反,與《史記》及《爾雅》並異也。"漢碑《殽阮君神祠碑》:"光和四年,作詻之歲。"《隸釋》:"此碑以作噩為作詻者,出西漢《天文志》。"① 《漢書·天文志》:"在酉曰作詻。"按:噩、駱、鄂、詻、愕、咢音同相通,可參看《古字通假會典》【咢與噩】、【鄂與詻】條②。

九、閹茂

《爾雅·釋天》:"(太歲)在戌曰閹茂。""閹茂",《漢書·天文志》引作"掩茂":"在戌曰閹茂。"《海錄碎事》卷二"天部下"引同。《經典釋文·爾雅音義》:"閹,於撿反。《漢書》作掩。"閹、掩二字皆從"奄"得聲,故可通假。

---

① 洪适:《隸釋 隸續》,第33頁。
② 高亨纂著,董治安整理:《古字通假會典》,第828頁。

十、大淵獻

《爾雅·釋天》："（太歲）在亥曰大淵獻。""大淵獻"又見於馬王堆天文書《五星占》："其明歲以十月與心晨出【東方】，其名爲大淵獻。"① 敦煌本《爾雅注》（伯二六六一、伯三七三五）："在亥曰大淵獻。"

十一、困敦

《爾雅·釋天》："（太歲）在子曰困敦。"《五星占》作"囷敦"：其明歲以十一月與斗晨出東方，其名爲囷〈困〉敦。"② 劉樂賢先生指出："囷，是'困'之訛。困敦，十二歲名之一，參看《爾雅·釋天》。"③ 劉先生認爲"囷"是"困"之訛。《正字通·手部》："捆，苦本切，音悃。織也。《孟子》'捆屨'注：'捆者，扣椓之使堅密也。'"按：《孟子·滕文公上》字作"捆"。《康熙字典·手部》："捆音苦本切，應從困，改從囷，非。"此是捆訛爲掆的例證，可爲困訛爲囷提供參照。

又包山簡 95 有字作如下之形：

A: ④

---

① 劉樂賢：《馬王堆天文書考釋》，第 30 頁。
② 劉樂賢：《馬王堆天文書考釋》，第 30 頁。
③ 同上注，第 31 頁注釋 [二十四]。
④ 湯餘惠主編：《戰國文字編》，福建人民出版社 2001 年，第 721 頁。

整理者隸定爲"恖"①，湯餘惠②、何琳儀③、劉釗④等先生釋爲"怵"字，正確可從。"怵"字又見於楚王酓恖盤，其形作：

B：[圖]⑤

A 字右上所從禾形即爲木形之訛，亦可爲困訛爲困提供參照。

按：困、囷上古音同爲溪母文部字，竊疑囷可讀爲困。陳松長等先生編著的《馬王堆簡帛文字編》中引述相關釋文時作"其名爲囷（困）敦"⑥。從其體例來看，陳先生當是認爲"囷"可讀爲"困"。《古字通假會典》於【囷與蜠】條羅列有如下例證：

《爾雅·釋魚》："蜠大而險。"《藝文類聚·八四介部》引蜠作囷⑦。

蜠從蟲困聲，此似可爲囷讀爲困提供佐證。但《爾雅·釋魚》中的"蜠"字當作"蜠"。

又"蜠"字有傳抄古文作如下之形：

C：[圖]⑧

按：C 從字形上看從貝從困，當隸定爲"賏"。而"賏"與"蜠"的關係當如何解釋呢？在此提出兩種可能，一是"賏"是"賏"字之訛，"賏"和"蜠"同從囷聲，故可通假。二是"賏"從貝困聲，"蜠"從虫困聲，從困與從囷之字又可相通，故可通假。

綜上所述，"囷"與"困"二字形、音俱近，故易致誤。

---

① 湖北省荊沙鐵路考古隊：《包山楚簡》，文物出版社 1991 年，第 23 頁。
② 湯餘惠：《包山楚簡讀後記》，《考古與文物》1993 年第 2 期，第 71 頁。
③ 何琳儀：《包山竹簡選釋》，《江漢考古》1993 年第 4 期，第 61 頁。
④ 劉釗：《包山楚簡文字考釋》，《東方文化》第三十六卷，第 57 頁。
⑤ 張光裕：《新見楚式青銅器器銘試釋》，《文物》2008 年第 1 期，第 79 頁。
⑥ 陳松長編著：《馬王堆簡帛文字編》，文物出版社 2001 年，第 257 頁。
⑦ 高亨纂著，董治安整理：《古字通假會典》，第 120 頁。
⑧ 徐在國：《傳抄古文字編》，線裝書局 2006 年，第 1339 頁。

十二、赤奮若

《爾雅·釋天》:"(太歲)在丑曰赤奮若。"《玉海》卷第十"律曆"引作"赤舊若":"困敦,子;赤舊若,丑……"奮,上古音爲幫母文部字,舊爲群母之部字。奮、舊兩者音不相涉,"舊"蓋是"奮"之形近訛誤。

(作者單位:中山大學中文系)

古文字考釋中的"暗合"現象

——以戰國容量銘刻中"受"字的考釋爲例

裴大泉

在同一時段,不同的科學家對相關問題都有一些相同或近似的研究結果。這種現象應該就是科學研究中的"暗合"現象。所以我們可以看到同一個諾貝爾科學獎中常有幾人共享的情況,但獲獎的科學家或來自幾個不同的國家,或來自不同的研究團隊。古文字的研究也有這種現象,這也正說明古文字研究的科學性質。胡適說:"學問是平等的。發明一個字的古義,與發現一顆恆星,都是一大功績。"① 良有以也。

清代最著名的一個"暗合"例子,就是晚清金石學家以金文研究的成果解釋《尚書》中"寧王"等詞中的"寧"字問題的見解。詳細的內容可以參考裘錫圭先生的力作《談談清末學者利用金文校勘〈尚書〉的一個重要發現》②。

對於這一現象,裘先生說:"吳、王二人是好友。王氏之說爲吳氏所聞的可能性,都是存在的。但是從他們的學問品行來看,似乎都不會掩友人之說爲

---

① 胡適:《論國故學》,《胡適文存》卷二,《民國叢書》本,上海書店出版社 1989 年,第 286 頁。
② 此文原載《古籍整理與研究》第 4 期,中華書局 1989 年;又收入《古代文史研究新探》、《文史叢稿》、《中國出土古文獻十講》等作者的論文集;最新收入《裘錫圭學術文集》第 4 卷,復旦大學出版社 2012 年。

己有。看來在這個問題上是英雄所見略同。"又說,"从清末金石學和經學的發展水平來看,發現《尚書》'寧王''寧武''前寧人'等文中的'寧'是'文'的誤字,並不是一件很困難的事。幾位學者不約而同地看到這一點,並不奇怪。"①

裘先生這是从古文字學史的角度確認學術的發明權問題,同時也指出這是當時學科發展的必然結果。

清人的研究有"暗合"現象並不奇怪,當時的學術研究多是業餘之事,像孫詒讓那樣專事學術的學者很少。相互之間成果的展示最及時的就是書信交流,箚記彙集或圖書刊佈往往要延宕較長的時日。所以同一份資料,不同的研究者的研究結果就難免彼此"暗合"。有些還要在今天相關資料發表後纔可窺其一斑。

從另一方面來說,"暗合"結論雖然"一致",但具體的論證論據其實是有差別的,所以,"暗合"的實例也爲我們提供了研究方法上和論據上的豐富素材,對於促進古文字研究的深入是有重要的意義的。下面我們再看一個重要的例子,關於戰國容器銘文中"受"字的考釋。上世紀80年代初,就有朱德熙、李學勤、黃盛璋、吳振武等先生對這一問題撰寫了論文,他們之間的結論就有"暗合"的現象。但具體的論證論據還是有所不同的,具體分析一下他們的論證過程,對我們學習古文字學也大有裨益。

1983年,朱德熙先生發表《古文字考釋四篇》一文,第三篇即考釋"受"字。文章不長,全錄如下:

重金壘銘文:"百卅八豐金[金][金]甲一[重]介[受]。"第七字作:

前人無釋,今案是"受"字。此字寫法與旨鼎受字極相似:

---

① 詳見裘錫圭《談談清末學者利用金文校勘〈尚書〉的一個重要發現》。

特點是把爪和舟連在一起寫，不過昌鼎爪字的三横和舟字的三横是分開寫的，所以略有參差，不像重金壘那樣連成一筆罷了。

認出了重金壘的受字，就知道下邊兩個見於印璽文的字也是受字：

重金壘的銘文說：

百卅八重金鈄受一冑六口

"冑"是斛的假借字，《說文·角部》斛下云"讀若斛"。"受一斛六口"說的是器的容量。受是容的意思。《方言六》"受，盛也，猶秦晉言容盛也"。《大戴記·投壺》"壺脰脩七寸，口徑二寸半，壺高尺二寸，受斗五升，壺腹脩五寸"。"受斗五升"，《小戴記》作"容斗五升"。①

1984 年，黄盛璋先生發表《盱眙新出銅器、金器及相關問題考辨》② 一文，也討論了重金壺銘文的"受"這個字，文中提到：

> 器名下一字《小議》隸定為"舀"，解為从"臽"聲，讀為"容"。金錍與此金絡罅表容量多少皆用此字，此字又見《古璽彙編》2799 與 3274 戰國燕璽，皆用為人名。《古璽文編》（516 頁）列為附錄，不識。所舉之璽，據姓氏、字體可定為燕印。筆者在《戰國燕國銅器銘刻新考》一文中也認為此字相當於"容"的一類字，為燕國銘刻所僅有，凡用此字可以定為燕國器，但字尚不能確認。1983 年 9 月初在香港参加國際中國古文字學研討會，見吳振武同志提交該會論文《古璽彙編釋文訂補及分類修訂》，訂此字為"受"，未詳其說。其後回到廣州，在中山大學，吳同志

---

① 《古文字考釋四篇》，《古文字研究》第 8 輯，中華書局 1983 年 2 月（收入《朱德熙古文字論集》，中華書局 1995 年，第 153—154 頁）。考慮到出版社發行滯後的關係，此書一般會拖延一段時日，學界看到此書的時間也相應滯後。

② 《文物》1984 年第 10 期，第 60 頁。

來訪，告以此字已考定是"受"，舉平安君鼎"受"字爲證。返京寓後，檢多年所收戰國銘刻資料，證知吳君考證"受"字甚確。傳世有"十三年少府工儋"矛，今藏中國歷史博物館，此矛一面刻"武庫受屬邦"，"受"字作🔲，與上引兩器銘中兩字結構基本相同（圖二）。《說文》："受，相付也，从𠬪，舟省聲"。銅器所見戰國"受"字有多種變化，大抵上从"爪"，下从"又"即"手"，中从"舟"，如命瓜君壺"受"字作"🔲"。平安君鼎"受"字作"🔲"上从"舟"。兩器銘中之受字下皆似"寸"字，實是"又"字簡作，上實从"舟"，確定爲"受"無可置疑。"受"多少，即容多少，盛多少。《廣雅·釋詁》："受，盛也。"《方言》卷六："受，盛也，猶秦晉言容盛也。"按戰國秦漢銘刻記容量之動詞，三晉常用"胸"，趙或用"空"，皆假爲"容"字；東周秦漢皆用"容"，與《方言》謂"秦晉言容盛也"合。用"受"字表容盛意，必爲秦晉之外系統。燕國銘刻如此，而他國尚未之見。

從文中可見，黃盛璋先生最後接受了釋"受"之說，吳振武先生關於釋"受"這一觀點的論文爲《釋"受"並論盱眙南窰銅壺和重金方壺的國別》①。雖然寫於1983年，但遲至1986年纔刊佈在《古文字研究》第14輯。對"受"字一文論證精彩，不妨一抄。

《古璽彙編》一二三一、二七九九、三二七四重新著錄下列三方古璽：

🔲 🔲 🔲

三璽中的🔲字《古璽文編》不識，既收於附錄，又分列兩處（五一六頁第四欄、五四五頁第五欄）。

我們認爲此字从"舟"从"又"，可隸定作"𠬝"，即"受"字簡體。戰國趙

---

① 此文發表於《古文字研究》第14輯，中華書局1986年，第51—54頁。吳先生在正文之後註明1983年暑假寫於吉林大學第二宿舍。又在補記［一］註明："新近出版的《古文字研究》第八輯載朱德熙先生《古文字考釋四篇》一文，其中《釋受》篇亦將重金壺和古璽中的🔲釋爲'受'，和筆者不謀而合。朱先生的結論完全正確，但他把此字上部🔲看成是'爪'和'舟'的連寫則和本文不同。（1984年1月19日）"

"榆即（次）"布和"榆即（次）半"布上的"俞"旁或作：

[字形] [字形] [字形]

"俞"本从"舟"，可知"舟"旁可以作[字形]形。很顯然，[字形]字上部所從的[字形]應是[字形]形的進一步演化。這跟古璽中"亡"字既作[字形]，又作[字形]，"正"字既作[字形]，又作[字形]，是同類現象。《古璽彙編》三四〇三著錄下列一方單字璽：

[字形]（原璽反書）

此字舊不識，……今按此字從"舟"從"余"從"心"，應釋為"愉"（"俞"本從"舟""余"聲，參看于省吾先生《甲骨文字釋林》第七四頁）。"愉"有樂、喜、悅、歡、和等義。因此，從內容和風格上看，此璽當為戰國吉語璽而非姓名私璽。[字形]字所從的[字形]（反書）似乎介於[字形]、[字形]二形之間。可見"舟"字由[字形]而[字形]，又由[字形]而[字形]的遞變痕跡是十分明顯的。《古璽彙編》五五〇〇還著錄下列一方單字璽：

[字形]

此字舊亦不識，《古璽文編》收於附錄（五六二頁第二欄）。跟上揭"愉"單字吉語璽比較，此字應釋為"舟"當無疑問。

吳先生此處充分吸收了裘錫圭先生《戰國貨幣考（十二篇）》[①]中"榆次布考"一節對"俞"字形體的考釋成果。並以此復核古璽文中的相關字形。作者又對形體與"俞"有關的[字形]字形體進行分析，並對"受"字的形體來源進行了梳理。最後核證重金壺銘文的[字形]也應考釋為"受"字。

[字形]字下部所從的[字形]即"寸"旁，也即"又"旁。古文字中"寸"、"又"二旁

---

① 裘錫圭：《戰國貨幣考（十二篇）》，載《北京大學學報》（哲學社會科學版）1978年第2期；收入《古文字論集》，中華書局1992年；又收入《裘錫圭古文字論集》第三卷，復旦大學出版社2012年。

往往不分，古璽"得"字或作⟦⟧，"返"字或作⟦⟧，可爲其證。

"受"字甲骨文作⟦⟧，西周金文作⟦⟧，小篆作⟦⟧。《說文·受部》謂："受，相付也。从受、舟省聲。"可知"受"字本从"舟"得聲。"受"字作"殳"雖有簡省，但仍保留了聲符"舟"。古文字中的形聲字形體省化往往祇省形符而不省聲符。跟"殳"字類似的省化現象在古文字中是很常見的。二十八年、三十二年平安君鼎銘文"單父上官冢子愲所受坪（平）安君者也"一語中的"受"字作⟦⟧，也同樣是从"又"（實際上是从"受"省）从"舟"聲。這是我們釋⟦⟧爲"受"的最好證明。

上揭古璽中的⟦⟧字均用作人名。漢印中有"李受"、"王受"、"郭受私印"、"臣受"等印。可見古人有以"受"爲名的。

⟦⟧字確釋後，下列兩件銅器銘文的後半段也就不難理解了。

盱眙南窯銅壺："廿二，重金絡壺（？），⟦⟧一言（䅉）五⟦⟧。"（圖一）

重金方壺："百卅八，重金口，⟦⟧一言（䅉）六五⟦⟧。"（圖二）

此處與朱德熙先生所考不謀而合。對其他學者分析盱眙銅壺中"容"字的錯誤觀點，吳先生也進一步作了分析，這就很有說服力了。他說：

盱眙南窯銅壺出土後，《光明日報》一九八二年四月二十六日第三版《史學》副刊《考古與文物》欄和《文物》一九八二年第十一期都作了專題報導。關於銘文中的⟦⟧字，李學勤、姚遷、吳蒙三先生皆隸爲"㔷"，讀作"容"。吳蒙先生在《盱眙南窯銅壺小議》一文中謂：器名以下，記器的容積。"㔷"字从"囟"聲。按古"囟"聲字有時與"公"聲通假，如"㥻"字或作"忪"，此字所从"公"。《說文》"容"字古文从"公"。因此，銘文中"㔷"字當讀爲"容"。戰國銘文的"容"字有好多通假的寫法，這不過是一種較少見的例子。

吳先生的看法較有代表性。本來，李、姚、吳三先生根據銘文上下文義斷⟦⟧字和"容"字意義相當是頗具卓識的，但遺憾的是三先生卻逕將⟦⟧字寫作"㔷"，又讀爲"容"，這從字形上看，顯然是不能令人信服的。實際上，兩壺中的⟦⟧字和上述古璽中的■字完全相同，也應釋爲"受"。"受"古有承、容納、盛等義。《廣雅·釋詁》："受，盛也。"《方言》六："鋊、龕，受也。齊楚曰鋊，揚越曰龕。受，盛也，猶秦晉言容盛也。"容量前用"受"字在古璽中也不乏其例。如《說文·竹部》："箱，飯筥也，受五升。"《周禮·考工記》注："豆實三而成觳，則觳受斗三升。"等等即是。如此，釋■爲"受"在銅器銘文中也得到了證實。

吳文從形體地域特點的基礎上辨正該器的國別也是一大亮點，不妨再抄一點：

> 自盱眙南窯銅壺出土後，它和跟它銘文格式完全一致的重金方壺（舊稱重金壘）的國別就引起了人們的注意。由於盱眙南窯銅壺出土地在戰國晚期是楚國的重要地區，又因爲銅壺出土時壺內所貯的黃金鑄幣中有十一塊是楚"郢爰（稱）"金版，所以論者都推斷此銅壺和傳世的重金方壺均爲楚器，並都認爲可以據此測算楚國量制。我們認爲無論是從字體風格上看，還是從容量單位上看，兩壺都不是楚器而是燕器。因此有必要重新加以檢討。
>
> 兩壺銘文中的■字跟古璽中的■字在結構和風格上完全一致。而跟古璽■字同時出現的是■、■、■三字。其中"喬"字作■是較典型的燕國風格，而"韓"字作■也祇出現在燕國姓名私璽中。■字下部所從的"又"旁作■可以說是燕國文字的一大特色。跟前引從■的■、■二字共出的字中有■、■、■等字（13）。除已談過的■字外，"孫"字作■、"邑"旁作■皆僅見於燕國文字而不見於別國文字。特別是出■字的那方古璽更是明確無疑的典型燕璽。原璽全文作"韓（■）生返"。戰國姓名私璽中祇有燕璽往往在姓氏後綴一"生"字，如《古璽彙編》一三三九"衛生肖"、一六七九"鄢（易）生豕"、二六二六"延（征）生殯"、三四二三"秦生□"、三八九七"公孫生易"、三九二九"王孫生□"、三九六一"東方生乘"等璽即是。在已發現的戰國各地文字中，"又"或"又"旁疊出繁見，除燕國外，一般都作■、■、■、■等形，從未見有作■形的。楚盦忎鼎銘文中的"隻"、"事"等字所從的"又"旁作■，"兵"、"共"等字所從的"又"旁作■，皆與■不同。因此，從文字風格上完全可以判斷兩壺均是燕器。

戰國容器銘文中"受"字的釋讀是戰國文字研究的一個突破。朱德熙先生結合實物，從漢語史的角度，考察先秦文獻中常出現的關鍵字與戰國器銘用字的關聯，比勘先秦文獻和戰國器銘詞例之間的異同，從而鎖定與文獻用法相近的那個未釋字。並通過形體變化、上下文復核、相關詞例的合證、實物載體的考量幾方面進行檢查，再作論斷。所以朱先生有關戰國文字考釋的文章不長，但觀點極具啟發意義，奧秘正在於此。如對"受"字的考釋，應該就是首先鎖定該字在戰國量器銘文中所處的語法位置，再推勘其實際用字。這是非常敏銳的語言學家的眼光①。當然，如果單從朱文的形體證據，我們不一定會非常肯定這個字一定是"受"字。而吳先生一文則充分吸收戰國文字研究的成果，通過大量的戰國文字之間的形體排比，找出其形體變化的通例和變例，並結合詞例進行勘證，同時聯繫實物進行考察，結論就很有說服力了。從這個角度考釋戰國文字，一定要熟悉互有關聯的古文字形體，掌握相關字形之間的變化規律。比如，吳文中對變化的"舟"字的確認，就吸收了裘錫圭先生考釋貨幣文"榆即（次）"的成果。裘文所釋貨幣文中"榆即（次）"之"榆"的構件就从"舟"。其形體與戰國量器銘文、璽印文中从"舟"的構形都基本相同。

　　所以，從上面的例子看出"暗合"之文在方法和論證上的互為補充，這對古文難字的釋定更讓人信服。

---

① "朱德熙先生研究古文字的特點是重視字形而又不囿於字形，他注重透過文字符號去瞭解較為隱蔽的語言事實，這樣往往可以收到意想不到的效果。在出土文字資料的釋讀上，常常有這樣的情況，光從字形上看問題，往往感到'山重水複疑無路'，就在這個時候，朱先生常用的口頭禪是：'換一個角度看看怎麼樣?'他的意思是，不妨從文字背后隱蔽的語言事實來考察。這樣一來，往往就會出現'柳暗花明又一村'的新境界，令人有豁然開朗的感覺。我想，這就是語言學意識的效應。在古文字資料的釋讀上，有沒有這個'意識'是大不一樣。"參考曾憲通師《我和古文字研究（代序)》，收入《康樂集：曾憲通教授七十壽慶論文集》，中山大學出版社2006年，第3頁。

20世紀90年代以後，由於戰國竹書的大量發現，古文字資料庫更爲完善和充實，研究的題材和內容更爲廣泛，對古文字的考釋也有更多的形體材料支持。當然也不乏精彩的"暗合"現象，比如陳偉武先生的《舊釋"折"及從"折"之字平議》①一文，"考釋楚簡中讀爲'慎'之字，兼及金文、古璽、帶鈎過去釋爲'折'或'誓'之字"②，這與陳劍先生的《説"慎"》③一文對"慎"的考釋就有"暗合"之處。兩文都很精彩，研究者不妨詳讀細研，此不備舉。

進入21世紀後，號稱是大數據的時代。一切都可以電子化，古文字資料的所得與成果的發佈也更加"平易近人"，研究面也更爲廣泛，當然"暗合"現象也可能就更爲頻繁。比如本輯所收傅修才《左塚漆梮文字補釋（三則）》一文第二則對"㦵"的考釋，也與王凱博《左塚漆梮字詞小箚（四則）》（《中國文字》新40期，臺北，藝文印書館2014年）一文的第三則有"暗合"的論斷。以後，"暗合"的現象可能還會更多。而情況也比以前複雜。資料更容易獲得，發佈成果的載體更爲快捷和方便。但如何看待"暗合"的現象，我認爲：

（1）仍然應該注重學術的發明權。有時候原始材料一公佈，就有大批學者在第一時間通過網絡發表自己對某字的考釋意見。雖然網文不一定像紙質出版物那麽周密。比如張桂光先生就説：新世紀古文字的研究，"並非都盡如人意，簡便快捷往往不利研究的深入，釋字滿足於與傳世文獻的比附而對字形不加深究。"④ 但首先提出文字考釋見解的人，再簡單，發明權也應該提及的。

---

① 《古文字研究》第22輯，中華書局2000年；收入《愈愚齋磨牙集》，中西書局2014年。
② 《愈愚齋磨牙集》，中西書局2014年，第4頁。
③ 《簡帛研究2001》，廣西師範大學出版社2001年；收入《甲骨金文考釋論集》，線裝書局2007年。
④ 《新世紀古文字研究的若干思考》，《第四屆國際中國古文字學研討會論文》2003.10.15－17；後改題目爲《古文字研究中應注意的幾個問題》一名發表於《中國語文》2004年第4期。

（2）不僅紙質刊物，網絡刊物的刊載都應注明寫作時間和收到時間。在相同的時段，有無"暗合"，照發。這樣可以保存論文觀點的原生態和多樣性。這對於促進古文字研究的深入，爲學界提供更爲廣泛的研究例證和方法，將古文字演變的缺環補足，並發現其文字本身的文化涵義，是有積極意義的。

（3）本輯由於各種原因滯後，陳偉武先生已在後記作了說明。這裏要補充的是，本輯的 CIP 仍爲 2009，表明當時所收論文擬出版的時間未變。當時所收文章中，陳煒湛、黃光武、李家浩、彭裕商、譚步雲、陳偉武、趙平安、徐在國、林志強、楊澤生、鄧佩玲等先生的文章均未作改換。如有補充，有的先生也祇是在文後稍作補注。如果學界有其他學者已發之文與上述先生的論文觀點有近似之處，我覺得應屬於"暗合"現象。

（作者單位：中山大學出版社）

《漢字源流》讀後感

雷燮仁

　　1989 年，我考上母校中山大學中文系漢語言文字學專業、研究方向古文字學的碩士研究生，導師爲曾憲通教授。由於種種原因，我沒有繼續就讀，而是轉入職場。大學畢業後的頭幾年，我依然情繫古文字學，每週騎車往返白雲機場和中大至少一兩次，旁聽了古文字專業的大部分課程，同時經常與胡文輝、宋浩、裴大泉等同學好友聯袂拜訪曾老師，也算曾老師的半個入室弟子。那時李新魁老師仍然健在。李老師與曾老師乃同鄉、同齡、同學、同事。在曾門請益時，曾老師常常邀請李老師過來，一邊品潮州功夫茶，一邊談道論學。當年親炙兩位老師教誨之情景，記憶猶新，終身難忘。尤其是英年早逝的李新魁老師，我們這批同學好友都很懷念他。

　　中大中文系有古文字學"四條漢子"之說，他們是曾憲通、陳煒湛、張振林、孫稚雛四位老師。四位老師都爲本科生開設文字學專業選修課，曾老師講"漢字源流"、陳老師講"古文字學"、張老師講"文字學"、孫老師講"說文研究"。我們本科時就選修了幾乎所有語言學、文字學方面的課程，卻非常遺憾地沒有上過曾老師的"漢字源流"課程，好像是曾老師開課的那年，我們年級下鄉實習去了。在追隨曾老師學習的過程中，老師常常談起"漢字源流"課程的一些觀點和例證。老師發表的與漢字源流有關的論文，我們都認眞讀過。2006 年，大泉建議曾老師將講義整理出版，並列入教育部普通高等教育"十一五"國家級規劃教材，我們都爲此感到高興，期盼著老師的著作早日面世。年逾古稀的曾老師爲此學習電腦操作，與林志強學兄異地合作，電郵往返，歷時四年，終於定稿，由中山大學出版社於 2011 年 3 月出版，一年半後即第二次印刷，累計發行 7000 冊，廣受學界歡迎。

《漢字源流》一書出版後，我理應及時拜讀，但世事多蹇，直到 2014 年 10 月，我纔頗費周折地第一次目睹此書，並通宵達旦地閱讀一過，之後再三繹讀，獲益良多，迫不及待地想點贊此書。因我手頭幾乎沒有一本古文字類的參考書籍，這篇讀後感一定存在這樣那樣的不足甚至錯誤，祈盼老師和各位同門多多包涵。

誠如第一章《敘說》所論，有關漢字源流的專題研究大體上均重於"源"而忽略於"流"。比較重視漢字"流變"研究的，當以梁東漢《漢字的結構及其流變》和蔣善國的《漢字形體學》論述較爲詳實。但這兩本書都出版或成書於上世紀五十年代。五六十年來，各個時期的古文字資料大量出土，文字考釋新見迭出，成果斐然，對單個漢字源流與演變的認識更加清晰，也出現了一批簡介漢字源流的書籍，圖文並茂，便於初學。《漢字源流》是第一部全面闡述漢字的起源和演變軌跡、釐清常用漢字造字理據和流變過程的專題教科書。曾老師作爲著名的古文字學家，博覽前人與時賢論著，緊密關注學界動態，吸收文字研究的最新成果，不僅有基本材料的梳理和漢字構形的分析，更有構形和演變規律的建構，成果十分豐富，已經超越了教科書的一般概念，成爲文字研究領域的經典著作，值得大加點贊。

《漢字源流》共分七章。第一、二章爲敘說和通論，概述文字起源與形體變遷的基本問題。第三章論漢字初文之"源"，第四章論漢字基本構件即偏旁之"流"，第五章在初文之"源"與偏旁之"流"的基礎上綜合分析合體字特殊結構歷時和共時的各種相關材料，進一步揭示漢字十分複雜的演變過程。第六章則選取 100 個例字，從字形入手，聯繫詞的音義，揭示其形體流變、詞義引申和語音轉移的現象與軌跡，進一步加深對漢字源流理論與實踐的認識和理解。第七章《漢字源流研究的拓展》則是全書最具創新特色的精彩章節，分"字組"、"字族"和"行廢"三個專題。"字組"是指具有淵源關係的文字分化和不具備直接淵源關係的文字組合。前者可稱"同源分化",後者可稱爲"異字合流",兩者都體現了語言文字的離析或聚合關係。曾老師對"字組"源流的研究,有不少精彩之作,如探討"乍"的形義,考證"貂(貅)"與"䋣(䋣)"的同源分化,分析"鳳"字的形體演變,辨識"遂"與"述"之間形相因、義相屬、聲相諧的同源關係,利用出土古物與文獻資料論述"虞"、"業"二字之取象乃同出一源等,都有機編入"字組"專題,並提升爲"同源分化"理論,對考釋、辨析漢字源流具有相當重要的指導意義。而"字族"理論更是曾老師對文字研究的一大理論貢獻。數以萬計的古今漢字世界,如同人類社會一樣,有許許多多的族群。它們音義皆近,或者音近義同、義近音同,構成一組組的原始同源字。其後隨著語詞的發展,字形也起了變化,其親緣關係不易爲人所察覺。"字族"研究就是把這些看起來互不相干的字,通過音義的繫聯來揭示它們彼此之間的內在聯繫,並進而說明它們的親緣關係。"字族"專題以"子"字族群爲例,對其核心成員"子"、"巳"、"㐬"、"孛"等字的由來以及形體演變、字義變遷等,都做了極爲精彩的分析,使我們對這些字及相關諸字的形音義關係都有了更加深入的認識,解決了一批文字考釋、古書校讀中的疑難問題。可以説,《漢字源流》一書體例嚴謹合理,既繼承傳統,又開拓創新,擴展了漢字源流的研究領域,達到理論歸納與實證研究的高度統一,具有相當高的學術價值。

第六章《漢字源流釋例》用演變圖譜的形式,展現漢字形體的歷時與共時關係,通俗易懂,也是我極力點贊此書的重要原因。坊間不少談漢字源流的書籍,雖然也做到了圖文並茂,但大多簡單羅列文字圖形,沒有用指示線揭示字形之間的歷時與共時關係,有的甚至時代倒錯,文字敘述也多糾纏不清。據我所知,曾老師是最早採用這種展示方式的學者之一,其中"鳳"字的演變圖示就基本採自老師的《釋"鳳"、"凰"及相關諸字》一文,並成爲此章節演變圖譜的典範與模板。

曾老師爲人寬厚、平和、通達,學界同仁和門生弟子都有深切感受。文如其人,《漢字源流》一書一如老師以往的文章與專著,語言嚴謹周密而又通達流暢，絕無晦澀、拗口之感。文字考釋重證據分析，尤其注重證據與結論之間的邏輯推論，弄不好就會糾纏不清。且文字考釋常常良莠不齊，對他人之說的評價與取捨，也可以看出學者爲人中最基礎的一面。例如第一章對康殷《文字源流淺說》一書的評價，就頗顯寬厚、平和之風。現任首都師範大學教授的劉樂賢兄是老師個人名下的第一批研究生。他在北京讀博士時，曾與我談過老師行文、統稿水平之高。相信《漢字源流》一書的讀者，都會和我一樣，被這部書之嚴謹、流暢、清新、自然的文風所吸引。

《漢字源流》一書共43萬字，在文史類教科書中算是字數比較多的，內容豐富，卻無冗雜之感。我曾在中歐國際工商管理學院攻讀MBA，讀過不少國外的工商管理類教科書，都是大磚頭一般厚，信息量很大，有基礎知識，有背景材料，有延伸閱讀。上課時，老師還會分發大量閱讀材料。而中國傳統的文史類教科書大都脫胎於講義，即教師上課講甚麼就寫甚麼，整理下來一般在20萬字左右，對很多學科或專題來說都顯得過於單薄，不能給學生提供足夠的信息和指引。《漢字源流》作爲一本教科書，信息量大，暗合國際潮流，也是值得點贊之處。

老師在前言中說：《漢字源流》作爲一門新編的教材，無前例可循，內容和體例是否周延可行，還必須通過更充分的實踐加以驗證，希望讀者多提意見。響應老師的號召，我對完善這部著作提出如下幾點淺見：

第一，更全面展示漢字流變的幾個關鍵環節。漢字從起源到現在，幾千年來歷經三次大的流變。第一次，秦始皇"書同文"，整齊六國古文、秦國籀文爲小篆，"罷其不與秦文合者"，奠定了規範漢字的基礎。第二次，從篆書變爲隸書，即所謂"隸變"，書體結構發生巨大變化，很多偏旁與"六書"的關係脫離，卻成爲現行楷書的重要來源。第三次，上世紀五十年代的漢字簡化運動，其變化之鉅、影響之深遠，遠遠超過前兩次。對前兩次流變，《漢字源流》一書有比較全面的論述，但對第三次流變，卻著墨不多，且無集中論述。五十年代的漢字簡化，是對漢字形體演變規律的繼承和發揚。大陸推行簡化字後，臺灣編了一本文集攻擊大陸的簡化漢字政策，多情緒化語言，但也有一篇文章客觀地提到，大陸推出的所有簡化字，都是淵源有自，都在歷史上曾經使用過，祇有"簾"簡化為"帘"，是大陸新政權的創造。談漢字源流，不能不談簡化字的源流。而分析五十年代的漢字簡化，概括起來有五種方式：一是筆畫減省，以行書、草書、俗字的簡省字形代替繁體。二是聲符替換，以筆畫較少、讀音相同或相近的聲符代替筆畫較多的聲符，如"藝"簡化為"艺"、"據"簡化為"据"、"燈"簡化為"灯"。三是同音假借，如以"后"代"後"、以"只"代"隻"、"祇"、"衹"。四是二級、三級形聲字形符、聲符的簡化，如"櫬"簡化為"槟"、"榔"簡化為"榑"。五是以筆畫更簡省的會意字代替形聲字，如"竈"簡化為"灶"、"簾"簡化為"帘"。這五種方式實際上是漢字從古代到現代、從繁體到簡體發展規律的主體。適當增加簡化字溯源分析，有助於增強對漢字演變規律的認識。

第二，更全面展示漢字流變中的形體多樣性。漢字在古文字階段尤其是戰國文字中複雜多樣的異形、訛變現象，書中有專門的章節介紹，不過略顯單薄，建議稍加增補。漢字在隸書、楷書階段，也存在大量訛體、俗字。政府和學者也一直在努力規範漢字，如唐開成年間政府刊定《九經字樣》以規範楷書形體，宋代《廣韻》、《類篇》等官修韻書、字典區分正體與俗字，以及1949年後對異體字的整理、規範等。某些俗字上承六國古文，乃古文字之"流"；某些俗字又下啟現代簡體字之"源"，在漢字源流中起著重要的承上啟下作用。俗字研究也是中古出土文字資料研究的一大分支，對傳世古書和出土資料的校讀很有助益。曾老師曾經研究過明代潮州戲文中的俗字。希望適當增加漢字流變中形體多樣性的展示，增加俗字介紹和分析，合理評價訛體、俗字在漢字源流中的地位。

第三，更全面展示漢字流變中形音義三者之間的互動，尤其是歷時性的互動。趙平安老師曾經研究過漢字形體圍繞音義而發生的變化，有共時變化，也有歷時變化。《漢字源流》一書已經提到一些歷時性的變化，比如第34頁指出："轉注字是由於語音在歷史發展的過程中出現今古音和地區方言的差別，為了記錄同義詞而產生的。如父—爹—爺—爹—爸五字即是一組轉注字，後四字都是'父'的同義詞。"這是形體隨字音變化而變化的佳例。但如果不明古音學，很難理解"父"與"爸"之間的音義關係。建議搜集更多例證，集中論述這一問題。又如第116頁、第207頁兩次引及裘錫圭先生關於"去"字來源分葉、魚兩部的分析。裘先生認爲"二者不可能是一個字"，也是形音義複雜關係的佳例。建議增補爲甚麼說這兩者不可能是一個字。再如李新魁老師《論醋酢互易》一文，更是全面研究漢字形音義之間歷時互動關係的一篇力作，應作爲例證引入並上升到理論層面來歸納、總結。

第四，更全面展示漢字流變過程中的特殊變化以及文字考釋的最新成果。第六章《漢字源流釋例》選取的100字，源自編著者之一林志強學兄在李學勤先生主編的《字源》編纂工作中所負責的近300個字的譜系分析任務。應該說每個例字的選擇都體現了編著者的精心考慮。但這裏面不少字，其歷史演變一目瞭然，並無多少新意可說。研究漢字源流，既要歸納一般規律，更要關注特殊演變。能否從近年來古文字研究成果中擷取精華部分，尤其是那些比較出乎人們意料的字源與字流，以幫助讀者瞭解更多文字考釋的最新成果，並從中學習、體會考釋、辨析文字源流的方法。

此外，這100個字中有幾個字的圖譜與說解有待商榷或補充。

比如第201頁"務"字，其古音或歸侯部，或歸幽部。前人多以爲"務"從矛得聲，古音歸幽部，孫詒讓《名原》引述金文以證成該說。《漢字源流》遵從此說。但也有學者認爲：金文"務"左半，下皆從"人"作，象人披髮之形，當即"鬏（髦）"的本字。甲骨文另有與"敄"字左半相似而下從"大"的字，係方國名，也應釋爲"髦"。至於"矛"，在甲骨文和早期金文中均象矛形，且有繫纓的環，同"敄"無關，所以後者並不是從矛得聲的字。但侯幽兩部音近，侯部"務"字左半"髦"之本字又形似"矛"字，遂訛作"矛"，並被視爲從"矛"得聲。（參見李學勤《〈古韻通曉〉簡評》，《中國社會科學》1991年第3期。）

再如第157—158頁"蚊"字，從圖譜來看，著者認爲《說文》小篆"蟁"乃是小篆"䖵"之流變，即"䖵"先"蟁"後。試對比一組平行演變的字例及其相關通假關係（見下表）：

昏—昬	
蟁—（蠠）—蟁	蚊
惛—惽—怋	
瑉—瑉—珉	玟
潣—潣—泯	汶
捪—擤—抿	扖
𢡔—嶜—嶒—岷	岆
敯—敯—敃—愍	忞

從上表可以看出"昬"當是"昏"之訛變。戰國、有秦一段，"氏"、"民"常常混訛不分，黃文傑先生有專文分析這種現象。"昏"屬文部，"民"屬眞部，文眞音近，且有文、民通假之例，故訛變後的"昬"字又被認爲從民得聲。曾老師曾提到，在形聲字中，"做聲旁用的形聲結構由於形符不起表音作用而容易脫落。"（參見曾憲通《楚文字釋叢》，載其著《古文字與出土文獻叢考》，中山大學出版社 2005 年。）"蟁"、"惛"、"瑉"、"潣"、"捪"、"嶜"、"敯"的聲符訛作"昬"後，"昬"又被視爲從日民聲，其形符日被省略，其字進一步訛變爲"蟁"、"怋"、"珉"、"泯"、"抿"、"岷"、"敃"。其中某些字雖被認爲從民得聲，但其字音仍同"昏"，如《說文》"怋"音呼昆切。關於這個問題，我寫了篇小文《"昏"、"昬"辨及其在古書校讀中的應用舉例》，有比較詳細的論述。

還有第 154 頁的"蟄"字，著者認爲本從執得聲，後訛爲執聲。愚見所及，這應該是比較新的說法。"執"古音屬緝部，《詩·周南·螽斯》三章押"揖蟄"，似乎證明"蟄"確從執得聲，古音歸緝部。書中所列戰國、秦代從執從虫的那個字，也有學者認爲乃"蓺"字，所從的"云"旁訛誤作跟它形近的"虫"，也有學者認爲不排除"蓺（藝）"所從的"云"乃"虫"之變體的可能。之所以把從執從虫的那個字往"蓺（藝）"字上靠，恐怕主要考慮傳統認爲"蟄"从執得聲、古音歸緝部。最近我研究傳世古書和出土文獻中誤"埶"爲"執"問題,發現不少今从執得聲的字,如"摯"、"縶"、"贄"、"鷙"、"輊"等,各方面證據都顯示實从埶得聲。而《說文》云:"蟄,藏也。""藏,匿也。"南越王墓龍節从埶省聲的"駐"通"馹",而"暱"又作"䵒"。"埶"、"爾"關係密切,如《尚書·堯典》之"藝祖"即"禰祖"。《詩·邶風·泉水》:"飲餞於禰。"《儀禮·士虞禮》鄭玄注引"禰"作"泥",而"昵"與"暱"音義皆同,可通用。《尚書·高宗肜日》:"典祀無豐於昵。"陸德明《釋文》引馬融云:"昵,考也,謂禰廟也。"劉逢祿《今古文尚書集解》更進一步指出"昵"是"禰"的假借。這些都證明"埶"與"匿"古音相近,應該可以通假。近讀段玉裁《說文解字注》,發現《說文》中實有"埶"、"匿"直接通假之證。《說文》:"匿,亡也。从匸若聲。讀若羊驔篓。"段注:"此有訛奪,當云'讀若羊篓鏊之鏊'。金部曰:'鏊者,羊篓耑鐵也。'說詳金部。鏊讀若至。至古音同質。匿讀若鏊,即讀若質也,古亦讀尼質切,在十二部,不在一部也。今音乃女力切。"有了"埶"、"匿"直接通假之證,我們對"摯"與"暱"、"蟄"與"匿"之間的音義關係纔有更準確的認識。《說文》"暱"、"暬"二字相連。"暱,日近也。从日匿聲。《春秋傳》:'私降暱燕。'昵,或从尼作。"但《詩·小雅·菀柳》"無自暱焉"毛傳、《左傳》閔公元年"諸夏親暱"杜預注及《爾雅·釋詁下》皆云:"暱,近也。"又:"暬,日狎習相嫚也。从日執聲。"(此據段注校改)依《說文》,"暬"之音義同"褻"、"媟"。但《國語·楚語》:"居寢有暬御之臣。"韋昭注:"暬,近也。"則"暬"與"暱"音近義同。《尚書·立政》"藝人"、"表臣"並列,"藝"當通"暬","藝人"即近侍之人,"表臣"即外臣,兩者正相裹表。因此,《漢字源流》認爲"蟄"本从埶訛从執得聲,是相當有見地的,故爲之補充論證如上。詳情請參閱拙文《"埶"、"執"訛混及相關問題考辨》(待刊)。

第六章《漢字源流釋例》於每個例字都標注拼音、反切、上古音韻母聲紐聲調,便於瞭解字音的演變。標注反切,一般應注明依哪部韻書。《釋例》

所標反切，應該是依據《廣韻》，應當有所交待與說明。有些反切讀音，《廣韻》無，所據實乃《集韻》，也應注明。如第163頁"龜"字又音［jūn 君］，俱倫切，就出自《集韻》。還有反切標注不確者，如第172頁"塙（碻、确）"音［què 卻］，苦角切。"塙"、"碻"《廣韻》音苦角切，上古音藥溪入；但"确（埆）"《廣韻》音胡覺切，《集韻》音克角切，上古音匣屋入。第196頁"畜"字又音［xù 續］，許竹切，覺曉入。《廣韻》音勑六切。也許著者另有所據。第152頁"強"字標注三種音讀：（1）［qiáng 牆］，巨良切，陽群平；（2）［qiǎng 搶］，巨兩切，陽群上；（3）［jiàng 降］，巨兩切，陽群去。上聲和去聲都音巨兩切，肯定有問題。音jiàng者，義為僵硬、倔強，其字作"彊"，《廣韻》音居亮切。而表勉強義，音qiǎng者，先秦兩漢古書作"彊"，《廣韻》音其兩切。還有第185頁"場"字，標注［cháng 常］、［chǎng 廠］二音，但古書中"場"又俗作"塲"，古作"壤"，即蟻鼠掘的土堆。《玉函山房輯佚書·春秋穀梁傳麋氏注》："齊魯之間謂鑿地出土、鼠作穴出土曰場。"《方言》："坻、坦，場也。"《說文》："坦，益州部謂蛾場曰坦。"段注：

场，失羊切。俗作塲，古作壤。《穀梁傳》："吐者外壤，食者內壤。"徐邈、糜信皆作場，音傷，是也。蛾場謂其外吐之土。《方言》曰："梁宋之間蚍蜉犁鼠之場，謂之坻，蛾場謂之坦。"郭云："其糞曰坦。"

查《集韻》，"場"音尸羊切；查《廣韻》，"場"之俗字"塲"音式羊切，今音shāng，上古音書陽平。故"場"字應補上［shāng 傷］這個讀音和相關字義。

中大是我國古文字研究的重鎮，古文字研究室是經當年高教部批准的我國第一個高校古文字研究機構，先是由容、商二老主持，後由曾老師作為學術帶頭人，培養了一大批古文字學人才。近年來，中山大學出版社出版了一系列古文字與出土文獻研究方面的高水平學術著作，又相繼推出陳煒湛、唐鈺明老師《古文字學綱要》增訂本、曾憲通老師和林志強學兄合著的《漢字源流》這些頗受學界歡迎的教科書。作爲中大校友，我們誠摯希望中山大學出版社能出版更多成系列的古文字學與出土文獻研究專著、論文輯刊和教科書，辦出特色，共同推動中大作爲我國古文字研究一大重鎮的發展與壯大，共同促進中大傳統優勢學科的延續和提升，爲我國傳統文化、傳統學術研究做出更爲突出的貢獻。

2014 年 11 月底寫定

經法先生白描
——爲曾經法師八秩嵩壽而作

陳偉武

青春黽勉學容商，
壯歲壯遊隨選堂。
八十功深閒著筆，
偶扶老伴到銀行。

　　舊時看戲，小丑出場，總會唸幾句上場詩。文章開頭，我先獻上最近剛爲曾師經法先生寫的一首順口溜。

　　曾師經法先生七十歲前的學術成就，《康樂集》已有專文述其梗概，七十歲後的成果，將另作補述。今年是曾師八十大壽，武也無文，追隨恩師三十年，不可無文爲師頌壽。這篇小文略記同曾師相關的逸聞瑣事，最多祇能算是閒雜文字。

　　曾師的乳名叫雄鎮，1992年，隨曾師遊南澳島，至鄭成功抗清遺址雄鎮關，我打趣說："老師，現在來到您這一關了。"曾師學名叫"憲通"，是進學堂時起的，前一字爲曾氏的輩序，後一字纔是通名。曾師讀小學時，有一位南洋老闆回鄉，聽說小學裏有個學生與自己同名同姓，便氣衝衝地到學校來，想讓這個學生改名。一進校門，就看到這個同名同姓的人參加縣城"較藝"獲獎的大鏡屏，禮堂上還貼著同名同姓的作文作爲示範。老華僑仿佛覺得自己也臉上有光，便氣消而退，再也不提干預之事了。曾師的名字還不止一次被人誤寫和誤讀。上世紀八十年代，曾師到香港中文大學與選堂饒宗頤先生合作研究楚地出土文獻，出有專書，每年都有版稅通過中國銀行匯回內地。有一次，寄到中大中文系的領款通知書寫的收款人是"曾灵通"，曾師悟到這"曾灵通"不是別人，應是自己，便拿著證件，帶上《新華字典》到銀行一查，工作人員拿出香港出版部門匯款傳眞件，傳眞件上果如曾師所言，把繁體的"憲"字誤爲"靈"字，郵局的通知單又轉寫成簡體的"灵"字。後來我就告訴學生說，學好文字學，對領匯款有幫助。最近中西書局出版曾師編纂的《容庚雜著集》，物流公司發送樣書的清單卻把曾師的大名誤爲"曹寬通"，連姓都改了。曾師的雅號"經法"，則是選堂饒先生惠賜墨寶時起的，號與名意義相關，至爲允恰，也許還因爲馬王堆帛書中就有《經法》篇，饒先生自然而然就聯想到了。

傳染病登革熱不是好事，眼下還在亞洲地區肆虐。可三十多年前曾師爲了替李星橋（新魁）先生看房子而得了登革熱，在看房子期間，卻寫了一篇《三體石經古文與〈說文〉古文合證》的長文，後來廣爲學界引爲典據。這篇論文可算是登革熱的副產品了。

曾師性情溫和，不著急。1992年8月，廣州國學社在李星橋先生帶領下赴揭陽舉行"語言與文化研討會"，會後到南澳島旅遊，住縣城後宅金葉山莊，那天下午麵包車在賓館門口準備出發，正等待著曾師從樓上下來，趙誠先生說了一句話："即使房子著火了，憲通也會從容不迫地說，沒事，牆還沒燒熱哩。"小書《簡帛兵學文獻探論》原是曾師指導下撰寫的博士論文，在出版社有著落之後，我向曾師乞序，曾師再三推辭，後來還是幫我寫了，幾乎用了三年時間，同我寫博士論文的時間差不多。可在商老錫永先生眼裏，曾師的性子並不慢。有一次，曾師向商老求字，商老說："你急什麼？"似有嗔怪催命之嫌。

曾師爲人低調，更不喜作秀。1998年到臺北開會，臺灣大學周鳳五先生對我說過："你的老師曾先生呀，總是不聲不響就把事情辦好了。"

曾師 1980 至 1982 年赴香港中文大學從事合作研究，據陳雄根先生說，曾先生很細心，晚飯後散步，從寓所到中國文化研究所要走路多少步都數過，走多少級臺階也數過。

在五十年代，曾師讀大學時，學校高音喇叭經常提醒學生上課要穿拖鞋。原來，當時經濟困難，很多學生沒鞋穿，上課時常打赤腳。斗轉星移，今天若有學生穿著拖鞋到課室，肯定被視爲不文明的行爲。曾師在本科階段學的是語言學專門化的方向，曾與老同學李星橋先生一道回家鄉開展推廣普通話的工作。後來曾師講的趣事常與"推普"有關，例如，剛進大學時，許多潮汕來的同學都不會說普通話，有一次，曾師的同班同學住院，曾師就同一位潮汕來的同學到醫院探病，探病的同學一進病房，就大聲說："知道你的人不好，特地來探你。"住院的同學面有慍色，反詰道："我的人不好，爲什麼你還來看我?"曾師忙解釋說："潮汕話生病諱稱爲'人孬'，直譯就是'人不好'，這是不懂普通話引起的誤會。"這時，生病的同學纔轉怒爲笑了。住院的同學發燒近 40 度，探病者驚叫起來："我的父親，你都高燒了。""我父"是潮汕話的常用感嘆詞，此處亦爲直譯。師母沈老師與曾師都是潮州人，曾師介紹說，有意無意之間，沈老師對潮州人講普通話，樂於"推普"，對北方人講廣州話，展示了粵語作爲強勢方言的特點，對廣州人講潮汕話，對母語保留了一份眷戀。

師母在廣州市第四十二中學教書，一直到九十年代中期，工資都比曾師高。曾師年輕時擅烹飪，後來行政和學術活動太忙，一般是不下廚做菜的，師母很辛苦，下課後都得買菜炒菜做飯。有時晚飯後我去拜訪曾師，這時師母常會在客廳看電視或讀報，我問："師母，老師呢?"師母就會朗聲答道："在後邊洗碗。"可見曾師在做家務方面也是我們的楷模。近年我學著多做點家務，拖地拖得地板脫了皮，對寫毛筆字也稍有促進。

2002 年春天，我隨曾師到汕頭大學出版社校對《曾憲通學術文集》，費時一個星期。然後曾師夫婦要回潮安彩塘鎮省親，曾師祖居驪塘鄉，已無直系親屬在鄉下。師母老家在鄰村華美，還有許多親戚。我提出想去參觀曾師故居，師母堅決反對，深恐有損曾師光輝形象。在我堅持下，曾師網開一面，師母纔勉強同意。師母的堂弟開摩托載著曾師，我自己借一輛摩托跟著去看曾師的老屋。房子位於一個小四合院的東南角，房門鎖著，據說已由曾師的遠親租給民工住。瓦房早已破敗不堪，祇有屋前的一棵皂角樹依然綠葉婆娑，生機勃勃。曾師徘徊良久，戀戀不捨地離開老屋。走到小巷口，剛好有一位八十來歲的老人認出了曾師，叫著曾師的乳名，曾師同這位老人聊了一陣，塞給老人兩百塊錢就匆匆坐上摩托走了。路過村口一個古榕掩映的小亭時，師母的堂弟特地停車讓我們參觀一番。曾師說，這個古亭就叫"急公好義亭"，清代光緒年間，這裏有一位前輩四處奔走，募捐錢款赴河南賑災，光緒皇帝特地賜匾"急公好義"以示嘉獎。師母的堂弟講述道，當年曾師同師母就是坐在這座古亭下談戀愛，附近的小孩便好奇地探頭探腦來窺視他們。師母畢業於華南師範學院政治教育系，先學政治，後教政治，對保姆的政治要求可能會高些。老師家的保姆，換過許多次，曾師戲稱家裏成了家政培訓中心，中心主任當然是師母。某日，曾師和師母都不在家裏，四川籍保姆小彭拿著濕毛巾為客廳一幅啟功先生的墨寶掛軸掃塵，竟把一些筆畫都擦掉了。後來曾師就請人將這幅字轉裱成鏡片掛起來。

容老住西南區75號二樓時，曾師毗鄰而居，"門當戶對"。曾公子立純常常跑到容老家裏要漂亮的洋煙盒玩，有時趁著容老與曾師聊天不注意，趴在窗臺上把容老香煙盒裏的香煙一根根往樓下扔，祇要那個精美的香煙盒，這就把樓下清潔工阿婆樂壞了，阿婆可是抽煙的。

1991年夏天，曾師和李星橋先生應邀到廈門大學主持音韻學碩士生論文答辯會。廈大學生到賓館相訪時說："我們的論文，還請兩位先生拜讀。"李先生趕緊回答："我們一定拜讀，一定拜讀。"答辯會後，曾、李兩位先生聯袂遊武夷山，李先生向來購物熱情高漲，此次買了十斤巖茶。游九曲溪時，船夫遲遲不肯開船，問其故，說是李先生體重超重，須多給些小費，李先生給了二十元，竹筏就馬上解纜起程。在山上小憩時，有相士見李先生氣度不凡，糾纏著要為李先生看相，李先生問："你看出我是幹什麼的?"相士說："一看就知道你是大老闆。"李先生答："不對，我是殺豬的。"說罷與曾師大笑而行。

我精誠可鑒，很想讓人們看到曾師可欽可敬可親可愛的精神，無奈人笨筆拙，雖不至於給恩師抹黑，卻難以描摹出曾師的高大形象，如能爲曾師的祝壽專號撒點歡樂的添加劑，這篇名爲"白描"的小文就不算白描了。

甲午冬至寫訖

我的"大師兄"

陳偉武

我的"大師兄"是曾師經法先生家裏的一隻大花貓,名字叫癡哥。每次到曾師府上,都有爲"大師兄"寫篇小文的衝動。

1993年,友人陳小敏將癡哥送給曾師,其時癡哥尚未周歲,渾身毛色素白,首尾和後腰點綴著數處墨黑,師弟陳新稱之爲"雪中送炭"。後來曾師從康樂園蒲園區618號402室喬遷園西區747號之一101室,此貓曾跑到二樓住戶家裏與女貓談戀愛,回家受阻,滯留窗臺置空調機處,欲下不敢,欲上不能,哀聲不止,師母祇好命保姆辜姨客串消防隊員,用竹籃將貓接應下來。經此一役,曾師哲嗣立純就叫此貓爲"癡哥"。

當初癡哥剛到曾師家,小敏的女兒琦琦割捨不斷,三天兩頭吵著要她父母來中大探視。曾師的外孫女之韻比琦琦小一歲,也非常喜愛癡哥。有一次,之韻打電話來,師母接聽,之韻說:"外婆,我想到你們家。"師母說:"好呀,你要來看我嗎?"之韻說:"不,我要看你家裏的貓。"師母有點生氣說:"你別來了,我都比不上一隻貓。"

癡哥與曾師朝夕相處,聽曾師講課論道的總課時遠遠超過我們這些博士生、碩士生,古文字素養自當不遜於祇有三腳貓功夫的我,這也是我稱癡哥爲"大師兄"的緣由。

曾師家五室一廳,客房朝東,早晨陽光初照,柔和溫煦,窗前樹影搖曳,窗臺上有立純太太從沖繩老家帶來的小石牌一面,上刻"石敢當"三字。癡哥常在書桌上享受日光浴。

我到曾師家裏拜訪，癡哥與我多年相識，常常躺在我旁邊，有時故意用嘴巴拱拱我的腳以示友好，或弄得我衣服上沾有不少貓毛。我與曾師茶敘，有時癡哥突然從沙發上一躍而下，跑到門口叫起來。這時一定是師母回家了，癡哥聽覺靈敏，隔著消防鐵門也能聽到師母的腳步聲。癡哥有時也會在門口癡等，原來癡哥嗜吃青草，師母、立純每從校園回來，常會順便為牠帶來一點。曾師家的客廳以前擺著一個木墩，專供癡哥磨礪爪牙，很像拳師練打沙包。有一次，師母一人在家，正在煎中藥，忘了關煤氣爐就要外出，走到門口，癡哥叫喚不止，且咬住師母褲腿往回拉，師母這纔想起煮藥之事。虧得癡哥提醒，避免了一次意外事故的發生。

曾師的兒媳婦西銘從日本帶來了一隻貓，名叫 mabo，聽起來有點像"抹布"。第一次進曾師家門時，西銘拎著大箱小箱，搬來貓屋貓糧和其他專用物品，當時還不會講漢語，呼喚著人地生疏到處亂竄的小貓，曾師卻到陽臺拿來一條舊毛巾遞給西銘。弄清了誤會，在客廳茶敘的陳煥良老師和我都樂了。"抹布"來後，見人們對"抹布"很熱情，癡哥有點失落，躲著不肯露面。立純在客廳沙發上說起癡哥幾天不出現，索性買一隻小貓回家算了，癡哥似乎聽得懂，跑到立純身邊蹭了蹭，立純誤以為癡哥對自己表示友好，就用手摸了摸癡哥，誰知癡哥朝立純咬了一口就跑進房間躲起來了。

癡哥十三歲生日，立純為牠寫畫，數年後，曾師題詩一首："癡哥當年一十三，狗棍清泉洋餅乾。半睡半醒正常態，惟妙惟肖黑白花。"落款是："丙戌立純素描，庚寅經法。""狗棍"，廣州話稱一種海魚。

數年前，我陪久未拜謁曾師的陳新到曾師家，陳新一見癡哥，驚訝地指著牠說："你……你……還……"意思是"你還健在"，因驚奇而說話都不利索。簡直就是奇跡，二十多年過去了，癡哥還健在，若折合成人的壽命，大概相當於九十餘歲。犬子可哥纔三歲，很想逗癡哥玩，師母說："癡哥老了，你不能打癡哥。"癡哥老了，磨礪爪牙的木墩早已用不著而收走。有時老鼠竟然膽大包天，跟癡哥一起享用著客廳擺放的進口貓食和清水。癡哥年輕時，與"抹布"見證了中日和平友好。癡哥老了,與鼠同食,又讓我們看到了天敵如何化敵爲友。日本貓"抹布"走了,癡哥形影相弔,踽踽而行。曾師說,癡哥近時視力也不好,走路常常看不清楚而撞到沙發。聽了真是心酸。爲了對付日益猖獗的鼠患,曾師家又養了一隻年輕力壯的貓,這隻小貓前不久竟將客廳書架上一個大鏡框撞翻在地,玻璃摔得支離破碎,還好,沒傷及人,紅木鏡框摔不爛,鏡子裏饒公的墨寶"貞石萬載"更是不會撞爛的。

潮汕諺語說:"貓書讀一肚,唔知貓娘甲貓牯。"用來嘲弄人家死讀書。我確實讀過一些貓書,很有必要寫一點與貓有關的文字。

2013年10月13日寫於京廣列車上

附記:聽曾師講,最近癡哥走失了,全家人遍尋不獲,悵然久之。(2014年3月12日)

後　記

　　《古文字論壇》原擬名爲《古文字研究集刊》，後改成現名。承蒙汕齋陳永正教授兩次題寫刊名，厚愛有加。此刊創辦，倡議於2009年，友人陳新熱心於母校古文字研究的發展，捐資促成，令人感念不已。曾師經法先生、裘大泉、陳斯鵬與我多次商議此事，陳煒湛、黃光武、李家浩、董琨、彭裕商、譚步雲、陳偉、趙平安、劉樂賢、徐在國、林志強、楊澤生、蕭毅、鄧佩玲等師友均賜稿相助。出於種種因由，刊物遲遲未能面世，我心懷愧疚，謹向上列諸位師友致以深深歉意。2013年8月到泗西參加會議，晚間同施謝捷兄茶敘，我說想爲曾師八十大壽編祝壽集，又礙於《論壇》延宕太久，難以再向師友乞稿。施兄建議將《論壇》創刊號當作曾先生祝壽專號，合二而一，誠爲美事。於是即從施兄高見，重新組稿編輯。2014年10月在廣州和東莞舉行紀念容庚先生誕辰一百二十周年學術研討會期間，又蒙張桂光、吳振武、黃德寬等先生惠稿，爲《論壇》曾先生祝壽專號增光添彩。諸多師友爲《論壇》創辦奉獻心力，如裘大泉和陳斯鵬負責前期編稿，後期工作則由裘大泉和陳迻文擔任，勞神費力，貢獻尤多，石小力、蔡一峰和楊鵬樺諸君也承擔不少編校事務，至感至謝。能以此書爲曾師八十華誕獻禮，一定是學界同仁及我等曾門弟子的開心事了。

陳偉武記於甲午冬至